寻 道

先秦政法理论刍议

张伟仁 著

生活·讀書·新知 三联书店

Copyright © 2023 by SDX Joint Publishing Company.
All Rights Reserved.

本作品版权由生活·读书·新知三联书店所有。
未经许可，不得翻印。

图书在版编目（CIP）数据

寻道：先秦政法理论刍议/张伟仁著．—北京：
生活·读书·新知三联书店，2023.2
（文史新论）
ISBN 978－7－108－07479－9

Ⅰ.①寻… Ⅱ.①张… Ⅲ.①法学－中国－先秦时代
Ⅳ.① D929.2

中国版本图书馆 CIP 数据核字（2022）第 147160 号

责任编辑	冯金红
装帧设计	薛　宇
责任印制	张雅丽
出版发行	生活·讀書·新知 三联书店
	（北京市东城区美术馆东街 22 号 100010）
网　　址	www.sdxjpc.com
经　　销	新华书店
印　　刷	三河市天润建兴印务有限公司
版　　次	2023 年 2 月北京第 1 版
	2023 年 2 月北京第 1 次印刷
开　　本	635 毫米 × 965 毫米　1/16　印张 27
字　　数	352 千字
印　　数	0,001－5,000 册
定　　价	68.00 元

（印装查询：01064002715；邮购查询：01084010542）

献给我的父亲母亲

以及

彷徨于歧途的人们

目 录

序 · 1

引 言 · 1

"八哲"以前的社会情况 / "八哲"的时代 / 各国执政者对时局的反应

《论语》· 19

孔子 /《论语》/ 观念 / 规范 / 规范的学习 / 规范的施行 / 理想社会 / 贡献和问题

《老子》· 69

老子 /《老子》/ "道" / "圣人" / 治国的原则 / 贡献和问题

《墨子》· 99

墨子 /《墨子》/ 世乱 / 治平之道 / 贡献和问题

《庄子》· 141

庄子 /《庄子》/ 观感 / 自然与本性 / 自然之受破坏 / 道 / 悟道 / 道之用 / 贡献和问题

《孟子》· 199

孟子 /《孟子》/ 世局 / 暴行 / 邪说 / 谬见 / 误解 / 治平之道 / 君臣、君民关系 / 贡献和问题

《荀子》· 265

荀子 /《荀子》/ 世局与乱因 / 正论 / 社会、权威、规范 / 君子 / 治世 / 贡献和问题

《商君书》· 320

商君 /《商君书》/ 国家富强、贫弱之因 / 致富强去贫弱之策 / 人性 / 政与法令 / 政策与法令之施行 / 至治之世 / 贡献和问题

《韩非子》· 344

韩非 /《韩非子》/ 世乱之因 / 去除乱说 / 治世之道 / 立法行法 / 法治之极 / 贡献和问题

结　语 · 395

跋 · 419

序

我幼年受长辈们教导一举一动的规矩，在私塾时聆听老师讲述经史里的道理，进大学后诵读了宪法、民法、刑法、行政法、诉讼法等的条文，出国进修又学习了若干英美和欧陆的法律，五花八门，活剥生吞，将头脑变成了一个杂乱的大仓库。有时静下来想想，不禁会问为什么要学这么多种类的规范，尤其是法律？它这么烦琐，却不免挂一漏万，并且又常常互相龃龉。事实上社会里绝大多数的人都不懂法律，为什么要许多人花许多时间、精神和资源去学它？它与其他规范有什么不同？它是怎么来的——自然而然的？神定的？人为的？如果是人为的，是谁订立的？他或他们是怎么取得立法权的？他或他们应该具备什么资格？应该依照什么程序来立法？法律应该有些什么形式的和实质的条件？法律能自行证明其正当性吗？如果需要凭借外在的准则，这准则是什么？其目的是什么——社会的安宁秩序、公平正义，或者是另一套价值？此一准则有具体确切的内容和意义吗？或者可能会因时因地而不同？法律是否合乎此一准则应由谁来判定？他或他们应有什么资格，应该依据什么程序？倘若一条法律被判定为不正当，应该怎么办？倘若并无不当，但与已存的其他种类规范（道德、习惯、教义和科学定律等等）或人情、理则、时势相悖，该怎么办？法律不可能周全，对于未受其制约，而于社会有相当影响之事，立法者有何对策？法律既是一种人为的规范，人们不可能自然知晓，必须经过教导才能了解，应该由谁以什么方法去做此工作？这种教导工作的功能有多大？人有多少可变性？除此之外还有什么办法可以使人们遵守法律——诱之以利？禁之以害？倘若这些方法都未尽有效，有人因为不知而犯法，或知之而故犯，造成了社会纠纷甚至动乱，应该由谁来加以处理？必须是司法官吏吗？或者也可以是调停、仲裁人员？他们是怎么产生的？应该具有什么资格？在处理纠纷事件之时，第一步应该发现事实，为此应遵循什么程序，使用什么方法？知情之人是否有做证的义务？他们可否拒绝？可否被强迫（特别是暴力的迫害——刑讯）？证据的可信性如何确定？取得证据后的一步是引用规范来判别行为的是非，如果需依据法律而没有确切的法条可以援用，司法者该怎么办？他们可以援用相近的条文或其他的规范吗？无论是援引明确的条文或用其他的办法来处理，他们应该追寻的目标是什么——是客观绝对的公平正义吗？是否也该顾到当事人的特殊现况和背景、相关之人的利害及社会较大范围、较长时期的导向和发展？如果因此而使同类的案件受到不同的处分，是否可以接受？倘若法律有明确的条文，但是它初订之时与适用之时的社会情势和人们的价值观念有了重大差异，司法者将何适何从？倘若法律与现时的政策有异，该怎么办？他们与立法者和行政者之间应有怎样的关系？对于民众的意向应如何反应？他们的判断如果违反了法律，或者被认为不合乎公平正义，或者与道德习惯或其他规范相悖，该怎么办？

以上所说的是一些所谓"法理"的基本问题。大多法律院系都开设"法理学"这门课，若干基础法课程也涉及这些问题，因为都是学法之人应该注意的。但是我读这些课程的教科书和上课听讲之时，发现只有西方人对这些问题的意见被提出来讨论。这一点使我十分纳闷，难道中国人都不思考这些问题吗？然而我依稀记得在我读过的若干中国古籍中，有不少关于这些问题的片段，特别是许多与它们有关，而涉及更深的哲理问题的意见和争辩，例如人为什么需要社会规范？人与人之间，特别是个人与社会权威者之间，应该有什么关系？社会应该有些什么功能和目的？个人应该有些什么目的？与万物相比，人的存在有什么特别的意义？为什么中国先哲对这些问题的意见和争辩，在法学界极少有人提出来探究？当然，法学是一种复杂的学问，有理论和实务两面。在世事纷繁之时，人们大多注重在实务上，尤其在近代中国，因为遭遇了一二百年东西方霸国的侵略凌辱，大多数人明显地丧失了对固有文化的信心，一味要求西化，而且特别注重其实务上的表现。但是我觉得以上提出的那些法理和哲理的问题极为重要。如果没有合乎情理的答案，一个国家便陷入艰险之途，处处都是岔口陷阱，使人们疑惧猜忌，畏怯不前，社会彷徨争斗，内乱不息。如果能有合乎情理的答案，一个国家便像一条四通八达的康庄大道，可以让人们放心迈步，发挥各人的潜能，追求自己的目标，让社会和谐合作去实现共同的理想。中国前人，特别是先秦诸子，对寻求此道做了极大的努力，其见解的精到之处颇能弥补西学之缺失。我有感于此，决定将一些想法写出来。

我常常想的是多年来研读一些传世古籍里的思想。先秦时期因为种种特殊因素，促成了所谓"百家争鸣"的现象，许多智者对纷乱的时局提出了他们的看法和做法，大多由弟子们记录成为其言行集，出现了若干版本，互有出入。此外也有一些部分是本人亲自写成的，但因辗转抄写，有若干版本，多少有些不同。秦代禁书之后再出现的版本则更难断定其真确程度，所以秦后乃兴起了"汉学"来探究其"原文"。但如韩非所说，他当时之人要辩证上古人之"真伪"已无可能，因而后世考据之作汗牛充栋，莫衷一是。由于若干外在原因，魏晋之后出现了所谓的"传世之本"，大致为一般学者接受，对中国有关治世的思想产生了普遍、久远的影响，只在个人修为之道方面稍多异趣。近代因地下考古而发现了若干秦汉古籍，其中一些与传世之本略有参差，值得注意。但是这些古籍也是抄本，很难说是"原作"，此外是否还有其他抄本与之有异，尚未可知。更重要的是，这些抄本已经埋没了两千余年，其说既无人引述，对人们的思想可以说并无影响。因此之故，我想谈的中国传统思想，仅以传世的几本公认极为重要的典籍为基础，包括《论语》《老子》《庄子》《墨子》《孟子》《荀子》《商君书》《韩非子》。此八书当然并非孔、老等人的遗墨，也不可能是他们思想的全部（以孔子而言，据说他以"六经"为教材讲学，他的思想应该不止于《论语》所录，此外的经典如《左传》《国语》《礼记》中也记载了他的许多言行，但那也都是后人的阐述），其他标以七子之名的书，也大多如此。所以这八部书只可以说大致代表了八种重要思想的要旨，它们各有丰富复杂的渊源，并非全由某人原创，然而确实是中国政法思想的中坚，所以我将它们称为"八典"，将孔子、老子、墨子、庄子、孟子、荀子、商鞅、韩非称为"八哲"，此下诸章内常常称某人如何说，严格一点应该说某"典"里如何说，但因"八典"与"八哲"毕竟有关，我姑且如此陈述，只是为了简便，希望读者能够谅解。

总之，我想写的只是我读"八典"后对中国传统政法思想的一些心得。因为它们都显示出一种寻求长治久安之道的努力，所以名此书为《寻道》。然而由于上述的一些原因，"八典"并没有平铺直叙地将此"道"陈述出来，我需要花许多时间将它们反复细读，摘出相关之点编纂起来，显出一个可能的理论体系——先找出其前提假设，然后探索其推理脉络，以达到其所趋的短程目标和终极理想。此一结果当然只是我的管见，不敢认定就是"八哲"想寻之"道"。我冒昧写出来，只是野叟献曝。

此外，先秦还有许多其他"家"，包括后世所称的黄老、阴阳、五行、纵横、兵、农等，也都在"寻道"，但是因为主其说者虽多而留下的著述不如"八典"完整，其中有一些吉光片羽，颇足珍贵，但是零落散乱，难以推究其理论体系，我没有能力加以讨论。

先秦距今已远，为什么当时会有"百家争鸣"？对于他们的时代背景应有一点了解，为此我写了一章"引言"。依据《书》《诗》《左传》《国语》《史记》等书和一些近世考古所得的资料粗略地陈述了"八哲"之前及当时的世情。[1] 其后我写了八章析述"八典"，先说了"八哲"的生平[2]，因为"八典"毕竟与他们有关，涉及他们事迹的资料对于了解"八典"多少有些帮助。然后我将"八典"内容的理路析述出来，并且稍加诠释。为了避免所言失据，尽量地引用"八典"原文，但没有标明版本，只注出其篇章，在本书之末也没有附一"征引书目"，列出各种版本及注释之作，以免烦琐。

最后，我从一个学习法理者的观点指出了"八典"的若干贡献（包括若干原创性的以及将一些已经存在，但是不很确切明白的意见和理论加以厘清的），也提出了一些问题，有的是当时之人已注意到的，有的是后代之人难免追问的，希望能引起读者的深思。

近人在讨论中国问题时，常常与外国同类问题作比较。的确，中外有许多共同的问题，有相似或相异的响应，各与其社会、政治、经济、文化因素有关。我虽然常常思考这些问题，但是对外国的许多因素了解不够[3]，所以在诠释"八典"时，不敢将它们与外国经典里的异同片段妄作"比较研究"，只能对一些明显的大问题，做一些原则性的讨论。

此书原是我在台大教中国法制史的一部分讲义，仅仅摘录了"八典"的若干章句，后经西南政法大学的陈金全教授加上了一些注释，由人民出版社出版，书名为《先秦政法理论》。在欧美讲述中国法文

---

[1] 关于上古至秦的情事，这些书籍内所记常有龃龉，与后世出土的古籍如《竹书纪年》更多矛盾，我没有能力讨论，仅仅依据这些资料陈述了一些常识。

[2] 关于"八哲"的生平，我的陈述主要以《史记》为据，并非全信其说，只因其他资料不多，搜集不易，而且对于了解诸人的学术思想也无大补。

[3] 我在外国就学时不免会将西方的理论与中国的并提，常常被师友指出我对西方的了解太肤浅狭窄，后来我读一些西方著作中对中西文化所作比较，也觉得犹如以管窥豹，所以我深以为戒。

化时，我将它译成英文，并做了一些诠释，由爱丁堡大学出版社于2016年出版，书名为 In Search of the Way: Legal Philosophy of the Classic Chinese Thinkers。若干读者有见于目前很少人讨论中国传统法理，现代人阅读古书又感困难，认为应将此书翻译为中文，其中有几位曾尝试译出部分章节，未竟其事。我考虑了他们的建议之后，决定自己来做，但是不作翻译，因为用中文写给熟悉中国文史之人看，对于涉及的复杂背景可以略为点明而不必详述，而对于"八典"及其他经史资料的文义，则可以多一点推究。此外，我认为"八典"里的理论对处理现时的问题仍有帮助，所以又说了一些自己极为粗浅的想法，结果使这个中文本的内容比英文本稍为宽广。

中国政法思想博大精深，我简略地触及其皮毛，已花了许多岁月。在此期间我的师长很多，其中对我影响最大的是苏州私塾的启蒙师戴慈雨举人，台大的陈顾远、戴炎辉、萨孟武、孔德成、毛子水等教授，耶鲁及哈佛大学教法理、法史的 Harold D. Lasswell、Lon L. Fuller、Samuel E. Thorne 教授，"中研院"史语所的陈槃、屈万里、王叔岷等前辈。他们帮助我对中西文化有了较多的了解。在写作此书时，许多师友对我所持的观点和引用的资料做了很多批评和指正，其中"中研院"的丁邦新、台湾清华大学的梅广、哈佛大学的 William P. Alford、中国艺术研究院的梁治平、北京大学的陈鼓应、香港大学的陈宏毅、浙江大学的金敏、济南大学的李燕等诸位教授所做的尤其重要。荀子说："非我而当者，吾师也。"我接受了他们的意见，十分感激。然而此书所涉较广，不免仍有若干错误，当然应由我自己负责。我先后讲课之时有许多人士如港大的 Alison Conner、加州大学洛杉矶分校的 Benjamin Elman、哈佛大学的 Jerome Cohen、耶鲁的 Beatrice Bartlett、普林斯顿高等研究所（Institute for Advanced Study）的 Nicola Di Cosmo、法兰西学院（College de France）的 Pierre-Etienne Will、鲁汶大学的 Jacques Henri Herbots、清华大学的王振民、北京大学的李贵连、西南政法大学的陈金全、浙江大学的周生春、苏州大学的艾永明等给了我很大的协助和启发。此外，还有不少听众提出的问题使我受益匪浅，因为人数众多无法一一致谢，希望他们觉得通过帮助我而帮助了一些读者见到中国传统政法思想的一斑，因而可能对中国传统文化发生较大的兴趣，甚至进一步协力去寻找国家社会"长治久安之道"，是一件值得欣慰的事。

最后要说一下我的父母和内子对我的影响。我父母生于清末民初，历经战乱，颠沛流离，一直清贫自守，未尝图名逐利。他们教育子女强调要自立，但不可独善。我将此语铭记在心，努力自勉，因而也会想到若干较大的、关涉社会国家的问题，因为能力薄弱，不能有什么作为，仅仅将不断思索后稍有所得的一些粗浅想法，写成了这本书，献给他们以及同处于此乱世的人们。

内子汪莹是我台大法律系的学妹，至美后改习影视，后以此为业，颇多创作。她又爱好文学及音乐，善作诗词、歌曲，可谓多才多艺。更可贵的是她端方刚毅，浩然豁达，不受琐务、俗见所羁，而敏于求知，善于理事。每次我告诉她一点自己的看法，她便指出可以从另一些角度去看，使我一再"自讼"，去除了许多偏颇之误。我退休之后，她为我于山傍林边置一书室，草木深邃，隔绝尘烟。我在此幽静安适的环境里思考、写作，*In Search of the Way* 及此书便是在此完成的。

张伟仁

引 言

身处乱世之人,大多只是默默地忍受,只有很少数的会企图寻找一条出路。本书要讨论的八位先哲——李聃、孔丘、庄周、墨翟、孟轲、荀卿、公孙鞅、韩非——便属于后一类。

他们所处的是怎样的时代?很恶劣吗?其前曾经比较好吗?假如是,怎么变坏了?他们建议了什么办法来拨乱反治?在两千多年之后,我们该怎样看待他们的建议?我们是否能看到他们的处境与我们目前情况的异同,并且从他们那里学到什么?

为了回答前三个问题,我将在此对中国先秦的社会、经济、政治、思想之中与"八哲"的理论有密切关系的部分,做一简述。其次的八章,将试图回答其余的问题。

"八哲"以前的社会情况

"八哲"中孔子生于鲁襄公二十二年(公元前551年),韩非死于秦王嬴政十四年(公元前233年),前后三百一十八年。老子约为孔子同辈,其他诸人都介于此三百年间。这个时代的确与以往不同。在远古之时,人们的生活是怎样的?八位先哲曾提出了一些不同的想象——有的将它描述成仙境,有的将它形容为苦海——但是都同意在他们之前某一时期开始,社会逐渐发生了重大变化。究竟始于何时,诸说不一,但是他们知道比较确切的应该是商周时代,特别是东周以后,那时社会动乱剧烈,同时出现了大小政治集团内部及其间的斗争,普遍的经济变革,新兴的社会阶层,和许多因应的思想。

古代人们以宗族组成政治集团,称之为邦,为数甚多而各邦人数有限,所占土地不大,地广人稀,交涉冲突较少,各邦之主权势有限,所以可能有选贤禅让之事。后来因需集合很多人力对抗天灾,产生了若干英雄领袖,其中以治理洪水功绩卓著的禹受人崇敬而被推为诸邦共主,其子孙承其余绪,续在此位数百年,以其威望及武力拘束其他小邦,史称夏朝。及其威望武力衰微,新兴大邦商取而代之,成为共主约六百年,史称商朝,后又因同一缘故而为周所取代。

周在伐商之前,便因一再征服较小之邦而壮大。伐商之时也集合了许多盟邦,之后继续建军西六师、成周八师,用来镇压殷商遗民,并且讨伐不服周朝统治的小邦及蛮夷。但是周初君臣已经了解单凭武力不足以长治久安,因而产生了一些新的观念,采取了若干新的办法来维持其国家,包括一些新的规范和制度。

在观念层面,古人相信鬼、神、天、命。在听说西伯周文王戡灭了商的属邦黎而将进攻殷都之时,商王纣似乎满不在意地说:"我生不有命在天?"但是当时人们已有"天命不常"的认识,周人乃倡言天命实依人事而定,只有良好德行之人才可获得天命成为天下共主。他们在伐商之前宣传此说,一方面夸张商纣的污德恶行,另一方面强调数代周君的美德懿行,用来支持其起兵的正当性,号召盟邦助战,鼓动商民叛乱。在其革命成功之后,仍一再告诫周朝君臣以"俊德"治天下,不仅要照拂周邦百姓,并且要安抚商朝遗民及其他各邦众庶。

在制度和规范上,周初的经济沿袭商代仍重于农耕,由政府将土地分与人民耕作,由他们提供生活资料给统治者。改革较多的是在政治方面。周初将姬姓亲属及参与反商革命的功臣封为诸侯,驻于各处重镇,以控制当地的人民。此外又建立了一个新的制度——"宗法"——将周室王族分为数支,以武王的嫡长子孙一支为"大宗",世世继承王位;以族内其他各支为"小宗",使其嫡长子孙继承诸侯爵位。"小宗"的庶子可以在周朝或诸侯之邦任卿、大夫等职,由周王或诸侯赐给土地、人民,其嫡长子孙也可能世袭其职;其他诸子没有此种待遇,但是也属贵族,享受若干逐世递减的特权,也可能担任政府的职务。这些周室的子孙形成了一个庞大的、层层相属的统治阶级,所以有"普天之下莫非王土,率土之滨莫非王臣"之说。此说有些夸张,因为当时还有一些与周室宗族无关的邦,如楚、越以及夏商的后裔,但是周室常和它们的贵族通婚结为姻戚,所以不久之后周室与它们的统治阶层联结成了一个父子、兄弟、叔侄、舅甥、祖孙的集团。因为都是亲戚,都有一些亲情,这种关系与周之前各邦独立,仅由夏、商大国凭其势力加以统制的关系,显然不同。

但是亲戚之间也可能利害相异,未必能和谐相处,所以周室又制定了一套新的,主要适用于大宗、小宗之间的规范——"礼"。后代思想家说礼之本在"理",也可以基于习惯,但是最初的礼是祭师们创作出来祭祀神、鬼(祖先)的仪式。人们在某些场合对某些人表示崇敬,也自然地仿用某种仪式。周代统治阶层既然大多是亲戚,所以祭祀共同祖先的仪式便很容易地被他们了解并接受。周室有鉴于此,便将旧有用于庙堂之上祭祀鬼神的一些礼节,做了若干修改,用于朝廷集会及君臣交往上,使得各人皆以庄敬亲爱的心情相待,一举一动皆合乎此情,而产生了和谐肃穆的气氛、融洽合理的关系,使得此一集团的内部得以平稳,对外有效统治各地人民。在各种礼仪之中,周人特别注重丧礼,因为它可以使参与者追思亲人。死者如系祭者的长辈,更可以触发其血脉相连之情,而加强其命运共同之感,由此而引申出来的许多规范,对于一个宗族,尤其是一个统治集团而言,非常重要。

周朝的这些新的制度和规范显然甚为有效,所以能使西周三百多年大致安定,在黄河、长江流域逐渐形成了一个比较紧密一致的体系。

因为周围有许多与封建宗法无关而不行其礼的"夷狄",此体系处于其中,所以产生了"中国"这个除了地域性之外,更具政治性和文化性的观念。

但是,周朝的这些制度和规范除了在设计上有一些缺点,实践时又产生了不少舛误。设计上的缺点在于宗法只是政策性的措施,就亲属之间的辈分和年龄而言,大、小宗自始即不尽合理(如成王以侄而为大宗,周公以叔而为小宗),数传之后,自然参差愈多,勉强使长老服从幼小,当然不合人情。实践时的舛误出于大宗之主未必皆贤,但因拥有权势,就不免滥用,最显著的实例是滥用武力。对于不顺从的诸侯和蛮夷,周王常加镇压,而付出很大的代价,例如周昭王南征溺于汉水而丧其六师,穆王西征用兵频仍而所获极微,宣王北伐尽失自南方征来之军。这些战争造成了周室财政和经济上的困难。厉王时开始垄断山泽以专其利,宣王编查丁数而课以赋役加重剥削人民,但是都无法重建周室的势力。

更严重的问题是周室愚蠢地损伤了宗法——厉王对于诸侯不知亲亲相待,宣王拒斥鲁武公长子括而立其次子戏为懿公,违反了嫡长继承之制,其后幽王更对此制直接破坏,废其正妻申后及太子宜臼而立其姬褒姒及庶子伯服,结果诸侯不服,幽王被犬戎所杀。

在直接破坏宗法之前,周王已率先废弃了若干与之相关之礼,例如宣王之时政务废弛,停止了以往在"千亩"举行的"亲耕"。此事看来只是一个仪式,却有重大的实质意义,表示周王领导诸侯及人民共同致力于当时最重要的生产工作,以此典范团结整个的政治体制。此礼一废,社会便因内聚力被忽视而逐步分崩离析,其他诸礼的意义乃逐渐消减,无法作为人们的行为规范。

在军力和经济的衰败以及宗法和礼的破坏之后,接着产生了观念上的改变。西周初期所倡之"德"特别强调统治阶层克己、亲亲、爱民、惜物;后来由于周王及诸侯醉于权势,骄纵放肆,以"德"治国的观念乃逐渐消失，所以有穆王遨游，订定吕刑以制民、厉王专利监谤、宣王料民、幽王以烽火戏弄诸侯等事。君不惜臣，民不敬上，众叛亲离，西周乃亡。

"八哲"的时代

周幽王被杀，子宜臼由诸侯护奔洛阳，即位为平王，成立东周，传二十五世，历五百一十五年。其前段（公元前770—前476年）因有孔子《春秋》一书传述其事，后人遂称之为"春秋"时期；其后段（公元前475—前221年）因列国纷战，故称"战国"时期。在此二时期周室的实力大减，所立的封建、宗法及礼，受到更严重的破坏；新的军事形势、政治结构、经济组织、社会阶层和思想观念加速形成，对旧有的种种产生了翻天覆地的改革，对将来的一切引发了长久持续的影响。

春秋战国时期的变化是西周没落的深刻化，但是有一点不同，此时的主导者不是周王而是诸侯，因为周室东迁依赖东方诸侯的支持，周室失去了西部土地和人民，被困于洛阳周围诸邦之中，若干边地之邦却能继续扩展，因此诸侯乃逐渐嚣张，不听周命。平王之时周、郑交恶，竟致两国交换王子、公子作为人质以维持和平。桓王之时郑国军队竟抢夺周及其与国的秋麦，桓王出兵伐郑而大败，肩上中箭，此事不仅破坏了封建君臣的关系，而且同族交战（郑是周宣王所封其弟之国，与周是同宗）违背了宗法的精神和原则。

此后乃江河日下，诸侯相继欺凌周室，也互相争战。在春秋二百四十二年中，大战共一百二十五次，结果使初期尚存的二百余个封国被并为十余个。在这些战争中有少数是由特别强大的诸侯（"五霸"）假天子之名而进行的，号称为尊王、攘夷，但是大多另有用意，例如齐桓公因其妾蔡姬荡舟，使其受恐而迁之返国，而蔡国竟将她别嫁，桓公乃依管仲之议攻楚，责其包茅不入贡周室，在赴楚途中先行侵蔡而溃之。这类假公济私之举，虽然可笑、可鄙，但是齐桓公竟能集结了宋、卫、郑、许、曹等诸侯一起出征，这种"征伐自诸侯出"实是"天下无道"的征兆，无怪楚子问齐桓公"君处北海，寡人处南海，风马牛不相及"，不知何故来犯。桓公乃罢兵结盟而返，劳师动众实如儿戏。

在这样的情势里，用来支持封建宗法之礼当然愈来愈受忽视。春秋早年有些贵族还在小处上守礼，例如桓王被射中肩之后，郑庄公阻止其军逐王，并于当晚派使慰问。周襄王二十二年（公元前630年），宋、楚交战于泓水之滨，宋军已成战阵，而楚军尚未完全渡河，宋襄公二次阻止宋军袭击，认为这么做不合古礼，所以坚持要等楚军上岸才战，结果大败，他自己受伤而亡。又如周简王十一年（公元前575年），晋、楚于鄢陵交战，晋将郤至三次与楚共王相遇，都跳下战车脱去头盔快步随着楚王之车向他致敬，不敢与战。楚王也于当晚遣使送礼致候。在外交场合，诸侯及使臣相处皆饮酒赋诗，彬彬有礼。但是这种种都是小节，在重要的关键上，诸侯往往罔顾大礼，例如周初规定每五年诸侯觐见周王一次，而在《春秋》所记二百三十二年内，鲁君觐王仅仅三次，而且也不赴周祭祖。鲁桓公的后裔竟将祖庙设于私家，孔子之时鲁卿季孙竟僭用周王祭祖的"八佾"歌舞，都是违反宗法之礼的极端恶例。

礼制既坏，封建宗法所定的上下阶层失去了行为的准则，又因年代久远，宗族之间的亲亲之情已淡薄若无，所以不仅诸侯因利害而战，各邦内部卿大夫也与诸侯争权。春秋之时诸侯杀大夫者四十七。晋献公在位之时（公元前676—前651年）杀尽了晋国公族各支家主，并放逐了他自己的几个儿子。此外大夫弑君者三十六，卿大夫自相残杀者不计其数。最后政权竟被卿大夫（如齐之田氏及晋之韩、赵、魏）篡夺，或被"陪臣"（卿大夫的家臣，如鲁之阳货）控制，封建与宗法乃彻底崩溃。此后幸存的诸侯完全丧失了亲亲的心态，赤裸裸地以暴力相拼。

以前邦际战争双方军力不过战车数十，由诸侯或卿大夫亲自率领交锋数日，便告结束，有如君子比武，所以还讲礼节；后来出现了若干"千乘之国"，每辆战车配"国人"（国都之内及其近郊的自由民）三四十为战士，又征用郊外"野人"为步卒，为数更多，交战之时动辄出兵数万，例如东周末（公元前251年）燕国以六十万人攻赵，秦统一之前（公元前223年）用兵八十万攻楚。战争的时间也大大延长，赵国攻伐北方小国中山，自武灵王二十六年（公元前300年）起围其都城五年有余。

战争的目的已不在惩戒对方，而在夺取其土地、人民，甚至灭其国家，所以残暴特甚，如孟子所说："争地以战杀人盈野，争城以战杀人盈城。"果然，秦昭襄王十五年（公元前292年）与韩、魏作战，歼二国之军二十四万；三十二年后（公元前260年）秦师坑赵卒四十万于长平。各国诸侯皆如落阱虎狼，必须作困兽斗以求自存，而受难的则是千万无辜的人民。

在这一过程里，除了诸侯之国和卿大夫之家被毁损消灭，以及各地人民被剥削丧亡之外，还引起了许多社会上的变化，最显而易见的是经济组织，其次是社会结构。就前者而言，中国在农业兴起后人民多靠耕作为生，但在初期人民虽然与土地密切结合，却并没有将土地视为己有，因为他们的生命和生活皆受执政者掌控，这些执政者也掌控了人民所居之地，将其一部分配给若干男丁，由其耕作以维持其一家人的生活，及其年老，便由执政者收回另行分配；此外又将另一部分交由若干受田者合作垦殖，以其产物供给执政者享用。这便是传说中的"井田"之制。〈1〉

〈1〉 这些都是臆想之说，问题甚多，其中之一是受田之农年老失田，假如无子或其子未得受田，该老农及其家人如何生活？假如将其田授与其子，该田是否成为家族之产？"井田"之说规定"八家"先事公田后及其私，其难实施，至为易见。

无论用何种方式分配已有的土地，因为人口的增长，经过数代之后，受分配之人愈多，每人所得愈少，到了春秋后期，许多诸侯卿大夫的后裔已经无地无民而降在皂隶，或沦在田亩，成了政府的小吏或农夫。依照宗法而继承大宗小宗主干之人，虽然保有较大的土地，但因其生活奢靡，加上内外争斗，他们得不敷出，必须另外设法压榨人民，收取较多的赋税。周定王十五年（公元前592年）鲁国开始"税亩"，将都邑近郊的"国人"实际耕作之地按其面积征收其生产所得几分之几以供政府之用。三年之后又"作丘甲"，规定邦内每一地区增加军赋若干。周敬王三十七年（公元前483年）又"用田赋"，增收远郊"野人"的赋税。

因为一地的生产力有限，增加赋税仍不足用，所以诸侯又鼓励人民开垦境外荒地。这些人民有的来自卿大夫的封邑，但是开垦所得之地不再分配给卿大夫而由诸侯委任官吏直接管理。此一做法大大地增加了诸侯的收入，使他们能够对内制服卿大夫，对外从事邦际战争。此时人们学会了制造铁器，使得垦荒及耕耘的工作发展较速，逐渐使农产稍有剩余，于是有些人力便从土地上释放出来从事工商行业，不少人在工地及作坊专门生产军械、工具和日用器皿，另有少数为贵族们制作一些灵巧的玩物而得到报酬或给养。《韩非子》里所述一位自称能在荆棘之端雕刻一只猕猴的匠人，便是一个可笑之例。

这种变化自然地引发了社会因职业而生的分化。此前的人只分两类，一类是统治者，包括各阶层的贵族和一批为他们管事之人；一类是靠农耕及手艺为生的劳动者。以孟子的话说，前者依赖后者的供养，是"食于人者"；后者供养前者而受其控制、支使，是"食人者"。到了此时农工仍属一类，依旧从事生产自给并供养"食于人"的统治者。但因分工日细，生产有余，为了沟通有无，商业乃日趋必要，从事之人也逐渐增加，产生了一群非农非工的商贾，他们不事生产和制造，既不自食所产，也不直接"食人"供养统治者，而是取一地之余补他地之不足，趁机买贱卖贵，因而获利，成了另一职业群体，其中有些不仅致富而且参与公务，例如孔子的一位高足子贡便曾"结驷连骑，束帛之币以聘享诸侯"；郑国商人弦高曾以私财犒赏秦师而免郑被侵；越国大臣范蠡助越灭吴之后从商，三获千金散以济贫；战国末年阳翟大贾吕不韦出资扶植秦国王孙子楚成为秦王，后被其子嬴政任命为相国。这些人都为时人尊重，但是大多数的商人只是将本求利，无视社会大众的福祉，因此引起了一般人对他们的嫉妒和许多主张严厉控制人民的执政者对他们的歧视。管仲曾下令"定民之居，成民之事"，规定商人处于固定的"市井"。商君说，商人"天下一宅而圜身资"（视天下为家而将其财产随身携带游贾各地），政府很难加以控制，所以更进一步制定了一系列的抑商政策，包括"废逆旅"，使旅游商人在途中难寻食宿之地。但是未能阻止商业的发展和商人的兴起。

此外，另一个新的群体——"士"——也在此时兴起。早期的士可能是对于各朝政权的建立曾有一些贡献，而被吸收入其政治、军事制度，担任基层文武职务之人。他们既非民生物资的生产者（农、工），也不是这些物资的运输销售者（商贾），只能为贵族服务或受雇于政府为小吏。后来又有一些没落贵族的子孙也加入了此一行列，他们虽然已没有封地、权势，但是还保有受教育的传统。在周代，这种教育通称为"六艺"，包括礼、乐、书、御、射、数。学得精到的人之中有些擅长行动的，凭其勇力和豪情成了"侠士"。他们往往蔑视权威，非议成规，而自行其是。庄子所描绘的盗跖便是一例。《史记·刺客列传》所载诸人亦属此类。他们慷慨激昂、扶弱抗暴的行为，经过美化而受到被压迫者的赞扬和尊敬，而掌握权势之人，大都排斥他们为盗贼、莠民，其理甚为易见。

另一批受了教育而长于礼、乐、书、数的人，好学慎思，但是别无专长，又不屑从事农工商业，只能讲授知识维生，是为"文士"或"儒士"（以现在的话说，就是"知识分子"）。其中特别杰出的，将其所学所思组成了若干理论系统后,受人信奉,建立了儒、道、墨、法、兵、农、名、纵横、阴阳等"家",在春秋时期已渐渐受到重视,孔子便是一个显著的例子,不少孔门弟子曾任政府职务。到了战国时期这类人更受执政者的青睐。齐桓公在都城稷门之外建了"稷下学宫",招致士人而尊显之。其后威王、宣王更为扩充,邀请"文学游说之士"数十百人,皆赐府第,为上大夫。当时名士孟子、告子、慎到、荀子等皆在其列,称为"稷下先生"。他们在此"不治而议论",研讨哲理、政治、经济、军事、外交、名辩、五行等学问,各有杰出的贡献,在此停留一段时间之后,往往周游列国,参与重要政务,有些甚至位至卿相。

为什么到了春秋中叶及战国时期知识分子会如此兴起而受到时人的尊敬?主要因为此时邦际及各邦内部的斗争日益尖锐,原有的世职官僚大多昏庸腐化,所以参与斗争的各方皆需知识分子的援助,而他们对于时势有更深的了解,并想出了许多高明的策略。这些事实大大提高了他们的身价和自尊。他们已不再是一般人的老师,不像孔子当年栖栖惶惶到处求职,而以邦君的指导者自居,要求实行其主张。

上述各项政治、经济和社会的变化,自然也引发了人们思想和行为的变化。许多人开始思考人应该怎么生活。为什么人可以有不同的身份地位,而过着不同的生活?古人大多迷信鬼神及其领袖"天",认为人世一切都由它们决定,人只能认"命",视为当然而绝对遵从,不作他想。但是人们从生活经验中逐渐发展出了一些是非善恶的观念,而对这种迷信开始怀疑。《诗经》里已有许多篇章记载人们觉得上天不公,使善人不得好报,恶人不得惩罚。衣食不足、辛劳终身的农民,更质问为什么贵族们四体不勤而能过着奢华的生活,因而将此辈比作"硕鼠",斥责他们吞食庄稼。若干统治阶层之人也说"天道远,人道迩",强调人们无法依赖天道,而要凭自己的努力来决定事情的成败。基于此一理论,有些开明的贵族甚至提出"民为神之主"的说法。

这些思想当然减损了人们对于鬼神及其所支持的传统行为规范"礼"的敬畏，因而影响了他们的行为。封建宗法制度因为自身的缺点而逐渐失去了其尊祖敬宗的意义，用来维系它的礼遂被滥用，如鲁国的季孙氏不过是一诸侯之下的卿士，竟然敢"八佾舞于庭"，使孔子说"是可忍，孰不可忍"。表现在一般人民日常生活中的是不究"礼"的意义，以为只是揖让进退、交换礼物而已，因而使孔子大为感叹说："礼云礼云，玉帛云乎哉！"因为各种传统规范及其具体的实践方式逐渐失去作用，人们普遍地失去了导向，其行为变得狂乱不羁，除了追寻一己的利益外，对他人及社会全无顾虑和责任之心。

总之，东周的确是一个大变动的时代。西周建立的宗法、封建制度逐步分崩离析；贵族之间因血缘、姻戚关系而自然存在的情谊完全丧失；社会规范受到严重破坏。天下骚动，陷入了韩非所称的"大争之世"。

各国执政者对时局的反应

"大争之世"的情势使时人极为惶恐，各国的执政者都想找寻一条出路，希望能保全他们的权势，甚至使之增加。为此目的，他们都知道除了茁壮自己的实力之外，还需要树立一套新规范，确定一个新秩序。他们想到的是先重建旧制，然后使它脱胎换骨，让自己取代式微的周王而称霸。这样做的第一个成功者是齐桓公。首先，他与执政大臣管仲将齐国人民依其职业及居所严格地组织成了一个强大紧密的战斗体，然后领导了多国联军抵制中国周围蛮夷的侵略，仲裁了诸侯间的纠纷，镇压了不服他指使的贵族们。在其成功之后曾九次召集诸侯聚会立盟，约定新的准则。其中于周襄王二年在葵丘所订的较为详细，盟辞开头强调"凡我同盟之人，既盟之后，言归于好"。其后包括了以下诸点：

（一）诛不孝，无易树子（不得改变已经确立的宗子），无以妾为妻；

（二）尊贤，育才，以彰有德；

（三）敬老，慈幼，无忘宾旅；

（四）士无世官（不准士人取得世袭的官位），官事无摄（一官不得兼职），取士必得（用士必须得其贤能者，不论其出身），无专杀大夫（诸侯不得因其私怒而擅杀大夫）；

（五）无曲防（不可变更堤防，使邦际河川阻塞或改道），无遏籴（不可阻遏粮食出售与邻邦），无有封而不告（不得因私恩擅自封建附庸而不告于周室及盟主）。

齐桓公这些作为都是假借了周王的名义或声称卫护周室利益而行之，上述盟辞也在支持周代的封建和宗法制度。在葵丘之盟后，周王为了酬谢他，称他为伯父，传谕他不必行叩拜之礼，而他仍一再谦退而行礼如故。这只是一幕好戏，目的是便于他挟天子以令诸侯。事实上，当他称霸之时曾消灭了小国三十多个，大大地破坏了封建制度。后来晋文公也曾尊王攘夷，盟役诸侯，成功之后便自行请"隧"（周王葬礼之一）用于其死后。这是将自己比拟成天子，严重地破坏了宗法制度。在这些霸主引导之下，其他诸侯亦起效尤，普遍地破坏了支持封建宗法的规范"礼"。

另有一些人觉得"礼"不足救时，想用另一套规范"法"来济急。他们的做法是将"法"公布出来使人们得知其详，然后由政府率先遵行以示信于民。郑国的执政者子产便是第一个这么做的人。他在周景王九年（公元前536年）将郑国的"刑书"铸在一个铜鼎上，这在当时是一个创举。晋国的大臣叔向大不以为然，写了一封长信指出其误，子产只回了一封短简表示受教和无奈。这两封信在中国传统法制的发展上有重大的意义，所以我将《左传》所载之文转录于此，并且多花一点笔墨加以分析：

始吾〔叔向〕有虞于子〔子产〕，今则已矣。昔先王议事以制，不为刑辟，惧民之有争心也；犹不可禁御，是故闲之以义、纠之以政、行之以礼、守之以信、奉之以仁、制为禄位以劝其从、严断刑罚以威其淫；惧其未也，故诲之以忠、耸之以行、教之以务、使之以和、临之以敬、莅之以强、断之以刚；犹求圣哲之上、明察之官、忠信之长、慈惠之师，民于是乎可任使也，而不生祸乱。民知有辟，则不忌于上；并有争心，以征于书，而徼幸以成之，弗可为矣。

夏有乱政而作禹刑，商有乱政而作汤刑，周有乱政而作九刑。三辟之兴，皆叔世也。今吾子相郑国，作封洫、立谤政、制参辟、铸刑书，将以靖民，不亦难乎？《诗》曰："仪式刑文王之德，日靖四方。"又曰："仪刑文王，万邦作孚。"如是，何辟之有？民知争端矣，将弃礼而征于书，锥刀之末，将尽争之，乱狱滋丰，贿赂并行。终子之世，郑其败乎！肸闻之"国将亡，必多制"，其此之谓乎？

〔子产〕复书曰："若吾子之言。侨不才，不能及子孙，吾以救世也。既不承命，敢忘大惠！"

依照叔向之说，古代圣王怕人民以争夺之心相处，所以订立了道义的规范来加以防御，设立了正当的政令来加以纠察，制定了各种奖励和惩罚的办法来加以诱导和吓阻，不但谆谆教诲，并且以身作则来领先遵行，又寻求了聪明、正直、慈惠之人来执行这些规范和政令，遇到了纠纷就"议事以制，不为刑辟"（考虑了各种相关的事实情理而加以判断，不在事先预定一套法则来机械地加以引用）才能使当事人心顺意服而甘愿遵从判决行事，不再发生祸乱。倘若统治者废弃了古代圣王的做法而行乱政，人民就不遵从长上，国家就坠入衰乱，统治者不得不加强使用刑罚法则来管制人民，所以夏商周三代的后期

("叔世")都曾订定这种罚则。

叔向所说的"禹刑""汤刑""九刑"现已难知其详,但是可以推定在文字使用较广之后,政府事务大多均有记录。法律乃重要政令,应当很早便已成文。《尚书》提到周穆王命吕侯"训夏赎刑",《韩非子》称"殷之法,弃灰于公道者断其手",《左传》提到周"九刑",似指当时诸刑文字尚存。统治者要使政令能为人民遵守,当然需将其内容传布于众。《周官》称大宰、大司徒、大司马、大司寇等皆于每年正月之吉日公布其治、教、政、刑诸象之法于邦国都鄙,悬之于象魏,使万民观之。此书非作于周代,这些叙述很难置信。但在这些叙述之后,又称各主官之副贰属员皆以口语"施教"于民,则颇近常情。所以到了西周之时,法令大约虽已形诸文字,但并未普遍供人阅读。司法官吏可能还只是依其所知法令大意,而自行处理实际事务。这种做法可以容许他们斟酌个案相关的各种情事及规范,相当有弹性地做成裁决,而不仅仅适用法令的文字,这便是叔向所说的"议事以制,不为刑辟"。

这种做法显然到了春秋之时还很流行。周景王四年(公元前541年),子产处理郑国两个贵族争妻一案便是一例。[1]但是他一定于事后感到这种办法既费事又不够明确,不能用于人民之间众多的争讼而做成易于被人接受的裁决,所以才于五年后有"铸刑书"之举。此举最明显的用意是使刑法铸于铜器上,可以比书写在竹帛上更确实、长久地保存。此器铸成之后应当不会藏于官府,因为这么做除了保存之外没有什么意义。比较合理的是将它置于公共场地,便于人民有目共睹,一则使他们知道刑法有固定明确的内容,二则表示政府将与人民一样遵

---

[1]《左传》昭公元年记载郑徐吾犯之妹美,已受公孙楚之聘,公孙黑又加强聘,欲杀公孙楚,而被击伤。子产审理此案,因公孙黑族尊势盛,乃说二人各有其理而公孙楚"幼贱有罪",判以放逐出国避祸,使其免受公孙黑日后报复。用心可谓良苦。

守此法,不做任意的变更。这两点正是叔向指出的公布刑法具体内容并机械地加以施行的缺点。子产显然并非不知此理,事实上他大约对叔向所说的许多原则都有同感,所以他没做答辩,只谦称自己无能,并简单地说他是为了"救世"。

为什么子产说要"救世"?此语对当时之郑而言并非虚辞,因为它是一个夹在齐、宋、晋、楚列强之间的小邦,时时有被侵略、瓜分的危险。子产身为国相,其焦虑可以想见。但是为什么他认为"铸刑书"并公之于民是一个救急的办法?大约他以为当时宗法已被破坏,以此为据的"礼"也失去了其约束人们行为的力量,郑国急需一整套广泛有效的新规范,而当时并没有一个社会权威能够做到,他只得尽速颁布一些可以使用政府权力施行的法令。但是这么做还不够,因为政府的实力有限,他必须取得人民的信赖和支持,而他又没有充分的时间去教育人民,所以他采取了一个巧妙的做法——铸刑书,并将它陈列出来,以达成上述教育并取信于民的两个目的。他不可能不知道成文的法令可能挂一漏万,而且未必合理,会引起争议,但是总比让人民蒙在鼓里,觉得执政者任意处断以致心怀不平好一些。显然他的办法被郑国人民接受,促成了他们的团结,使其国家撑过了一段艰难的时期。事实上他执政二十多年间,郑国不仅国内大致安定,并且在国际上获得了相当的尊敬,与叔向的预料相反。造成此一结果的原因是他们二人对于当时社会情况看法不同。他们都深知当时的动乱必须加以处理。非暴力地处理社会动乱的办法向来有两种:一是由社会中的智者追究问题的根源,找出人们怀疑及厌弃旧有制度及规范的原因,进而重建一套新的制度和规范,并耐心地教育人民,使他们了解其意义和精神,然后自动地服从并遵行。另一个办法是,掌握权势之人以强硬的手段推行一套制度和规范来寻求快速的效果。这两种办法不仅分别表现在叔向和子产往返的信件里,也显示于后世儒法二家的思想中,成了两家争议的焦点,所以十分值得注意。

仅就理论而言，叔向之说自较妥善，但要实行此说，需两个条件：第一，推行者要有极高的智慧、品格、决心和适当的地位。第二，他们要有长久的时间从容地去逐步推进。在现实的情势里，如果执政者面临着严重的问题必须紧急处理，便只有采取子产的办法来"救世"了。这一点，叔向和以后的儒家都未能掌握，所以其说很少在乱世被采用；而子产的办法不仅立竿见影，挽救了郑国于一时，而且旋即为许多国家遵行。五十年后在周敬王八年（公元前512年），叔向的本国晋也铸了"刑鼎"，去解燃眉之急。

然而将刑法铸在鼎上并公布出来并不难，难的是为了什么目的，处在什么基础上，依照什么原则去立法、司法？子产对此显然曾有深思，并做出了若干很好的决定。他的立法目的主要在于改善人们的生活和人际关系。在开始施行时有许多人因守旧而反对他，甚至希望他早死。这些人常在当时的"乡校"议论时政，有一位大臣问子产可否将乡校关掉。他回答说：这些人早晚在那里讨论我的政策，他们赞同的我便去施行，他们厌恶的我便去改善。他们是我的导师，我怎么可以将他们的乡校关掉？在他执政三年之后，人民反过来称赞他，说他改善了郑国的经济和教育，因而担忧在他去世之后无人能够来继承他的德政。人民这种态度的变更，就是因为子产能依照人民的需要立法、司法，并且能尊重人民的意见，随时改进，所以得到良好的结果。其后别国的执政者纷纷效仿，却未必都能做得像他那么妥当。晋国所铸的刑鼎便有些问题，孔子得知此事并且显然在分析了这个新刑法之后，提出了两点非议：

第一，晋国初封之君唐叔虞（周成王之弟）原有受自周王室的"法度"，其后历代贵族官员遵守此法治国，使人民都尊敬他们而循规蹈矩。此法能使贵贱不变其职守和行为，就是适当之"度"。春秋时晋文公成为霸主，又曾重新宣明唐叔之法；现在晋国抛弃了这种法度而铸了刑鼎，人民只注意在鼎上的条文，怎么会再尊重贵族？贵族除了这些条文之外还有什么可以用来治理人民？贵贱之间没有了等级，社会秩序将如何维持？第二，刑鼎上的法令是晋文公后期由执政者范宣子订定的。当时晋政已经纷乱，用那时的法令实非妥当。显然，孔子并不像叔向那么轻视法令，一味强调道德仁义；他所说的"法度"包括了周初的"法"和许多处理各类事务的准则"度"。这些法度虽然并没有明确地宣示于一般不识文字的民众，却是贵族教育的一部分，是他们清楚了解的，因此可以由他们来施行，这是他们的重要职责。假如这种详密精细的法度不再受到重视，贵族还有什么职责？人们以为除了鼎上的条文之外没有其他的行为准则可循，怎么会再听从贵族的意见？何况鼎上之法本来就不健全，国家当然就难以治理了。

所以归结起来看，孔子和叔向的意见基本上是相同的，那就是政府制定的法令之上还应该有一套高层的规范。他们也都指出这套规范需要适当的人来施行，如果没有这样的人，社会便无法安宁。在这一点上孔子比叔向更为强调。问题是他们心目中的高层规范以周初封建和宗法为基础，在这些制度式微之后，他们还想使之恢复，而春秋战国之时，由于情势的变迁，一般人已不同意这种想法，也没有时间去慢慢重建一套高层规范的新基础，而且大多数国家的统治者对于人民的需要和高层规范都没有正确的认识，一般人民更是茫然不知所措。此一形势激起了知识分子追寻一条出路的志向。他们清楚为了防止人们盲目摸索和放肆滥行，必须由他们建议一套比较具体的规范来指导并约制人们的行为。

这套规范该以什么为基础？该由谁，用什么方式来施行它？"八哲"曾提出了一些答案。关于规范的基础，有的主张将原有的礼去芜存菁，改变成一种合乎理性和时宜的准则；有的强调基于"天志"的政令；有的支持执政者所制定的法条；有的因为怀疑人的能力，认为不必再做任何努力，而应该废弃文明，回归万物的自然状态，遵循

"自然律"。关于规范的施行,有的强调用教育来潜移默化;有的认为要借宗教信仰、鬼神之力的协助;有的主张由政府的赏罚来强力推行;主张回归自然的相信自然律会"自然"地运作,不必也不可由任何人来施行。

规范的基础、目的、制定、施行、功能、效力等,可以因时因地而异,所以现代的人不可能完全接受"八典"的内容,但是在仔细研读之后,可以见到它们对许多世间最基本深奥的法理、哲理问题提出了不少卓越的意见,如能与现时常见的一些意见相比较,并加深思,应当可以产生一些新的看法,为今日世界寻找出比较妥当的治平之道。我写作本书就是希望为此工作提供一些微薄的帮助。

《论语》

孔 子

有关孔子生平的材料流传颇多。兹据《史记·孔子世家》及《论语》《左传》等书记其梗概如下：

孔子名丘字仲尼，远祖是殷朝的遗民，入周居于宋，曾任官职。六世祖孔父嘉因政争被杀，其后避于鲁。他生于周灵王二十一年（公元前551年），三岁丧父。少年时贫困，做过许多杂事帮助家计，稍长曾在鲁卿季氏之家做过管理仓库和牧场的小吏，都能称职。后来他自称"吾少也贱，故多能鄙事"《子罕》。他好学，自己说"十有五而志于学"《为政》，又说"十室之邑必有忠信如丘者焉，不如丘之好学也"《公冶长》。他特别好学"礼"，儿时嬉戏"常陈俎豆，设礼容"，十七岁时便被鲁大夫孟厘子称赞为"年少好礼"，后来更是"入太庙，每事问"《八佾》。但是他所学的不止于礼，而是凡有所不知，便不断求教，所以他说自己"非生而知之者。好古，敏以求之者也"《述而》。卫国的公孙朝问子贡谁是孔子的老师。子贡说："文、武之道未坠于地，在人，贤者识其大者，不贤者识其小者，莫不有文、武之道焉。夫子焉不学，而亦何常师之有？"《子张》孔子自己说："三人行，必有我师焉。择其善者而从之，其不善者而改之。"《述而》

因为他好学，所以知识广博。人们时而遇到稀见的事物（如吴伐越所得的"大骨"、隼鸟自北方带来的"肃慎之矢"），向他请教，他都能一一说出其由来、典故。大约因此之故,很早就有人拜他为师。他说"自行束脩以上,吾未尝无诲焉"《述而》。他在三十岁左右,学生多了,有的出身贵族之家(如鲁国的孟懿子),可以付出较为丰厚的学费,使他有了相当的收入,不必寄人篱下,依靠做许多"鄙事"为生。大约这就是他所说"三十而立"《为政》的意思。然而此时他对某些问题尚感困惑,所以去请教若干前辈,包括李聃(问礼)、郯子(问官)、师襄子(学琴),到了四十岁左右才能"不惑"《为政》。再经过了多年教学相长,到了五十岁左右他说已"知天命"《为政》,但是对"天命"没有详细说明。此外他对于"怪、力、乱、神"等难以稽考的话题也不愿谈《述而》。这就是他强调的"知之为知之,不知为不知"《为政》。

　　孔子治学并不是只研究抽象的哲理,而是为了经世济民,但是一直没有致用的机会,自然不免感到抑郁。到了五十岁时,鲁国季氏家臣公山弗扰占据了费邑叛变,使人召孔子为助。孔子想去,子路听了很不高兴地说:"末之也已,何必公山氏之之也!"孔子说:"夫召我者而岂徒哉?如有用我者,吾其为东周乎。"[1]《阳货》但是他最后并没有去,大约知道公山弗扰不足成事吧。一年之后鲁定公任命孔子为中都宰,在职一年,政绩很好,次年升任鲁国小司寇,不久又升任司寇。此年鲁定公与齐景公相会于夹谷,孔子陪往为礼相。齐景公几次企图戏弄折辱鲁定公,都被孔子据礼拒斥,使齐景公不得不依礼相待,并且于会后归还了以前侵占鲁国的若干田地。其后他曾屡次向孔子问政,学到了许多大道理,所以想以尼溪之田作为孔子的封地,但因当时齐国大臣晏婴认为孔子并无实际治国之才,以致齐景公不能重用他。

---

〔1〕 周初建都于丰镐,称为"宗周"。周公以洛阳为中心另建一都,以统治新征服的殷及其属国,称为"成周",因在宗周之东,所以又称"东周",在此指像周公所建的那样伟大的政治体制。

因为他在夹谷之会的成就，孔子赢得了鲁君和执政者的信任，在鲁定公十四年（公元前496年）代理宰相之事，政绩斐然，便想进一步实现他的理想。当时鲁国三桓（鲁桓公的三个孙子——孟孙、叔孙、季孙）的封邑各有巨大的都城，积聚了众多的人民和军备，对鲁国君主产生了很大的威胁。孔子想堕毁这三个都城，没有成功〈1〉，引起了三桓的猜忌，因而失去了鲁君的尊重。齐国趁机派了女乐到鲁引诱其君臣怠弃政务，孔子只好离职去鲁。在此后十四年间带领若干弟子周游卫、陈、宋、曹、郑、蔡等国，寻找工作机会，但是都未能如愿。他五十八岁（公元前494年）时晋国赵简子家臣佛肸占据了中牟地方叛变，使人召他为助，他想去，子路抗议道，以前听您说曾经亲身做坏事的人所据之地，正人君子是不能去的，现在佛肸占据了中牟叛变而您要去，是什么缘故？孔子说："然，有是言也。不曰坚乎，磨而不磷；不曰白乎，涅而不缁。吾岂匏瓜也哉，焉能系而不食？"《阳货》由此以及其前他想去帮助公山弗扰之事，可见他经国济民的愿望之切，但是后来他听说赵简子枉杀贤人窦鸣犊、舜华，就决定不去晋国了。

孔子周游各处期间许多人来向他请教各种问题，若干国君曾经想用他为政，都因为该国权臣（包括齐国的晏婴和楚国的令尹子西）的阻挠而没有成功。有几次他和弟子们曾经陷于困境，甚至绝粮。但是他并不气馁退缩，依旧继续不断地追寻他的理想，并且在十分不利的情况下，从容地弦歌习礼，甚至保持了一分自嘲的幽默，听人说他因与弟子相失，累累若丧家之狗，就欣然笑着说，是啊，是啊。这种修养和气度不是常人所能及的。

〈1〉 依据周代封建制度，邦国之卿大夫皆受封地，内有都邑。鲁桓公之后孟孙、叔孙、季孙历世为卿。孟孙之都"成"、叔孙之都"郈"、季孙之都"费"，皆巨大逾制，内贮甲兵，足以为乱。《史记·孔子世家》载鲁定公十三年（公元前497年）夏，孔子言于定公曰："臣无藏甲，大夫毋百雉之城。"使仲由为季氏宰，将堕三都。叔孙氏先堕郈。费人叛，与叔孙攻鲁败，费被堕。孟孙与鲁战，鲁不克，成乃不堕。

《论语》

以上这些经历加深了孔子对人情世故的领悟,所以他说他"六十而耳顺"《为政》。此语不易解,或许是表示他到了那年龄,听到别人的话便能很快地推想它背后的缘由,因而不会觉得它唐突无理、刺耳逆心了。无论如何,他到老年之时心境一定已很宁静,所以在鲁哀公十一年(公元前484年)他六十八岁回到鲁国之后,虽然还偶尔评论政事,指导某些从政的弟子,大部分时间都用在订正历代文化遗产,包括"诗""书""礼""乐"等等,只剩"易"尚未细研,所以他说:"加我数年,五、十〔五或十〕以学易,可以无大过矣。"《述而》七十之后他已能自然地接受一切合理的传统,因而可以"从心所欲不逾矩"《为政》,但是他已逐渐衰弱,曾说:"甚矣,吾衰也!久矣,吾不复梦见周公。"《述而》大约是说已经不再能思考重要复杂的问题了。不幸在此之前他的夫人亓官氏、独子孔鲤、爱徒颜回相继去世;亦徒亦友的子路又在卫国被害。他哀痛之余在鲁哀公十六年(公元前479年)病故,享年七十三岁。综观其一生,可以说他一直在追问一个最基本的问题——人应该怎么活着?一般人应该怎么做?有较高才能的人该怎么做?他努力思考之后提出了一系列的答案,并且自己尽力去求其实现。

《论语》

《论语》记录了孔子和一些弟子及相关人士的言行,可以显示出他的若干观念和实践。后人将传闻编辑成书,到汉初已有若干抄本。《汉书·艺文志》称有"古论""齐论""鲁论",而以安昌侯张禹的"鲁论"行于世。历代学者对其内容做了许多注释,也提出了若干疑问,但是因为它大致陈述了一种周密、贯通的理论,对许多人生的问题提出了理性、精深的见解,所以是一部中国极重要的经典。然而它有一个明显的问题:因为它是零星言行的记录,不是专题的论著,虽曾由编纂者大致归类，但是未加明确组合，全书就像一盘散珠，大多的读者都会被其中似乎特别灿烂夺目的某些颗粒所吸引，而很难见到孔子理论的主旨和脉络。在一般书籍而言，如果能先领悟作者的意图，然后去探究他为了实现此意图而提出的想法和办法，便可以看出此书的理论主旨和脉络。孔子一生的意图在于寻求如何使人们改善其生活，社会增进其功能。《论语》的主旨就在讨论这些问题。大体而言，它们的答案决定于两个因素，一是外在的，包括自然的环境和人世的情势；一是内在的，包括个人的意愿和智能。对于这些因素的认识决定了人对生命的意义和目标以及如何处理具体事件（如人与人、人与物、人与环境之间应有什么关系；人们如何相互依存，如何构成群体；群体如何运作，如何处理共同及个别的事务和纠纷等等）的想法和办法。孔子对于这些因素的认识，与当时一般人的观念有异，因而提出了一些不同的处理具体事件的想法和办法。以此为线索，将《论语》里的"散珠"串联起来，应该便可以将孔子的重要理论一以贯之，显示出其主旨和脉络。本文就企图做此尝试，希望将其理论在政法思想上的贡献点明出来，也提出了几个似乎是它遗留下的问题。

观　念

人的生活有多少可以自主，多少受制于外力？个人有多少能力掌握自己的作为，决定自己的命运？在孔子之前虽然已经有许多人创造了可观的文化，改进了人们的生活，但是多数人的观念还是觉得人很渺小脆弱，对于自己的生活和生命能够左右的极少，大部分都被一些外在的力量所控制，其中最明显的是物理的环境，其次是其他的人，尤其是家族的长老。但是最受古人敬畏的是一种难以了解、不可预测、无法抗拒的力量，在暗中决定了人生的一切，包括己身的生死祸福、健康病痛以及外在的天象地貌、水旱灾祥。因为一向受了长老的指导而生活，所以人相信长老死后成了"鬼"，仍然对他们有影响。"鬼"的世界也有阶级，在上者为"神"，最高者为"天"。为了祈求它们的指导庇佑，避免它们的责难惩罚，人们造出了许多办法来与它们沟通，包括各种方式的祭祀和祷告。究竟要怎么做才有效？《论语》里有这样一段对白："季路问事鬼神，子曰未能事人，焉能事鬼？曰敢问死。曰未知生，焉知死？"《先进》粗看来子路的问题很唐突，所以孔子没有直接答复而驳了回去。其实子路的问题极为严肃、深奥，因为人生在世，须臾而逝，生命究竟有什么意义？生活应该以什么为目的？死亡为何不可避免？死后将又如何？如果变为鬼神，它们与人有什么关系？人应该如何对待它们？这些问题是世上各大宗教最为关注的，孔子应该曾经想过，但是他没有说出来，而强调应该先将人际关系做好。子路并没有被轻易地打发，而追问如何看待一个无可避免之事——死亡（及其相关的许多问题）。孔子又避而不答，仍旧强调要先了解生命的意义和生活的目的，不要去空谈死后之事。为什么？首先因为这些问题没有基于事实可以验证的答案，孔子曾说"知之为知之，不知为不知"《为政》，所以对于自己没有确切知识之事不肯多说。其次涉及一个意向的问题：大体而言，对自己没有信心的人，处世会比较消极、退缩，认为自己无力去改变环境，只好听由外力摆布，因而相信各种外力。如何对待它们就成了一大问题，引起许多人的臆想。其中对于知识缺乏忠诚的虚妄之辈，就发明了许多粗浅的迷信和玄妙的宗教；相对地，不肯自欺欺人的君子，对这些外力就不愿多谈。孔子显然属于这一类。然而他既不能确切谈论死后之事，当然也不能否定鬼神的存在和力量，因此他对于人们祭祀鬼神、祈祷其庇佑，也不能反对，但是无法认真接受，所以他说"祭如在，祭神如神在"《八佾》，平常则要"敬鬼神而远之"《雍也》。至于祈祷一事，尤其不必信其功效，因为如果一个人犯了过错而不知自改，仅仅向鬼神祈求宽恕，于事无补；倘若希望鬼神代为补救，鬼神有知，必定鄙弃不理，所以当王孙贾问："与其媚于奥，宁媚于灶，何谓也？"孔子说："不然，获罪于天，无所祷也。"《八佾》犯了罪过，无论向"奥"或"灶"或任何哪个鬼神做什么祈祷，都没有用。此外，一些常有之事如疾病，孔子也认为不是祷于"上下神祇"就可以避免。所以有一次他生了比较重的病，子路请祷。孔子问："有诸？"子路答："有之，诔曰祷尔于上下神祇。"孔子说："丘之祷久矣。"《述而》意思是他自己这样祷告已很久了，显然没有用。这种想法与古代传统大异。除了子路说的"诔"辞之外，《尚书·金縢》里记载了周武王生病，周公为之祈祷而得免一事。如果是事实，孔子应该读过，但他显然没有觉得可以用在自己身上。

孔子虽然对于不可确知的神奇事物皆予存疑，但曾多次提到"天"或"命"，或合称之为"天命"。他在匡地遇难时说："文王既没，文不在兹乎？天之将丧斯文也，后死者不得与于斯文也；天之未丧斯文也，匡人其如予何？"《子罕》他自以为是周文化的继承人，如果"天"并不要灭绝这文化，匡人便不能加害于他。所以他似乎也和常人一样，认为"天"是一个有意志、能作威作福的东西，文化的存亡由天决定，人的行为也会受天的赏罚。他被迫去见了卫灵公的夫人南子，子路很不高兴，孔子发誓说："予所否者，天厌之！天厌之！"〔倘若我做了不当的行为，"天"会处罚我。〕《雍也》但是在他之前，早有许多人已经发现"天"的意志不仅难以捉摸，而且"天"的作为往往不公平、不合情理。孔子似乎也有同感，所以他在颜渊于鲁哀公十四年死后，痛哭说："天丧予！天丧予！"《先进》似乎说"天"打击了他，使他悲丧而无奈。

"命"似乎是另一个决定性的因素。它与"天"有些不同，不像"天"那样有知觉，会回应人的行为，而是一成不变的。孔子的一个以德行著名的弟子伯牛生了一种不治之症，他十分感慨地说："亡之〔将去世了〕，命矣夫！斯人也而有斯疾也！斯人也而有斯疾也！"《雍也》又如子路为季孙工作时，同僚公伯寮在季孙处毁谤他。鲁大夫子服景伯将此事告诉孔子，说他有能力可以处分公伯寮。孔子说："道之将行也与？命也；道之将废也与？命也。公伯寮其如命何？"《宪问》有时他将"命"与"天"连在一起，说他自己五十而"知天命"《为政》，又说君子"畏天命"《季氏》。

孔子真的相信"天"和"命"吗？以上已经说到他不谈"怪、力、乱、神"，不愿臆想死后之事。"天""命"和鬼神不同吗？中国古人似乎将"天"看作至高无上的一种权威，"命"便是它所做的决定。孔子不迷信鬼神，但是屈从于"天命"，是否有些矛盾？他是一个宿命论者吗？

真正的宿命论者相信人的一举一动和一切的后果，都由"命"早就决定，因此人的希望、意志、计划、勤惰都无关重要。孔子是这样的人吗？如前所述，他自己在求知方面"学而不厌""发愤忘食"，到了五十还想去学"易"，"不知老之将至"《述而》；在教育弟子方面他"诲人不倦"《述而》、"有教无类"《卫灵公》；对于执政者，他强调要"正名""正己""正人"《子路》；在自己为政时不仅想要堕三都，并且在陈成子弑齐简公之后请求鲁哀公出兵讨伐。[1]这些都是极困难的事，有些甚至是不可能做到的，而他仍然去做，无怪石门的司门者说他是"知其不可而为之者"。《宪问》这样的人当然不能称为宿命论者，因为他对当时社会上的许多弊病感到不满，想要加以改革，当然不能相信一切都是"天""命"或任何外力预先决定的。

对于这种人的行为可以有一个比较合理的解释：他们认为人可以有自由意志，也有相当智能，虽然有限，但应竭力去实现其理想，即

---

[1]《宪问》记鲁哀公十四年（公元前481年）齐国大夫陈成子弑齐简公。孔子当时已经告老还家，听了此讯，便沐浴而朝，告于哀公曰："陈恒弑其君，请讨之。"公曰："告夫三子[三桓]。"孔子之三子告。三子曰不可。孔子曰："以吾从大夫之后，不敢不告也。"

使面对着极大的阻碍，也不轻易放弃。决定一事成败的因素多少不等，从事者能够掌握的愈多，成功的机会就愈大；如果还是不能成功，是因为还有一些因素未能掌握，只好承认自己能力不足了。孔子对于这些还不能掌握的因素无以名之，勉强称之为"天"，但是并非认为"天"故意与人作对，所以他说自己"不怨天，不尤人，下学而上达"《宪问》，意思是尽力去获取最多的知识，以求通晓最高的道理，不能成事只该归咎于己，不怨恨上天，不责怪别人。这不是宿命论，而是一种理性的对外在因素和自身条件的认识。有此认识之人，便可心中坦然地接受自己努力而不成的后果，不推诿责任，不仅不消极、悲观，甚至进而更努力去掌握此前被忽略的因素，以求成功。这种对于生命的积极、乐观的态度，应该是对孔子所说"天""命"较佳的解释。他所说的"知天命"《为政》、"畏天命"《季氏》，就是知道对于某些因素他还未能掌握而感到无奈与可畏。至于他在见了南子之后的誓言和在颜渊死后的痛哭哀号，都只是一时情绪激动所致，不是他的常态。

　　像孔子这样的人显然不多，然而世俗所说的"文明"都是他们努力创立的成果。后人常称他们为"圣人"，是天生的；但是孔子不这么想，他说人们"性相近也，习相远也。唯上知与下愚不移"《阳货》。除了一些极聪明与极愚昧的之外，绝大多数的人都因为受了不同的外来影响而变化，如果能知道"择其善者而从之，其不善者而改之"，获得了较多的知识，培养了较高的才能，加以极大的努力，就可以对"文明"有所贡献。孔子在世之时，似乎已有人因其博学多智而以"圣人"视之。但是他说："若圣与仁，则吾岂敢。"而说自己："非生而知之者。好古，敏以求之者也。"《述而》由此可见他认为文明无须依赖"圣人"，"圣人"也不是天生而是一般人都可以凭其努力而成的。这种虽不否认"天""命"，却强调人该尽力争取成就的想法是他的卓见，他的高足们都能领悟，如司马牛因没有兄弟而感到沮丧。子夏说："商闻之〔于孔子〕矣：死生有命，富贵在天。君子敬而无失，与人恭而有礼，四海之内，皆兄弟也。君子何患乎无兄弟也？"《颜渊》意谓有没有亲兄弟不是人能决定的，但是如果能妥善地与他人相处，天下之人皆可变得如兄弟一般。这种不赖天命而尽人力的想法后来成了儒家理论的重要一环。

简而言之，孔子对于人有一些基本的看法、假设和期许。第一他看出人具有一些特殊的禀赋，与其他生物不同，可以对自己的生活和命运有相当的掌控。第二他假设人的本质相"近"，但是除了"上知"与"下愚"之外，绝大多数都可以因不同的影响而变异。第三他期望人们能努力去增强自己的才能，开创自己想要的生活方式。

规　范

人不该崇鬼神，信宿命，但是个人的谋生能力有限，怎么才能改善其生活？对于这个问题孔子提出了一系列的想法和做法。首先，因为个人必须与群体合作才能维生，而要这么做，就必须遵守一套共同的规范。当时社会上已有许多规范，但是有的内涵不清，有的互相扞格。孔子花了许多功夫将它们分析了一番，排列出一个高下的层次，供人在实践时参考，以免迷惑彷徨。兹取其要略述于下。

"仁""爱""恕"

孔子很明显地将"仁"列为最高的规范。"仁"是什么？怎么"为仁"？他的弟子说"子罕言利与命与仁"[1]《子罕》，但是《论语》里记录

---

[1] 孔子虽然极少谈"利"，谈"命"之例也不多，但是《论语》里有一百多次讨论"仁"，所以此语历来有许多不同的解释，都很勉强。

了许多他谈"仁"以及他对弟子"问仁"所作的回答。其中有的话似乎只是强调"仁"的重要，如他说："人而不仁，如礼何？人而不仁，如乐何？"《八佾》、"里仁为美。择不处仁，焉得知？"《里仁》、"唯仁者能好人，能恶人"《里仁》、"君子无终食之间违仁，造次必于是，颠沛必于是"《里仁》、"当仁不让于师"《卫灵公》；有的话在于说明什么行为是"不仁"或"近乎仁"，如："巧言令色，鲜矣仁"《学而》《阳货》、"刚毅、木讷，近仁"《子路》；有的话在于指出"仁者"的一些行为，如："仁者必有勇，勇者不必有仁"《宪问》、"仁者其言也讱"《颜渊》、"仁者不忧"《子罕》、"仁者乐山……仁者静"《雍也》、"志士仁人，无求生以害仁，有杀身以成仁"《卫灵公》。

他与弟子的问答则对"仁"的意义以及如何"为仁"说得更多。例如樊迟三次问"仁"，孔子第一次说"居处恭，执事敬，与人忠"《子路》，第二次说"先难而后获"《雍也》，第三次只说"爱人"《颜渊》。三句话都涉及律己、处世、待人等方面，但没有细说。仲弓问"仁"，孔子说："己所不欲，勿施于人。"《颜渊》子贡问："有一言而可以终身行之者乎？"孔子又说："己所不欲，勿施于人"《卫灵公》，又称这么做为"恕"，可见"仁""恕"有共同之处。子贡又问："如有博施于民而能济众，何如，可谓仁乎？"孔子说："何事于仁，必也圣乎！尧、舜其犹病诸！夫仁者，己欲立而立人，己欲达而达人。"《雍也》这些话指出了"仁"的真义就是"爱"与"恕"。有子体会了这个道理而引申出"孝、弟"为"仁之本"《学而》的见解——因为人最亲近的莫过于父母、兄弟，能够孝顺父母、敬爱兄弟，便是"爱人"最基本的做法了。但是"爱"不该仅止于此，而应延伸至更多的人，然而也不可泛爱天下众生，这是尧、舜都难做到的。孔子认为"爱人"只能做到合乎情理的程度。宰我问：如果说有人陷在井里，"仁者"听了该跳下去救吗？孔子说："何为其然也？君子可逝也，不可陷也；可欺也，不可罔也。"《雍也》大意是说君子可以被合乎常理的话说动，但是不可能

《论语》 | 29

被虚妄之语欺骗。⁽¹⁾他曾说仁人可以杀身以成仁，但是不会因为"爱人"而暴虎冯河去做不可能或无意之事，只能做到"己所不欲，勿施于人""己欲立而立人，己欲达而达人"。前者是消极地不去伤害别人，后者是积极地去帮助别人，但是都以自己所能做到的程度为准。简单地说就是要待人如待己，将别人当作像自己一样的"人"来看待。这种行为很具体，而且不困难，如果"能近取譬"［能就近以自己为例］然后推而及人，便"可谓仁之方也"［可以说是行仁的方法了］。《雍也》

但是人们是否都有相同的好恶？依照孔子的观察，人们"性相近也，习相远也"，所以大多数生活在近似环境里的人，都可以将心比心（"恕"［如心］）来待己待人而做到"仁"，所以孔子说："仁远乎哉？我欲仁，斯仁至矣。"《述而》又一再地说"仁者不忧"《子罕》《宪问》，为什么？因为依照这种方法去做，能做到多少就做多少，"内省不疚"《颜渊》，便可以"不忧"了。

然而那只是理应如此，实际上"为仁"还须下一番功夫。首先因为人的欲望往往非其能力所能满足，勉强去做经常造成不良的后果，所以人除了要努力去实现理想之外，还应该知道如何抑制过分的欲望，这就是孔子说的"克己"。颜渊问仁，孔子说"克己复礼为仁"。颜渊请问其目［具体做法的细目］。孔子说："非礼勿视，非礼勿听，非礼勿言，非礼勿动。"《颜渊》

关于"礼"的意义和内容，将在下文讨论，现在只简单地说它是一种规范，自古即已存在，到了周代已发展得很精致、完备，成为人们（尤其是上层阶级）一举一动应该依据的准则。依此所做的行为，优雅妥当，能够显示出个人的修养，并且促进人际的关系，所以孔子

⟨1⟩《孟子·万章上》将此点讲得更明白：有人送生鱼给子产，子产使人将它养在水池里。该人却将它煮来吃了，然后对子产说："始舍之，圉圉焉，少则洋洋焉，攸然而逝。"子产说："得其所哉！得其所哉！"孟子说："故君子可欺以其方，难罔以非其道。"

说这是"为仁"的好办法。

因为从内心出发，推己及人，以及依照已有的外在准则来克己，都是个人自发的行为，所以孔子说"为仁由己"《颜渊》，不须依赖他人。但是克己并非易事，孔子说："回也，其心三月不违仁，其余[其他的弟子]则日月至焉而已矣[偶尔能做到而已]。"《雍也》有人说冉雍（仲弓）"仁而不佞[没有口才]"，孔子说："不知其仁，焉用佞。"《公冶长》当孟武伯问子路（仲由）、冉求（子有）、公西赤（子华）是否"仁"，他说："由也，千乘之国，可使治其赋也，不知其仁也……求也，千室之邑、百乘之家可使为之宰也，不知其仁也……赤也，束带立于朝，可使与宾客言也，不知其仁也。"《公冶长》原宪（子思）问："克、伐、怨、欲不行焉，可以为仁矣？"孔子说："可以为难矣，仁则吾不知也。"《宪问》子贡说："我不欲人之加诸我也，吾亦欲无加诸人。"孔子说："赐也，非尔所及也。"《公冶长》他认为弟子只有颜渊努力为"仁"，对于自己则说"若圣与仁，则吾岂敢"。至于一些名人，他极少以"仁"许之，如冉有问伯夷、叔齐是怎样的人。孔子说他们"求仁而得仁"而无怨，是"古之贤人"，没有说他们是"仁人"。《述而》子张问楚国的令尹子文"三仕为令尹，无喜色；三已之，无愠色。旧令尹之政必以告新令尹，何如？"孔子说"忠矣"。子张问："仁矣乎？"孔子说："未知。焉得仁[这样怎么能算是'仁']？"子张又问崔杼杀了齐庄公之后陈文子放弃财产离开了齐国，到了另一些邦国，发现其执政也如崔杼，就继续流亡。他可以算是"仁"吗？孔子说"清矣"，"未知。焉得仁？"《公冶长》

孔子明白称道的"仁人"似乎只有两位，一是子产，一是管仲。他曾对子张说，"能行五者于天下，为仁矣"，进而说"五者"指"恭、宽、信、敏、惠。恭则不侮，宽则得众，信则人任焉，敏则有功，惠则足以使人"《阳货》。谈到子产时说他"有君子之道四焉，其行己也恭，其事上也敬，其养民也惠，其使民也义"《公冶长》。可见他认为子产能"为仁"。子产拒绝毁乡校,孔子听说此事后说:"以是观之,人谓子产不仁,吾不信也。"《左传·襄公三十一年》子产卒,孔子流泪说:"古之遗爱也。"《宪问》《左传·昭公二十年》

孔子曾说管仲不俭,不知礼,器小。《八佾》但是当子路、子贡说在齐桓公与公子纠争夺君位而杀死了公子纠之后,公子纠的一个辅臣召忽尽忠而死,另一个辅臣管仲不仅不死而投降了桓公,做了他的首相,因而他们都批评管仲为"未仁",孔子对子路说:"桓公九合诸侯,不以兵车,管仲之力也。如其仁!如其仁!"又对子贡说:"管仲相桓公,霸诸侯,一匡天下,民到于今受其赐。微管仲,吾其被发左衽矣。岂若匹夫匹妇之为谅也,自经于沟渎,而莫之知也。"《宪问》

由此可见孔子心目中的"仁人"不是独善其身,而是能有助于民族生存、文化延续发展的人。以此为标准,当然他自己也够不上。大约因为他一方面将"仁"抬得这么高,另一方面又强调"仁"是最基本的人与人相处之道,弟子们觉得难以掌握,一问再问,他的答复仍很简单,所以他们说他"罕言仁",很少彻底地谈仁。

"义"

做人要仁,"仁"重在推己及人,但是虽然人性相近,却可能因学习而相远,一己之是非好恶,未必为整个社会认同,所以在此之外应该还要有一个能为大众可以接受的准则。孔子和许多人都称之为"义",但是都没有做详细的解释。《论语》里常将它与"利"和"得"并提,如"见利思义"《宪问》,"见得思义"《季氏》,"行义以达其道"《季氏》,"不义而富且贵,于我如浮云"《述而》。此外还一再强调"君子"与"义"及君民与"义"的关系,如"君子义以为上"《阳货》,"君子喻于义,小人喻于利"《里仁》,"君子有勇而无义为乱,小人有勇而无义为盗"《阳货》,"君子之于天下也,无适也,无莫也,义之与比"《里仁》,"君子之仕也,行其义也……不仕无义"《微子》,"上好义则民莫敢不服"《子路》,等等。由此可知,孔子心目中的"义"是一种重要的行为原则,似乎与今人所说的"正义"相似。什么是"正义"?古今中外诠释不一,但是都包括"正当"一义。什么是"正当",当然也是一个问题,可能因时、因地甚至因人而异,但是在一个比较安定的社会里,同一时期、同一地区的人应该可以对什么是"正当"有一个相近的认识。换句话说,一时一地的人可以有一套共同的"是非"。孔子所处的是一个动荡的时代,旧有的制度虽已摇摇欲坠,然而许多人仍想勉力挽救,他们的观念还没有严重地分化,孔子便是其中之一,大约因此之故,他没有探究"义"的内涵,也没有讨论如何去确定"义"的外延,而几乎假设一般人都可以判断"义"与"不义"。

因为"义"是在特定情况下用来判断是非的准则,其适用范围比较小,因此没有"仁"那么深广的意义和崇高的位阶。孔子曾说志士应该杀身成"仁"。至于见"义"不为,他只称之为"无勇"《为政》,而"勇"在他看来并不是很高的一种"德",详见下述。

"直"

"直"可以有正直不欺、率直无隐等义。在较为简单的层次上孔子也同意这种看法。当时有一个传说:有人向微生高讨一点醋,他不说自家没有,而到邻家讨了一点转给此人。孔子认为这是不对的,说:"孰谓微生高直?"《公冶长》此外又有一种"以德报怨"之说[1],孔子反问:"何以报德?"然后说应该"以直报怨,以德报德"《宪问》。他又说执政者应该"举直错诸枉",以使枉者直。《颜渊》所以他并不反对正直不欺,但是他认为在某些情形之下强调率直无隐可能流于肤浅,甚

---

[1] 这大约是古时就有的一种说法,道家便有此主张,见本书《老子》诠释章。

至产生意想不到的后果。最明显的一个例子是楚国的一个地方官叶公告诉孔子说：叶地有一个这样的人，他的父亲偷了别人的羊，他便去告发、做证。言下显然为其治绩颇为自豪。孔子说："吾党之直者异于是：父为子隐，子为父隐。直在其中矣。"《子路》此话不易懂。隐瞒他人的罪行，即使不是欺骗，也不能算是正直。孔子没有明白说那是"直"，而说"直在其中矣"，很是玄妙，究竟是什么意思？要回答这个问题，需要从很高的观点来看这件事，并且探究它的背景和后果。父亲犯了罪，如果由儿子去告发而受执政者嘉许，结果必然破坏父子之间自然的亲密关系。如果有这种关系的人都不能相互信赖，而必须怀着猜忌之心相待，社会便丧失了内聚力，成了一盘散沙，分工合作皆不可能，而变得人人自危，不仅极端自私自利，而且可能任意诬陷他人。子贡说"恶讦以为直者"《阳货》，便是指斥这种后果。此种情况在许多政权不稳、鼓励告讦的国家都曾发生过，而得不到预期的效果，除了上述对于社会长远的不良影响之外，在处理每件个案之时还会遇到极严重的困难，因为如果亲密之人互相告讦，很可能只是各执一词，别无他人可作佐证，使司法者无法做出不偏不倚的判决，这种程序法上的缺陷是法制的致命伤。孔子显然顾虑到了这些社会和司法的问题而提出他的主张，其用心和见解高远正确，但是与常人之见不同，而他又是极其慎言之人，所以不说父子相容隐是"直"而说"直在其中"。换句话说，他的意思是：虽然这不是狭义的"直"，但是能真正保全社会安宁，这一点本来就应该是"直"的最终目的，所以说能这么做，"直"便在其中了。

其次，有人认为坚守一定的原则，不受外在的因素左右也是"直"。孔子不完全赞同。在他看来做什么都要合乎礼，所以说"直而无礼则绞"。《泰伯》他认为在小事上坚持己见，不知礼让，只是别扭而已，实不足道；他又指出在大事上不顾情势的差别，都像一支箭似的僵直，即使没有被折断，也于大局无补，只是守住了"小德"而已，所以他说:"直哉史鱼,邦有道如矢,邦无道如矢;君子哉蘧伯玉,邦有道则仕,邦无道则可卷而怀之。"《卫灵公》显然认为蘧伯玉比史鱼更值得称赞,因为君子应以经世济民为重,个人声誉为轻,所以在可以"行道"之时、之地,就出任政府职务;在不能"行道"之时、之地,就退而守住自己的原则,其行为不是僵直不变的。此外孔子还引述了柳下惠的话释明此理:柳下惠三次担任"士师"〔司法首长〕,三次被黜,却仍留在本国。有人问他为什么不出走到别国去。他说:"直道而事人,焉往而不三黜?枉道而事人,何必去父母之邦?"《微子》他不愿以"枉道"为特定的执政者做事,所以甘愿再三被黜,但他还是希望能以"直道"为祖国做事,所以被黜之后并不出走,而又重新受任。这种不计个人荣辱而为国为民的心态是孔子所钦佩的,所以他说"君子之于天下也,无适〔敌〕也,无莫〔慕〕也",而不僵直不变。至于该变与否,则在"义之与比"——无论做什么,都要与"义"比对,如果相合便可以去做。

似乎是为了进一步阐明此理,孔子又提到了古代一些名人的行为。他们之中有的"不降其志,不辱其身",不屈从周政权,如伯夷、叔齐;有的虽然"降志辱身"而出仕,但是"言中伦,行中虑",不离正道,如柳下惠、少连;有的不出仕而"隐居放言,身中清,废〔发〕中权",持身清正,言论合度,如虞仲、夷逸。孔子显然认为他们都偏于固执,所以说"我则异于是,无可无不可"《微子》。此语当然不是说他对什么事情都不辨善恶、不置可否,因为他曾说"仁者"应该"能好人,能恶人"《里仁》。他自己"恶夫佞者"《先进》,"恶紫之夺朱也,恶郑声之乱雅乐也,恶利口之覆邦家者……恶称人之恶者,恶居下流而讪上者,恶勇而无礼者,恶果敢而窒者"《阳货》。但是他认为对事的态度不应该僵化,而应该适应环境做合乎情理的调整——在外表上看来相同的行为,在不同的情况下,可能可以做或不可以做。所以他说君子对一切事情"无适无莫",不存好恶之成见，而"义之与比"，考之于义，唯义是从。这种顺乎当然的态度，是孔子所赞同的。因为所谓"当然"因时、因地、因事而异，所以后人称孔子为"时者"。

《论语》里还记载了两件很耐人寻味的事，皆见于《阳货》。其一是："阳货欲见孔子，孔子不见，归孔子豚。孔子时其亡也，而往拜之。"其二是："孺悲欲见孔子，孔子辞以疾，将命者出户，取瑟而歌，使之闻之。"对于这两件事，后人有许多说辞为孔子辩护[1]，但是无论如何，在处理这两事时孔子显然并不率直。细读《论语》可以得到一个比较容易接受的答复：孔子认为规范有高下，"直"的位阶并不很高。在某些情况下不必太重视，特别是为了遵循另一较高的规范，或者为了避免一种不愿忍受的后果时，行为稍为曲折一些并无不可。

"信"

孔子常将"忠"与"信"连在一起说，指诚挚不二。他单独说"信"时，指执着地守住自己的话，以获得他人的信赖。这是做人基本的原则，所以孔子"以四教：文、行、忠、信"《述而》。而将"信"看得比"文"重，说："弟子入则孝，出则弟，谨而信……行有余力，则以学文。"《学而》一般人如不受他人信赖，便难在社会上有所作为。孔子说："人而无信，不知其可也。大车无輗，小车无軏，其何以行之哉？"《为政》他将"信"比作架在牛或马肩上的軏，没有此物便不能使牛马拉车，以说明"信"的重要，因而说："言忠信，行笃敬，虽蛮

---

[1] 孟子曾为孔子不见阳货辩护，见本书《孟子》诠释章。对于孔子不见孺悲，后人说孺悲没有依礼求见，不知何据。孟子说他自己对有些人不屑教诲，也是一种教诲之术。或许可以解释孔子不愿接见孺悲。此点亦见于该章。

貊之邦,行矣;言不忠信,行不笃敬,虽州里,行乎哉?"《卫灵公》但是"信"在一般人的生活中虽然很重要,对于"士"而言,却不是最高的德行,因为孔子对士有更高的期望,所以子贡问:"何如斯可谓之士矣?"他说:"行己有耻,使于四方,不辱君命。"子贡问其次,他说:"宗族称孝焉,乡党称弟焉。"子贡又问其次,他说:"言必信,行必果,硁硁然小人哉!抑亦可以为次矣。"《子路》

然而对于一个负有政治责任的人而言,"信"的重要性却极高。孔子说:"道千乘之国,敬事而信。"《学而》子贡问政,孔子说:"足食,足兵,民信之矣。"子贡说:"必不得已而去,于斯三者何先?"孔子说:"去兵。"子贡又说:"必不得已而去,于斯二者何先?"孔子说:"去食。自古皆有死,民无信不立。"《颜渊》为什么"信"比国家的军备,甚至人民的粮食还重要?因为一个政治制度必需人民的支持才能稳固,其程度由人民对为政者的信任而定。孔子说"信则人任焉"《阳货》,"上好信则民莫敢不用情〔从实〕"《子路》。否则人民对执政者的作为难免怀疑,因而规避。子夏体会了此点,并加以引申说:"君子信而后劳其民;未信,则以为厉己也。"《子张》——倘若人民不信任政府,将政令都看作折磨他们的措施,这个国家内部便将发生大动乱,人民受到大苦难,比没有国防、没有粮食更严重。

"勇"

在不利的情况下,能够冒险犯难,勇往向前,是一种多数人都认同的美德。但是孔子似乎提出了四个问题,一是为了什么目的?二是可以预期什么后果?三是以什么方式去做?四是如何能获得以上三个问题的答案?第一,他说"见义不为,无勇也"《为政》;"君子有勇而无义为乱,小人有勇而无义为盗"《阳货》;"好勇疾贫,乱也"《泰伯》。可见他认为"勇"应该以实现"义"为目的。他又说"仁者必有勇,勇者不必有仁"《宪问》。可见他认为"勇"是"仁"的一种属性,见义勇为,也是为了求"仁"。第二,为了这个目的,"勇"不是奋不顾身,鲁莽地去冒无谓之险,做不可能之事,而应该计其后果,深谋熟虑之后才采取最适当的行动。孔子曾称赞颜渊说"用之则行,舍之则藏,惟我与尔有是夫",就是说在有用武之地时便尽力而为,否则就不勉强去做。子路以勇闻名,听了很为不服,问孔子说:"子行三军,则谁与?"言下之意是如果您带领军队去作战,您要和谁一起去呢,应该和有勇之人吧?孔子不为所激,说出了他的道理:"勇者不惧"《子罕》《宪问》,然而不是鲁莽,所以他说:"暴虎冯河,死而无悔者,吾不与也。必也临事而惧,好谋而成者也。"《述而》《史记》描述他去赴夹谷之会之前的准备和会场上的作为,大约就是他所说的真正的"勇"吧。第三,"勇"不仅不可出诸鲁莽,孔子认为还要依"礼"。他说"勇而无礼则乱"《泰伯》,所以"恶勇而无礼者"。子贡接着说:"恶不孙以为勇者。"《阳货》第四,怎样才能使"勇"有正当目的、合理的预期后果,而又能表现得合礼?孔子说:"好勇不好学,其蔽也乱。"《阳货》所以归根结底,又回到了他最基本的信念——正当的社会行为是靠学习而得的。

"忠"

"忠"指诚挚不二地用心、出言、待人、做事。孔子特别注重此一德行与"信"的关系。他一再说"主忠信"《学而》《子罕》《颜渊》、"言忠信"《卫灵公》,就是强调做人、说话要由衷信实,所以对朋友要"忠告而善道之,不可则止"《颜渊》,绝不可虚伪、应付、误导、欺骗。他认为"与人忠"《子路》是"仁"的一种表现。他对曾参说"吾道一以贯之",其他弟子问曾参这话是什么意思。曾参说:"夫子之道,忠恕而已矣。"《里仁》可见孔子对"忠"的了解是很广博的,是人应该遵循的基本准则。但是一般人所说的"忠"往往仅指对待国家和君主的态度。孔子也说"臣事君以忠"《八佾》，但是他所说的不是盲目顺从的愚忠，而是"以道事君，不可则止"《先进》，所以他称赞蘧伯玉"邦有道则仕，邦无道则可卷而怀之"《卫灵公》，又说："宁武子邦有道则知[展显其才智]，邦无道则愚[装作愚昧]，其知可及也，其愚不可及也。"《公冶长》柳下惠为士师，因以直道事君而三黜，也是孔子所赞许的。鲁季孙氏要征伐颛臾，其家臣冉求、季路虽不赞成但仍屈从，受到孔子严厉的责备。⁽¹⁾《季氏》子路未从政之时问如何事君，孔子说："勿欺也，而犯之。"《宪问》这才是真正的"忠"。

"孝"

一般人谈"孝"，只指子女对侍父母的德行，当然也可以扩充至其他长辈亲属，所以孔子说"宗族称孝焉"也是"士"的一个表征。因为"孝"可以相当自然地推广到其他人际关系，有子说："孝弟也者，其为仁之本与！"《学而》大约就是引申这种想法。孔子谈"孝"着重在子女的心意和中心达于面目的表情、语气、动作，而不仅在其所做之事。子游问"孝"，孔子说："今之孝者，是谓能养。至于犬马，皆能有养；不敬，何以别乎？"《为政》子夏问"孝"，孔子说："色难。有事，弟子服其劳；有酒食，先生[长辈]馔，曾是以为孝乎？"《为

⟨1⟩ 文曰：季氏将伐颛臾。冉有、季路见于孔子曰："季氏将有事于颛臾。"孔子曰："求！无乃尔是过与？夫颛臾，昔者先王以为东蒙主，且在邦域之中矣，是社稷之臣也。何以伐为？"冉有曰："夫子欲之，吾二臣者皆不欲也。"孔子曰："求！周任有言曰：'陈力就列，不能者止。'危而不持，颠而不扶，则将焉用彼相矣？且尔言过矣。虎兕出于柙，龟玉毁于椟中，是谁之过与？"冉有曰："今夫颛臾，固而近于费。今不取，后世必为子孙忧。"孔子曰："求！君子疾夫舍曰欲之而必为之辞。丘也闻有国有家者，不患寡而患不均，不患贫而患不安。盖均无贫，和无寡，安无倾。夫如是，故远人不服，则修文德以来之。既来之，则安之。今由与求也，相夫子，远人不服而不能来也；邦分崩离析而不能守也。而谋动干戈于邦内。吾恐季孙之忧，不在颛臾，而在萧墙之内也。"

政》——同样是供给父母长辈以食物,为他们服务,以不同的态度为之,可以使他们有极大不同的感受,要顾虑到他们的感受而做到和颜悦色,是很不容易的。⟨1⟩他又说"孝"不仅要重视父母生时的感受,还要在他们去世之后体会并尊重他们生前的作为。他一再说:"父没……三年无改于父之道,可谓孝矣。"《学而》《里仁》——倘若一个人在父亲去世后三年服丧期内,就改变了他父亲生前的所作所为,可以想象大约他以前就不同意那些作为,只是忍受着而已。在孔子看来这种做法是不对的。他说:"事父母几谏,见志不从,又敬不违,劳而不怨。"《里仁》——父母有过,子女应该婉言相劝,如果父母不听,不可悖逆,也不可忧而怀怨,而要更加恭敬。(大约是为了使他们息怒,然后再找机会进劝。⟨2⟩)

此外一般人说"孝",只强调"顺"。孟懿子问"孝",孔子说"无违"。樊迟问那是什么意思。孔子说:"生,事之以礼;死,葬之以礼,祭之以礼。"《为政》所以孝并不是单纯的服从,而是要依据"礼"去对待父母。将孔子这两个回答合起来说,就是不要明显地违背父母的意向,但是在实际遵行之时,还是要做得合乎"礼"节才对。⟨3⟩

与"孝"相对应的是"慈",是一般人认为父母对待子女的态度。《论语》里只提到一次:季康子问:"使民敬忠以劝如之何?"孔子说:"临之以庄则敬,孝慈则忠,举善而教不能则劝。"《为政》但是没有进一步说明"慈"的内涵和表现。大约因为绝大多数的父母都自然地爱护子女,所以不必多说。当然这种常情也可以有例外,但是子女

⟨1⟩《孟子·离娄上》称:"曾子养曾晳,必有酒肉。将彻,必请所与。问有余,必曰'有'。曾晳死,曾元养曾子,必有酒肉。将彻,不请所与。问有余,曰'亡矣'。将以复进也。此所谓养口体者也。若曾子,则可谓养志也。事亲若曾子者,可也。"可以说是对此点的申论。
⟨2⟩ 关于此点孟子有进一步的解释,见本书《孟子》诠释章。
⟨3⟩ 关于此点,孟子和荀子都有进一步的申论。详见本书《孟子》诠释《荀子》诠释二章。

之能存活、成长，毕竟全凭父母之劳，而子女的报答不足于万一，因此很难明确要求父母应该如何对待子女。

"弟"

"弟"［悌］指手足之间的情谊。孔子以"兄弟怡怡［和睦相处］"《子路》描述这种关系的正常状态。他认为这种德行也可以扩充，所以说："弟子入则孝，出则弟。"《学而》——在家对长辈尽孝；在社会上与大众和睦相处，像兄弟一样。当司马牛沮丧地对子夏说："人皆有兄弟，我独亡。"子夏将孔子的话告诉他，劝他恭己敬人，便可与天下之人为兄弟，已见前述。

"友"

"友"指朋友相处之道，《论语》里曾多次谈到它。朋友的关系是自由建立的，孔子曾一再说"毋友不如己者"《学而》《子罕》，应该要"友直，友谅，友多闻"，而避免"友便辟，友善柔，友便佞"。《季氏》与友相处的首要原则是"信"，这是孔子一再强调的。曾子申述其意，说他一日三度反省，其中之一是"与朋友交而不信乎？"。《学而》但是互相信赖只是朋友关系的一种表现，许多人都认为朋友之间应该有无相通，苦乐与共。子路曾说："愿车马衣裘与朋友共，敝之而无憾。"《公冶长》但是在孔子看来这一点无关宏旨，重要的是"朋友切切，偲偲"《子路》——在学问上互相切磋，在"求仁"上互相辅助。曾子引申其义说："君子以文会友，以友辅仁。"《颜渊》但是朋友关系既是双方情愿而生的，不可以勉强，所以互相规劝、鼓励，要有节制。子贡问"友"，孔子说："忠告而善道之，不可则止，毋自辱也。"《颜渊》子游领悟此意之后说："事君数［屡加劝说］斯辱矣；朋友数斯疏矣。"《里仁》

因此朋友之交即使很近，仍要互敬。晏子"善与人交，久而敬之"《公冶长》，很受孔子称赞。

"礼"

以上所说的几种"德"皆出于人的内心；以下几种规范虽然或多或少也有"人性"的基础，但大致只是"人意"的产物。"礼"便是最明显的例子。它的起源应该是想要表示尊敬而做出来的一些特殊动作。古人畏惧鬼神，所以最先产生的"礼"皆与祭祀有关。由此引申而产生了对各种社会权威（父母、长辈、执政者等）表示敬意的"礼"。由此出发，对于其他值得尊敬的人也都尊敬，并且将心比心，顾虑到他人的感受，不让自己过于放肆，而使行为被他人乐于接受，因而产生了更多的"礼"，成为适用于一般人日常生活的许多方面的规范。

《论语》谈"礼"，有几点值得注意。第一，"礼"是一种由来已久的规范，至少在夏代便已相当周到了，后代虽因环境变迁而有差异，但其基本原则大致相同。孔子说："夏礼，吾能言之……殷礼吾能言之"《八佾》，又说："殷因于夏礼，所损益，可知也；周因于殷礼，所损益，可知也。其或继周者，虽百世可知也。"《为政》可见他认为"礼"不只是一种时尚，而是有深固基础的一种规范。

第二，"礼"的基本意义是恭敬。孔子说"恭近于礼"《学而》，但是"恭而无礼则劳"《泰伯》。"礼"是用来使恭敬美化、适度化的，所以不仅"恭而无礼则劳"，其他行为不经"礼"化，也都会出问题。所以孔子又说："慎而无礼则葸，勇而无礼则乱，直而无礼则绞"《泰伯》，君子要"博学于文，约之以礼"《雍也》，对于其一切行为都加以文饰、约制，才能至于妥善。

第三，"礼"有一个前提：行为者和行为都应该正当无邪。孔子说："君子义以为质，礼以行之。"《卫灵公》又说："人而不仁，如礼何?"《八佾》(后文将谈到"绘事后素""礼后",就在说明此点。)

第四,"礼"的作用在节制,特别是个人的好恶,所以孔子强调"克己复礼"《颜渊》。其实人的一切行为也应该有节制。《论语》有"礼之用,和为贵……知和而和,不以礼节之,亦不可行也"《学而》一语,更将此点说得清楚了一些:"礼"不仅在美化行为,而且还要进一步使社会和谐,为此目的,所有的人都需克己节制。此话虽然是有子所说,想来孔子也同意,所以他说一个好的统治组织"知及之,仁能守之,庄以莅之,动之不以礼,未善也"《卫灵公》。

第五,"礼"的"文"与"约"两项功能相比,"约"较为重要。有人问管仲是否知礼,孔子说:"邦君树塞门,管氏亦树塞门;邦君为两君之好,有反坫,管氏亦有反坫。管氏而知礼,孰不知礼?"《八佾》管仲为齐相而用国君之礼,文饰过当,不合分寸,所以被孔子讥刺。鲁国季孙氏用天子之礼"八佾舞于庭",更是僭越之至,所以孔子大叹:"是可忍也,孰不可忍也!"《八佾》

第六,"礼"虽然可能起于习惯,或由权威者制定,但是一定要基于情理。林放问"礼之本"。孔子说:"大哉问!礼,与其奢也,宁俭;丧,与其易也[熟习仪文],宁戚。"《八佾》就是强调"礼"应基于情理。宰我说为父母服三年之丧太久了。孔子问他未满三年就恢复平常的生活,他能安心吗?他说能。孔子说你能,就那么去做吧。宰我离开之后,孔子叹道:"予[宰我名]之不仁也!子生三年,然后免于父母之怀。夫三年之丧,天下之通丧也。予也,有三年之爱于其父母乎?!"《阳货》此外孔子曾说:"麻冕,礼也;今也纯,俭。吾从众。"《子罕》——以前行礼之时要戴麻帽,后来因为棉帽比麻帽节俭,大家便改戴棉帽,孔子显然认为这是合理的,所以他便从众而改戴棉帽。对于没有情理的基础而只是一套形式的行为,虽然当时的人也以为是"礼",他极不认同而叹道:"礼云,礼云,玉帛云乎哉?!"《阳货》

第七,"礼"设定了行为的分寸,有制约的功效,是对不当行为的初步防范。人能循礼，便不至于做出严重的伤害他人和社会的事，被认为是罪行，而需要刑罚来惩处。所以孔子说："礼乐不兴则刑罚不中。"《子路》

第八，"礼"有相对性。常人相处，要讲究礼尚往来。此前提到阳货趁孔子不在家时送去一只熟猪，孔子也趁阳货不在家时去回拜，因为阳货无礼在前，所以孔子也不必严格守礼于后。孔子说臣应"事君尽礼"，君应"使臣以礼"。《八佾》当鲁君于郊祭天地之后不依礼分送祭肉给他（当时为大司寇摄相事，是鲁国大臣），他便弃职而去，可见他认为君臣关系也有一种基于礼的相对性，一方失礼，他方便不必再维持这种关系。[1]此外执政者待人民也应依礼，人民才会服从。他说"上好礼则民莫敢不敬"《子路》，"上好礼则民易使也"《宪问》，"道之以德，齐之以礼"，人民便"有耻且格"《为政》，如果执政者能"以礼让为国"，国家便不难治理。《里仁》"礼"既是个人律己、处世的准则，也是从政、治国的规范，难怪孔子如此注重它。

"政""刑"

以上各种规范虽然对人的行为产生了大小不同的影响，但是大体上都因为出自内心或由于日常教化，而显得很"自然"，一般人便不很意识到这些规范的存在和作用，大多数的人注意到的是政治权威所制定的规范，《论语》里称之为"政"和"刑"。"政"指政策，孔子说"政者正也"《颜渊》，可见他认为政策应以匡正人们的行为和社会的习俗为目的，并非执政者任何主张都可以称为"政"。他又强调"政"不只是对一般人的要求，而是一切人，包括执政者在内，都应该共同遵守的规范，所以他说："苟正其身矣，于从政乎何有？不能正其身，如

---

[1] 以上两点孟子都有解释。见本书《孟子》诠释章。

正人何？""其身正，不令而行；其身不正，虽令不从。"《子路》

"刑"与"型"二字古时通用，指典型、法则、刑罚。[1]孔子说"君子怀刑"《里仁》，指的是前二义。刑罚自古有之，孔子之时郑、晋等国已有成文的刑法，所以他说的"刑"多指刑罚，如"齐之以刑"《为政》，"邦无道免于刑戮"《公冶长》。值得注意的是他认为刑罚应"中"——适中、妥当，说"刑罚不中，则民无所措手足"《子路》。他又说："道之以政，齐之以刑，民免而无耻；道之以德，齐之以礼，有耻且格。"《为政》可见他认为与德、礼相比，政、刑是较为低阶的规范。

"政"和"刑"有一个共同的缺点：它们完全是由掌握政权的人制定的。这些人良莠不齐，虽然其中有一些想将自己神化，但毕竟不是神，所立之规范就没有先天的正当性；另外一些只是草莽英雄，或者是生在深宫、长于妇阉之手的愚蠢骄纵之辈，虽然知少识小，却蛮横自大，所立之规范当然更难有正当性。更重要的是无论良莠，掌权之人不可能见到当时及将来各种可能的问题，而一一为之预立准则，所以必定会有疏失，甚至难免矛盾。总之，这些人所立的规范，其内涵的正当性、周延性和统一性都可能有问题，其适用必定会遭遇许多困难。孔子当然可以看出这些问题，所以将它们的位阶放在出于人情、义理的各种规范之下，而没有多加讨论。

规范的学习

以上所列的各种规范都不存在于人们生而有之的本性里，即使觉得好，仍须经过学习才能知道怎么去遵行，所以孔子指出："好仁不

---

[1] 在《论语》里"法"字只出现两次。一"法语之言"《子罕》，二"审法度"《尧曰》。前者指以正道规劝的话；后者指度量，皆非法令。

好学，其蔽也愚；好知不好学，其蔽也荡；好信不好学，其蔽也贼；好直不好学，其蔽也绞；好勇不好学，其蔽也乱；好刚不好学，其蔽也狂。"《阳货》幸而一般人都有可塑性，有学习的可能。孔子说自己好学，随时随地都在学，犹恐不及，还怕遗忘，所以"时习之"《学而》，以至于"发愤忘食，乐以忘忧，不知老之将至"《述而》。

孔子所学非常广泛。他说"三人行必有我师"，可见他认为许多人的经验和智慧都值得学。他又说自己"少也贱，故多能鄙事"，学了许多一般生活较为宽裕的人不曾学习之事。他又说自己"好古"，学了许多古人留下的东西，如防风的大骨，肃慎的长矢，而最重要的是古代圣贤为人们设定的谋求妥善生活之道。子贡很清楚这一点，指出孔子所学的是"文、武〔周文王、武王〕之道"，因为此道涉及一种特殊的生活方式，使人有别于其他生物而生存繁衍。孔子显然认为这种生活方式是有价值的，所以大小各点无所不学，并且更进一步，相信周初的统治者对于人生的重要问题，都经过详细考虑之后才提出了他们的答案。后人不知参考这种长久累积下来的知识和智慧，徒然自行思索，往往是浪费时间。所以他说"思而不学则殆"《为政》。他又说自己曾经对某些问题"终日不食，终夜不寝，以思，无益；不如学也"《卫灵公》。前人的想法是否可以行于后世？他认为大致可以，因为人生在世遭遇到的问题大致相似，前人如已掌握其解决的要旨，后人只须在若干细节上加以调整就行了。所以子张问他能否推测将来的规范制度，他说："殷因于夏礼，所损益，可知也。周因于殷礼，所损益，可知也。其或继周者，虽百世可知也。"《为政》

孔子自己博学多闻，但是他对于弟子们和执政者，没有要求很多，而认为有些事情是不必去学的，一是农作，当樊迟请学稼、圃，他说他不如老农、老圃；一是战术，当卫灵公问"陈〔阵〕"，他说："俎豆〔礼乐教化〕之事，则尝闻之矣；军旅之事，未之学也。"《卫灵公》为什么农事不值得学？他并非鄙视它，而是因为他希望弟子们都能成为社会的上层领导者，而樊迟志向过于狭小，所以他在樊迟走出去后说："小人哉樊须也！上好礼则民莫敢不敬，上好义则民莫敢不服，上好信则民莫敢不用情。夫如是则四方之民襁负其子而至矣。焉用稼？"《子路》至于为什么军事不必学，孔子没有说明，可能因为他强调规范制度，认为如果一个国家有了好的规范制度，便自然强盛，不受外侮，所以就不必讲究军旅术略了。

从以上两段孔子的话里可以看出，他认为有志于承担重要社会责任的人应该学的主要是传统的规范制度。但是从他其他的言论里又可以发现他认为该学的是"文"。"文"是什么？此字在《论语》里有时用作形容词，谓多彩多姿（如"郁郁乎文哉"《八佾》）；有时用作动词，谓修饰（如"文之以礼乐"《宪问》）；有时用作名词，指曾被修饰而多彩多姿的事物（如"文不在兹乎？"《子罕》）。孔子说："弟子入则孝，出则弟，谨而信，泛爱众而亲仁，行有余力则以学文。"《学而》意谓知道做正当的行为还不够，还要使之"文"（美化），可见他所说的"文"兼指文饰及可以文饰事物的东西，与他所说行孝道者，应知"色难"（不该仅是奉养衣食，而还应该和颜悦色而为之），以及他说的"绘事后素"《八佾》（详见下文），都是同一道理。棘子成对此有疑问，说："君子质而已矣［有好的"质"就可以了］，何以文为［外表的"文"有什么用］？"他所说的"质"指正当的行为，"文"指文饰。子贡听了说："文犹质也，质犹文也，虎豹之鞟，犹犬羊之鞟。"《颜渊》意思是"文"与"质"相附而存互为表里，就像动物的皮，"文"是皮上的毛，"质"是毛下的皮。倘若没有了毛，虎豹的皮便与犬马的皮难以分别了。此语似强调"质"与"文"不能分离，是对孔子的话的推展。孔子只说二者分离会产生不良的效果——"质胜文则野［质多于文的人会显得粗野］，文胜质则史［文多于质的人会显得虚饰］"。所以他说要"文质彬彬［相配］，然后君子［才能称得上是君子］"《雍也》。

要学得为人处世之道，而且做到"文质彬彬"，就要讲究学的办法。孔子指出为学之道第一在于寻求确切的知识,要做到"知之为知之,不知为不知"《为政》,不可"道听而涂说〔听了无据的传闻,不加思索、求证,便任意转述〕"《阳货》。第二,学了之后要时时复习、细细思考。学得了很多知识,但是没有加以整理、思考,杂乱地堆着,结果仍旧是茫茫然,所以他说"学而不思则罔"《为政》。在整理、思考之后,能够寻出一个头绪,才算是学成,如能因而触类旁通,当然更好。《论语》里有一个例子:"子夏问曰:巧笑倩兮,美目盼兮,素以为绚兮,何谓也?子曰:绘事后素。曰:礼后乎?子曰:起予者商也,始可与言诗已矣。"[1]《八佾》这段对白的大意是子夏问一首古诗说画一幅美女,要用白色来显示其华丽,是什么意思?孔子说绘画的工作要在描出形象,着了别的彩色之后,才以白色的颜料填充其间。子夏说"礼"也是在决定一个行为之后,用来加以文饰的吗?孔子听了很高兴地说,子夏能够引申他的话,因而可以一起来讨论《诗》了。[2]他对于不能这么

---

[1] 后人诠释此段或云作画应先择洁净之素材,然后从事。诚然,一般人作画,所用无论绢、纸等材,很少选用已有深杂颜色的,因其不易显著所绘,所以此释并无深意。重要的是一般洁净之材,仍不免有底色,故于所画山水、花鸟、人物,除着以红黄青绿诸色之外,又于其间布以白采,以去其底色,而突出其他诸色之艳。清人刘宝楠《论语正义·八佾》广集各注而释之,其文甚长,不必尽录,仅撮取要点如下:"太素者质之始也,则素为质。后素者,绘之功也,则素为文";"素,白,采。后布之,为其易渍污也,惟不为众采渍污,乃可成文";"康成盖目睹之,必非臆说";"素以为绚,当是白采用为膏沐之饰,如后世所用素粉矣。绚有众饰,而素则后加,故曰素以为绚";"盖妇人容貌,先加他饰,后加以素";"诗所云素,犹之绘事亦后加素也"。除了这些注释之外,试观今之古画,无论其材质,底色皆已灰黄,而所绘人面、鹭鹚、荻花、白兰等皆洁白而有别于底色,可见是画成其形之后才行加上,至为明显。

[2] 春秋之时的人常引用诗句,往往断章取义,以表达一种意愿,或一些不宜或不必直说的想法。《左传》里有很多这种例子。要这么做先要对诗句有深切的领悟,如僖公二十三年晋公子重耳流亡至秦,见秦公而赋《河水》(《诗经·邶风》"新台"中的一诗,有"燕婉之求"一语),暗示希望秦能助其复晋。秦公乃赋《六月》(《诗经·小雅·六月》中有"玁狁孔炽,我是用急,王于出征,以匡王国……维此六月,既成我服……王于出征,以佐天子"之语),暗示愿意出兵帮助以平定晋国内乱。子夏说"礼后乎?",也表示他有一种领悟的能力,所以孔子说可以和他谈诗了。

做,不能"举一隅以三隅反"《述而》的人很感无奈,而对于能够"闻一以知十"《公冶长》的颜回则大加赞赏,并且自叹弗如。

为学除了要敏求、慎思,归纳出一个头绪,演绎出一套体系之外,还有一点要注意的是,不可固执偏见而能勇于改过。孔子教人"毋固"《子罕》,又一再强调"过则勿惮改""过而不改,是谓过矣"《子罕》《卫灵公》。《子张》里弟子申述其意——子夏说"小人之过也必文 [掩饰]",子贡说"君子之过也,如日月之食焉:过也,人皆见之;更也,人皆仰之"。

为学不仅要讲究方法,还要注意目的。孔子好学,但是并不强调为学问而学问,而是为了两个实用目的以谋求个人妥善的生活和社会的持续发展:一是修养个人的品行,是为"立己";一是树立社会的规范,是为"立人"。《宪问》有孔子与子路间的一段对话:"子路问君子,子曰修己以敬。曰,如斯而已乎?曰,修己以安人。曰,如斯而已乎?曰,修己以安百姓。修己以安百姓,尧、舜其犹病诸!"可见孔子说的修身不是为了独善其身。

谈"修身",就不得不谈"人性"。如果人生来如何就一直如何,无可变易,就无"修养"之可能。孔子说人"性相近也,习相远也"。可见他认为人性可以靠学习来改变。他强调学传统经典,因为它们所记的是从前人的经验和智慧中提炼出来的为人处世原则。学得并奉行这些原则之后,可以使人由一个生物个体(自然人)被规范而成为一个良好的社会成员(社会人),可以有效地立己、立人。

规范的施行

一般人们都应该学习、遵循规范。有一些人因为较高的才能和社会地位,不仅要将规范学得透彻并切实遵行以"立己",并且应该帮助他人这么做以"立人"。在孔子心目中这种人就是他那时代的"士"。其中特别杰出的被他称为"成人""君子",甚至"仁人""圣人"。他希望这些人能以很高的标准修身、待人、树范、入仕、处事、施政。

士的修身与常人不同,主要在培养高远的志向。孔子说:"士志于道,而耻恶衣恶食者,未足与议也。"《里仁》又说:"士而怀居,不足以为士矣。"《宪问》——士要立志寻道、行道,不可在意衣食居室等细事,所以他称许子路说:"衣敝缊袍,与衣狐貉者立,而不耻者,其由也与。不忮不求,何用不臧。"《子罕》对于颜渊的安贫乐道更是赞赏地说:"贤哉!回也。一箪食,一瓢饮,在陋巷,人不堪其忧,回也不改其乐。贤哉!回也。"《雍也》他又说自己"饭疏食,饮水,曲肱而枕之,乐亦在其中矣;不义而富且贵,于我如浮云"《述而》。

士有了高远的志向,能够安贫乐道,不为富贵所诱,才能知所应为及不应为。其上者能"见危致命,见得思义"《子张》,不"求生以害仁",而能"杀身以成仁"《卫灵公》。其次者能"使于四方,不辱君命"《子路》。其次者能"行己有耻""质直而好义"《颜渊》,以至"宗族称孝""乡党称弟"《子路》。再次者能"言必信,行必果"《子路》。最后一点虽然是拘谨的小节,却是基本的士的行为准则。

"成人"指具有特殊技能而又有良好教养之人。孔子说:"若臧武仲之知,公绰之不欲,卞庄子之勇,冉求之艺,文之以礼乐[加以礼乐的文饰和熏陶],亦可以为成人矣。"《宪问》然后他又说:"今之成人者,何必然,见利思义,见危授命,久要不忘平生之言,亦可以为成人矣。"《宪问》从这些话里可以看出,孔子心中目中的"成人"是上等的"士",所以其修身的要求比较高。

"君子"可以说是一种更高的士。古人常常将他们与"小人"作比。孔子对子夏说:"女为君子儒,无为小人儒。"《雍也》此外又说"君子不器"《为政》,"君子上达,小人下达"《宪问》,"君子怀德,小人怀土。君子怀刑,小人怀惠"《里仁》。这些话在说君子应有广大开放的胸怀，不可以像一件容器那样只有狭小固定的格局；君子会尽力向上寻求高远的标准和理想，小人则仅仅讲究卑下的细节和欲望；君子关怀的是德行和典范，小人只关注生活里的资源和小惠。具体而言，孔子认为君子应该寻求的是仁、义，所以他在《里仁》里说："君子无终食之间违仁，造次必于是，颠沛必于是"；"君子喻于义，小人喻于利"；"君子之于天下也，无适也，无莫也，义之与比"。可见他对于追逐生活中的小利是很看不起的，所以说："君子食无求饱，居无求安。敏于事而慎于言，就有道而正焉。"《学而》子夏领悟了这些教训，申述其意说："百工居肆以成其事，君子学以致其道。"《子张》可见君子修身的目标更高。

在现实生活中如何去修身从道？孔子提出许多应注意之点，有的适用于一般人，大多则是对君子的特别要求。其一是"三戒"，他说："少之时血气未定，戒之在色；及其壮也血气方刚，戒之在斗；及其老也血气既衰，戒之在得。"《季氏》其目的在要求人们在不同时期的身心状态之下防止不当的行为。其二是"九思"，他说："视思明，听思聪，色思温，貌思恭，言思忠，事思敬，疑思问，忿思难，见得思义。"《季氏》其目的在提醒人们在说话之前要仔细思考，不可信口而言。当子路说"名"没有什么好"正"的，他郑重地告诫说："君子于其所不知，盖阙如也……君子于其言，无所苟而已矣。"《子路》许多人喜欢不经思考而传播他人之言，他说"道听而涂说，德之弃也"《阳货》，极不以为然。其三是慎行戒佞，他强调"君子欲讷于言，而敏于行"《里仁》。称赞能够坚定实践而不擅言辞之人为"刚毅木讷，近仁"《子路》，并不是说木讷就是仁，但是他们"耻其言而过其行"《宪问》，"耻躬之不逮也"《里仁》，所以近乎仁。相反地，他说"巧言令色，鲜矣仁［言辞巧妙，表情讨人喜欢的人很少合乎"仁"］"《阳货》。为什么？因为他们虚伪、夸张，极少能实践其说。所以他说"辞达而已矣［话只要能够将意思表达出来就好了］"《卫灵公》，对于有违正道而喜欢逞弄口才、强词夺理加以辩护之人十分不齿，

《论语》 | 51

称之为"佞"人。子路为鲁卿季氏家臣，派了没有学识的子羔去做费邑之宰。孔子说这么做会害了那里的人民。子路说："有民人焉，有社稷焉。何必读书，然后为学〔子羔可以在实际事务中去学得治理的方法，何必一定要先从书本中去学习〕？"孔子似乎不屑去争辩，只说"是故恶夫佞者〔这就是他讨厌'佞'者（在此指子路）的缘故〕"《先进》。所以颜渊问如何治理邦国，孔子说："……放郑声，远佞人，郑声淫，佞人殆。"《卫灵公》

孔子所说有关君子的言行应该注意之处虽多，但是他概括地说："君子博学于文，约之以礼，亦可以弗畔矣夫"《雍也》；"君子义以为质，礼以行之，孙〔逊〕以出之，信以成之，君子哉！"；又强调"君子贞而不谅〔只要抓住大的原则，不必太墨守细节〕"《卫灵公》。子夏曾被告诫勿为"小人儒"，后来有"大德不逾闲，小德出入可也"《子张》之语，显然以此为据。

孔子教弟子为君子，但是其心目中还有一些比"君子"更崇高的人，所以他说"君子而不仁者有矣夫"《宪问》。对于君子而仁者，他称之为"仁人"。他认为"仁"是一种极高的德性，但是很不易做到，所以除了上述子产和管仲之外他极少以"仁"许人，自己虽然心向往之，但不敢称"仁"，也没有要求弟子修身为"仁人"。此外历史上还有若干受人欣佩之人如伯夷、叔齐等，孔子都能体谅其作为，但是他并没有将他们作为弟子们修身处世的榜样，已如前述。

君子做好修身的工夫之后便可"自立"。自立之人应该如何与他人相处？子夏说："商闻之矣……君子敬而无失，与人恭而有礼。四海之内皆兄弟也。"大约他曾听孔子这么说过，这是一般人际相处之道。孔子确曾提到一些待人的普遍原则，例如说君子应该"尊贤而容众，嘉善而矜不能"《子张》；"成人之美，不成人之恶"《颜渊》；"不以言举人，不以人废言"《卫灵公》；应该"周而不比"《为政》，"和而不同"《子路》，"矜而不争，群而不党"《卫灵公》。因为他谈人际关系注重由近及远，从亲子、兄弟、宗族、朋友、乡里推广至国家、天下之人，所以曾对这些不同之人应该如何相处，又提出了比较切实的建议。其一是"君子笃于亲则民兴于仁，故旧不遗则民不偷"《泰伯》——一切政事都应该先施诸执政者的亲故。其二是"君子信而后劳其民，未信则以为厉己也；信而后谏，未信则以为谤己也"《子张》。这是子夏的话，应该是从孔子说的"民无信不立"一语引申出来的。其三是所谓"尊五美"（惠而不费，劳而不怨，欲而不贪，泰而不骄，威而不猛），"屏四恶"（不教而杀谓之虐，不戒视成谓之暴，慢令致期谓之贼。犹之与人也，出纳之吝谓之有司）。《尧曰》其中"骄""吝"二点是执政者常犯之过，孔子极为不齿地说："如有周公之才之美，使骄且吝，其余不足观也已。"《泰伯》

君子妥善地修身、待人，最初步的效果是为社会树立一种典范。这是社会领导者应该做的。有人问孔子："子奚不为政？"他答道："孝乎惟孝，友于兄弟，施于有政。是亦为政，奚其为为政？"《为政》问句里的"为政"应当是常人所谓的入仕从政，答语里的"为政"则有一种很广泛的意义，指树立规范。显然孔子觉得他及其弟子们能够以身作则树立典范，所以他很自豪地说："文王既没，文不在兹乎？"《子罕》"文"的广义虽指文化，其核心成分则在讲究人如何自立立人，社会如何向上发展。要保存并发扬此"文"的责任非常沉重，要走的路非常遥远。曾子深切了解此点，所以说："士不可以不弘毅，任重而道远。仁以为己任，不亦重乎！死而后已，不亦远乎！"《泰伯》

然而以身作则的"为政"与实际推动政策的"执政"毕竟不同。孔子说："天下有道则礼乐征伐自天子出，天下无道则礼乐征伐自诸侯出"《季氏》，又说"不在其位不谋其政"《泰伯》，可见他认为一定要有特殊地位的人才可以实际"执政"，从而更有效地促使个人各得其所，社会充分发展。他所说的"天子"只是一个理想的天下之主，"礼乐"是促使人们和谐相处、维持社会秩序的准则，"征伐"是处理违反这些准则的惩罚。他认为准则和惩罚都应该由天子统一制定和推行，不应该由诸侯分别去做，造成纷扰和冲突。事实上诸侯甚至其下的官吏也可

《论语》 | 53

能颁布一些较细而具体的办法用来推行天子所定的准则，但是没有这些地位的人便不可以越分去做。取得这种地位的方法是"入仕"。子夏说"学而优则仕"《子张》，可见"入仕"是士、君子想要"执政"的正途。孔子未入仕之前阳货问他："怀其宝而迷其邦，可谓仁乎？"孔子说："不可。"阳货又问："好从事而亟失时，可谓知乎？"孔子说："不可。"阳货说："日月逝矣，岁不我与！"孔子说："诺，吾将仕矣。"《阳货》他之未仕并非他怀着济世之才而不肯拯救邦国之乱。事实上他一直想入仕，甚至公山弗扰、佛肸等叛乱者相召他都想去协助。后来在鲁以大司寇行摄相事，有喜色。及其建言被拒，因而离鲁之后周游列国，目的也在求仕，然而终无所得，所以"入仕"并非易事。

假如能够入仕执政，一位"君子"应该做些什么？孔子提出了"节用、爱人"正负两面的建议。"节用"指执政者消极地不可浪费人民辛苦生产的资财。当时生产力薄弱，一般人民生活很艰苦，而国君和贵族占有了国家绝大部分的财富，如季氏为鲁卿而"富于周公"《先进》，生活奢华逾度，还搜刮不止。冉求为季氏宰，"为之聚敛而附益之"。孔子说："非吾徒也，小子鸣鼓而攻之可也！"《先进》可见其气愤之甚。

"爱民"的措施有积极的，也有消极的。消极之举最基本的是不要妨碍人民的生产工作。古时政府使人民服徭役，多在秋收之后；如果在春耕夏耨之际，会使农作为之停滞，是导致贫乏的重要原因，所以孔子强调"使民以时"《学而》。其次是不要加重赋税。鲁哀公问有若："年饥，用不足，如之何？"有若说："盍彻[十分之一的税]乎？"哀公说："二，吾犹不足，如之何其彻也？"有若回答说："百姓足，君孰与不足？百姓不足，君孰与足？"《颜渊》

积极"爱民"的工作很多。孔子认为最主要的有三项：第一要使人民生活富裕，无虑衣食。第二要使他们受教育，懂得如何妥善地生活。第三要保护他们的安全，特别是使他们免于遭受外来的侵略。所以他到卫国见到熙熙攘攘的民众，说："庶矣哉！"为他驾车的弟子冉有问:"既庶矣,又何加焉?"孔子说:"富之。"冉有再问:"又何加焉?"他说:"教之。"《子路》至于安全,因为春秋之时邦国之际的战争已繁,时人都说国家应该"强兵"。子贡问政,孔子也说国家应"足兵",但是他认为与"足食裕民"相比,这是次要之事,所以如果二者不能兼有,则应"去兵"。《颜渊》

知道什么是应该做的政事,下一个问题是怎么去做。关于此点孔子说得比较多。首先说怎么使人民富裕。当时的经济主要在农业,因而有天子藉田亲耕之礼。但是孔子认为这并无实践上的意义。樊迟请学稼、学圃,孔子说他不如老农、老圃,然后说:"小人哉樊须也!上好礼则民莫敢不敬,上好义则民莫敢不服,上好信则民莫敢不用情。夫如是则四方之民襁负其子而至矣,焉用稼?"《子路》意思是只要政治妥善,人民便自然可以生产致富,不必由执政者积极地去参与农务。

其次在使人民生活富裕之后怎么"教之"。此前提到孔子认为人人都有可塑性,所以人人都该致力于学。但是并非每个人都可以学到同一程度。他想要一般人学的大约主要是一种正确的是非观念,并不是高深的知识,特别是有关政策的知识,因为它所根据的理由和所期望的后果可能过于复杂、深远,超出了一般人的智能,无法使他们了解,只能设法使他们遵从而已,所以他说"民可使由之,不可使知之"《泰伯》。此语只是陈述一个事实,并不是说不该使人民了解。就像他说"唯女子与小人为难养也"《阳货》,也是因为当时女子所受的教育有限,这也是一个事实,并非他个人对女性的歧视。[1] 至于教育人民的具体办法,他知道不可能一一给以教诲,所以主张用礼乐加以熏陶,使其不自知而趋善避恶。他到了子游所宰的鲁国武城,听到弦歌之声,莞尔而笑说:"割鸡焉用牛刀?"意思是治理一个小地方,哪用得上这

---

[1] 孔子曾说:"才难,不其然乎?唐虞之际于斯为盛,有妇人焉,九人而已。"《泰伯》可见他并不否定女性可以有天赋的才能,只感叹大多数女性没有受教育的机会而未能有所发展。

么大的功夫。子游抗议说:"昔者偃也闻诸夫子曰,君子学道则爱人,小人学道则易使也。"孔子说:"二三子,偃之言是也。前言戏之耳。"《阳货》可见他认为礼乐教化是执政者应做的一件要事。

至于如何保护人民,当卫灵公向他请教"陈〔阵〕",他说自己只学过规范制度,没有学过军旅之事。次日他就离开了卫国。为什么?因为他认为除了极少数的情形(如卫国蒲地公叔氏的叛乱、齐国田成子的弒君,皆该讨伐),基本上军事不能解决重要的问题,因而他主张"远人不服,则修文德以来之"《季氏》。楚国的叶公问政,孔子说要使"近者悦,远者来"《子路》,便是此意。

为了实施上述三项主要政务以及无数细事,政府需要许多人力,所以孔子强调执政者应该积极地"举贤才"。什么是"贤才"?怎样去"举"?仲弓为季氏宰而管理鲁国,问:"焉知贤才而举之?"孔子说:"举尔所知。尔所不知,人其舍诸?"《子路》没有详说自始如何得知贤才。

贤才被举入仕之后仍待执政者的领导,所以最后而最重要的是执政者不仅能举用贤才,还要以身作则才能成事。孔子曾提到一些原则,如"其行己也恭,其事上也敬,其养民也惠,其使民也义"《公冶长》;"出门如见大宾,使民如承大祭"《颜渊》;"节用而爱人,使民以时"《学而》;"敬事而信"《学而》;"无欲速,无见小利"《子路》;"谨权量,审法度,修废官"《尧曰》;"尊五美,屏四恶"《尧曰》;"先有司"《子路》;"先之,劳之""无倦"《子路》;"富之,教之"《子路》;"居之无倦,行之以忠"《颜渊》。归结起来可以说就是要"正己"。季康子问政,孔子说:"政者正也。子帅以正,孰敢不正?"《颜渊》为了强调此点,他又说执政者"苟正其身矣,于从政乎何有?不能正其身,如正人何?""其身正,不令而行;其身不正,虽令不从"《子路》。他甚至说:"无为而治者,其舜也与!夫何为哉,恭己正南面而已矣。"《卫灵公》又说:"为政以德,譬如北辰,居其所而众星共之。"《为政》季康子问:"如杀无道以就有道，何如？"孔子说："子为政，焉用杀？子欲善而民善矣。"他接着做了一个比喻说："君子之德风，小人之德草，草上之风必偃。"《颜渊》这些话似乎将"为政"说得太轻松了。诚然，正人先要正己，乃是颠扑不破之理。常言道，社会风气决定于在上者一二人心之所向，也非无稽之谈。但是事实上任何人要"正己"都不容易，执政者掌握了绝大的权势，要他们自我约制，几如俗语所谓"使驼穿针"，所以孔子说"为君难，为臣不易"，特别是君主，往往说"予无乐乎为君，唯其言而莫予违也"。孔子说："如其善而莫之违也，不亦善乎？如不善而莫之违也，不几乎一言而丧邦乎？"《子路》"为臣不易"是对一般官吏而言的，因为他们上要应付君主，下要管理人民，自己必须极"正"才行，此前所述孔子种种培养"君子"的理论便是为此目的而作。

然而"君子"幸而能入仕从政，知道该做些什么和怎么去做，并且"正己"而为之，仍不能必定成功，因为总不免有人由于意见不同或利害冲突而加以阻挠甚至破坏。执政者虽然可以制定法令加以防范，但是这牵涉许多问题，包括法令的内容是否合乎情理，其施行是否公平妥当。[1]孔子对于法与实际情事之间的关系十分重视，而且更进一步将它扩大为"名""实"的问题，强调"正名"，以建立"名"与"实"之间的正当联系。子路讲究实务，问孔子如果卫国君主等待他去为政，他将以何为先。孔子说，假如真有这样的机会，就先要"正名"。子路大不以为然，说："有是哉？子之迂也，奚其正？"孔子很生气，斥责子路说："野哉由也，君子于其所不知，盖阙如也！"然后申述了一番大道理："名不正则言不顺，言不顺则事不成，事不成则礼乐不兴，礼乐不兴则刑罚不中，刑罚不中则民无所措手足。"《子路》"正名"为什么如此重要，必须加以诠释一下："实"是一件事物或一个行为。人们为了指述的方便，对于一个具有特殊属性的事物或特殊表征的行为给

---

[1] 这两点是人为法生来的缺陷，将在此后几章详述。

《论语》

以一个语言文字的符号,是为"名"。此"名"一旦被多数人接受,便不可滥用于其他事物或行为。例如偷取他人财物的行为被名之为"窃",有法令加以惩罚。如果不是偷取而称之为窃,名实不符,是所谓"名不正"。如果执政者用惩罚窃盗的法令来处分,就说不过去,是所谓"言不顺",人们会不同意。如果执政者不顾"名"与"实"的正确关系而任意赏罚,人们便不知该怎么正当地行为,是所谓"无所措手足"。所以为政必须从最基本之处着手,先使"名"与"实"确切相应,使人们获得一种是非的共识,然后逐步建立一套规范,使人们遵从,分工合作,一起来维护社会正常的运作,否则必致天下大乱,人各自为己,互相侵害。所以当齐景公问政于孔子,孔子说:"君,君;臣,臣;父,父;子,子。"第一组君、臣、父、子四个字指的是世俗的表象,是"名";第二组君、臣、父、子四个字指的是四种人应有的素质,是"实"。齐景公领悟了这个意义,认清了使各人知道自己的"名""实",并各安本分去做人、做事的重要性,因而说:"善哉!信如君不君,臣不臣,父不父,子不子,虽有粟吾得而食诸?"《颜渊》

"正名"是首要之举,由此确立是非之后,对为非作歹的人应该如何处理?一般执政之人都会像季康子那样,认为应该依法严惩。孔子不赞成这种机械的反应。鲁国上卿孟氏任命阳肤为士师〔司法官〕,阳肤去向曾子请教。曾子说:"上失其道,民散久矣!如得其情,则哀矜而勿喜。"《子张》孔子想必同意这种看法,相信一般人民犯法大多由在上者的坏榜样所引起。他们不知自我检点,而苛求于民,人民受罚,只会觉得倒霉,但是不会觉得其行为可耻;倘若他们能够以身作则,用道德来指导人民,再用礼仪来使其行为优雅,合乎情理,人民就不仅会知道有悖乎此的行为可耻,而且会认识是非,自趋于正。这就是孔子说的:"道之以政,齐之以刑,民免而无耻;道之以德,齐之以礼,有耻且格。"《为政》

孔子不仅反对处理刑事案件时滥用刑罚,对于民事纠纷也主张尽少由官司依法令审理,一则因为民情万变而法令有限,在许多情况下没有法令可用,须由法官依其主观判断。孔子说子路"片言可以折狱"《颜渊》,极为难得,而他自己则无此才能,因此说:"听讼,吾犹人也;必也使无讼乎。"《颜渊》这话当然不是说他能使人际不生争议和纠纷,而是说如果他处在司法者的地位,会教人不要以诉讼的方法来解决问题。事实上除诉讼之外还有和解、调停、仲裁等办法可用,都比诉讼为佳,因为涉讼须赴官府,往返费时费业,还须支付各种费用。更重要的是官司必须依照成文或不成文的法令判决,法令既不周全,又不一定合乎情理,因而判决便不一定公正,不易为诉讼双方接纳,口服心服;即使一时忍受,也难免以后再起争执,使当事人甚至其后代难以和谐相处。假如双方能互相体谅,各让一步而和解,或者请求受其敬重的亲友或乡里长老来调停,或交由其他有专门知识、值得信赖的人来仲裁,结果比较容易使双方信服,不再以怨相待,社会能够复归安定祥和。孔子很可能是基于这种想法而认为可以使人"无讼",可能也因此之故而在后世有了他不理词讼的传说。[1] 这些传说不见于《论语》,但是孔子不喜理讼大约是事实。

总之,孔子认为"君子"应该以身作则而"正己",如有机会入仕则应进而"正人",二者均非易事,然而他并不只是徒作空言。他很自信地说:"苟有用我者,期月而已可也〔已可以有绩效〕,三年有成。"《子路》《史记·孔子世家》称:鲁定公十四年孔子年五十六,由大司寇行摄相事……与闻国政三月,粥羔豚者弗饰贾;男女行者别于涂;涂不拾遗;四方之客至乎邑者,不求有司,皆予之以归。齐人闻而惧,曰"孔子为政必霸……"。《荀子·儒效》里也有类似的叙述。如果是事实,当然是一个特例,寻常的执政者恐怕都不能做到。

---

[1] 例如《荀子·宥坐》说:"孔子为鲁司寇。有父子讼者,孔子拘之三月不别,其父请止,孔子舍之。"详见本书《荀子》诠释章。

理想社会

然而使鲁国成为霸主恐非孔子的最高志向。在他之前管仲已曾使齐成霸，他还称赞管仲为仁人，但又说管仲之器不够大。依他之见由"君子"以身作则率领人们遵循妥善的规范之后会造成怎样的一个局面？他没有详说。《礼记·礼运大同篇》描述了一个"大同"和一个"小康"的世界，大意说上古之时有一个"大道"流行的至善之世，人们无分彼此，一切为公。后来"大道"隐没了，人们私念纷起，侵夺横行，才有了夏禹、商汤、周文王、武王、成王、周公等"君子"出来划分人我，设定规范，并且率先奉行，而建立起一个由外力来维持秩序的社会。这种想法与孔子的理想大体不悖，但是既不见于《论语》，就不必在此多加探讨。仅就《论语》所录推论，可以说孔子希望见到的是一个由文质彬彬的人所组成的安定祥和的社会。在这个社会里个人能够发挥其才能，又能克制自己的欲求，与他人不仅和睦相处，并且能一起努力改进生活的条件，创造更好的文化。这种目标必须个人有知识修养，人群能分工合作才能达到。前一要件固然不易，后者则更困难，因为大规模的分工必须有一个阶层状的指挥、统御的结构，要使这结构顺利运作，不发生内部的矛盾斗争，绝非等闲之事。孔子显然有见于此，提出了两个解决此问题的原则。一是要结构本身合理，一是要它的成员们存心"己立立人"，行为"克己复礼"。

当时的社会早就有了一套阶层性的政治结构，虽不尽然合理（例如容许贵族世袭），但不是孔子所能改变的。他能做的只有努力培养出一些君子来为政、执政，以身作则，"举直错诸枉"。至于各阶层之人应该如何相处，他首先提出了消极的"己所不欲，勿施于人"和积极的"己欲立而立人，己欲达而达人"两个基本原则，又提出了"君，君；臣，臣；父，父；子，子"之说，强调每个人的言行都应该与自己的身份相配,不然就难望别人恰当相待。这些话隐含着一个重要的意义——人际关系是相对的。这一点在分工合作的情况下更是明显。在此情形里,虽然要有人统御,有人服从,但人都是人,如果双方不能各尽本分,互相尊重,分工合作便无可能。所以人们相处,言行都应该合乎情理,顾及对方的观感,使其易于接受。要这么做,最简单的方法就是"复礼"。因为礼是美化言行的一种规范,虽然其细节未必为人人熟悉,但是其基本原则——敬重他人,克制自己——应该是很容易了解并遵循的。

一个社会里的个人能够因学习而自立,人际关系能互助互敬,分工合作,这个社会应该不仅安宁祥和,而且能发挥个人和团体的智能,推进人类的文明。这大约是孔子终生孳孳不息、努力以求的理想境界。

贡献和问题

中国古代已有若干关于人、鬼、神、天的观念以及个人应该如何生活的想法,存在于人们意识里,表现在其言行中,甚至记载在若干文献内,但是很零星、杂乱。最早将这些想法整理成为一个比较明确的理论留传于世的人可能是孔子。《论语》是他此一工作的代表性成果,是他对中华文化的一大贡献。他自谦说他"述而不作",其实他对所"述"有不少厘清、申论之处,值得指出。

第一,最基本的,关于人生的意义与目的。他认为人与其他生物不同,不能仅仅依其本能而存活,因而必须另外创造出一套特殊的生活方式和条件——文明,他称之为"文",认为它有价值,应该继续发展。

第二,关于如何去体现人生的意义和目的,牵涉他对于人的能力和外在阻力的看法。当时许多人都认为人的能力有限,其行为及后果皆受鬼神控制或命运支配。孔子虽然没有否定一些神秘的外在因素，但是认为人们不可过于畏惧屈从，而要尽量加强人的能力，使人从这些因素的控制中解脱出来。为了增强人的力量，人们必须互助合作。在此关系里的人虽然可以因智愚巧拙之异而分工，处于不同的位置，负有不同的责任，但是仍应互相认同大家都是"人"，因而推己及人，相待以"恕"（将心比心），不可硬性地将人归入不同的类别，给以不同的待遇。他更具体地提出了人性相近而可塑的假设以及一套教育的方法，一则为了使普通的人比较方便地获得知识，进而学优入仕，服务邦国，甚至由布衣而卿相，打破传统的政治阶级，引发社会上的人才流动；二则为了使人们得到共同的是非标准和价值观念，为此他提出了许多原则，作为修身、待人、治事、处世的规范，包括"仁""义""忠""孝"等，希望借此使人们能够文质彬彬，克己复礼，求仁取义，立己立人，使生活更为便利、丰富、安宁、和乐，因而让人觉得生命和生活有意义、有价值。

以上两点似乎言之成理。但是也有人不以为然。

讨论社会、人文问题的人，大多有一套先在观念和终极目的，然后才去选择若干假设，采集若干论据，用分析、归纳、演绎等方法建立一个理论来支持其观点和目的，然后提出如何实践的主张。观念、目的和假设愈近乎情理，论据愈丰富，方法愈严谨，其理论和主张便愈容易被人接受，但是因为这几步工作都涉及价值判断，可能受到拒斥或质疑。对于孔子的目的、假设等彻底否定的，便拒斥其理论；不作全盘否定而对其目的、假设等项依据常理常情加以检讨的，便会提出一些问题。前者包括《论语》里记载的"荷蓧丈人""荷蒉者"、微生亩、楚狂接舆、长沮、桀溺等人。他们认为世事根本不可为，为之者都没有好结果，人应该适应环境，随遇而安，不可固执己见，坚持依照自己的意思去做，甚至知其不可为而为之。如果无法适应，就应该避世退隐，自食其力。像孔子那样不事生产，四体不勤，五谷不分，栖栖惶惶，到处游说，逞其口舌，盗名欺世，乞食于人，甚为可鄙。这些批评不全中肯。孔子厌恶"佞人"，说君子要"刚毅木讷""毋固"。他自己甚至"无可无不可"，而要"唯义是从"。至于当时的为政和执政之人，大多是没有大志的"斗筲之人"《子路》，无法拨乱反治，确是事实，但是要放弃改革的努力而去做个避世的隐士，是孔子不能接受的。所以他听了那些人的话之后怃然地说，人不能像鸟兽一样地生活。如果天下有道，他就不会来求改革了。至于个人结局的好坏，则不是他关心的。

除了那些极端分子之外，老、庄也不同意孔子的假设和目的，但是并不将他的理论全盘否定，而认为人不该依照他的主张和建议走得太远，这一点将在此后《老子》《庄子》两章申述。孔子没有机会与庄子谈论。据《庄子》里所说的一些"寓言""卮言""重言"，孔子将老子也视为异类（龙），无法与之辩驳。

认真仔细研读过《论语》的人，不会将孔子的理论一篙子打翻，而可能依据常情常理对其中某几点，提出一些问题。

（一）关于先在观念。先秦思想家都认为当时的社会很不理想，因而想象出了若干不同的"原始世界"，与现状相比，有的较好，有的较坏。认为较好的就须说明为什么后来变坏了；认为较坏的就须强调现状还不够好，有待继续改进。孔子没有谈远古之事，他虽称道尧、舜个人的圣明，但是认为社会到了周初才达到"郁郁乎文"的境界。"文"是他所重视的社会发展的指标，但是他对于文化为什么在周前逐步演进，而到了周初之后却逐步败落，没有提出分析和解释。《礼记·礼运》篇先说"大道行"，后说"大道隐"。为什么"大道"会行，会隐？何以致之？这个问题所涉匪浅，如果"大道"自行，自隐，与人无关，人的作为有何意义？人的生命有何意义？

（二）关于终极目的。孔子显然认为应该使"大道"再度流行于世。他所认可的"道"指向一个近乎"大同"的境界，是一个他认为人充分发展了其优良特性，培养出了高尚的道德而造成的社会。但是古今有不少人怀疑此一目的，其中有一些认为人无异于其他生物，所以根本不必有什么特殊的目的，更不该勉强去改造个人，而应该一切顺乎自然。孔子对这些看法并没有仔细的分析和辩解，而将这些人比作"鸟兽"，实是一种遁词。

（三）关于理论所需的假设。孔子认为文化是人的产物，文化被破坏了，人应该可以将它修复并且使它继续发展。这种想法涉及人的能力和外力的较量。人在有所作为之时，多少会遇到一些阻力，其中有的似乎无法克服，许多人将它们看作是超自然的，往往称之为鬼神。孔子称之为"天""命"，但是并不接受宿命论，而强调人要尽力去争取成功。为此他做了一个基本的假设：人性相近而可塑，人的能力可以继续增进。许多人不同意此点，其中有一些相信"人性"或"善"或"恶"，可塑性有限；有一些指出因为谋求生存，人皆有与善恶无关的"自利"之性，无法消除。孔子的假设对此诸说未加充分重视，产生了许多问题。

（四）关于实现人生目的之方法。孔子主张用教育来使人们认清此目的，并增加实现它的能力和决心。其他诸子也谈如何实现其理想，大多皆重在诱导、训练人们。孔子的教育与此不同，强调协助各人自动地发现是非、善恶，先"自立""自达"，使自己知识丰富，品德高尚，达成个人的目标；然后"立人""达人"，帮助他人也能如此。这种方法有两个重要的问题：一是想要实现此理想之人一定要修养达到极其高尚的程度，这是非常不易之事，对于掌握国家权势之人而言，更为难能，因为在当时的世袭制度之下，他们从小享有许多特权，不受寻常规范的约束，放肆惯了，一旦掌握了权势，更觉得可以为所欲为，而其左右的一群小人奴才，不敢也无能加以匡正，只是唯唯诺诺，听其颐指气使。想要他们内心里领悟仁义道德，行动上克己复礼，简直如缘木求鱼。他们倒行逆施，胡作非为，别人如何禁阻？孔子有见于这种危机，而没有具体的防止办法，只做了"一言丧邦"的警告，并强调从政的君子能对执政者尽心规劝。如果谏而被拒，他支持这些君子因邦无道而辞职，"卷而怀之"。当然这种做法无补于事，后人因而指责他姑息养奸，促成了中国后来的威权政治，这是不公平的，因为如何处理"人治"的种种潜在问题，实在太复杂，直到今天中外还在探索如何应付。但是孔子的确对此问题没有进一步的讨论。

即使有了修养极佳的"君子"为政，是否能消除人们因求自利而制造出来的动乱纷争？孔子似乎高估了君子们的能力，想象出了"风行草偃"的结果。统治者的教化用于多数背景单纯的人可能有效，但是对于少数因"上知""下愚"而"不移"之辈《阳货》，以及出身特殊的人如世袭的贵族，效果便很难说；至于"远人"，则可能因其风俗习惯、宗教信仰等因素而"不服"，要"来之、安之"，使其归化，必非易事。因为有些人几乎不可能用教化来改变，所以古来的国家，无不有对于危害社会利益的行为加以处罚——对少数人可以刑戮，对多数人可以征伐。孔子以为可以完全由教化而消除反社会行为，似乎过于忽视史实了。

（五）关于规范的基础、位阶、确定性和权威性。古人大都相信规范出于鬼神的旨意，少数的主张出于自然。孔子认为这两种说法都渺茫无稽，而且抹杀了人的意愿和志气，使人消极。他看出实际上规范都是"人"为了"人"而制定的，所以他强调规范的基础应该建立在人际关系上，提出了"己所不欲，勿施于人"和"己欲立而立人，己欲达而达人"两个原则。这种推己及人的原则很容易了解，但是实际制定规范的只能是少数的人，仅仅依据他们的好恶而制定的规范不一定会被大众接受，如何去探索大众的好恶，而做到"民主"，是一困难的问题，孔子没有加以讨论。

其次，规范应该有确定性和权威性才能有效地施行。以人的好恶为基础的规范往往缺此二者。孔子对于道德、习俗、礼仪、政法都没有详细厘定其内涵和外延，所以它们也没有确定性；他也没有说明它们有自备的强制力，所以它们也缺乏独立的权威。难怪后人仍继续强调规范的外在基础——鬼神的意志、自然律，或国家的强权。

再次，孔子将人为的规范分成许多种类，给以上下的位阶。他的依据似乎有二，一是规范目标的高低，二是其适用的广窄。依据这两点，最高的规范首先应该是基于人情、理性的道德，其次是经过美化、合理化的习俗，最低是法令。他主张在适用时应让高阶者优先，即使因而使低阶者失效或委曲也没有关系。子夏说"大德不逾闲，小德出入可也"《子张》，就是从此引申来的。但是孔子对"小德"并未细述，如何"出入"全赖个人主观的决定，一般人很难做得妥当。后人说"大行不顾细谨，大礼不辞小让"《史记·项羽本纪》，恐怕未必都是仔细考虑各种有关规范之后的行为，而只是一个自卫其短之说。此外一个规范之适用与否，又与当时的外在情势有关。《史记》称孔子自陈适卫，在蒲地被叛臣所困，与蒲人盟誓不适卫都而得脱，但是一出蒲城东门便向卫都行去。子贡问："盟可负邪？"孔子说："要盟也，神不听〔一个被要挟而订的盟约，神明不会认可的〕。"《孔子世家》依照此说，凡是在不平等的情势下所做的"城下之盟"都可不必遵守，但是毕竟言行不一，所以连子贡也有疑虑，一般人恐怕更难了解。如果每个人都可以考虑了主观和客观的种种因素，才决定是否遵从某一规范，它的确定性和权威性便很低微了。孔子的理论似乎没有顾虑及此。

（六）关于君民关系，孔子虽然强调君君、臣臣，但是不如孟子、荀子那样明确地主张二者之间应有对当的权益责任。遇到无道之君，臣民只得卷而怀之，至多只能离国出走；遇到平常之君则毕恭毕敬，"入公门，鞠躬如也……其言似不足者……屏气似不息者……君命召，不俟驾行矣"《乡党》。后人指责他过重君权，虽不尽实，但其言行容易被误解，不能不说是一问题。

（七）关于孔子理论的功效和实施的可能性。孔子渴望经世济民，而且深信他的理论可以达成这个目的，所以周游列国，寻求机会，甚至公山弗扰和佛肸那样的叛臣召他，他都想去试试。他曾说："苟有用我者，期月而已。可也，三年有成。"成什么？应该就是他衷心向慕的周初文化和制度。《史记》里说他在齐鲁夹谷之会，表现了外交的长才。后来在鲁国任司寇摄相事，也有惊人的成绩。但是他在鲁为政不久，便因"堕三都"一事而失去执政者的信赖。后来所适诸国至多仅予礼遇而没有给以实职，大约都因为三个原因：第一，他的主张虽然是为了邦国长远的安危和发展而立，但是没有顾虑到现实中若干人的既得利益而无法推行。他为鲁国所拟的长治久安之计"堕三都"完全失败，便是一例。后来楚昭王想以书社之地七百里封孔子，《史记·孔子世家》记载了楚令尹子西与楚王一番对话将此点说得更明白：子西问："王之使使诸侯有如子贡者乎？"王曰："无有。""王之辅相有如颜回者乎？"曰："无有。""王之将率有如子路者乎？"曰："无有。""王之官尹有如宰予者乎？"曰："无有。"子西接着说："且楚之祖封于周，号为子男五十里。今孔丘述三、五之法，明周、召之业，王若用之，则楚安得世世堂堂方数千里乎？夫文王在丰，武王在镐，百里之君卒王天下。今孔丘得据土壤，贤弟子为佐，非楚之福也。"昭王乃止。

　　第二个原因是孔子的建议都难有迅速的实效。《史记》同篇内又说，他到齐国后，齐景公很欣赏他，想要将尼溪之地作为他的封邑。晏婴说："夫儒者滑稽而不可轨法；倨傲自顺，不可以为下；崇丧遂哀，破产厚葬，不可以为俗；游说乞贷，不可以为国。自大贤之息，周室既衰，礼乐缺有间。今孔子盛容饰，繁登降之礼，趋详之节，累世不能殚其学，当年不能究其礼。君欲用之以移齐俗，非所以先细民也。"简而言之，就是说孔子以古礼来改变民俗并不是一般人民迫切须做的事。鉴于当时的情势，此说不为无理。子西之语显然是为了防止孔子夺取他的权势，固不足道。晏子对于"儒者"的描述可能当时曾经流行,他对孔子的批评则过于夸张。孔子重"礼",固然要遵循若干仪式,但是他真正关注的不仅在此,而在借此表彰的精神和意义。所以他说:"礼云,礼云,玉帛云乎哉?!"林放问"礼之本",他说:"大哉问!礼与其奢也宁俭,丧与其易也宁戚。"可见如能掌握了"礼之本",其细节并非不可变通,当然不至于"累世不能殚""当年不能究"。然而晏子之语的最后一句则有深意。他与郑国的子产相似,并非不知治国的长久之道在于改革人民的习性,但是此途十分迂远,作为一个负有实际政务责任的人,为了"救世"之急,无法遵循。对于此说叔向曾予驳斥,以致子产只得自认"不才"而谢罪。孔子虽然承认子产挽救郑国衰亡的功绩,但基本上还是赞同叔向的说法。而且有一整套自"正名"进于礼乐之治的计划,因其迂缓,未能得用。

孔子之志难以实现的第三个原因是他不愿为求入仕而改变其见解和主张。这不是因为他固执己见,事实上他到了一个邦国一定要去了解其政治,想知道其利弊,思考如何加以改进。子禽问子贡:"夫子至于是邦也,必闻其政。求之与?抑与之与?"子贡说:"夫子温、良、恭、俭、让以得之,夫子之求之也,其诸异乎人之求之与。"《学而》可见孔子想与闻政治,但不愿强求,只以恭敬谦虚的态度待人咨询。可惜当时的执政者都没有足够的耐性和悟性去听他的说明,以致他的理论没能为人充分了解、信服,因而使他失去了实施其理论的机会,这当然也是一个问题。

对于以上这些粗浅的问题,孔子或许都有明确的答案,但是我觉得《论语》里似乎看不出来,希望读者再加探究。

《老子》

老 子

《史记·老子韩非列传》里说:"老子者楚苦县厉乡曲仁里人也,姓李氏,名耳,字聃。周守藏室之史也……修道德,其学以自隐无名为务。"又说孔子曾赴周廷去向他问"礼",被他教训了一顿,大意说你所谈的"礼",已经过时了,留下的只是一些空话。做人在顺境里可以驾车而行,讲究一些外表的作为;在逆境里就该估摸着走,简单度日,随时休止。人不该炫耀自己,所以高明的商人将其货品深藏起来,好像虚无所有;君子虽有大才大德,容貌却好像愚昧无知。你应该去除掉骄妄的声色态势和众多的欲念企图,这些都无益于你。我可以告诉你的仅此而已。孔子辞出之后对弟子们说,我知道鸟能飞,鱼能游,兽能跑,但是都可捕捉;至于龙,我不知道它怎样乘着风云上天,所以也不知道怎样去对付它。老子是一条龙吗?《史记·老子韩非列传》

《论语》里没有述及此事,但曾提到孔子对于一些隐士的看法,说他们与他是不同类的人,无法互相沟通。《史记》也说:"老子,隐君子也。"又说他:"居周久之,见周之衰,乃遂去。至关,关令尹喜曰:子将隐矣,强为我著书。于是老子乃著书上下篇,言道德之意五千余言而去,莫知其所终。"(同上)

司马迁虽然写了一篇《老子韩非列传》,但是显然对老子所知甚少。他不仅不知老子最后去了何处,甚至对"老子"其人究竟是谁也无法确定,所以他又说:"或曰:老莱子亦楚人也,著书十五篇,言道家之用,与孔子同时云……自孔子死之后百二十九年,而史记周太史儋见秦献公……或曰儋即老子,或曰非也。世莫知其然否。"《史记·老子韩非列传》

其实"老子"是一个或几个人,姓名是什么,曾否接见过孔子并不重要,重要的是中国自古就有另一种思想,与孔子的大相径庭。也许主其说者有一些是睿智的长者,人们乃称之为"老子"(老先生?),值得关注的是他们的理论。

《老子》

《史记》说老子为尹喜著书上下两篇,后世称之为《老子》,因其"言道德之意",又可能因为此书常见的版本上篇之首(第一章)以"道可道……"为始,下篇之首(第三十八章)以"上德不德……"为始,所以又被称为"道德经"。此书可能与李耳有关,因为《论语》里所说的隐士,虽然不满孔子的言行,但是没有讲出什么大道理;李耳则不然,作为周廷的"守藏室之史"[图书档案馆管理员],无须耕耘为生,而要收藏、编纂文献,因而博览典籍,熟悉许多古今问题,又值当时世局动荡,自然感触良多,所以能将其所思写下来。大约因为他当时已因博学闻名,思想又甚高妙,所以其书被广为传录,难免也羼入了不少其他的资料。后来留下许多版本,大同小异,不必在此考究。本文主旨在探索此书的理论,所以用最为通俗的几个版本为据,当然也参考了许多研究者的注释,无须列举。

《论语》《老子》二书所论大异其趣。在《论语》里可以看到孔子对人的能力有相当的信心,肯定了人努力的成果,认为人可以创造更好的未来,人们应该分工合作来追寻此一目标,个人在社会里应该自立立人，社会应该有分层负责的架构，社会规范应该有人情事理的基础，社会权威应该由德育产生，权威的运作和规范的施行都应该在诸人德育完成之后，权威与人民之间应有相对的关系。《老子》对于人的才能、人与万物的关系、人生的意义和目的、人类以往的经历、当前的情势和将来的发展等问题，提出了迥然相异的见解和主张。他们各自选择了不同的假设，采取了不同的论据，运用了不同的方法加以分析、解释，建立了不同的理论。

与《论语》相比，《老子》比较难读，因为一则老子的理论基础不在于人的生活经验，而在于一些他想象出来的原理和规则，但是他又不得不用当时之人的语言来陈述，所以在许多地方要对所用的文辞予以特殊的意义；二则他用了若干比喻和古代谚语来帮助诠释其理论，但是比喻未必确当，谚语不易理解；三则全书简约，前后语句往往缺少明白的联系；四则可能有些错简；五则古字多假借通用，以致文义复杂；六则辗转传抄，难免有误。这些原因很容易使人觉得其理论高深莫测，即使有些地方未必合理，甚至自相矛盾，读者往往不敢怀疑，而只能自惭愚昧，因而许多学者努力为之作注，偶尔使之更为玄妙神秘；一般人则以为它有大智慧，传诵其中一言片语，沾沾自喜；别有用心之辈则滥取其义立说惑众，造成了许多变乱。无论如何，此书代表了当时与孔子相对的不少厌世、避世之士的思想，对许多问题提出了他们的看法，自有其重要的价值。如果能将其中零星散乱、艰涩难懂的文句仔细串联起来，用可以实际体验的语言加以诠释，使它的主旨和理路易为一般人了解，应该是一件有意义的工作，本文便是一个这样的尝试。因为上述的几点困难，加上《老子》常常"正言若反"，本文凡作申论，必定先充分引用《老子》原文为证，以免涉于臆想，但是结果不免繁复而且读来不大顺口，实不得已。

本文首先陈述《老子》理论上的一些要点，然后分析若干可能是老子对于立身、处事、治世的建议，最后提出几个相关的问题。

一个理论的要点，包括其假设、基本概念和主要的推论，必然出自立论者对相关事物的观察和悟解。老子处于春秋之时，周初订定的制度和规范已经日渐动摇，以致社会骚乱不已。许多人，包括若干邦国的执政者如子产和思想家如孔子，曾竭力设法补救，但是成效有限。老子观察了大大小小的人事、世情，见到了一个普遍却被常人忽视的现象——凡事做得过分，其结果便难以持久，甚至适得其反。他举了一些人事的例子来说明此点："企者不立，跨者不行"《二十四章》；"揣而锐之，不可长保"《九章》；"甚爱必大费，多藏必厚亡"《四十四章》；"金玉满堂，莫之能守"《九章》；"天下多忌讳而民弥贫……法令滋彰盗贼多有"《五十七章》。此外他又见到自然界也有类似的现象——"飘风不终朝，骤雨不终日"——然后自问自答："孰为此者？天地。天地尚不能久，而况于人乎？"《二十三章》因而提出了一个假设：天地万物（包括人在内）的存在和一切活动，都受一套外在的，出于"自然"的法则所控制，所以他要"人法地，地法天，天法道，道法自然"《二十五章》。用现代话说，这套法则是"自然律"，老子则称之为"道"。

"道"

"自然"与"道"

如果人最终应该效法"自然"，"自然"是什么？老子觉得很难说明，所以他"希言自然"《二十三章》。但是他曾说有三种东西"视之不见……听之不闻……搏之不得……不可致诘［细究］，故混而为一……复归于无物。是谓无状之状，无物之象，是谓惚恍"《十四章》。这个无形、无声、无实，而混而为一的东西可能就是他说的"自然"。今人对于自然界，尤其是它原始的状况，仍然所知有限，无法确切描述。老子在古代即行探索此一问题，而感觉难以言喻，是很容易理解的。但是他又认为在此混沌之中，有一样东西确实存在，那就是"道"。他说："道之为物，惟恍惟惚。惚兮，恍兮，其中有象；恍兮，惚兮，其中有物；窈兮，冥兮，其中有精，其精甚真，其中有信。"《二十一章》此话听来玄妙，难以细释，粗究其意大概是说，在宇宙未辟、万物未成之时，已有一"物"、一"精"，但不是可见、可闻、可搏的实体，而是一种假设以及由此而推展出来的一种原理，一种规则。它虽然精微深奥不易掌握，却真确可信，而且永恒不变，运作不息。天地万物都必须依此原理才能存在，遵循此规则才能演化，他将此原则称为"道"。这一点似乎与今人所说若干科学里的假设、原理和规则相似。他又说："道生一，一生二，二生三，三生万物。"《四十二章》一、二、三和万物是可以计数的实物，而"道"不是实物，是虚无的，所以他又说"天下万物生于有，有生于无"《四十章》。万物"为何"并"如何"自"无"中产生？古今中外有许多说法。有些人认为万物是神灵所创，但是不能解释神灵的来处和它们为何有此一举。后来有些人提出万物是由各种元素（如金、木、水、火、土等）结合而成之说，但是也无法说明这些元素的来处和如何结合。老子没有明白讨论这些问题，只说万物的存在和演化必须依照某些原理和规则。历代科学家所探究的也就是这些原理和规则。

　　这些原理和规则十分抽象、精妙，所以现代科学都用一套符号来表述。老子之时还没有这种表述方式，而要用日常生活里的话来说明这些原理和规则，实在非常困难，所以他说"道可道，非常道"《一章》。假如一定要来谈它们，就需要对所用的语言予以一些特殊的意义，所以他说"名可名，非常名"《一章》。因此之故，在此要对"道"和另外若干他的重要概念，如"有""无""静""常""圣""知""仁""义"等稍加解释。

"常"与"变","静"与"动"

"常"有恒久不变的意思。现代物理学上有静者恒静、动者恒动之说,可以说是"常"。但是老子的"道""独立不改,周行而不殆"《二十五章》,既恒静又恒动,要怎样去理解呢?或许正因它是抽象的原理、规则,才能如此。老子指出理论上"道"可动可静,时动时静,现实里万物动静交替,但是"动"都属暂时,"静"则比较持久,例如水在河川里湍流,注入湖泊海洋之后便宁静下来;雌雄动物相交,宁静的雌性都能安抚浮躁好动的雄性;暴风骤雨都是短暂的骚动现象,不久便将回复较为长久的稳定和宁静。因而他说"牝常以静胜牡"《六十一章》,"静为躁君"《二十六章》。"静胜热,清静为天下正"《四十五章》。此一结论显示了他厌"动"好"静"的心态。[1] 这种心态是人们对当时社会情势一种普遍的反应,因为政治、经济各方面发生了剧烈的变化,使得生活不安定,许多人不知如何应付,感到十分恐慌,希望能停止动乱,回复到以前简单、平静的"常"态;老子则更进一步,对于动应归静,提出了理论的支持。

这种"常"态始于何时?老子似乎认为是在"道生一,一生二,二生三,三生万物"之前。他说"天长地久。天地所以能长久者,以其不自生,故能长生"《七章》,又说"无名天地之始"《一章》。此二语所称"天地"大约就是那"视之不见……听之不闻……搏之不得……不可致诘","恍兮惚兮","无状""无象"的状态,也就是只有"道"存在的状态。这种状态里没有具体之物,老子简称为"无",因为它虚无,所以绝对宁静。

这种宁静似乎因为"道生一"而被破坏了。"道生一"是什么

---

[1] 古人另有一种看法,认为天象人事一直在变,"动"才是常态。《易经》便代表此见。所以好静恶动只是老子和一些人的心态,并非众人都同意的绝对之理。

意思？老子说"[道]先天地生……可以为天下母"《五十二章》，但是没有说"道"真的产生了一个实物，因为它是虚无的，只是一个原理、规则，不应该含有否定自我的因素（可以破坏宁静、造成动乱的种子），因此"道生一"不能解释得太刻板。他又说"大道泛兮……万物恃之而生而不辞"《三十四章》。"恃"是"依据"，所以万物依据"道"而生，不是"道"所生，而是"自生"的。万物为什么能"自生"？老子没有说明。这是一个在科学上至今尚无确切答案的问题。

就老子的理论而言，更严重的问题是这些"自生"的万物虽然"恃"道以生，但是其中有一种生物——人——显然并不完全"遵"道而行。老子感叹地说："大道甚夷，而人好径！"《五十三章》"大道"是什么？老子没有做具体的答复。但是他既然说"人好径"，对于人喜欢走小路应该很清楚，而且应该可以用具体的话加以指实，但是他仍旧没有直截了当地说明，只提到有些人的行为，例如要求华衣、美食、异色、淫声、畋猎、嬉戏以及无止的聚敛等等，认为是不妥当的，大约就是他说的走斜路吧。

大概而言，一般人都自然地想要满足其基本生活需求，如饥而欲食，寒而欲衣。有过于此便会出问题，因为过分的欲望和为此而做的过分的聚敛，对个人都无益有害，而且愈注重这些欲望，愈竭力聚敛去求其满足，结果损失愈多。老子说："五色令人目盲，五音令人耳聋，五味令人口爽，驰骋畋猎令人心发狂，难得之货令人行妨"《十二章》，"金玉满堂，莫之能守"《九章》，"甚爱必大费，多藏必厚亡"《四十四章》，皆在说明此理。

依照老子的理论，这些问题皆出于人不知"常"——不了解天下万物只有在宁静的状态才能长久存在。这种状态是常态，不知此"常"而好动，特别是想走小路捷径以满足其无穷的欲望，便是"妄作"，其结果必定导致危险，所以说"妄作，凶"《十六章》。

"知足"与"知止"

人为什么不知"常"？因为人与其他动物有异，除了基本的需要之外还有许多欲望，而且许多人都贪得无厌。为什么？至今没有可以普遍接受之说，但是在人类发展的每一个阶段，其能力都无法充分满足其增长不已的欲望，因而有些人就不免"妄作"，废弃了大道，选择了斜径。此径虽似短捷，但是狭窄陡峭，一旦走入便难以上攀而易于下滑，结果往往遇到凶祸。要避"凶"就该知"常"，走寻常的路，做寻常的事，不忮不求。当然，人生在世很难做到虚静无为，所应知者是"足"和"止"——欲望满足到某一程度便已足够，寻求满足欲望的行为到某一地步便该终止。老子说："罪莫大于可欲，祸莫大于不知足，咎莫憯于欲得，故知足之足，常足矣。"《四十六章》又说："知足不辱，知止不殆，可以长久。"《四十四章》"可以长久"就是可以"常"。这种"常"虽然不及因虚无而永恒的"常"，但对于处于乱世之人而言，能做到如此，可以说是一种自我的救济，这是老子所强调的。

"道"废，"德"生

人能知足，知止，便可获得宁静，而近于"道"。老子认为此"道"平坦易行。但是事实上要人节制自己的欲望并不容易，尤其是对于那些强横或掌握权势之人而言，几乎是不可能的。他们不务正业，沉醉于个人的享乐，乃至"朝甚除，田甚芜，仓甚虚，服文彩，带利剑，厌饮食，财货有余"。老子称这种人为"盗夸[魁]"《五十三章》——奢侈浪费，狂妄嚣张，带领人们为非作歹的盗贼头子。这种人既不事生产，必定去剥削没有能力抵抗之人，结果使得资源分配失调，社会发生动乱。一般的人受了他们的刺激，也沦于欺诈掠夺，难与他人相处。

在这种情势之下，产生了一种奇怪的现象。以老子的话来说："大道废，有仁义；六亲不和，有孝慈；国家昏乱，有忠臣。"《十八章》此话听来似乎矛盾，却在陈述一个事实——当"大道"流行之时，人们各自寻求必要的资源来满足其最基本的生活所需，而且人口不多，较少发生冲突，所以不须什么规范来律己待人，只要各循常道便可不相侵害，平安和谐。到了人的欲望增长以至不能各尽己力得到满足，而要欺诈、掠夺他人财物之时，大道便被废弃，人间斗争不已；如果有少数的人不这么做，便显得是仁人、义士、慈父、孝子、忠臣了。他们的行为当然值得称道，所以便有一些人加以提倡。老子称这些人为"前识者"《三十八章》，因为与一般迷迷惘惘、随波逐流的人相比，这些人较早看到了危机。但是他认为他们所提倡的"仁""爱""信""义"等"德"行，都只是"道"的琐细虚象。当真实的"大道"被弃置，人们开始重视这些虚象之后，种种奸伪的行为便接踵而生了。所以他说"前识者，道之华，而愚〔宄〕之始"《三十八章》，又进一步说：

> 上德不德，是以有德；下德不失德，是以无德。上德无为而无以为，下德为之而有以为。上仁为之而无以为，上义为之而有以为。上礼为之而莫之应，则攘臂而扔之。故失道而后德，失德而后仁，失仁而后义，失义而后礼。夫礼者，忠信之薄，而乱之首；前识者道之华而愚之始。《三十八章》

此语真是"玄之又玄"。大概而言，老子的意思是：最高之"德"，广大普及而近于"道"。具有此德之人，自然而然，不炫耀其德，才是真正的有德者；下等的"德"具体而微，只适用于若干情况，所以要仔细列出，以免缺失，但正因如此反而疏漏难全，在许多情况下没有这种"德"可循，因此仅仅具有这种"德"之人便如无德。最高的德仅立准则，不一一处理琐事细节，所以具此德者显得没有作为；下等之德需要顾及之处极多，仅有此德者就需多所作为。有仁心者待人如己，所以不需有什么特别的作为。以正义治事者要求公平，就需有很多作为。依礼处世之人，他人不以礼相应，便会奋臂相责。所以说失"道"之后才有仁、义等之"德"，至于"礼"更是形式，是忠、信等品德衰薄的表现和祸乱的源头。

总之，老子认为各种"德"都是"大道废"之后才产生的。"道"先天地生而浑然长存，不会自废，但是人可以将其中有关人的部分废置不用。人何以有此自由意志和能力，老子没有说明，但显然承认这是一个事实，对它很感不满，想加以改变。他要的改变与一般"前识者"提出的不同，因为在他看来那些人所识太小，以其小知小识来做重大的工作，犹如"代大匠斫"，他说："代大匠斫者，希有不伤其手矣。"《七十四章》

"圣人"

知"道"

老子认为人们想在那不断下滑的斜径险坡上停止，并返回平坦的大道，必须依赖一种特殊的外力。这种外力只能来自他所说的"圣人"。古时的"圣"是指多知多识、大智大慧而言。老子说"圣人"能"不出户，知天下；不窥牖，见天道……不行而知，不见而明"《四十七章》，真可以称为"大圣"了。这样的人极为少见。[1] 但是老子认为只有这样的人才能救世。

---

[1] 孔子认为只有尧、舜才能称得上"圣"，因而说"圣人，吾不得而见之矣"，能见到君子，就很好了。《论语·述而》子贡说孔子"因天纵之将圣"《子罕》，还算不上是真"圣"。孔子自己则说："若圣与仁，则吾岂敢。"《述而》

"圣人"知天道。他对于天道有何认识？这种认识对他的性格和行为有何影响？他想要的是什么？他用什么策略、什么技术来实现他的理想？前章《论语》内用了许多篇幅来谈孔子心目中的"君子"，也是探究这一类问题，因为它们涉及政法理论的核心，不可忽略。

《老子》里的许多段落都先陈述了一些"道"的原则，或足以反映"道"的现象，然后说"圣人"因而采取了某种态度或行为。所以"圣人"所认识之"道"与老子所陈述的"道"是相同的，或许可以说"圣人"和老子名二实一，"圣人"要行的"道"便是老子所说的"道"。

"道"虽然"恍惚""窈冥"，却确实存在于天地万物之先，而且其"精甚真"，且"有信"，既非幻象，又自古不变，所以绝顶聪明之人（像某些伟大的理论科学家）可以仅凭推理而知此"道"。它与万物不同，万物只是依据"道"而生的表象，"道"是这些表象所据的原理——"精"。为了领悟这原理，"圣人"不须远出观察万物，因为事实上这种观察不是任何个人能做得周全的，凡是做这种观察之人，犹如做实验的人，都只能弄清一些细节，出此范围便无所知，所以说"其出弥远，其知弥少"《四十七章》。"圣人"承认对万物细节所知不多，但不重视这种知识，所以老子说："知不知，上；不知知，病。夫唯病病，是以不病。圣人不病。以其病病，是以不病。"《七十一章》他的意思是：有上等智慧的人，知道自己有所不知。不能知道自己有所不知，是一种病。怕得这种病的人，就不会得这种病。"圣人"之所以没有这种病，就是因为讨厌这种病，所以他不会患这种只见小节不见大局的病。由于这种看法，"圣人"不欲人们多知，此点将于下文详述。

"圣人"虽能知道重大的原则，然而要将他之所知，用常人易懂的话说出来，却甚困难，因为一般人局限于日常生活的经验，目光短浅，只能见到一些琐细的表象，无法看清广大抽象的原理，所以老子说："天下皆谓我道大，似不肖。夫唯大，故似不肖。若肖，久矣其细夫。"《六十七章》但是他强调他讲的原理都"言有宗[有依据]",所以"甚易知",而天下却"莫能知"《七十章》,只有极少数的"上士"听了能够理解遵行;次一等的"中士"听了,似懂非懂;一般人("下士")听了,以为那是无稽之说而"大笑之"《四十一章》,使他甚感无奈。

自律、待人、治事

"圣人"对"道"的认识影响了他律己、待人、为事的态度和行为。先说律己。因为他明白一般人难以知"道",所以他虽然心中藏着大道至理,却不显露其知。古代谚语说"明道若昧""质真若渝[浊]""大音希声""大象无形""道隐无名"《四十一章》。"圣人"深明此理,所以他"被褐怀玉"《七十章》,"处无为之事,行不言之教"《二章》,不去勉强说明他的道理。

其次,老子一再指出,人有许多不必要的欲望和为此而做的无益有害的行为,所以强调去欲、知足、知常。他的"圣人"则更进一步说:"吾所以有大患者,为吾有身。及吾无身,吾有何患?"《十三章》此语说明了欲望的根源——人的生理需求。这一点是去不掉的,但是此一需求实在很小,只是饥而欲食,寒而欲衣。"圣人"则所求更少,只要有的吃就好了,所以"圣人为腹不为目,故去彼取此"《十二章》,去除了声色游乐,只注重最基本的口腹之需。只要满足了此一需求,他虽不能"吾无身",仍可以清静安宁地度日,对于外界的熙熙攘攘,全不理会。老子用了很长的一段文字来描写这种状态:

众人熙熙,如享太牢,如登春台;我独泊兮其未兆,如婴儿之未孩,儽儽兮若无所归。众人皆有余,而我独若遗。我愚人之心也哉,沌沌兮。俗人昭昭,我独昏昏;俗人察察,我独闷闷。

澹兮其若海，飂兮若无止。众人皆有以，而我独顽且鄙，我独异于人，而贵食母。《二十章》

显然他认为这是一种很好的生活方式。

在取"食"和其他身之所需的必要资源时，不可抢先争夺，因为抢先争夺必会有害于身，所以古代就有"曲则全"之谚，老子引申其义说："枉则直，洼则盈，敝则新，少则得"《二十二章》，大约就是俗语"吃亏反得便宜"的意思。老子并且以江海为例加以证明说："江海之所以能为百谷王者，以其善下之。"《六十六章》——江海的地势较川谷为低下，所以川谷之水都流归江海。

由此可见老子谈律己，基本上要"见素抱朴，少私寡欲"《十九章》，谦让不争，委屈居下。这些态度和做法对一般人都是适宜的；对于"圣人"，老子要求较高，强调他要为善，做到"上善若水，水善利万物而不争，处众人之所恶，故几于道。居善地，心善渊，与善仁，言善信，正善治，事善能，动善时。夫唯不争，故无尤"《八章》。所以他的"圣人"之律己也不是独善其身而已。

另一方面，老子似乎又认为"圣人"之谦让并非他立己的终极目的，而只是一种手段。他的目的是要"后其身而身先，外其身而身存"《七章》，"以其无私，故能成其私"《七章》，"夫唯不争，故天下莫能与之争"《二十二章》，使自己成为"百谷王"。这一点在他谈到如何待人时会显得更清楚。

关于待人，老子先指出许多事物都是相对的——"长短相形，高下相倾，音声相和，前后相随"《二章》；"唯之与阿，相去几何？善之与恶，相去若何？"《二十章》——世上没有绝对的善恶是非，倘若人人都带着偏见，认定什么是对什么是错，结果必定会产生好恶取舍而生争夺，导致动乱。所以他说："天下皆知美之为美，斯恶已；皆知善之为善，斯不善已。"《二章》"圣人"有鉴于此，对于万事万物不做判断，待人一视同仁，不加区别。自己"无常心，以百姓心为心。善者吾善之；不善者吾亦善之……信者吾信之，不信者吾亦信之"《四十九章》，因而可以"歙歙焉为天下浑其心"，而他"皆孩之"《四十九章》——将天下之人都当作小孩看待。

所谓"孩之"，一方面以老子的话说是"道生之，德畜之，长之育之，亭[定]之毒[安]之，养之覆[庇]之，生而不有，为而不恃，长而不宰"《五十一章》，是一种无私的爱育，犹如"道"之"生"万物；另一方面，他又说"大道甚夷而人好径"。一则因为人们大多没有能力"知道"，二则显然人有自由意志，并不完全"遵道"，因而"圣人"虽然不必在乎一般人的好恶，但是不能让他们任意"妄作"，而应该"虚其心，实其腹，弱其志，强其骨"，使他们"无知无欲"而"不敢为"《三章》。这是一种虽非妥当但是常见的父母对待子女的态度，也是统治者使人民驯服、不敢与他相争的办法，所以从老子的立场来看，"圣人"可以说是社会权威，他与人民之间的关系是统治与顺从，是不对等的。

关于治事，老子强调有一些事是不可为的，特别是影响社会国家的大事。他说"天下神器，不可为也，为者败之"《二十九章》，因而主张"无为"，但是他明白在日常生活中，有许多事是不得不为的，所以他的建议，第一，要从小处、近处着手，指出"九层之台起于累土，千里之行始于足下"《六十四章》，"天下难事必作于易，天下大事必作于细"《六十三章》。第二，不可勉强，指出"企者不立，跨者不行"《二十四章》——跂足而立、大步而行都不能长久。第三，要有耐性，指出"大器晚成"《四十一章》——凡事很少可以一蹴而成，尤其是比较大的事，一定要经过长时间的继续努力才能做成。第四，要知止，指出"飘风不终朝，骤雨不终日""盈不可持""锐不可保""金玉满堂莫之能守"等实例作证，说明做事不可过分，所以强调"古之善为士者……不欲盈"《十五章》，"圣人去甚，去奢，去泰"《二十九章》，无论做什么事都要适可而止。

使命和目标

以上陈述的是一般人都应遵循的个人行为的准则。"圣人"的准则当然不低于此而有过之，因为其目的不只在于个人安身立命而已。老子说"圣人"应该"以身为天下"《十三章》，不顾其"有身"之"大患"，而受天下之重托；应该"执古之道，以御今之有"《十四章》；应该"致虚极，守静笃"《十六章》，以观万物归根而知常，"知常容，容乃公，公乃王"《十六章》。"王天下"就是妥善地"治国"。由此可见他认为"圣人"有一个重大的使命——经世济民。他一再说"圣人"待人民要"虚其心，实其腹，弱其志，强其骨"；要为天下之人"浑其心"，而"皆孩之"；要"抱一为天下式"《二十二章》；要"以正治国"《五十七章》；要"治大国若烹小鲜"《六十章》；要"不以智治国"《六十五章》；要"受国之垢，是为社稷主"《七十八章》，等等，都在说明"圣人"的此一使命。

为什么老子说"圣人"有此使命？因为他认为人生应该遵循天道，合乎自然。自然的状态是平衡稳定的，但是当时的社会很不平衡稳定，需要纠正。他用了一个比喻说："天之道其犹张弓与。高者抑之，下者举之；有余者损之，不足者补之。天之道损有余而补不足。人之道则不然：损不足以奉有余。"《七十七章》他又认为自然的状态是清静安祥的，但是当时天下混乱，民不聊生。因而他问："孰能有余以奉天下？"《七十七章》"孰能浊以静之徐清？孰能安以久动之徐生？"《十五章》然后自己答道："唯有道者"《七十七章》及"保此道者"《十五章》。他的"圣人"是"知道""有道""保道"者，所以有"行道"的使命，将带领人们回归自然。

"圣人"将带领人们回归的自然究竟是怎么一个状态？老子并没有详细地说明。《老子》中有这样一段：

　　小国寡民。使有什伯之器而不用，使民重死而不远徙。虽有舟舆，无所乘之；虽有甲兵，无所陈之。使民复结绳而用之。甘其食，美其服，安其居，乐其俗，邻国相望，鸡犬之声相闻，民至老死不相往来。《八十章》

这个"小国"显然不是人类最初的生存状态，而是在人们已经发明了许多可以节省人力和便于行动的工具（"什伯〔十百〕之器""舟车"）和利于记事的方法（"结绳"），以及相互攻防的武器（"甲兵"）之后，回过头去看到的一个较为原始的状态，应该还不能算是"圣人"的理想，然而老子作此描述，似乎很为赞许。或者在他心目中，这种状态是人们回归自然之前的一个中途站。去到这一中途站显然不是人们自愿的，所以要有人"使"他们这么做。至于其结果是否会使他们安乐（"甘其食，美其服，安其居，乐其俗"），则是另一个问题了。

治国的原则

取信于民

要"使"人们回到那"小国"的状态，就要他们放弃为了改善其生存而努力所得的一部分成绩，并且扭转其习性及生活的方式和目的。这样的工作，其困难不言而喻。为了克服困难，老子建议了若干策略。第一是要在人们全无知觉的情况下去做，因而做此尝试之人必须先取得人们绝对的信任，所以"圣人"要像婴儿一般的"闷闷""淳淳"《五十八章》，无知少欲；像雌性动物一般的安静温顺；像江海一样接纳、容忍他人；像水一般柔弱而无私地滋润万物。人们见他如此，对他便没有丝毫怀疑、妒忌、不满，而将他视为自己人，全不设防地接受他的影响。但是他却明白自己与他人不同，不是随波逐流，而是来改变人情、世局的。在这一点上老子很坦白地说,"圣人"如婴儿,是为了要"比于赤子……猛兽不据,攫鸟不搏"《五十五章》,不受外来的伤害;要知雄守雌,因为"天下之牝常以静胜牡"《六十一章》;要柔弱,因为"天下莫柔弱于水,而攻坚强者莫之能胜"《七十八章》;要退让,因为"后其身而身先,外其身而身存,非以其无私邪?故能成其私"《七章》;要不争,因为"善胜敌者不与……是谓不争之德"《六十八章》,"天之道,不争而善胜"《七十三章》,"以其不争,故天下莫能与之争"《六十六章》;要谦卑,因为"自见者不明,自是者不彰,自伐者无功,自矜者不长"《二十四章》,"善用人者为之下"《六十八章》,"江海之所以能为百谷王者,以其善下之……是以欲上民,必以言下之,欲先民,必以身后之,是以圣人处上而民不重,处前而民不害,是以天下乐推而不厌"《六十六章》;要容忍,因为要为"天下谷",接受世人所不欲的工作和责难,以至于"受国之垢,是谓社稷主;受国不祥,是谓天下王"《七十八章》。

无　为

当"圣人"取得了人们的信任而终于成了"社稷主,天下王"之后,又该如何?老子的建议是"无为"。这是他最强调的,所以一再说"将欲取天下而为之,吾见其不得已。天下神器,不可为也,为者败之,执者失之"《二十九章》,"取天下常以无事"《四十八章》,"以无事取天下"《五十七章》,"天下之至柔,驰骋天下之至坚……吾是以知无为之有益"《四十三章》。这些话很玄,一般人皆莫名其妙,他自己也说"无为之益天下希及之"《四十三章》。他的意思究竟是什么?

为了理论的周全性,老子先花了很多笔墨来说明"无"的重要。首先他说:"天下万物生于有,有生于无。"——宇宙原来是混沌虚无的,后来却生出了万物。怎么会发生此一变化,他没有说明。其次他说"无"是有用的,所以"三十辐共一毂,当其无,有车之用。埏埴以为器,当其无,有器之用。凿户牖以为室,当其无,有室之用。故有之以为利;无之以为用"《十一章》。但是这些话只说明了空间是有用的,并没解释广义的"无",包括"无为",有什么"用"。

"无为"最平实的意义是不作为。老子鉴于当时的统治者多欲多为,造成了极多的祸害,指出:"民之饥,以其上食税之多,是以饥;民之难治,以其上之有为,是以难治;民之轻死,以其上求生之厚,是以轻死。"《七十五章》"天下多忌讳,而民弥贫;人多利器,国家滋昏;民多伎巧,奇物滋起;法令滋彰,盗贼多有。"《五十七章》所以他主张统治者原则上要去欲、好静、不作为,具体的要"不尚贤,使民不争;不贵难得之货,使民不为盗;不见可欲,使民心不乱"《三章》。他认为这是"圣人"的策略,因而声称"故圣人云:我无为而民自化,我好静而民自正,我无事而民自富,我无欲而民自朴"《五十七章》。

为什么"圣人"消极地克制自己的欲望和好动多为的性向之后,可以有这样的效果?老子大约认为是上行下效吧。但是其结果恐怕未必如此确切,因为人的问题并非全由若干在上者所致,许多出自个人过分的欲念和不足的能力,而且还受到不少外在因素(如环境良窳、资源丰乏)的影响。"圣人"的"无为"只能减少人们的欲念,不能增加他们谋生的能力,所以人们不大可能普遍地"自富"。至于"自化""自正"还牵涉外在的标准,更难肯定了。

无不为

大约因此之故,老子说"圣人""无为"之后,紧接着说"而无不为"。此四字最为关键,也最难懂。或许可以说是"因而没有什么事人们不能自行做好",但此说不大可能,已如上述。另一可能的解释是:"然而圣人可以顺利地无所不为,而得有为之利。"如果此解可采,"圣人"需为之事是什么？因为当时并没有许多自然环境里的大灾难如洪水、大旱，"圣人"面临的都是人的问题。老子似乎将人分为三类，而提出了三种对付他们的做法。

第一类是一般的人民，他们处在社会的下层，所得的资源很少。"圣人"首先应做的事是帮助他们满足其基本生活需求，就是老子说的要"实其腹，强其骨"《三章》。其次因为"道、德"之于万物，"生之、畜之、长之、育之、亭之、毒之、养之、覆之"，这是一种"玄德"《五十一章》，老子说"圣人"也应有"玄德"，对人民也该如此，待之如幼儿（"皆孩之"）。再次因为人往往在温饱之后生出更多欲望，老子说"圣人"应该教他们知足、知止。

第二类是略有知识和智慧之人。他们常常不知足、不知止，而想用其知和智创造一些新的器物和方法来满足更多的欲望。对于这类人，"圣人"要"虚其心，弱其志"，使他们"无知无欲"，并且使"知者不敢为"《三章》。这一步十分重要，因为"欲"是许多问题的根源。人有身体之欲和心志之欲，前者虽可过分，但是毕竟有限而可以控制；后者则不然，可以无穷而难以消减，根治之计在于改革心志，这是一件非常不易的工作。

"心、志"当指思想和意愿，乃是一种天赋；其他生物或许也有，但是似乎没人的丰富。人有了思考的能力，特别是想象和推理二项，便可以不完全受制于外在的自然律，而能引申事理，发明意念，判断是非，决定好恶。这些能力一般被称为"智慧"，它与知识不同，不仅是对已存的事理的认识，而且可以开辟新的意境。人们用这种能力，创作出了许多东西，特别是可以减轻辛劳而增加效率的器物和方法。因为这些器物和方法的普遍使用，引起了许多新的生产、分配、人际关系的问题，需要订立各种法令、制度加以规范；为了施行这些法令，又需要准备各种强制办法和力量，并考究如何施行这些办法和防止权力的滥用。所以老子说"智慧出，有大伪［种种人为的，非自然的事物]《十八章》。更不幸的是,这种"智慧"使人们产生了自大的心态和更多的欲望,而这种"智慧"又非常有限,用它来追逐那增长不已的欲望,结果往往得不偿失,不仅刺激欲望的加速扩张,造成更多的不满足,而且必然会引发许多意想不到的副作用和后遗症,使得人更觉匮乏、痛苦。所以老子说,"圣人"要"常使民无知无欲"《三章》。

怎样才能使人"无知无欲"?因为欲起于小知小智,所以老子要"绝巧弃利",先将小知小智所生的技巧和私利弃绝掉;其次要"绝仁弃义",将维护这些巧利的种种规范如仁义等也一并弃绝;更进一步要"绝圣弃智",将那些产生这些巧利、仁义的聪明智慧也予弃绝。[1]他说:"绝圣弃智,民利百倍;绝仁弃义,民复孝慈;绝巧弃利,盗贼无有。"《十九章》怎么可能如此?他的意思大约是说,在原始状态里人们依照自然律而生活,各凭己力取其所需,不相侵夺,和睦相处,本来没有巧诈、私利、仁义、规范等问题,但是这种状态已经被人们以其小智破坏了。"圣人"要来重建,当然首先要"绝"除这些东西。

如何"绝巧弃利""绝仁弃义"?老子主张要先"绝学",教人们停止去学习已存的知识,例如怎么制造舟车,因为这些东西是可以不用的,所以知与不知没有什么关系。至于仁义和其他人为的规范,都只是一些粗陋的是非、善恶的标准。老子问:"唯之与阿,相去几何?善之与恶相去若何?"意思是学了这些规范并无益处,不学不足为忧,至少不必因学不成、学不足而忧虑,所以他说"绝学无忧"《二十章》。

---

[1]《庄子》中的《在宥》《胠箧》二篇都有"绝圣弃知"之语。前者说"吾未知圣知之不为桁杨椄槢也,仁义之不为桎梏凿枘也",将圣知与仁义并比,可见该处"圣知"当作智慧解;后者说"圣人不死,大盗不止",所以要"掊击圣人",显然将"圣"指圣人,而要致之于死。然而这是庄子引盗跖的话,未免夸张。详见本书《庄子》诠释章。老子屡道"圣人"之德,期待"圣人"导民返"道",所谓"绝圣"应该不是说断绝"圣人"的生命或生路,而是说摒除人的知识和智慧,所以他将"绝圣"和"弃知"合成一词。

如何"绝圣弃智"则是一个困难的问题，因为聪明智慧是一种天赋，如果不加压抑，就可能自行冒露出来，使人获取新的知识，因而产生新的动作，发展出新的状态。为了断绝这种变化，好静恶动的老子建议一个彻底的办法：根本否定"圣、智"的意义和价值。"圣、智"的一个重要功能是辨别事理。老子首先指出："有无相生，难易相成，长短相形，高下相倾，音声相和，前后相随。"《二章》——世间的一切都是相对的，天下没有绝对的是非。其次他建议"圣人"对于人们的善恶、爱憎不置可否，将它们一视同仁，因而使人们迷惘不知取舍，这就是老子说的"圣人在天下，歙歙焉为天下浑其心"《四十九章》。"心"既迷惘，"智"就难以出现了。如果它仍然冒出来，大多数心已被"浑"之人都会不予重视，不加发展，任其昙花一现，旋即消失。最后假如有人受了教化而浑沌一时，不久又"化而欲作"，开始"用智"，"圣人"该怎么办？老子说："吾将镇之以无名之朴。"《三十七章》

　　什么是"无名之朴"？老子说："古之善为士者，微妙玄通，深不可识……敦兮其若朴，旷兮其若谷，混兮其若浊。"《十五章》所以"朴"应该是一种微妙混沌的状态，"惟恍惟惚"，与"道"相似，所以也"无名"。他又说："道生一，一生二，二生三，三生万物"《四十二章》，"朴散则为器"《二十八章》——万物乃"道"或"朴"散而成，像树木自根而出，散生枝叶。常谚说"落叶归根"，老子或许有感而说："万物并作，吾以观其复。夫物芸芸，各复归其根。"根是固定静止的，所以他说"归根曰静"《十六章》。静与动相对，动出于欲，所以他说："无名之朴，亦将不欲，不欲以静，天下将自正。"《三十七章》此一"朴"或"道"虽然看来很简单，很微小，但是不可忽视。统治者若能遵守它，万物都会顺从宾服，所以他说："朴虽小，天下莫能臣也。侯王若能守之，万物将自宾。"《三十二章》又说："我无欲，民自朴。"《五十七章》所以"镇之以无名之朴"就是统治者以身作则，去除欲念，清静无为，而使人民镇定，不"妄作"致凶。

第三类是顽强不悟，拒绝接受教化而为非作歹之人。他们大多是社会的上层分子，霸占了权势和巨大的资源，享尽了荣华富贵，当然不肯放弃种种既得利益，回去过简朴、辛劳的生活。对于这类人的行为，一般的国家都用法律加以禁止并惩罚；老子既然不清楚地划分是非善恶，不屑以人为之法治国，当然不能走这条路，何况他声称"法令滋彰，盗贼多有"——犯法是因为禁忌太多，人们才铤而走险，一旦如此便不在乎法令，不在乎刑罚。刑罚至重不过于死，如果"民不畏死，奈何以死惧之？"《七十四章》所以老子一再说圣人"大制不割"《二十八章》，"方而不割，廉而不刿"《五十八章》。甚至对于民事纠纷他也认为不宜由执政者去处理，说："和大怨必有余怨，安可以为善？是以圣人执左契，而不责于人"《七十九章》——即使自己有理有据也不苛责对方。他的建议是"报怨以德"《六十三章》，以求恢复人际的和谐。

对于这类拒受教化之人，老子又建议了另一套办法。他说"圣人"要"以正治国，以奇用兵"《五十七章》。以上所述教化第一、第二类的人可以说是"正"辨。第三类拒绝教化之人可以说是敌人，对于他们要用"奇兵"。老子的"奇兵"是什么？此点最为耐人玩味，细读其书似乎可以引发一种臆想——这"奇兵"不是有效的制裁，甚至不是"镇之以无名之朴"，而是放任他们，让他们继续胡作非为。假如可以这么想，要如何加以解释？或许可以这么说：对于这种"敌人"，强力斗争很难有效，而且必定会产生极大的损害，所以应该坚决地与之对峙，但是不必动武，而让他继续炫耀，以至于老疲，自行委顿、终结。《老子》里有一段话似乎可以引来支持此说：

> 以道佐人主者，不以兵强天下。其事好还。师之所处，荆棘生焉。大军之后，必有凶年。善者果而已，不敢以取强。果而勿矜，果而勿伐，果而勿骄，果而不得已，果而勿强。物壮则老，是谓不道。不道早已。《三十章》

除此之外,《老子》里还有许多话说明这种天道好还、物极必反的道理,如:"持而盈之,不如其已;揣而锐之,不可长保;金玉满堂,莫之能守;富贵而骄,自遗其咎。"《九章》又如:"飘风不终朝,骤雨不终日。孰为此者?天地。天地尚不能久,而况于人乎。"《二十三章》人如放纵其欲,必然会"早已[死]",因为"五色令人目盲,五音令人耳聋,五味令人口爽[味觉衰退],驰骋畋猎,令人心发狂"《十二章》。目盲、耳聋、口爽、心发狂当然会引发更多疾病,导致死亡。所以要一个人败亡就该先给他机会纵欲,这是自然之理。老子引申之而说:"将欲歙之,必固张之;将欲弱之,必固强之;将欲废之,必固兴之;将欲夺之,必固与之。是谓微明。"《三十六章》此外他说"搏之不得,名曰微"是"道"的一个特征,又说"知常曰明"。所以这"微明"的"欲夺""固与"乃是"道"的一种运作方式,因而他说"反者道之动"《四十章》。此说难懂,所以他以"曲则全,枉则直,洼则盈,敝则新,少则得,多则惑";"弱胜强";"柔胜刚";"牝以静胜牡";"善胜敌者不与,善用人者为之下";"天之道不争而善胜";"圣人后其身而身先,外其身而身存,非以其无私邪?故能成其私"等话加以解释。这些话听来吊诡,似是反语,所以他说"正言若反"《七十八章》。这种"若反"的话蕴含着极深极真的事理,但因其"微妙玄通,深不可识",常人无法理解,只有"古之善为士者"("圣人")才能掌握,并用以经世济民,所以老子说这个"反者道之动"的道理是"国之利器,不可以示人",犹如"鱼不可脱于渊"《三十六章》。假如说穿了,人人都知道"圣人"讲的全是反话,他的策略便不能施行了。

老子的此一"奇"策实在出人意外。虽然他做了很玄妙的解释,但是此策是否有效?他最后搬出了"天"来为其后盾,说"天网恢恢,疏而不失"《七十三章》——天之道虽然疏阔,但是它像一张宽大的网,不会让那些"不道"之人逃脱,终会使他们被困在内,挣扎而亡。一般的宗教对于善恶赏罚不见于现世者,都提出一套由神祇来做最终审

《老子》 | 91

判,决定进天堂或入地狱的遁词。老子虽被后世与道教牵涉在一起,但并不是一个宗教家,没有作此遁词。他相信的是自然律("天道"),依照此律,万物过其"常"分,必然会很快消亡,与神无关。有些人虽然可以接受此说,但是觉得天道的报应太慢,应该由人来加速。老子不以为然,一则因为他基本上反对人为的规范和强制其施行的暴力;二则他相信天地之间有一种自然的力量来处置万物,不须人介入;三则因为人所做的判断和执行可能不当,会引发许多不良的后果,所以他说"常有司杀者杀,夫代司杀者杀,是谓代大匠斫,夫代大匠斫者,希有不伤其手矣";四则以力制人至多致之于死,如果人已濒临绝路,不惜生,不畏死,"奈何以死惧之?"。五则即使杀尽现有拒绝教化之人,但未清除其不听教化之因,不久这类人又逐渐萌生,社会永难安宁。所以对于作奸犯科之人,老子的"圣人"会故意放纵,任其恶贯满盈,到了这个地步要"废之""夺之"便易如反掌,或者可以不必做什么,让自然律加以制裁,自趋灭亡。

除了对付三类人的策略之外,老子还谈到一些"圣人"经世济民的一般办法。其一,凡事应"图难于其易,为大于其细……是以圣人终不为大,故能成其大"《六十三章》。其二,要在情势尚未变得复杂之前就加以处理,因为凡事"其安易持,其未兆易谋,其脆易泮,其微易散"《六十四章》,所以"圣人"要"为之于未有,治之于未乱"《六十四章》。老子称之为"早服"。"早服"可以避免事情恶化,这是"积德"的做法。能够积德就"无不克",能够不断地这么做就"莫知其极",没有什么做不成。能这样做的人就"可以有国"《五十九章》,可以掌握国家。其三,治事不可多头并做,要选择重点从简进行,这就是所谓"治人、事天,莫若啬"《五十九章》。为了申述此理,老子做了一个比喻说"治大国若烹小鲜"《六十章》——煮一条小鱼只要注意火候,不可多加拨弄,否则必致骨肉焦烂;治国也是如此,不可多为而扰民。

总之,"圣人"治国不得不先"有为",但是要尽量从细小、紧要之处去做，不可好大喜功而浮躁多为。能够将细小、紧要事逐步处理好，就不必去做大而杂的事，余下之事待做的就愈来愈少，所以说"为道日损，损之又损，以至于无为"《四十八章》。

"圣人"由"有为"而逐渐"无为"，"乃至于大顺"《六十五章》，一切回复自然，祥和安宁。此时他的使命完成了，其后应该如何自处？老子强调"圣人"不可居功，因为他的作为并非出于其智，而只是仿效自然之道，所以他一再重复地说："道常无为而无不为，侯王若能守之，万物将自化"《三十七章》；"道生之……莫之命而常自然……长之、育之……生而不有，为而不恃，长而不宰"《五十一章》；"功遂身退，天之道"《九章》；"圣人抱一〔道〕为天下式"《二十二章》；"圣人为而不恃，功成而不处，其不欲见贤"《七十七章》；"圣人处无为之事，行不言之教，万物作焉而不辞，生而不有，为而不恃，功成而弗居"《二章》；"爱民治国，能无为乎……明白四达，能无知乎？生之，畜之。生而不有，为而不恃，长而不宰"《十章》；"自见者不明，自是者不彰，自伐者无功，自矜者不长。其在道也，曰余食赘行，物或恶之，故有道者不处"《二十四章》。

"圣人"虽然功成而弗居，然而"夫唯弗居，是以不去"，所以仍然在位。因其无为，似在若有若无之间，"处上而民不重"《六十六章》，人民只是隐约知道他的存在而已，是所谓"太上，下知有之"，并且觉得这是自然而然的。"圣人"也说："百姓皆谓我自然。"老子显然认为这是最好的政治状态。对于其下由那些"自见""自贤"的人组成的政府，人民会"亲之、誉之"；对于自夸其功的，人民会"畏之"；至于那些不能成事的，人民就会"侮之"《十七章》。这三者当然都不是"圣人"的政府。

以上大致陈述了《老子》里的若干主要概念。虽然不厌其烦，一而再、再而三地引用原文，希望尽量从其中找出比较合理的解释，但在不少地方恐怕仍只是推测。老子说："吾言甚易知，甚易行；天下莫能知，莫能行"《七十章》，而他又不喜多言，认为"信言不美，美言不信；善者不辩，辩者不善"《八十一章》，对一般人多作辩解是没有用的，因而叹道"是以圣人被褐怀玉"，可见他的无奈，最后只留下了一本五千字左右的小书。然而这并不表示他气馁，在全书之末他说："圣人不积。既以为人，己愈有；既以与人，己愈多。天之道利而不害，圣人之道为而不争。"《八十一章》此话虽为"圣人"而说，其实也表明了老子自己的心愿——他之立说是为了行天之道以利人，先帮助他们满足其基本生活的需要；其次教导他们节制欲念；再次改变他们的心志，使他们了解用小知小智来创造并追逐一个人为的不自然的世界和人生，是自掘陷阱，将愈陷愈深，落入永无止境的挣扎之中。如果他能引导人们突破这种困境，回归到比较简朴祥和、合乎自然的生活，他的"使命"便完成了。至于人们是否都能了解他的理论，对他是无关紧要的。

贡献和问题

在一个动荡的时代里，社会的组织松弛，秩序纷乱，强凌弱，智欺愚，生产有限，分配不均，上者奢靡，下者饥寒，老子呼吁损有余而补不足，教人知足知止，回归到较为简朴的生活方式，或许是个釜底抽薪的办法，来脱出当时的困境。的确，如果不断地刺激欲望，使其无限地增长，而人的能力不足以应付，必然使人即使不断地努力，仍然永不满足。这样无休止的寻求，不仅辛苦不堪，而且得不偿失，因为超出基本需要的欲望有许多害处：一是老子说的在获得之后会使人"目盲""口爽""心发狂"。二是会引发与他人的冲突，因为贪婪会使人聚敛囤积，如果物资有限，必将导致争夺，造成各种剥削制度来奴役、压榨弱小，终于引发叛乱和战争。三是对环境的破坏。如以增加生产来满足过分的欲望，结果必然滥用自然资源并造成物资的浪费，二者都会改变生态环境,人类一时不能适应,将来是否可以扭转改善尚未可知,只好忍受其恶果,甚至灭亡。

取得关于万物及宇宙的新知,可以带给人极大的喜悦,寻求此种喜悦是唯一不会直接产生上述各种害处的欲望。但是另一种往往与之相伴,想将此新知付诸实用的欲望,则可以产生有益或有害的后果。其利可能见诸目前,使人喜于一时;其害则多见于日后,十分难以收拾。今人于此已很清楚,老子当时自不能预见,但是他能将使用小知以求满足巨欲的不良后果警告世人,并劝人知足知止,以避免江河日下,至于难返,实属睿智。

然而老子的理论并不周密。有些问题已在此前提到,并且试图寻找可能的答案,但是另有一些,似乎难以解释。它们涉及老子理论自身的前提、假设、逻辑、推断,以及客观的情势和一般人对人世的看法和期望。现在略述于下。

第一,基本上老子的理论是他对当时世局的一种反应。他憎恶在上位而胡作非为的"盗夸",但是想不出如何制裁他们。他的"欲夺""固与"的策略,要靠天来施行,实在也是一种虚词。他怜悯百姓,说"圣人"应"爱民",应"善救人"《二十七章》,要"养之""覆之""孩之",但是他又说:"天地不仁,以万物为刍狗;圣人不仁,以百姓为刍狗。"《五章》"刍狗"是以草扎成的狗(或牛羊等动物),人们在祭祀鬼神时恭敬地用它作为牺牲,在典礼结束后便无情地将它弃置。老子这些话初看似有矛盾,但是倘若能接受他的一个前提假设——世上的一切都是相对的,善、恶、爱、憎,都没有什么大的意义——那么"圣人"可以看来似乎爱民,也可以看来似乎视民如刍狗,其实两种态度没有什么差别,因为他之待人民,犹如天地之待万物。天地有雨露均沾万物,乃是自然现象,并非爱它们;也会有旱涝使万物死亡,也是自然现象,并非憎恶它们。然而在人民的感觉上这两种待遇是极其不同的。如何能使他们无视二者的差别,甘于忽而被抚育,忽而被践踏，老子没有说明。

第二，"圣人"的爱民并不切实。怎样才能使人民"实腹强骨"？老子没有说如何增加生活所需的资源，只教人"知足、知止"。足于什么？止于何处？他提出了一个"小国"的景象。但是为什么只止于此？"小国"的一个要件是"寡民"。然而如无天灾人祸，人口会以倍数增长。韩非曾说："今人有五子不为多，子又有五子，大父未死而有二十五孙。"《韩非子·五蠹》老子应该不会不知此理。人口增加，而不可以用"什伯之器"增加生产，解决之道只有拓土或移民。但是因为"邻国相望，老死不相往来"，二者皆不可行，只剩掠夺一途，结果必定爆发战争，弱肉强食，那些"虽有甲兵无所陈之"的小国，必被逐渐消灭。所以老子所描绘的实在只是一个幻象，至多昙花一现，不可能持久。

第三，老子唯恐人们用其小知小智去满足其欲望，所以要禁学、弃知、去智、绝圣，尽量使人民愚昧，并准备随时"镇之以无名之朴"。禁学固然可以使民愚，但是弃知、去智则极为不易，因为人与其他生物不同，不如植物可就地生长，也不如别的动物有毛羽鳞甲可以抵御寒暑，有强壮的体力和尖爪利齿可以猎食；人类只有靠其与生俱来的智和累积经验所得的知来求生，去此二者，人类自始即难存在，所以弃知去智无异自灭其种，于理已属不通。

第四，在方法上用"朴"来防止"化而欲作"也不可行，因为假如"朴"只是虚静无为之道，"圣人"在教化人民之时已经用过了，再用恐怕未必有效，而且此道既是虚静，就无强制力，不足以"镇"人。在《一九八四》一书里作者乔治·奥威尔描写了一个极权政府所造出来的一种足以令人窒息、麻木的高压气氛，使人无力挣扎抗拒，只能委曲服从，甚至丧失心智，背弃自我而跟随着那个"老大哥"盲目而行。老子所说的足以镇压人的"朴"，是否与此相似？

第五，老子好言"无为"，但是如上所述，"圣人"实在有许多事情要做，所以必须"无不为"，特别是随时准备以"朴"去"镇"人，可以说是一大讽刺。

第六，老子的一切事物皆属相对之说也有问题。他说"上善若水……处众人之所恶"；"圣人""居善地，心善渊"，"善救人"；"天道无亲，常与善人"《七十章》；"善人，不善人之师"《二十七章》；"道者万物之奥，善人之宝"《六十二章》；所以他知道"善"与"恶"并非"相去若何"，而有很大差别。他的相对观既然没有被他自己完全肯定，因此观念而生的若干做法，如"圣人"对百姓"善者吾善之，不善者吾亦善之……歙歙焉为天下浑其心"，使人们浑浑噩噩过日子，便没有正当性了。世间既有善恶、是非，人们就不会盲目地听从"圣人"的教化领导，老子的理论和韬略，便会受到怀疑和考验，未必都能为人们接受。

第七，老子的理论必须有一个"圣人"。孔子也提到圣人的重要，他说的圣人只是一个多智、多识、有德、有行之人，其才能品德都是由教育和自我修养而得。老子的"圣人"与此不同，因为他认为人都是"其出弥远，其知弥少"，所以他的"圣人""不行而知"，"不出户知天下，不窥牖见天道"。其知自何而来，老子没有交代。人们只好相信"圣人"是天生的。一个国家要靠这种天纵之圣来治理很是危险。首先，这种人显然极为难得，要等待这样的人来治国，恐怕很久难得一治。其次，这样的统治者既比一般人都圣明，而且又如老子所说将治民以"愚"，必然会变成专制独裁，一人高高在上发号施令（或者如老子建议的混在人群里暗中教唆），使人们像牛羊一般听其驱策，这种人民与权威者之间的关系是人们所应接受的吗？

第八，关于老子的"圣人"，除了不知其从何而来以及是否能使人们服从两点之外，还有一个在理论上更重要的问题——他花了很大的功夫来"救人"，使他们免于因无休无止地设法满足其不断增长的欲望而终于毁灭，其结果只是使人们浑浑噩噩活着而已，与虫蚁似无不同。

《老子》 | 97

虫蚁活着有何目的不得而知；人生有何目的？只是为活着而活着吗？倘若只是如此，"圣人"的努力似乎终属浪费，因为如上所述，他教人活在一个个的小国里，而他说的"小国"是难以长存的，人为了求生便不得不靠其智能另谋活路，因而又走入"邪途"，"圣人"又须重新挑起他"救人"的重任。如此周而复始，循环不息，是老子的理论中没有明言而不可否定的一部分吗？如果不得不承认如此，那么他一再强调的"无为"还有什么意义？

　　对于以上这些问题老子或许另有更为高妙的答案，但不见于《老子》。不知后人之尊崇老子为大圣者，有何见解。

《墨子》

墨　子

《史记》无墨子传，只在《孟子荀卿列传》后附了一句："墨翟宋之大夫，善守御，为节用。或曰并孔子时，或曰在其后。"此外有不少典籍记载了他的言行，学者据而推测他是鲁国人，生于孔子卒［公元前479年］后，殁于孟子生［公元前390年］前。后世若干文献里曾记载有关他的事迹，《墨子》里也录有若干他的言行，可以简述于此，稍补阙佚。

墨子称自己是"北方之鄙人"，并不以此为耻。但是显然因为他没有高贵的家世，所以他开始向上层人士传布其理论之时，不免受到歧视。他曾想去见楚惠王，惠王使其臣穆贺接见，相谈甚洽。穆贺说你的理论很好，但是惠王是一位大国之君，可能会说它是"贱人"之论，因而不肯采用。墨子反问：药物如可治病，天子会说它只是草木而不服用吗？农夫将其所产的谷物缴税，大人们用之为酒饭来祭鬼神，鬼神会说这是贱人所产而不接受吗？古时商汤去求见伊尹，就是因为他知道伊尹有治国之才，犹如良药一般。如果惠王觉得我的理论有用，为什么只因我身份低下而不采呢？从这番对话里可见墨子是很有自信的。《吕氏春秋·爱类》《墨子·贵义》

墨子自信知晓"义"的真意，而当时之人皆只见小义而不见大义，其作为往往很可笑，所以他自己力行大义，并且到处去劝人这么做。

一个朋友对他说，天下之人没有为义的，你何必独自辛苦地为义？墨子说，如果一个人有十个儿子，九个游手好闲，只有一个从事耕作，这个儿子便不得不特别努力，因为生产者少而消费者多，他不努力，大家都将饥寒。现在天下人皆不为义，你应当鼓励我为义才对，怎么反而来阻止我呢？《贵义》

他特别反对侵略战争。当齐将侵鲁之时，他告诫齐国将领项子牛说，以前吴王东伐越，西伐楚，北伐齐，诸侯联合起来反抗，乃致吴国残破，吴王身死。晋国贵族内讧，智伯袭击范氏和中行氏，韩、魏乃袭击智伯，使之家毁身戮。由此可见，凡是穷兵黩武、侵略他人的，必然自食恶果。项子牛听了仍不能止齐攻鲁，墨子就去见齐王说，假如有一把刀，一挥就将一个人头砍下，可以说是很锋利吧？齐王说是。墨子问刀固然锋利，但用它的是人，如果用它来杀无辜之人，是刀还是杀人者要受到天谴不祥？齐王说当然应该是杀人者。墨子又问为了兼并别人的国家，去覆灭它的军队，屠杀它的百姓，谁将受到不祥？齐王想了一会儿才说："我受其不祥。"或许因为有了这种觉悟，齐王便不再侵鲁了。《鲁问》

当时楚国也好侵略，曾用公输盘制造的钩拒之器击败越国的水师。公输盘因而炫耀于墨子，问他所讲之"义"是否也有钩拒的功用。墨子说，钩拒只是武器，你可以用，别人也可以用，只能交相害。我以爱与人相处，可以交相利，所以我的义比你的钩拒有用得多了。后来楚国又想用公输盘制造的云梯等武器攻击宋国，墨子自鲁"裂裳裹足，日夜不休，十日十夜而至于郢〔楚都〕"，先去见公输盘说，北方有人侮辱了他，请公输盘去杀了那人。公输盘听了很不高兴。墨子说将奉送黄金二百两为酬劳。公输盘说他的立场是绝对不随便杀人的。墨子说他听到公输盘造了云梯将去攻宋，问宋有什么罪，然后指出楚国有余于地，而不足于民，驱使已经不足的人民去战死疆场，以争夺已经有余的土地，不可称之为智；攻击无罪的宋国，不可称之为仁；知道不可为而不去争辩劝阻,不可称之为忠;争辩而不能说服楚王,不可称之为能;采取了不可杀一个人而可以杀许多人的立场,不可称之为明白分寸。公输盘被说服了,但是无法阻止楚王。墨子就去见楚王说:今有一人抛弃了自家的文轩[华丽的车子],想去偷邻家的一辆破车;抛弃了自己锦绣的衣裳,想去偷邻家的一件敝袄;抛弃了自家的粱肉,想去偷邻家的糟糠。这是一个怎样的人?楚王说一定是个窃盗狂。墨子说楚国的疆土方五千里,宋国的方五百里,这就如文轩与破车之比;楚国有云梦大泽,里面充满了麋鹿,又有长江汉水,里面的水产富甲天下,而宋国连野鸡狐兔都没有,这就如粱肉与糟糠之比。楚国有巨木美材,而宋国连大树都没有,这就如锦衣与敝袄之比。所以在他看来为了土地财富而攻宋,也是窃盗狂的行为,有害于义而无所获。楚王说不错,但是公输盘已经造了云梯,我决定还是要去宋国试试。墨子请公输盘一起在楚王面前表演攻守之术。公输盘"九设攻城之机变,子墨子九距之。公输盘之攻械尽,子墨子之守圉有余"。公输盘说:"吾知所以距子矣,吾不言。"墨子也说:"吾知子之所以距我,吾不言。"楚王问两人卖什么关子。墨子说:"公输子之意,不过欲杀臣。杀臣,宋莫能守,可攻也。然臣之弟子禽滑厘等三百人,已持臣守圉之器,在宋城上而待楚寇矣,虽杀臣,不能绝也。"楚王听了就打消了攻宋之念。《鲁问》《公输》

后来楚国的王孙鲁阳文君准备侵略郑国。墨子又去阻止,对鲁阳文君说,假如你的封地鲁邑之内的大城攻击小城,大贵族攻击小贵族,屠杀人民,夺取财产,该怎么办?鲁阳文君说,鲁邑全境之人都是我的臣民,如果有这种暴行,我会严重地加以惩罚。墨子说天统有天下,犹如你统有鲁邑。现在你攻击郑国,天不会惩罚你吗?鲁阳文君说先生为什么要阻止我?我攻郑是合于天志的,因为郑国人害死了郑国三代君主,天乃加以惩罚,使郑国三年歉收。我现在是要帮助天再去惩罚它。墨子说譬如有一个人不成材,他父亲已经用竹板打了他,邻家

的长老又要用木杖去打他，说这是顺乎他父亲的意思，岂不是很荒谬吗？《鲁问》

除了劝阻侵略战争之外，墨子对其他大事也常表示意见。例如鲁君有二子，一好学，一好分财与人，问墨子应立哪一个为太子。墨子说可能一个是为名，一个是为利，应该将二人的志愿和行为合起来看再做决定。又如当时齐国屡次侵略鲁国。鲁君问墨子怎么办，他教鲁君尊天事鬼，爱利百姓，遍礼诸侯，率领全国奋力抵抗。《鲁问》

他的建言都是为了国家的"义""利"而作。他推荐弟子魏越出仕。魏越问如能见到四方诸侯，首先应该对他们说的是什么？墨子说到了一个国家要先说它最重要的事："国家昏乱则语之尚贤尚同，国家贫则语之节用节葬，国家熹音湛湎则语之非乐非命，国家淫僻无礼则语之尊天事鬼，国家务夺侵凌则语之兼爱非攻。"《鲁问》

为了这些主张他到处说教。鲁国有个名为吴虑的人主张自食其力，对于墨子不事耕织到处谈"义"不以为然，说："义耳，义耳，焉用言之哉？"墨子说，以他的能力去耕织，不足以衣食多人；不如他诵先王之道，通圣人之言，上以说王公，下以说匹夫，可以使国治身修，所以他虽不耕织，而贡献比耕织大。又如作战之时，一人奋力进击不如擂鼓使众人进击，他能促使许多人进于"义"，其贡献也比独善其身的好。《鲁问》

事实上墨子绝不为己身谋利。其弟子公尚过奉越王之命邀请他到越国辅政，允许以方五百里之地作为他的采邑。他说假如越王将真心听从他的建议，实施他的道义，他就前去，"量腹而食，度身而衣"，和其他的臣僚一样，怎能接受封地？假如越王不能纳言力行，他之去越只是为了采邑，岂非出卖了他的道义？事实上他未曾仕越，想必因为他预见不能在越行道之故。至于他的弟子们就仕之后不能行其道，对于国君的言行不能有所匡正，只是唯唯诺诺，犹如影之从身，响之应音,他极为不齿。例如他的弟子胜绰跟随项子牛三次侵略鲁国,墨子说胜绰不是不知道攻鲁之不义,而是明知故犯,因为他贪禄甚于崇义,实为可耻。《鲁问》

墨子不仅不为己谋利,似乎也不好名。当他劝止楚王攻宋之后,显然并未宣扬其事,所以在他返鲁途中经过宋城郊外之时,宋国还在闭关待敌,守城者因而不准他入城避雨。《公输》司马迁说他是宋国的大夫,但是《墨子》里没有提及。他止楚攻宋,并非受了宋国的请求,而是为了行其道。所以后人对于他是否曾任宋之大夫,还有疑问。

墨子之"为义",可以说是真正单纯的为义而为义,没有杂入个人利害的考虑。所以当弟子们告诉他告子说他虽然倡言仁义,但是行为甚不妥善,因而他们劝他对告子加以驳斥。他说不可以这么做,因为告子也倡言仁义,虽然批评他,但比不谈仁义的人好。他这种就事论事、与人为善的态度还有一例:他对儒者的若干言行很不以为然,但是还称道孔子。儒者程繁问他这是什么缘故。他说有些人虽然不十分睿智,但是仍有些言行是确当的,就像酷热将至,鸟知道了就会高飞,鱼知道了就会深潜,即使智如商汤、夏禹,也会这么做。孔子的道理也有妥善的,我怎么能不称赞他呢?《公孟》

大约就是这些言行,使墨子受到当时许多人的敬佩,其弟子数百人皆可使"赴火蹈刃,死不旋踵"。其后的墨者亦多力行仁义,守墨子之道,所以墨学乃大流行。孟子生于墨子殁后,及其壮年,曾说其时"杨朱、墨翟之言盈天下"。《孟子·滕文公下》稍后庄子说墨子仰慕大禹治水,躬自操劳,以致腿无肌,胫无毛,沐雨栉风,为民除患,因而墨子和后世的墨者也都粗衣草履,日夜不休,为人谋利,十分可敬,所以他虽然指出"其行难为",仍称赞道:"墨子真天下之好也,将求之不得也,虽枯槁不舍也,才士也夫!"《庄子·天下》可以说是对墨子的为人很确当的评价。

《墨子》

此书大约一部分是墨子所著，一部分是其弟子记述他的言行之作。原来应该有许多写本，现存之本共五十三篇，所涉甚广，其中《尚同》《兼爱》《非攻》《节用》《节葬》《天志》《明鬼》《非乐》《非命》《非儒》诸篇皆各有上、中、下三章（《节用》缺下，《节葬》缺上、中，《明鬼》缺上，《非乐》缺中、下，《非儒》缺上、中）。大致而言，各篇上章较为简要，中、下两章较繁，说理稍详，并多举例阐述，乃墨子政法理论主旨所在。《修身》《所染》《亲士》《法仪》《七患》《辞过》《三辩》七篇皆简短，前二者提到一些修身、交友的原则，其他多重复以上《尚同》等篇的要义；《经》上、下，《经说》上、下，《大取》《小取》四篇讨论推理学、语意学、数学、哲学、物理学、心理学、伦理学等等，极为精妙，后人称之为"墨辩"；《耕柱》《贵义》《公孟》《鲁问》《公输》五篇记录墨子言行，有如《论语》；《备城门》《备高临》《备梯》《备水》《备突》《备穴》《备蛾傅》《迎敌祠》《旗帜》《号令》《杂守》十一篇陈述攻防的工程和技术，可见墨子不仅谈理论，还涉及实务。《公输》里记载墨子防止公输盘以云梯等机械攻宋，可以证明墨子之实务之学是确切有用的。

著书立说之人都会想到其书的读者是谁。孔子想到的是有心于修身、齐家及立志于治国、平天下的君子；老子想到的是"圣人"及受其引导的群众。墨子之说极为庞杂，其读者可以包括一般民众、统治者、工匠、军人、科学家、巧辩者等等。大约因为其中有一些并非多知多智之人，所以其说往往一再重复，一则为了便于此辈了解，二则显然要加强其意。对于这样的一部书，本文只能讨论其一小部分——它的政法理论，对于它的重复阐述也必须从简。

世　乱

思想家大多因为有感于某一些现实情况，先想出一些办法去处理它，然后才创立一套理论来支持那些办法。孔子、老子皆有感于当时之乱。墨子亦复如此，不过他对动乱原因有一个独特的看法，与孔、老以及其他先秦诸子的看法迥异。他说古人讲话所用之字义各不相同，而各以己义为是，以他人之义为非，因而"交相非"，"是以内者父子兄弟作怨恶，离散不能相和合；天下之百姓皆以水火毒药相亏害，至有余力不能以相劳，腐朽余财不以相分，隐匿良道不以相教。天下之乱若禽兽然"《尚同上》。

治平之道

一　义

因为乱起于"人异义"，所以要去乱就必须使人人"一义"——建立起一个大家共认的是非标准。孔、老也都注重此点。孔子说这标准应该基于人情；老子说它应该基于自然律。墨子显然认为二者都不确切，所以主张应该出自"政长"（统治者）的命令。他说"天下之所以乱者，生于无政长"，所以应选天下之贤可者立为天子、三公、诸侯国君、乡里正长，由"天子发政于天下之百姓，言曰……上之所是必皆是之，所非必皆非之"，然后由里长发政里之百姓，学乡长之善言，一同乡之义；学国君之善言，一同国之义；学天子之善言，一同天下之义，天下乃可得治。《尚同上》

天子等人是如何"选"出来的？墨子没有说明，只说他们应该是

"贤可者",是"仁人"。《尚同上》对于"贤可"与"仁",他也未作定义。至于为什么他们可以"发政［发施政令］",他提出了一个很特殊的解释——不是因为他们是"贤""仁"之人,而是因为他们是"贵且智者"《尚贤中》。"贵"是有权势之人,可以发施政令,迫使他人服从,很易了解。但是其政令未必妥善,他们还需要有智慧,才能为天下树立妥善的是非标准——"义",所以墨子说:"义不从愚且贱者出,必自贵且知者出。"《天志中》前后二说显有龃龉。

尚　同

墨子的时候,天下已有"政长"甚久,而仍动乱不已。是因为"政长"们不是"贵且智"者,还是其政令并不妥善?他没有推究其原因,只说是天下还没有彻底"尚同",以致上欲赏者,下或毁之;上欲罚者,下或誉之,"故计上之赏誉不足以劝善,计其毁罚不足以沮暴"《尚同中》《尚同下》。

怎样才能彻底"尚同"?墨子似乎并不大信任教化,因为此途太迂远缓慢。他建议由"家君发宪布令其家,曰:若见爱利家者必以告,若见恶贼家者亦必以告。若见爱利家以告,亦犹爱利家者也,上得且赏之,众闻则誉之。若见恶贼家不以告,亦犹恶贼家者也,上得且罚之,众闻则非之。是以遍若家之人皆欲得其长上之赏誉,辟其毁罚;善言之,不善言之,家君得善人而赏之,得暴人而罚之……则家必治矣"《尚同下》。然后用相同的办法由乡里之长治乡里,国君治国,天子治天下。因为天下的家、里、乡、国将内部善恶情况上报,使天子"视听者众",结果,"数千万里之外有为善者,其室人未遍知,乡里未遍闻,天子得而赏之;数千万里之外有为不善者,其室人未遍知,乡里未遍闻,天子得而罚之。是以举天下之人皆恐惧振动惕栗,不敢为淫暴,曰天子之视听也神!"《尚同中》

简而言之，墨子建议使天下之人皆有为天子搜集情报的责任，使天子得以赏罚来控制人民，就可以使天下"尚同"。在赏罚之中，他特别重视刑罚，说"古者圣王为五刑以治其民，譬若丝缕之有纪，罔罟之有纲，所连收天下之百姓不尚同其上者也"《尚同上》《尚同中》，而后世之王公大臣因为"不善用刑"，所以不能同一天下之义，不能消除动乱。

要求人民告奸，然后用刑罚加以控制，是一般掌握权势的统治者都能做的。墨子建议的不止于此，他要的是使人民能有一个共同的是非标准——"义"。这个标准是天子发布的，但天子毕竟也是人，也可能犯错，那么他的"义"可能也并非绝对可取。换句话说，天子所定的规范未必正确，因而他的权威也未必稳定。诚然，则天下仍可能动乱。这是墨子不能接受的，他的理论必须有一套绝对的规范和一个绝对的权威。人世间不可能有此二者，所以他想出了一个至高无上的权威——"天"，由它来制定并施行绝对正确的规范。它比天子还高，为什么？因为如上所述，只有"贵且智者"可以"出义""为政"，而"天"比天子更贵更智。对于此点墨子提出两个"事实"加以证明：一、"天子有疾病祸祟，必斋戒沐浴，洁为酒醴粢盛，以祭祀天鬼，则天能除去之"，而他从来没听说过"天之祈福于天子"《天志上》《天志中》《天志下》。二、"天子为善，天能赏之；天子为暴，天能罚之"《天志中》，最明显的实例是"昔三代圣王——禹、汤、文、武——此顺天意而得赏也"，天就使他们"贵为天子，富有天下，业万世子孙"；"昔三代之暴王——桀、纣、幽、厉——此反天意而得罚者也"，天就使他们"不得终其寿，不殁其世"《天志上》。以此两点"证明"了天比天子高贵，可以"为政"于天下之后，墨子说天子要"总天下之义以尚同于天"《尚同下》，使天下之人都以"天"所定的是非为是非的标准。有了这个标准，便不怕任何掌有权势之人胡作非为，天下之人皆可判断是非，在下者也可以规谏在上者之过。墨子说君主应该要有"弗弗［刚正不屈］之臣"，上位者应该有"謞謞［鲠直无讳］之下"《亲士》，能够各自直述所见，据理力争，便是此意。

天　志

"天"之"义"是什么？墨子说："义者政〔正〕也。"又说"义者善政也"，将"义"的含义从"是、非"推展到"善、恶"，涉及"欲、憎"——该做什么和不该做什么。然后他自问自答说："然则天亦何欲何恶？天欲义而恶不义。"《天志上》这里所说的"义"便不仅指是非，而重在善恶，所以他又说："天下有义则生，无义则死；有义则富，无义则贫；有义则治，无义则乱。然则天欲其生而恶其死，欲其富而恶其贫，欲其治而恶其乱。此我所以知天欲义而恶不义也。"《天志上》这里所说的"义"究竟指的是什么？具体而言天究竟"欲"什么，"不欲"什么？他进一步说："天之意，不欲大国之攻小国也，大家之乱小家也，强之暴寡，诈之谋愚，贵之傲贱，此天之所不欲也。不止此而已，欲人之有力相营，有道相教，有财相分也；又欲上之强听治也，下之强从事也。"《天志中》为什么天有此欲与不欲？他说："上强听治则国家治矣，下强从事则财用足矣。若国家治，财用足，则内有以洁为酒醴粢盛以祭祀天鬼，外有以为环璧珠玉以聘挠四邻，诸侯之冤不兴矣，边境兵甲不作矣。内有以食饥息劳，持养其万民，则君臣上下惠忠，父子兄弟慈孝……百姓皆得暖衣饱食，便宁无忧。"《天志中》所以天也有私心——要享有好的祭祀——但是它更多的"欲"是要百姓可以活得好。为什么？因为天爱他们。何以证明？墨子说："吾所以知天之爱民之厚者有矣，曰以磨为日月星辰，以昭道之；制为四时春秋冬夏，以纪纲之；霣降雪霜雨露，以长遂五谷麻丝，使民得而财利之；列为山川溪谷，播赋百事，以临司民之善否，为王公侯伯，使之赏贤而罚暴，贼金木鸟兽，从事乎五谷麻丝，以为民衣食之财，自古及今未尝不有此也。"《天志中》此外他又重复申述"三代圣王"因顺天意爱民而受天之赏，及"三代暴王"因反天之意虐民而受天之罚的"史实"，以加强证明天爱百姓。他称这种爱为"天志"或"天意"，也就是他说的"天之义"。他说他可以用它来衡量一切,"上将以度天下之王公大人为刑政也,下将以量天下之万民为文学、出言谈也……观其刑政,顺天之意谓之善刑政,反天之意谓之不善刑政"《天志中》。其结果犹如用圆规画圆,用方矩量方一样,是绝对精确的。

假如"天志"如此明白易见,为什么人们没有切实去遵守奉行?墨子说因为他们都"明于小而不明于大"《天志下》,例如王公大人"有一衣裳不能制也,必藉良工;有一牛羊不能杀也,必藉良宰;……逮至其国家之乱,社稷之危,则不知使能以治之"《尚贤中》。又如他们对于"窃一犬一彘,则谓之不仁;窃一国一都,则以为义"《鲁问》。又如对于"子之不事父,弟之不事兄,臣之不事君"都"谓之不祥",但是他们"独无报夫天,而不知其为不仁、不祥"《天志中》。王公大人如此"明小物而不明大物"《尚贤中》,自己既不服膺"天志",也不"总天下之义,以尚同于天",以致天下于乱,天便将惩罚他们。如果百姓不从,则天将降灾于天下,使得"寒热不节,雪霜雨露不时,五谷不孰,六畜不遂,疾灾戾疫、飘风苦雨荐臻而至"《尚同中》。天志之不可逆有至于此!

明 鬼

天虽然有其意志,能够赏罚,但是似乎不很明确迅速,而人们殷切地期望明确迅速的报应。这种报应需要有一个强力的权威,以非常的手段来施行,不是一般执政者能做到的,所以墨子搬出鬼神来作为天的代理者,指出除了不能尚同于天,服膺天志之外,另一个主要的致乱之因是人们不信奉鬼神。古人认为"鬼"是祖先的魂魄,"神"是万物的精灵,都有意志和干预人事的能力。但是在很早的时候人们已经开始怀疑鬼神的公正,甚至怀疑其存在,此说见于民间歌谣,集而为"诗"者颇多。墨子却肯定鬼神的存在,并强调其主要功能是协助天来施行赏罚，实现天志。他说："逮至昔三代圣王既没，天下失义，诸侯力正。是以存夫为人君臣上下者之不惠忠也，父子弟兄之不慈孝弟、长贞良也，正长之不强于听治，贱人之不强于从事也。民之为淫暴、寇乱、盗贼，以兵刃、毒药、水火，迋无罪人乎道路率径，夺人车马衣裘以自利者并作，由此始，是以天下乱。此其故何以然也？则皆以疑惑鬼神之有与无之别，不明乎鬼神之能赏贤而罚暴也。"《明鬼下》

人们为什么不信鬼神？因为有一些"执无鬼者"在教导人们，使他们疑惑，所以墨子花费了许多口舌来力纠此谬，集在《明鬼下》。

第一，他说关于鬼神的存在与否，首先应"以众之耳目"来断定，凡是有人"闻之、见之，则必以为有；莫闻莫见，则必以为无。若是，何不尝入一乡一里而问之。自古以及今，生民以来者，亦有尝见鬼神之物，闻鬼神之声，则鬼神何谓无乎？"其次应考诸正史典籍，如周、燕、宋、齐的《春秋》，倘若其中有鬼神之记载，"鬼神之有岂可疑哉？"在立出这两个求证办法之后，他讲了许多"鬼话"和"神话"证明自古至今人们都曾"见鬼神之物，闻鬼神之声"。其中之一说周宣王枉杀了其臣杜伯，后来当他狩猎之时，杜伯的鬼魂在日正当中"乘白马素车，朱衣冠，执朱弓，挟朱矢，追周宣王，射之车上，中心折脊，殪车中，伏弢而死"。那时跟随狩猎的人数千，都曾目睹，稍远的人都曾耳闻，并且载在"周之春秋"。其二说燕简公枉杀了庄子仪，被庄的鬼魂在大路上用"朱杖"击毙，当时也有许多人目击耳闻此事，并且载在"燕之春秋"。其三说宋国掌理祭祀的官员观辜准备祭品不丰洁，神就附在祭师的身上责问他，并用木杖将他打死。此事当时从祭之人都亲眼见到，稍远的人都有所闻，并且载在"宋之春秋"。其四说齐庄君之时有王里国、中里徼二人涉讼三年而未能了断。齐庄君命令二人到神社去杀了一头羊，将血涂在嘴上，向神发誓各陈其事。羊在王里国陈述之时没有动作，在中里徼说到一半时忽然跳起，用角来触他，折断了他的脚。于是祭师就由神附在身上，用木棒敲他一下，他就死在发誓的地方。当时在场的人都曾看到，稍远一点的人也都听说，并且载在"齐之春秋"。因此墨子的结语是：由此观之，"鬼神之有，岂可疑哉？"

第二，如果这些人的视听和史籍的记录都不足信，墨子在《明鬼下》请人再看三代圣王之事及先王之书。他说三代圣王兴建国都之时，皆先置祖庙和神社，敬谨祭祀；在处理政事之时，必在祖庙行赏，在神社施罚，可见古代圣王之治天下"必先鬼神而后人"，他们又怕后世子孙不知此理，所以不仅书之竹帛，并且镂之金石。因此"夏书""商书""周书"里都有关于鬼神显灵的记载。

第三，鬼神不仅存在，而且能赏善罚恶。此点可以从治国理民的实例中见到。墨子在《明鬼下》说，无论官民，凡有为善为恶，鬼神皆能见之，而给以赏罚。他举出了许多例子，最重要的是商灭夏及周灭商二事。在这两次战争中，夏桀和商纣都有极大的兵力，而商汤和周武王的兵力相对的很是微弱，但因夏桀和商纣都"上诟天侮鬼，下殃傲天下之万民"，而商汤和周武王是吊民伐罪，所以得到上帝的支持，使鬼神大显威灵帮助他们，他们乃一举获胜。因此墨子说："鬼神之所赏，无小必赏之；鬼神之所罚，无大必罚之。"

墨子说之虽力，有人仍对鬼神存有疑问。有一次墨子生病，其弟子跌鼻问他："先生以鬼神为明，能为祸福，为善者赏之，为不善者罚之。今先生圣人也，何故有疾？意者先生之言有不善乎？鬼神不明知乎？"墨子说我虽有病，怎么可以说鬼神不明呢？人生病的原因很多，有的得诸寒暑，有的得诸劳苦。譬如有一百扇门，而只关了一扇，怎么能防止盗贼进来呢？《公孟》另一个弟子曹公子因墨子之荐而出仕于宋，三年后回来对墨子说，他开始就学于墨子时因为家贫，不能祭祀鬼神，现在比较宽裕了，就谨诚地去祭祀，但是家里人多死亡，畜牲也不繁殖，自己又染了疾病。他不知墨子之道是否真的可行。墨子说鬼神对人的期望很多——爵禄高的能够让贤，财富多的能够分与穷

《墨子》 | 111

人——哪会只贪图一些祭品？现在你有了高爵禄不荐贤，是第一件不祥之举；有了厚禄却不济贫，是第二件不祥之举。你的事奉鬼神，仅是祭祀而已，而竟然说"病何自至哉？"就好像有一百扇门而只关了一扇，而说"盗何从入"，如此祈求于有灵的鬼神，怎么可以得福呢？《鲁问》

墨子的这番话，或诉诸权威（圣王之事、之书），或以果断因（将已成已败之事，反证鬼神之存在及行为），均非正常有效的举证之法。为什么他要这么说？因为当时天下动乱，传统的社会规范和权威加速崩溃，各国的王公大人，甚至一般民众，往往恣意横行，肆无忌惮。若要拨乱反治，必须重新树立一种高于当时统治者的权威，来制定并且强力施行一套新规范。墨子想不出新的办法，只好再将天和鬼神搬出来。因为它们也已经受人怀疑，所以他不得不费辞加以辩护。

非　命

墨子的理论是否能够使"执无鬼者"改变其思想和行为，不得而知。此外另有一些人不仅不信鬼神，甚至对于是非善恶也不愿肯定，更不能同意它们与赏罚有什么必然或应然的关系。他们指出，为善之人不一定会获得即时或稍后的奖赏；作恶之人也不一定受到即时或稍后的惩罚。因而他们彻底否认任何权威（包括天和鬼神）和规范（包括人为的和自然律）。他们发现人的行为和社会的反应甚至物理的效果完全不可预期，一切都被一种神秘的力量所控制。它没有意志，没有是非，没有好恶，没有喜怒。人和万物受它摆布，无法理解，不能逃避，更勿论抗拒。常人名之为"命"，认为一生际遇（生死、寿夭、安危、苦乐、富贵、贫贱……），无不由它预定。它不会改变，人也不可能改变它。所以不仅个人的意向和努力毫无意义，任何外力也没有影响。对于持有这种想法的人，说以鬼神赏罚之道，希望他弃恶从善，完全是白费言辞。鉴于此，墨子在进一步建议他的拨乱反治之道以前，先大力攻击这种想法，作《非命》上、中、下三篇驳斥"执有命者"，其说并散见于其他几篇。

首先他将当时之乱完全归责于"执有命者"，说国家的统治者都想"国家之富、人民之众、刑政之治"，但是都做不到，因为很多执有命者杂于民间，宣传"命富则富，命贫则贫；命众则众，命寡则寡；命治则治，命乱则乱；命寿则寿，命夭则夭。命，虽强劲何益哉？上以说王公大人，下以阻百姓之从事"《非命上》。墨子说这种人"不仁"，对于他们的话"不可不明辨"。

怎么去辨？墨子说："必立仪。言而毋仪，譬犹运钧之上而立朝夕者也[言论没有可以为据的标准，就像在一个转盘上立了一个日晷来测断时辰]，是非利害之辨不可得而明知也。"他进一步说："言必有三表[三个判断其是非的标准]。"第一是"本之者"——本之于古者圣王之事，第二是"原之者"——原察百姓耳目之实，第三是"用之者"——发诸刑政，以观其是否合乎国家百姓之利。《非命上》

关于"圣王之事"，墨子仅就其大者而言，指出夏桀、商纣在位之时天下乱，商汤、周武王当政之时天下治。然而在这两个时期世界并未变异，民众亦未更换，只因为桀、纣"不能矫其耳目之欲，而从其心意之辟，外之驱骋田猎毕弋，内湛于酒乐，而不顾其国家百姓之政。繁为无用，暴逆百姓"，而汤武为政乎天下"必务举孝子而劝之事亲；尊贤良之人而教之为善""赏善罚暴""必使饥者得食，寒者得衣，劳者得息，乱者得治"，所以墨子：："安危治乱，存乎上之为政也，则夫岂可谓有命哉？"《非命下》三代先王唯恐后人不知此理，所以将其施行的宪令、刑法、誓词都记载于竹帛、金石、盘盂，传于子孙，使他们效法，是为商周虞夏之书，其中没有一件曾说"福不可请，祸不可讳，敬无益，暴无伤"《非命上》，而一切听命的。

关于"百姓耳目之情"，墨子自问自答说："自古及今，生民以来者，亦尝见命之物，闻命之声者乎？未尝有也。"然后他又说诸侯圣王的言论之中，也没有提到他们曾见过、听过"命"。反对他的人说上自三代就有人主张有"命"。他说三代之时只有暴王、穷民、伪民〔奸诈之人〕才作此主张。暴王不肯说"我罢不肖，我为刑政不善"以致败亡，而说"我命故且亡"。三代之穷民不肯说"我罢不肖，我从事不疾"以致有饥寒之忧，而说"我命固且穷"。三代之伪民，以"繁饰有命"之辞以教愚民，其实只是欺弄他们。《非命中》

关于"发诸刑政以观实效"，墨子说："古之圣王，发宪出令，设以为赏罚以劝贤，是以入则孝慈于亲戚，出则弟长于乡里"，王公大臣慎于听治，卿大夫忠于职守，农夫力耕，妇人勤织，乃能使天下财用足，可以上事天鬼，下养百姓，天鬼富之，诸侯与之，百姓亲之，贤士归之，以至于天下大治。但是"执有命者"说："上之所赏，命固且赏，非贤故赏也；上之所罚，命固且罚，不暴故罚也。"墨子说如此"为君则不义，为臣则不忠，为父则不慈，为子则不孝……穷民贪于饮食，惰于从事，是以衣食之财不足，而饥寒冻馁之忧至，不知曰我罢，不肖，从事不疾，必曰我命固且贫……暴王不忍其耳目之淫，心涂之辟，遂以亡失国家，倾覆社稷，不知曰我罢不肖，为政不善，必曰吾命固失之"。于是上不听治，以致刑政不当；下不从事，以致财用不足。结果上无以祭祀上帝鬼神；中无以招用贤士，应待诸侯；下无以安养百姓，于是天下大乱。《非命上》

总而言之，墨子用"本之""原之""用之"三种标准来测量"有命者"之言，否定"命"的存在，驳斥宿命论者，指责他们为世乱之因。其说未免过当，因为自古以来固然有许多人发现个人甚至团体很难完全掌握其行为的后果，而将它归诸"命"，但是绝大多数的人并没有因而停止其努力以寻求他们希望的后果。墨子之所以强烈地反对宿命之说，是因为他觉得人的努力还不够，而想促使人们更加竭股肱之力，殚思虑之知，夙兴夜寐，强为从事，不敢怠忽，以求富强安宁。

为了此一目的，他必须首先排除有碍此种努力的一些消极的观念和心态，包括怀疑鬼神和迷信宿命，因为二者都使人觉得世间没有公平正直的权威来赏善罚恶，人们又不能预期其行为的后果，所以努力从事毫无意义。

在"证明"了鬼神之存在及其功能，破除了宿命的观念之后，墨子提出了一些重要的建议，希望人们能采用来建立一个较好的社会。

兼 爱

墨子的第一个积极的建议是树立一种兼容、博爱的心态，他称之为"兼爱"。在讨论乱因之时，他指出在原始社会里没有共同的是非，每一个人都各别有其不同的看法和想法，"一人一义"，突出了人与人之间的差别。这种"别"使得人际的容忍、和谐变得很困难，各人都注重一己的是非利害，看不到相互之间的共同之处，不能相互容忍对方的观点。人各自爱而不相爱，不免尽力谋求一己的利益，避免一己的危难，甚至侵害他人的利益，以增进自己的利益。以他的话说："乱何自起？起不相爱。臣子之不孝君父，所谓乱也。子自爱不爱父，故亏父而自利；弟自爱不爱兄，故亏兄而自利；臣自爱不爱君，故亏君而自利，此所谓乱也；虽［推至］父之不慈子，兄之不慈弟，君之不慈臣，此亦天下之所谓乱也。父自爱也不爱子，故亏子而自利；兄自爱也不爱弟，故亏弟而自利；君自爱也不爱臣，故亏臣而自利。是何也？皆起不相爱。虽至天下之为盗贼者亦然，盗爱其室不爱其异室，故窃异室以利其室；贼爱其身不爱人，故贼人以利其身。此何也？皆起不相爱。虽至大夫之相乱家，诸侯之相攻国者亦然。大夫各爱其家，不爱异家，故乱异家以利其家；诸侯各爱其国，不爱异国，故攻异国以利其国，天下之乱物具此而已矣。察此何自起？皆起不相爱。"倘若能"视人之身若其身，视人之家若其家，视人之国若其国"《兼爱上》,谁会不孝、不慈、盗窃、贼害、攻伐?诸侯相爱则不野战,家主相爱则不相篡,人与人相爱则不相贼,君臣相爱则惠忠,父子相爱则慈孝,兄弟相爱则和调,天下之人皆相爱,强不执弱,众不劫寡,富不侮贫,贵不傲贱,诈不欺愚,人人皆以耳目相助于视听,以手足相助于工作,有知识道理相互教诲,使老年而无子女者可以有人侍养而寿终,幼弱而无父母的可以有所依赖得以成长,"天下祸篡怨恨可使毋起"。《兼爱中》

此说听来甚善,但是"非兼者"［否定兼爱的人］问,一般人会付诸实践吗?墨子反问:"今有平原广野于此,被甲婴胄将往战,死生之权未可识也;又有君大夫之远使于巴、越、齐、荆,往来及否未可识也,然即敢问,不识将恶也,［举其］家室,奉承亲戚,提挈妻子,而寄托之?不识于兼之有是乎?于别之有是乎?"然后他肯定地说天下的愚夫愚妇,甚至否定兼爱的人,都会选择有兼爱之心的人,因为遵行兼爱的人("兼士")会对受寄托之人"饥则食之,寒则衣之,疾病侍养之,死丧葬埋之",而一个只注重人我之别的人("别士")则会听任那些人饥寒、疾病、死亡于不顾。《兼爱下》

"非兼者"说个人可能如此,但是治国者不可能这么做。墨子问如果国内有天灾疠疫,很多人民因冻馁疾病而死,这个国家应该交给一个以人民为重,尽力设法去救援他们的"兼君"去统治,还是一个只知自身利害,弃置他们的灾难于不顾的"别君"?即使是愚夫愚妇,甚至原来只知独善其身的人,一定都会选择那个实行"兼爱"的"兼君"。《兼爱下》

"非兼者"说兼爱固然合乎仁义,但是实行起来太困难,好像挟起了泰山来跨越长江黄河一样,所以至多只是一种愿望而已。墨子说古代圣王夏禹、商汤和周代的文王、武王都曾做到过,并且引用了《禹誓》《汤誓》《泰誓》《周诗》等上古文献里的记载,来证明这些先王的作为,都不是为了自己的利益,而是为了"兴天下之利,去天下之害"《兼爱中》。为了这个目的他们甚至"不惮以身为牺牲",而他之提倡兼爱,不过是取法他们而已,并不是要求人们"挈泰山以超江河"《兼爱下》。

他更进一步说,不仅古代圣王可以做到兼爱,一般统治者也都可以。例如晋文公喜欢简朴,他的臣子都穿着粗陋的衣服上朝;楚灵王喜欢细腰的人,楚人皆节食求瘦以致瘠病;越王勾践好勇,以此教养其臣民三年之后,故意放火烧船,人们就争先恐后抢着去救,伏水火而死者不可胜数。这些常人在平时难以做到的行为,只因在上者所喜,过了不久,人们便都去做了,可见统治者如果奉行兼爱,天下人也都会以为榜样而行兼爱,如"火之就上,水之就下",不能遏止。《兼爱下》

最后"非兼者"说,对待陌生人犹如对待自己的亲人一样,岂不有悖孝道?墨子说孝子为他的父母着想,应该是希望别人都爱护他们并且做有利于他们的事。所以"必吾先从事乎爱利人之亲,然后人报我以爱利吾亲",这样投桃报李,才是孝子事亲之道。《兼爱下》

墨子花了这么多口舌来建立"兼爱"的理论,并且强调它的可行性,因为他的主旨在为大众谋福利,如果人们,尤其是掌握权势之人,只知自爱其利,不能顾及他人,他的一切建议都将落空。

非 攻

墨子第二个重要的建议是"非攻"——终止侵略战争。他先说明侵害他人是一种罪行,然后说侵略者往往得不偿失,最后对于否定其说者一一加以驳斥。首先他以小喻大,说窃人桃李、攘人犬豕、取人牛马、杀害无辜之人而夺其衣裘戈剑,都是亏人利己的罪行,亏人愈多,其罪愈重,天下的人都认为有悖仁义,应该加以惩罚,以为杀一无辜之人应科一死罪,杀十人应科十死罪,杀百人应科百死罪。但是对于侵略无罪之国,"入其国家边境,芟刈其禾稼,斩其树木,堕其城郭，以湮其沟池，攘杀其牲牷，燔溃其祖庙，劲杀其万民，覆其老弱，迁其重器"却不以为非，反而加以歌颂，称之为义。如此只知谴责小非而不知谴责大非，可见这些人根本不能辨别是与非、义与不义。天下之君子有此想法就是祸乱之源。《非攻下》

反对墨子之说的人否认攻伐都是罪行。他们问古时禹攻有苗，汤伐桀，武王伐纣，都被奉为圣王，是何缘故？墨子说他们的行为不是"攻"（侵略），而是"诛"（惩罚），是遵奉天命而为。然后他说了一大堆"神话"来支持其说——在三苗、桀、纣之时，统治者自作乱，国内有大灾难、怪现象；天帝乃亲自或遣神祇命令禹、汤、武王，起兵诛之；在战争过程中天帝并派遣了各种神祇来帮助。《非攻下》

喜好攻伐的国君说，如果攻伐是不义，楚、吴、齐、晋建国之始土地都只有数百方里，人口不过数十万，因为征伐兼并他国，现在各有土地数千方里，人口数百万，怎么可以说攻战是不可为的？墨子说请以医药为喻。如有一个医师和合了某种药物给一万个人服用，只治愈了四五个人，这药不能称为是一种良药。孝子不会将它给父母服用，忠臣不会将它给君主服用。古代原有封国甚多，现在只剩很少几个，皆因征伐之故。所以征伐不是治天下的良道。《非攻中》

喜好攻战的国君又说，战败灭亡之国是因为不能善用其力，是咎由自得。墨子说不然：以前吴王夫差北攻齐，东攻越，皆大胜，乃自恃其力，伐其功，最后竟被越王勾践所诛；晋国有六将军，以智伯为最强，攻中行氏及范氏，并为一家，又围赵，韩、魏乃救赵，灭智伯。古人说："君子不镜于水而镜于人。镜于水，见面之容；镜于人，则知吉与凶。"现在自恃其力而行攻战求利的人，皆未以智伯为镜，其后果实在可忧。《非攻中》

有的好战之君率直地说自己"贪伐胜之名，及得之利"。墨子说假如他不是诛伐暴君，就没有善名可言。至于得利，墨子说"计其所得，反不如所丧者之多"，因为战争的代价非常高，一旦起兵，农作不时，百姓饥寒而死者不可胜数;为了运送武器装备,百姓牛马死于途中者不可胜数;在战场上武器装备被毁者不可胜数;兵卒将士伤亡者不可胜数;鬼神因而丧失后嗣祭祀者不可胜数。为了要攻取小小的"三里之城,七里之郭",死伤之人多则数万,少则也要数千。而发动侵略的国家,往往已有数千里的空地无人居处耕作,再去侵夺他国之地"是弃所不足而重所有余",不是知者治国之道。《非攻中》知者之道应该要"顺天鬼百姓之利"。国家是天设的,人民是天生的,鬼神是执行天意的,黍稷牺牲是用来祭祀天的。侵略战争"攻天之邑,此刺杀天民,剥振神之位,倾覆社稷,攘杀其牺牲",必不能"上中天之利";"杀天之人,灭鬼神之主",必不能"中中鬼之利";"竭天下百姓之财用,害民生之本",甚至驱民战死,必不能"下中人之利"。如此治国自将败亡。《非攻下》

另有一些好战之国说我不是因为财富、人民、土地不足而从事征伐,我想要以义名立于天下,使诸侯归顺。这是对"义"的误解。墨子说"义,利也",在国际之间"为义",不应该以武力强制他国就范,好像将小孩当作马来驯服,而应该对被侵略的国家加以救助——对城郭不全的加以修建,对物资贫乏的加以周济,对货币不足的加以补充——然后以德来督导诸侯,才是"为义"于天下。古代仁人就是如此,他们反对攻伐,主张兼爱,乃能"一天下之和,总四海之内",上事天帝,中安鬼神,下利百姓,"是以天赏之,鬼富之,人誉之,使贵为天子,富有天下,名参乎天地"。这才是知者之道、圣王之法。现在的诸侯喜好侵略而自称为义,犹如盲人分辨黑白,乃是自欺欺人。《非攻下》

以上陈述墨子厘清了世乱之因(一人一义),说明了社会共同的是非(天志)的必要,强调了最高权威(天、鬼)的作用,否定了宿命论(非命),提出了人们应该努力交相利(兼爱),避免交相害(非攻)的主张。这些都是观念问题,以下要说的是他建议的一些比较具体的为政利民之道。

尚　贤

无论做什么事，第一步是要选择具有适当才能可以胜任之人，此理非常简单。墨子举例说，倘若一个人有一头牛羊而不能自行宰杀，一定会去找个好的屠夫；有一件衣裳不能自行制作，一定会去找个好的裁缝；有一匹病马不能自行治疗，一定会去找个好的兽医……《尚贤下》至于为政治民，就要任用"贤者"。贤者是怎样的人？是怎么来的？墨子没有说明，仅仅举了一些例子，如尧所用的舜，舜用的禹，禹用的皋陶，汤用的伊尹，周武王用的闳夭、泰颠。这些人都能使天下和，庶民阜，近者安之，远者归之，就是贤者。《尚贤下》此外他又谈到贤者的工作说，"贤者之治国也，早朝晏退，听狱治政，是以国家治而刑法正；贤者之长官［府］也，夜寝夙兴，收敛关市、山林、泽梁之利……；贤者之治邑也，早出暮入，耕稼树艺……"结果国治民富，天鬼享，四邻睦，谋事得，举事成。尧、舜、禹、汤、文王、武王就是靠这些贤者而平治天下的。《尚贤中》

怎样才可以得贤而用之？墨子说要根据"三本［三个原则］"。第一要"高予之爵"，第二要"动之以禄"，第三要"任之以事，断予之令"。因为"爵位不高则民弗敬，蓄禄不厚则民不信，政令不断则民不畏"《尚贤上》。这是从百姓观点来看的；从贤者的观点来看，如果不能得到适当的爵禄和断事的权力，必然不肯接受任命。这些道理都是极为浅显的，但是墨子当时的王公们却不明白，所用之人都只是骨肉之亲、没有事功而已富贵的世袭贵族，以及面目美好受他们喜爱的人。他们虽然知道此辈无能，却付以重任，犹如派一个哑巴去外国做使者，命一个聋子去做乐师一样，将国家的事看得比宰一头牛羊、缝一件衣裳、医一匹马、修一支弓都不如。如此"明于小而不明于大"，当然无法将国家治好。《尚贤下》

正当的做法应该如何？墨子说王公用人，不该考虑该人与他们的亲戚关系、该人的身份地位以及他们对该人的好恶，而应该完全以其能力来做决定，这么做才合乎"义"。古代圣王遵从此"义"而尚贤使能，"不党父兄，不偏贵富，不嬖颜色"《尚贤中》，"虽在农与工肆之人，有能则举之"《尚贤上》，"富而贵之，以为官长"《尚贤中》，"以官服事，以劳殿赏"《尚贤上》。如系不肖，不称职，便"抑而废之，贫而贱之，以为徒役"《尚贤中》。所以"官无常贵，而民无终贱"《尚贤上》。有了这样的"明君"，"贤人"才得任用，竭四肢之力为之从事，使饥者得食，寒者得衣，劳者得息，为善者劝，为暴者沮，乱乃得治，国乃得安。《尚贤中》

贤人与常人何异？《墨子》中《亲士》《修身》《所染》等篇曾涉及"士""君子""良才"，说到这些人的一些特质，包括"贫则见廉，富则见义，生则见爱，死则见哀"《修身》，志强智达，言信行果，守道笃，知物博，是非察，不假虚名，不伐功劳，以身戴行，寻求实利等等德性。如何培养这些德性？墨子提出了两个办法：一是"反之身"，就是自省，以"察迩来远"，做到"谮慝之言无入之耳，批扞之声无出之口，杀伤人之孩无存之心"《修身》。二是慎于"所染"（谨慎择友），"其友皆好仁义，淳谨畏令，则家日益，身日安，名日荣，处官得其理矣"；"其友皆好矜奋［喜冒险］，创作比周［结党营私］，则家日损，身日危，名日辱，处官失其理矣"《所染》。可见墨子培育"贤人"与孔子培育"君子"，方法大致相同，但是墨子所述过于简略。

图　利

墨子一再强调治国应"上中天之利，中中鬼之利，下中人之利"《非攻下》。一般而言，所谓"利"是受爱好的，"不利"是受憎恶的。鬼神是天的使者，应该没有其独立的意志、好恶；天则有意志、好恶。

天所爱好的是天下之百姓，为了他们它造了日月星辰，制定了春夏秋冬，降下了霜雪雨露以滋长五谷丝麻，选择了王公侯伯以赏善罚暴；天所憎恶的是人间的强凌弱、众暴孤、贵傲贱、诈欺愚。因此之故可以说天是为人而存在的，天之利和不利就是人之利和不利。

人的利和不利是什么？墨子说："民有三患：饥者不得食，寒者不得衣，劳者不得息。"《非乐上》又说圣王之治在使"百姓皆得暖衣饱食，便宁无忧"《天志中》。可见他认为人所欲之"利"主要是满足其基本的生活需要。他指出在这一点上人与禽兽鸟虫不同，那些动物有毛羽为衣，以水草为食，而人所需的衣食全靠自己努力生产，"赖其力者生，不赖其力者不生"《非乐上》。人的情性也因而不同——如果能努力工作，又幸而"时年岁善"，人便"仁且良"，否则人便"吝且恶"《七患》。

在墨子的时代，生产力低，一般人都很贫困，而掌握权势者却十分奢侈，所以他强调大家各尽其责，增加生产——"农夫早出暮入，耕稼树艺，多聚菽粟，此其分事也。妇人夙兴夜寐，纺绩织纴，多治麻丝、葛绪、捆布縿"。为了使农夫、妇人能尽力生产，他说在政府工作的人要"强从事"——"王公大人早朝晏退，听狱治政"；"士君子竭股肱之力，亶其思虑之智，内治官府，外收敛关市、山林、泽梁之利，以实仓廪府库"《非乐上》。

增加生产要靠人力。墨子之时人口不多，而各国统治者使民也劳，税敛也厚。民乃财用不足，居处不安，以致疾病冻饿死者，不可胜数。统治者又好攻伐，使民战死者，也不可胜数。即使不死，终年累月在外从戎，男女久不相见，也足寡民。所以他说"唯人为难倍"。人口不增，生产力自然低落。但是如果能用适当的办法，人口可以倍增。他说昔者圣王为法曰："丈夫年二十，毋敢不处家；女子年十五，毋敢不事人。"《节用上》使人早婚便可多生子女，增加劳动力，因而增加财富。

节用、节葬、节丧

人口增多并且各自努力生产还不够，因为在上者糜费太甚，例如齐康公喜好使用大批歌舞的人表演"万"舞，规定他们不可以穿简陋的衣服，不可以吃粗糙的食物，因为"食饮不美，面目颜色不足视也；衣服不美，身体从容丑羸，不足观也"，所以"食必粱肉，衣必文绣"《非乐上》。此外《墨子·辞过》篇还通盘地描述"当今之主……厚作敛于百姓，暴夺民衣食之财"以为宫室、衣服、车舟、饮食、私蓄［女侍］，奢侈过分。统治者如此滥用财物，人民无论如何努力生产，还是不免于贫乏，何况人民往往上行下效，也趋于浪费，后果更为严重，所以墨子大声呼吁，要大家从衣食开始，以至于丧葬，都要节约，而对于最后两项特别重视，因为久丧厚葬是最大、最无谓的浪费。

墨子说古代圣王深知此理，所以制定"节用"之法，令天下百工各事所能，"凡足以奉给民用则止，诸加费不加于民利者，圣王弗为"《节用中》，此外又做了许多更详细的规定：

关于饮食，墨子指出当时的统治者"厚作敛于百姓，以为美食刍豢，蒸炙鱼鳖，大国累百器，小国累十器，前方丈，目不能遍视，手不能遍操，口不能遍味，冬则冻冰，夏则饰饐，人君为饮食如此，故左右象之。是以富贵者奢侈，孤寡者冻馁，虽欲无乱，不可得也。君实欲天下治而恶其乱，当为食饮，不可不节"《辞过》。应该节到什么程度？他说只要能够"充虚继气，强股肱，耳目聪明，则止，不极五味之调，芬香之和，不致远国珍怪异物"《节用中》。

关于衣服，墨子说当时之君"必厚作敛于百姓，暴夺民衣食之财，以为锦绣文采靡曼之衣，铸金以为钩，珠玉以为佩，女工作文采，男工作刻镂，以为身服，此非云益暖之情也。单财劳力，毕归之于无用也，以此观之，其为衣服非为身体，皆为观好，是以其民淫僻而难治，其君奢侈而难谏也。夫以奢侈之君，御好淫僻之民，欲国无乱，不可得也。君实欲天下之治而恶其乱，当为衣服不可不节"《辞过》。要节到什么程度？他说："圣王制为衣服之法曰：冬服绀緅之衣，轻且暖，夏服绤绤之衣，轻且清，则止。诸加费不加于民利者，圣王弗为。"《节用中》

关于车舟，墨子说当时之主"必厚作敛于百姓，以饰舟车。饰车以文采，饰舟以刻镂，女子废其纺织而修文采，故民寒。男子离其耕稼而修刻镂，故民饥。人君为舟车若此，故左右象之，是以其民饥寒并至，故为奸邪。奸邪多则刑罚深，刑罚深则国乱。君实欲天下之治而恶其乱，当为舟车，不可不节"《辞过》。要节到什么程度？他说车能"服重致远，乘之则安，引之则利。安以不伤人，利以速至"；舟可以济渡即可，"虽上者三公诸侯至，舟楫不易，津人不饰"《节用中》。

关于房屋，墨子说当时之主"必厚作敛于百姓，暴夺民衣食之财以为宫室，台榭曲直之望，青黄刻镂之饰。为宫室若此，故左右皆法象之，是以其财不足以待凶饥、振孤寡，故国贫而民难治也。君实欲天下之治，而恶其乱也，当为宫室不可不节"。要节到什么程度？他说："圣王为宫室……曰室高足以辟润湿，边足以圉风寒，上足以待雪霜雨露，宫墙之高，足以别男女之礼，谨此则止。凡费财劳力，不加利者，不为也。"《辞过》

关于丧葬，世人皆以为是大事，古代孝子都尽力而为，不足而止。后世之人有主张厚葬久丧的，有反对这么做的，二者都说是遵行"尧、舜、禹、汤、文、武之道"，因而使一般人困惑。墨子认为此事体大，所以在《节葬》中用了很多言辞来解惑。首先他描述了一番当时的情况：许多人都要求"棺椁必重，葬埋必厚，衣衾必多，文绣必繁，丘陇必巨"《节葬下》。以此原则用之于一介平民，必定会使他倾家荡产；用之于王公、诸侯，则可能会将其府库掏空，因为他们会先将丝绸织物、金玉珠宝装饰在尸体上，置入中棺，外加大棺，以雕花的皮革裹缠三层，在棺外穴内陈设帷幕、帐幔、乐器、筵几、餐具、戈剑、钟鼎、壶鉴、文绣、素练、车马，一并埋入地下。又因为入墓犹如迁居，要有许多随从，天子诸侯死后要殉葬的人，多者数百，少者数十；将军、大夫死后殉葬的人，多者数十，少者数人。《节葬下》

至于处丧，死者家属一定要哭泣不停，哽不成声，身上穿着麻衣，脸上挂着涕泪，住在门外草房里，枕在一个土块上，勉强忍饥不进食，受寒不加衣，以致面目枯槁，脸色黝黑，耳目昏聩，手足无力，扶而后起，杖而后行，如此者三年。在此期间王公大人"不能早朝晏退，听狱治政"；士大夫"不能治五官六府，辟草木、实仓廪"；农夫"不能早出夜入，耕稼树艺"；百工"不能修舟车为器皿"；妇人"不能夙兴夜寐，纺绩织纴"《节葬下》。

在此描述之后墨子说："细计厚葬，为多埋赋之财者也；计久丧，为久禁从事者也。财以成者扶而埋之，后得生者而久禁之。以此求富，譬犹禁耕而求获也。"《节葬下》

依照墨子的观察，厚葬久丧不仅伤财，还有更严重的后果，包括减失人口、败坏政治、外难拒侵略、上触怒鬼神。其说皆见于《节葬下》。

人口怎么会减失？因为遵行久丧的人，为国君之死要服丧三年，为父母、长子之死也要服丧三年，为伯叔、兄弟以及庶子之死要服丧一年，为同宗近支的亲人之死要服丧五月，为姑、舅、姊、甥之死也要服丧数月，结果必致羸弱疾病而死者不可胜计，而且因为在此期间不可有男女之交，当然又使可生之人减少。

政治为什么会败坏？因为王公大人不勤于听治，士大夫不勤于官事，于是"僻淫邪行之民"，"并为淫暴，而不可胜禁"。

为什么会难拒侵略？因为国家贫，人民寡，刑政乱，上下不和，府库没有积蓄，城郭未能修缮，一旦外国入侵，必然出战不克，入守不固。

为什么会触犯鬼神？因为国贫民寡，内乱外患并作，必致祭祀不及时、不适当。天帝鬼神会说这样的君民，有与没有皆无差别，所以会废弃他们，不予保护。

主张厚葬久丧的人听了这一番话，虽然承认他们的做法不能去贫致富、增加人口、定危治乱，但仍强辩说那是圣王之道。墨子说不然，从前尧、舜、禹三王外出教化边民，殁于途中，葬时只用了三套衣衾、寻常的木棺，外面束以葛藤，埋之不深，其上可让牛马、市人照常往来行走。由此观之，厚葬并非圣王之道。

主张厚葬久丧的人又说，如果这不是圣王之道，为什么中国的君子却不断地这么做而不肯改变？墨子说："此所谓便其习而义其俗者也。"但是习俗并非普遍固定，而可因时因地而异。他说以前越之东有一个輆沭国，那里的人有了第一个孩子就将他肢解吃掉，说是这样可以"宜弟"；祖父死了就将祖母背起来丢掉，说"鬼妻不可与居处"。楚之南有一个炎人国，那里的人于父母死后就将他们的皮肉剔掉，然后埋葬其骨骸。秦之西有一个仪渠国，那里的人于父母死后就架起火来烧其尸体，看见烟气上熏就说是他们成仙了。凡是这么做的，当地人都称之为是，但是这些可以说是仁义之道吗？其实只是从其习俗而已。就习俗而言，那些国家的可以说是太刻薄了，而中国的又太浪费了。衣食是利于活人的，埋葬是利于死人的。衣食应该有所节制，埋葬却不须节制吗？所子墨子制定了丧葬之法："棺三寸，足以朽骨；衣三领，足以朽肉；掘地之深，下无菹漏〔不及湿土〕，气无发泄于上；垄足以期〔辨识〕其所，则止矣。哭往〔送葬〕哭来〔回家〕，反从事乎衣食之财，佴〔助〕乎祭祀，以致孝于亲。"这种做法对于生者和死者的利益都能顾全无失。今日的士君子想遵从仁义，上中圣王之道，下合国家百姓之利，就应该依照这种节制的办法来为政。《节葬下》

以上所说种种办法不仅为了节制当时明显的浪费，而且可以防止将来可能的灾难。墨子说："虽上世之圣王，岂能使五谷常收，而旱水不至哉？"夏禹时有七年水灾，商汤时有五年旱灾，然而人民没有饥馑，就是因为在上者节用之故。在那种情况下在上者如何节用？墨子说一年歉收,大夫以下皆"损禄"五分之一;连续歉收则每年累损,第五年歉收则完全无禄,只发给每日的口粮;君主也撤除膳食五分之三;其他支出也都减损。《七患》

非 乐

简而言之,墨子主张仁人之事,务求兴天下人之利。"利人乎即为,不利人乎即止",不应该只为自己耳目、口腹、身体所乐,而有作为。不享乐的原因,"非以大钟鸣鼓,琴瑟竽笙之声,以为不乐也;非以刻镂文章之色,以为不美也;非以犓豢煎炙之味,以为不甘也;非以高台厚榭邃野之居,以为不安也",而是"虽身知其安也,口知其甘也,目知其美也,耳知其乐也",然而考之圣王之事、万民之利,享乐是不对的,主要因为这些享受都会"亏夺民衣食之财",不是仁者该做之事。《非乐上》

他特别反对的是聆听音乐,认为是一种特别严重的浪费。他在《非乐》中指出,古代圣王征收百姓的钱财来制造舟车,使君子小人都能行长途、渡河川,此举合乎民之所利,所以没有人反对。至于制造乐器而厚敛于民,并且雇用百姓之中身强力壮、耳目聪明的人去演奏,对人民是有害的,因为第一,如前所说民有三患——饥不得食,寒不得衣,劳不得息。执政者"撞巨钟,击鸣鼓,弹琴瑟,吹竽笙,而扬干戚〔舞器〕。民衣食之财将安可得乎?"第二,天下之乱,在乎国家之间的战争,人民之间的强劫弱、众暴寡、诈欺愚、贵傲贱、寇乱盗贼。执政者演奏音乐,天下可以得治吗?不仅此也,如果王公大人沉湎于音乐,即不能听狱治政;如果士君子沉湎于音乐,即不能治官府、实仓廪;如果贱人沉湎于音乐,即不努力于耕耘、纺绩、为百工之事,结果天下当然大乱,所以墨子说:"为乐非也!"《非乐上》

儒者程繁对墨子说:"昔诸侯倦于听治,息于钟鼓之乐;士大夫倦于听治，息于竽瑟之乐；农夫春耕夏耘，秋敛冬藏，息于瓴缶[瓦器]之乐。今夫子曰圣王不为乐。此譬之犹马驾而不税，弓张而不弛，无乃非有血气者之所不能至邪？"墨子说古代圣王在"事成功立，无大后患"时才作乐。但是治天下愈差的，其乐愈繁。"自此观之，乐非所以治天下也。"《三辩》

非 儒

以上所述墨子的理论，与孔子、老子的相比有许多不同。孔、老之说在前，墨子不得不有所反应。他对老子没有直接的评述，可能因为他完全不能接受老子愚弄人民，不屑与之争辩。对于孔子及一般儒者则不然，他与他们一样倡导仁义，鼓励人们进取，但是其《兼爱》《天志》《节葬》《非命》诸篇皆与儒家理论相悖，其《非儒》《公孟》等篇更摭拾孔子及儒者的一些言行，一方面加以讥刺，一方面阐明若干墨学之旨，其说有的颇为中肯，有的不然。兹略述于下。

其一，儒家有"亲亲有术[杀、级别]，尊贤有等"之说。墨子认为他们所谓的差等是很无理的。依照儒家之礼，为父母、妻、嫡子服丧皆三年，为伯叔、兄弟、庶子皆一年，为族人皆五月。如此将父母与妻子等同、伯叔与庶子等同，这算是亲亲有杀吗？还有比此更悖逆情理的事吗？《非儒下》

其二，儒者于父母死后，将其尸体陈列在家不予收敛，而先登上屋顶，探视水井，挑掘鼠洞，查看涤器，想去找回死者，这实在是太愚蠢了；明明已知其死，还这么装模作样去寻找，那又是太虚伪了。《非儒下》

其三，儒者娶妻要行亲迎之礼，新郎要像仆人一样，端正了衣冠，拉着马缰，将登车的引带递给新妇，犹如事奉严亲一般。又在服丧之时，也将父母降在妻子同等，颠倒上下。这都算得是孝吗？儒者说迎妻是为了延续子嗣、奉祀宗庙，所以要隆重。墨子说这是无理之言，因为儒者的宗兄守着他家的宗庙数十年，死了只为他服一年之丧，兄弟之妻也奉祀先人，死了却不必服丧，所以为死去的妻、子服丧三年，显然并非为了守宗庙、祭祖先之故。儒者借重亲之名而行厚私，实在是大奸之术。《非儒下》

其四，儒者强执有命之说，声称："寿夭贫富，安危治乱，固有天命，不可损益，穷达、赏罚、幸否，有极人之知力，不能为焉。"因此之故，不肯努力从事，以至于贫困，受人讥笑，他却怒道："散人[无知之人]！焉知良儒？"但是这种"良儒"不知自力谋生，常常陷于饥寒，只在富人有丧事之时，去帮助丧礼，高兴地说："此衣食之端也！"带了一家人去大吃大喝。这也是命定的吗？《非儒下》儒者公孟子执有命之说而又强调"君子必学"，墨子说教人费事求学，而又说凡事听命，就好像教人花工夫将头发卷在头上，却不让他戴帽子，说是戴也无用。《公孟》

其五，儒者公孟子说君子的语言和服装必须依照古人所为，才合乎仁义。墨子说古时商王纣和卿士费仲是天下之暴人，箕子和微子是天下之圣人，他们用的都是同时的语言，但是或仁或不仁。周公旦为天下之圣人，管叔度为天下之暴人，穿的都是当时人的衣服，但是或仁或不仁。所以仁与不仁不在古服古语。儒者又说古之君子"循而不作"。墨子说"古人"当时所说所为必非全是更古之时所有的事物；许多都是新"作"的，例如发明弓箭、甲胄、车舟，难道都不是仁义之事吗？《非儒下》

其六，儒者说"君子胜不逐奔，揜函弗射，施则助之胥车"（战胜后，不追击败逃之人，不射杀已经卸下了甲胄的将士，敌人的战车陷在泥里，就帮他推出来），这才是仁义之道。墨子说如果双方都知仁义，就不会发生战争；如果都是暴虐之人，即使能那么做，也不能因而变成仁人。仁人应该诛罚暴人，为天下除害，如果像儒者所说的那

么做,纵容那残暴之人不死,继续为害于人世,天下之不义没有比此更大的了。《非儒下》

其七,儒者公孟子说:"君子共己以待,问焉则言,不问焉则止,譬若钟然,扣则鸣,不扣则不鸣。"《公孟》墨子说:"仁人事上竭忠,事亲务孝,得善则美,有过则谏"《非儒下》,这是原则,然而是否陈言,要看情势而定。倘若国君淫暴,将进谏视为不逊或诽谤,君子就不能直言,只有在被问之时才做反应,这是"不扣不鸣";倘若国家面临大难,或者兴不义之师以伐无罪之国,在这两种情形下,君子都要起来陈言,这是"不扣必鸣"。一个人对于君亲有大害之事,危机将发,他人不知,己独知之,而仍袖手恬漠,不问不言,就是不忠不孝,与大乱之贼无异。儒者遇到合乎自以为是的话题就抢着说,唯恐后人;遇到对自己的想法不合的事,就双手高拱,说"唯其未之学也",然后就急急地逃避了。这是孔丘之行,违背了仁义之道。君子之道在于竭力去兴利,想尽办法,曲直周全,到使天下得利为止。《非儒下》

其八,孔子为鲁司寇,人多称道其治绩。当时季孙为相,与鲁君不合而出走,到城门时与守门者相争,孔子拔起门杠让季孙逃出。墨子指出孔丘"舍公家而奉季孙",是不忠的行为。《非儒下》

其九,孔子困于陈蔡之间,没有米食可吃。到了第十天,子路捉到一只小猪将它蒸了,又剥了别人的衣服去沽酒。孔子没有问酒肉是怎么来的,就吃喝起来。后来他接受鲁哀公的款待,垫席没有排正就不坐,肉没有切得方正就不吃。子路问他为什么与在陈蔡之时的行为大异。他说:"来,吾语女。曩与女为苟生,今与女为苟义。"墨子说:"夫饥约则不辞妄取以活身;赢饱则伪行以自饰。污邪诈伪孰大于此!"《非儒下》

其十,孔子与弟子们闲坐时说,舜见了瞽叟就蹙踏不安,当时的情势极为危险;又说周公旦舍弃了宗周在西的镐京,而在东部另立了成周,以洛阳为京城而住在那里。结论说二者都算不上是仁义之人。

这些话大约是因为舜以子为君，瞽叟以父为臣，依照儒家的观念，这是违反伦理的，所以天下危险。周公不在镐京奉祀周的宗庙，而在洛阳自立一个朝廷，是违反宗法的，不能算是仁义之举。孔子之言，显然对舜与周公皆表不满，认为他们还不够完善。但是墨子认为孔子虽然厚责先王，自己的行为却多可疑，提起了佛肸以中牟叛，孔子拟应召而往作为一例，来说明此点。此外他又指出孔门弟子如子贡、子路竟辅助卫国大臣孔悝作乱，便是受了孔子言行不一的影响。《非儒下》

其十一，叶公子高问政于孔子。孔子说："善为政者远者近之，而旧者新之。"墨子说叶公难道不知道这种善政的结果吗？他要问的是如何能达到这样的结果。孔子"不以人之所不知告人，以所知告之"，是不诚实而且答非所问。《耕柱》

其十二，儒者守丧，或数年或数月；不守丧之时又经常"诵诗三百，弦诗三百，歌诗三百，舞诗三百"。遵此而行，君子什么时候来治理政务，庶人什么时候来从事生产？公孟子说："国乱则治之，治则为礼乐；国治则从事，国富则为礼乐。"墨子说："国之治，治之故治也；治之废，则国之治亦废。国之富也，从事故富也；从事废，则国之富亦废。故虽治国，劝之无餍，然后可也。今子曰国治则为礼乐，乱则治之。是譬犹噎而穿井也〔临时凿井取水以咽食〕。"《公孟》

其十三，公孟子否认鬼神，但是又说君子一定要学祭祀。墨子说："执无鬼而学祭礼，是犹无客而学客礼也，是犹无鱼而为鱼罟也。"《公孟》

其十四，公孟子说墨子批评三年之丧，其实他主张的三日之丧也没有道理。墨子说因为我说三年之丧不当，你就说三日之丧也不当，就像说裸体和揭起衣裳的人一样的不恭敬。公孟子说因为婴儿三岁才能离开父母的怀抱，为了感念父母之恩，服丧三年，是有道理的。墨子说婴儿只知爱慕父母，找不到父母就号哭不已，实在很愚昧。儒者的智能，难道没有比婴儿的好一点吗？《公孟》

其十五，墨子问儒者："何故为乐？"儒者说："乐以为乐也。"墨子说你没有答复我的问题。如果我问"何故为室"，你说"冬避寒焉，夏避暑焉，以为男女之别也"，才是告诉我筑室的缘故。我现在问你为什么演奏音乐，你说"乐以为乐也"，就好像我问你为什么筑室，你说"室以为室也"《公孟》。

以上所述墨子对儒者的批评，有的很中肯，有的可能是误解了孔子本意（如上述第四点论"命"），有的似属挑剔（如上述第五点论"古服"，上述第十点责备周公），有的似属夸张（如上述第十二点论多礼以致无时为政、从事），有的似属歪曲（如上述第十五点称"乐以为乐"，只因演奏音乐的"乐"与感觉快乐的"乐"古音相同，而故意加以混淆）。除了这些细节之外，墨子又综合儒者理论四大重点"足以丧天下"。一为"以天为不明，以鬼为不神"；二为"厚葬久丧"；三为"弦歌鼓舞，习为声乐"；四为以命为有，"贫富寿夭，治乱安危，不可损益"。儒者程繁听了说："甚矣！先生之毁儒也。"墨子说倘若儒者并无这四种想法，我是毁谤了他们。事实上他们确有这些想法，所以我并没有毁谤，只是将我了解的告诉你。因为他们的错误十分重大，所以我的批评就特别严厉。《公孟》

墨子不仅批评儒者，《墨子·非儒》篇还有三段直接攻击孔子的话，其一说晏子对齐景公讲：孔子在楚国时，明知楚宗室白公胜与石乞作乱，而不告诉楚王，结果楚王几乎被害，而白公终于服诛。孔子这种行为"深虑同谋以奉贼，劳思尽知以行邪，劝下乱上，教臣杀君，非贤人之行"。

其二说孔子到齐国会见景公之后，景公很高兴，想将尼溪之地作为他的封邑。晏子说不可。因为儒者倨傲自大，不可以教导下属；好乐而放肆，不可以躬亲治事；信命而怠惰，不可以谨守职务；重葬久哀，不可以保育人民；华服伪貌，不可以为大众典范。而孔某本人则"盛容修饰以蛊世，弦歌鼓舞以聚徒，繁登降之礼以示仪，务趋翔之节以观众，博学不可使议世，劳思不可以补民，絫寿不能尽其学，当年不能行其礼，积财不能赡其乐，繁饰邪术以营世君，盛为声乐以淫愚民，其道不可以期世，其学不可以导众。今君封之，以利齐俗，非所以导国先众"。

其三说齐景公听了晏子的话，赏给孔子厚礼，但是没有给他封邑，对他很敬重，但是没有听从他的道术。孔子乃大惠愤，怨恨景公和晏子，介绍了弟子鸱夷子皮去辅佐田常，并将他的计划告诉了南郭惠子，然后回到鲁国。不久之后听说齐将伐鲁，他就对子贡说这是举大事的时候了，就派子贡到齐，由南郭惠子引见于田常，劝他伐吴；教齐国的高、国、鲍、晏四大贵族不要去妨害田常造反；劝越国去讨伐吴国。三年之内，齐、吴二国皆遭破灭，死亡数十万人。这都是孔某出的毒谋。

以上所述，第一则不可信。据后人考证，白公作乱见于《左传》鲁哀公十六年秋，在齐景公卒后十二年。晏子卒于景公之前，固不能预知此事；孔子也已在此事之前十旬去世，不可能参与其谋。第三则也无实据。第二则虽然反映了墨子对儒者的不满，但是借晏子之口来批评孔子，似与墨子直率的作风不合，可能是其弟子画蛇添足之举。

然而墨子不满儒者之教是十分明显的。为什么？因为基本上他的理论与儒道相近，所异的是在如何实施。这种对同道而异行之人特别严格挑剔的做法是很常见的，因为怕鱼目混珠，使人不辨小别而犯大误。墨子出身微贱，立志为受剥削的民众伸张正义，要求平等博爱，对于儒者希望继续维持旧秩序、为传统贵族政治粉饰、装模作样、虚假烦琐，感到十分厌恶而严加批判，但所指出的大多只是儒家行为的一些细节，对于孔子理论的精义并无大损。所以当他与儒者程繁辩论，程繁说你"非儒，何故称〔引述，称道〕于孔子也？"墨子说："是亦当而不可易者也。"意思是孔子之说也有适当而不可变易之处。为了说明此点，他接着说鸟怕热就高飞，鱼怕热就深潜，即使禹、汤那

《墨子》 | 133

样的圣智之人，为他们为谋，也不过如此。鱼鸟虽然很笨，但是禹、汤也只能做出那样的建议。孔子说的也有一些道理，我怎么不可以引述呢？《公孟》

贡献和问题

老子说远古之时，人类依照"大道"，过着自在的生活；孔子说近古尧、舜、汤、武之时，人们依照圣王所定的规范，过着安宁的生活；墨子说自有生民之始，一人一义而互相非议，互相残害。三说都只是假设，难以证实，也无法深究，然而他们三位各自由其假设引申出了一套特别的理论和建议，涉及法理及哲理上最重要的若干问题，包括：人的社会为什么需要规范？规范是由谁，为了什么目的，根据什么理由，使用什么方法而制定、施行？规范的订立者和施行者的权威来自何处？如果人们反对某一规范或权威将怎么办？在一个规范和权威已经确立的社会里，个人将如何生活，可以寻求什么目的，如何与他人（特别是掌握权威之人）相处？《墨子》极大部分就在讨论这些问题，提出了许多见解和主张，有些很有意义，有一些则在情理、论证、实施上不尽妥当。此下略加检讨。

第一，墨子的一人一义之说，似乎与常理相去较远，因为人类有相同或相近的生理、心理需求，个人虽然自然地重其私利，但也有同情、利他之心，所以未必人人相害。但是墨子说因为人们没有共同的是非，乃至互相争执战斗，社会规范和权威是为了防止这种行为而有必要，在逻辑上还说得过去。

第二，关于规范的制定和准则，墨子强调人们所见各异，所以规范只能由一个最高的权威者，根据一个超于众人之见的准则来制定。他说这个终极的权威是"天"，这个至上的准则是"天志"。此说似乎与孔子之说（礼乐征伐应由天子出，其依据应该是"仁"）及老子之说（规范应出自天生的圣人，其依据应该是自然律）相近，但是孔、老二说的准则皆包含了不确切的因素。墨子说的"天"虽然也不确切，但是转了一个弯，说"天志"爱人，天的欲恶与人的欲恶相同，因而将规范的基础明确地移置于比较可以测定的"民意"上。这是一大贡献。

第三，墨子说他知道"天"爱人，因为它制作、设定了许多事物，包括日月、星辰、山川、四季、雨露、五谷、麻丝，甚至王公侯伯，都是为了人们的利益。他所举的这一项"证据"，不免将人看得太重要了。依据传说，尧、舜之时曾有洪水以致民不聊生，历史上记载的天灾不计其数。从极端的人类自我中心观点来看，当然都可以解释，但是毕竟与"天爱人"之说有些扞格。这是墨子理论中一个与情理有间之处。

第四，规范的制定者和施行者由何而来？依照传说，中国自夏代始，大小邦国皆由世袭君主统治。他们大多没有完美的德行才能，为什么可以掌握最高的权威来制定并施行社会规范？许多思想家都有此疑问，但是都没有明白地提出来，只说好的统治者应该是怎样的人，而不能指出如何找到这样的人并使他取得统治的地位。老子的"圣人"是天生的，不是凡人，当然可遇而不可求；孔子的"君子"是可以培养出来的，但是不仅极不容易，而且没有确切之途使他取得政权；墨子的"天子"是在天下大乱，人们交相非，交相害，"若禽兽然"之后，由"天""选择"出来的，但是他没有说明这种"选择"的办法。所以他虽然像老子、孔子一样都想改变世袭的传统，但是也没有提出可行之道。

第五，墨子论治世方法，首在"尚贤"。治世须用贤能是显而易见的，但是即使君主明白此点，要能辨识真实的贤能仍不容易。在选得贤能之后，墨子强调要"高予之爵，重予之禄，……断予之令"，使贤者能尽心尽力去办事。这三点之中最后一点最为困难，如果做不到，贤者无法尽其能，又不愿委曲求全，只得挂冠而去；如果做到了，君主失去了权势,可能遭权臣篡弑。墨子之前已有许多这两类实例。

第六,设立权威和规范以保障人们的福祉,引导社会的发展,应该有近距的和远程的二重目标。墨子在《天志》篇内所描绘的"刑政治,万民和,国家富,财用足,百姓皆得暖衣饱食,便宁无忧",似乎只是一个近距的目标,而且其重点只在最后一项,所以他在其他许多篇里一再加以强调。他这么说显然因为当时许多人的确常常衣食不足,在饥寒之中,最迫切追寻的就是温饱,无暇顾及其他。但是人有许多别的需要,也有潜能去满足它们,如果饥寒不再是最大的顾虑,人们还应该追寻什么?墨子没有说明。倘若别无可求,只是继续忙于衣食,人的生活几乎与虫蚁相似,这是人们所希望的吗?然而墨子急于拯救贫苦人民于饥寒之中,因而没有进一步去推究社会的远程目标,虽可谅解,但毕竟是其理论的一个缺失。

第七,为了达成此一近距目标,墨子要求举世上下都"强从事",并且"节用"。"强从事"要求自王公至百姓都早起晚睡,不断努力工作,是为了增加生产(包括增加人口)。在一切都很匮乏之时,这个要求似乎无可厚非,但是仍有两个问题:一是如何使人愿意努力工作。当时有许多人相信人生的一切——寿夭贫富等——无不早经命定,无论如何努力,都不足以改变。这种想法对墨子的理论是一种严重的打击。就无法抗拒的力量而言,古人多信天鬼和"命",但是有些区别:天鬼有意志,会赏善罚恶,而且它们的善恶观念与人所持者相同,因而人可以行善避恶而取得它们的赞助;"命"没有意志,没有是非,不辨善恶,不行赏罚,是一个死板却比天鬼更强大、无法动摇的力量。对于"信命者"而言,一切既由命定,"强从事"和"节用"都没有意义和作用,所以墨子必须大力加以驳斥,但是他对"天"和鬼神所做的证明,恐怕不易为人接受。

另一个问题是要求人们继续不断地努力工作,会使他们都像绷紧的弦,久而不弛,恐怕终将折断。后人非议此点者甚多,如庄子说墨子"生不歌,死不服……其生也勤,其死也薄,其道大觳,使人忧,使人悲,其行难为也……墨子虽独能任,奈天下何?"《庄子·天下》此一批评并不完全公允,因为墨子说民有三患,其中之一是"劳者不得息",可见他并没有要求人民过分地劳动,而且努力工作正为了改善生活,并不要"使人忧,使人悲"。

第八,在增产之外墨子还强调"节用"。当时的权贵十分奢侈浪费,特别是厚葬一事,极其无谓,所以墨子强烈加以谴责。对于日常生活,他也要求节俭,所以说工匠制造器物如衣服、居室、舟车等,都只要能够满足其实用的功能就行了,不可多加修饰、求其精美。但是事实上人有爱美的天性和表达其美感的欲望,很难加以压制。原始之人在这方面的表现,墨子不可能不知道,他之反对追求精美,是因当时工匠的技能还不够兼顾质、量,要求精美必定减少产量,使民用不足,所以他说要使工匠各尽所能,"凡足以奉给民用则止,诸加费不加于民利者,圣王弗为",应当不是绝对的,而只是因当时的情况而言。荀子批评他"蔽于用而不知文"《荀子·解蔽》,显然没有顾及此点。

第九,墨子因为要求"强从事"及"节用",而提出了相关的"非乐",因为享受音乐至少要花费时间,不免耽搁了工作。对于此点的批评也很多。庄子说不许享受音乐会使人们苦闷、如此狭隘地寻求功利难以普遍持久遵行,固然不错,但是墨子所非的并不是一般人民休闲之时随兴自娱的音乐,而是王公大人们"撞巨钟,击鸣鼓,弹琴瑟,吹竽笙而扬干戚"的音乐。儒者对"非乐"的批评,墨子曾自行辩驳,已见前述。后来荀子写了一篇《乐论》说"声乐之入人也深,其化人也速",强调音乐是明王"移风易俗"必要的方法,所以不该非乐,但是此说与墨子"非乐"的原意实不相干。

第十,世间最大的浪费莫过于战争,墨子对此深为痛恨,所以主张"非攻",不仅用了许多笔墨来指出其得不偿失,而且还亲自竭力加以防阻,这是十分值得赞扬的。可惜他提出的理由没有被普遍接受,当时及后世掌握权威之人不断地犯着他所指出的错误，使一般人们一再地蒙受浩劫。他显然明白仅仅就利害立论，不易说服人们改变其掠夺的行为，所以他又提出两点理由来支持其"非攻"之说。其一指出侵略和窃盗同样是犯罪，并且以轻喻重，强调侵略战争的恶逆，这是极为易见的推理。其二说明战争的基本原因在于人之只图利己，不能推己及人而"兼相爱，交相利"。孔子也说要推己及人，但是由近而远，其爱是有差等的。儒者巫马子对墨子说他爱其家人甚于其乡人，爱其亲人甚于其家人，爱其身甚于其亲，无法一律平等地兼爱天下之人。所以不得不用己身的感觉为中心，去界定与他人的亲疏关系。这个说法很近情理，可以支持儒家"亲亲有杀"之说，而墨子的"视人之身，若视其身"则较远于情理。所以假若巫马子的话到此为止，恐怕墨子很难加以辩驳。不幸巫马子将自己的话过分地申述了一番，大意说：防御伤害，自然要先防卫自己；争取利益，自然要先有利于己。倘若不能两全，宁可害人，不可害己。墨子说你这番想法将藏在心里呢，还是将公开说出来？巫马子说他会公开说出来。墨子说那么如果有一个人同意你的说法，就有一个人会要杀你而自利；有十个人同意你的说法，就有十个人会要杀你而自利；天下人都同意你的说法，天下人都想要杀你而自利。相反地如果有一个人不同意你的说法，认为你散布恶言，就会要杀你；有十个人不同意你的说法，认为你散布恶言，就有十个人会要杀你；天下之人都不同意你的说法，天下之人都会要杀你。对你的说法同意和不同意的人都要杀你，你真是出言招祸了。《耕柱》墨子善辩由此可见一斑。但是此说虽然驳倒了巫马子，并未能有力地支持墨子"视人之身，若视其身"的主张，更不必说"视人之家，若视己家；视人之国，若视己国"了。

所以墨子"兼爱"之说推至极致，要消弭人我之别，进而防止侵夺，恐无可能。许多宗教都有此理想，说它们的"真神"博爱世人。但是此说只是传教者所用的美言，事实上愈重视传播其教义的宗教，对于异教徒愈不容忍。墨子所说助商汤伐夏桀,助周武伐殷纣的那些鬼神,对于不敬奉天命的人也都极其严厉凶残,而墨子并没有认为不对。幸而他自己对于不仁不义、侵害他人的暴虐之徒,只设法防御抵抗,并不主张加以反击追杀。所以他的"兼爱"之说虽不完善,他的"非攻"之说却是真心诚意的。

第十一,墨子理论最大的问题在于社会规范的实施。他说天下之乱生于"一人一义",所以主张由"天子"根据"天志"来制定规范,用"尚同"之术来统一天下之是非,用告密的办法来发现犯规行为,最后由"天子"用赏罚来施行规范。关于"天志"的问题已见上述。"尚同"之说问题更大。如果只大致地要求人们采纳一个共同的是非标准,接受一个共同的维持此标准的权威,因而取得大众的安宁秩序,固无不可,甚至可以说是一般社会都会希望做的;但是如果严密地要求人们在实际生活中的言行完全合乎统治者的规定,使掌权之人不仅控制人们的行为,而且控制他们的思想,成为绝对的独裁者,就极可怕了,因为人之异于其他生物,主要在于能够自由思想,这是人的自然之性,剥夺了它,便使人失去了其独特之处,阻塞了人之为人的发展,使人沦于虫蚁,个人没有什么指望,群体也没有什么理想。这是墨子理论上的一个严重错误。世间许多一神教都犯了此一错误,尤其是当它与权势结合之时,为害最深。最明显的实例是欧洲中世纪时,天主教与政权协同坚持《圣经》所载为唯一真理,用来迫害其他信仰,禁制其他观念,造成了西方的"黑暗时期"。后来因为重新接触希腊罗马文化而引起了文艺复兴和宗教改革,才使西方文明挣脱桎梏而迅速发扬。

其次,墨子为使"尚同"能够实际上确切施行,提议建立一种告密制度,迫使每一个人监视他人的行为,将有利和有害于社会的一举一动,都直接上报于"天子",使他能及时加以赏罚。这个制度对于人际关系有极大的伤害,使人们心存猜忌,互相刺探,每个人都将自己封闭起来，以致其间的信任合作十分困难，社会成了一盘散沙。日久之后，因为不告奸者与作奸者同罪，人们便难免因疑而误告，或者挟仇诬告，被害者当然会报复，以致斗争不止。

"尚同"还会使常人与权威者之间的关系十分恶化，因为"天子"既"贵且智"于人民，当然不会尊重他们。虽说他应"尚同"于天，但在行使其权威时是否合乎天志全由他来决定，臣工可以劝诫，但无法强迫他接受。所以他可以用奉行天志之名来施展独裁之实。其他的人或者浑浑噩噩听其摆布，或貌似恭顺而心存怨恨，或借其权势为虎作伥。这样的关系可以暂存不可能长在，当"天子"的缺失逐渐暴露，人民的忍耐逐渐消减，社会必将陷入大乱。

"尚同"之说与告讦之术结合会引发这许多的后果，并非臆想，中外历史上有过不少实例。孔子显然能够循理推测而预料及之，墨子则不能，但是那样的后果应该不是他所乐见的。

第十二，"天子"不遵行"天志"怎么办？墨子反对暴力，当然不会赞成革命，而且如果"尚同"施行得彻底，人民也没有反抗的能力和机会。依照他的理论，暴君在恶贯满盈之时会受到"天谴"，由另一个由"天"所选择的"贵且智者"取代。但是在此过程中，受害最大的却是无辜的百姓。例如他所举夏、商、周三代交替之时，天降水旱大灾，警告末世之主等事迹，百姓因而死伤者不计其数。所以这种"天谴"显然不是一种妥当的办法。墨子的治世理论虽以"天志"为依归，但是"天"作为终极的权威，问题太多，他的真实希望只能落在"圣君""贤臣"身上。此点与孔子之说无异。孔子有一整套将人培养成君子、将君子培养成统治者的方法，墨子虽也提到君子应有的品质，但是没有说明如何逐步培养。这是墨子理论上的另一个重大缺失。

简而言之，墨子的理论多出于他个人对于当时情事的愤慨，对于问题的诠释和解决办法不尽合宜。但是那些问题大多至今尚存，如何比较妥当地加以认识和有效解决，有待深思。

《庄子》

庄　子

《史记》无庄子传，只在《老子韩非列传》内简单提到很少的几点。此外《庄子》曾记录了一些他的言行，可作补充。

《老子韩非列传》称："庄子者，蒙人也，名周……与梁惠王、齐宣王同时。"后人考证他大约生于梁惠王（公元前370—前318年）初，卒于宋亡（公元前286年）之前，享年八十左右。该传又称庄子"尝为蒙漆园吏"，没有说其在任时期；此外没有说他曾担任别的官职。《庄子·外物》里说："庄周家贫，故往贷粟于监河侯。监河侯曰：诺。我将得邑金［采邑的收入］，将贷子三百金，可乎？庄周忿然作色曰：周昨来，有中道而呼者。周顾视车辙中，有鲋鱼焉。周问之曰：鲋鱼来，子何为者耶？对曰：我东海之波臣也。君岂有斗升之水而活我哉？周曰：诺。我且南游吴越之土，激西江之水而迎子，可乎？鲋鱼忿然作色曰：吾失我常与，我无所处。吾得斗升之水然活耳。君乃言此，曾不如早索我于枯鱼之肆！"由此可见庄子贫困之甚。然而他不以此为耻，《山木》里有一段说："庄子衣大布而补之［穿着一件满是补丁的粗布衣服］，正縻系履［用麻绳绑着破鞋］，而过魏王。魏王曰：何［为何］先生之惫［萎靡潦倒］邪！庄子曰：贫也，非惫也。士有道德不能行，惫也；衣弊履穿，贫也，非惫也。此所谓非遭时也……今处昏上、乱相之间，而欲无惫，奚可得邪？"

处于乱世之人，如有智慧，往往想对自己的生活，甚至身外的情势加以改进，但是庄子不这么想。《老子韩非列传》里说："楚威王闻庄周贤，使使厚币迎之，许以为相。庄周笑谓楚使者曰：千金，重利；卿相，尊位也。子独不见郊祭之牺牛乎？养食之数岁，衣以文绣，以入大庙。当是之时，虽欲为孤豚，岂可得乎？子亟去，无污我。我宁游戏污渎之中自快，无为有国者所羁，终身不仕，以快吾志焉。"

此事亦录于《庄子·列御寇》。《秋水》里则说："庄子钓于濮水，楚王使大夫二人往先［先行致意］焉，曰：愿以境内累矣［以国事麻烦你了］。庄子持竿不顾，曰：吾闻楚有神龟，死已三千岁矣，王巾笥而藏之庙堂之上。此龟者，宁其死为留骨而贵乎？宁其生而曳尾于涂中乎？二大夫曰：宁生而曳尾涂中。庄子曰：往矣！吾将曳尾于涂中。"

为什么庄子不想出来以相国之尊执掌楚国大政，甚至进而影响更广大的情势？大约因为当时楚王专横，官吏皆如饰物，与牺牛、死龟无异。庄子如应其召，必定受其摆布，这不是他愿意的。

事实上当时的官吏往往还不如牺牛、死龟，因为他们活着就得卑躬屈膝去事奉君主，并且受其凌辱。《列御寇》录了一例说宋王给了曹商从车数辆，命他使秦。秦王很高兴，另赐给了他一百辆车。他回宋后对庄子说，像你这样住在穷里陋巷，靠编织草鞋而窘困度日，以致面黄肌瘦，是我做不到的；与万乘之国的君主晤谈一次，就可以得车百辆，是我的长处。庄子答道：据说秦王有病，召医诊治，能够使他的肿毒溃散的，就可以得到一辆车，为他舐痔疮的，可以得到五辆车。所治之处愈低，所得的车愈多。"子岂治其痔邪？何得车之多也？子行矣！"庄子将曹商说得如此不堪，因为当时的秦王狂妄自大，左右都是谄媚小人，曹商必定也以此道取悦于他，才得厚赐，其行卑鄙，所以庄子辱之。

《秋水》还记载了另一个庄子漠视名利之例：当惠施任梁国宰相之时，庄子去看他。有人对惠施说庄子想要来取代他的相位。"于是惠子恐，搜于国中三日三夜。"庄子见了他说，南方有一种鸟，名为鹓鶵。你知道吗？它自南海出发，飞往北海，途中非梧桐不栖，非练［竹］实不食，非醴［甘］泉不饮。一只猫头鹰捉到了一只已腐烂的老鼠，当鹓鶵飞过之时，猫头鹰怕它来抢腐鼠，抬头看着它大叫"吓！""今子欲以子之梁国而吓我邪？"将梁国的相位看作一只腐鼠，庄子胸怀、志向之大，非一般名利之徒可以想象。

庄子不但漠视名利，甚至对于生死也不甚介意。《至乐》记载他妻子死后，惠施去吊丧，见他蹲着敲盆唱歌。惠施说，你和妻子生活了一辈子，她为你生儿育女，现在老而身死，你不哭也罢了，还要敲盆唱歌，未免太过分了吧！庄子说："不然。是其始死也，我独何能无慨然［哀伤］！"但是想起她本来是没有生命的；不仅没有生命，甚至没有形状；不仅没有形状，甚至没有气息，只在恍惚有无之间，旋而变出了气息，气息又变出了形状，形状又变出了生命，现在又变而为死，就像春夏秋冬四季运行一样。"人［他妻子］且偃然［宁静地］寝于巨室［安息在天地之间］，而我嗷嗷然随而哭之，自以为不通乎命［生命之理］，故止也。"

《列御寇》里说庄子将死，弟子们想要为之厚葬。庄子说我以天地为棺椁，日月、星辰为连璧、珠玑，万物为殉品，我的陪葬之具还不够吗，还能够再加些什么更好的呢？弟子说："吾恐乌鸢之食夫子也。"庄子说："在上为乌鸢食，在下为蝼蚁食。夺彼与此，何其偏也？"

庄子视生死犹如四季转换，处己之丧葬若与万物同归，这种意境与行为实在不同凡响。《天下》里说他"以天下为沉浊……独与天地精神往来，而不敖倪于万物，不谴是非，以与世俗处"。《庄子》其他许多篇里确实有不少段落表露庄子这种观念和态度，但是"不谴是非"一项并不显著——他对于许多人（包括孔子、老子，甚至尧、舜、三皇、五帝）的思想和行为很不以为然，曾经加以深刻的批判。他"与世俗处"，并不愤世嫉俗，但是不屑随波逐流，不以生死名利为意，而坚持其独特的想法，对于沉湎物欲的人说了很多话，希望唤醒他们，后来集成了这本《庄子》。

《庄子》

此书有"内篇""外篇""杂篇"三部分，各分若干章节，其中大多与以上所提庄子的观念和态度相符，大约是他自己所撰；另有一些（如《说剑》）与之显然不合，可能是后人混杂进去的。书末有一章《天下》，略论先秦诸子的思想，有褒有贬，对他则极度称赞，显然是他的信徒所作。

此书的陈述方式很特殊，很少平铺直叙。《天下》说，庄子"以天下为沉浊，不可与庄语，以卮言为曼衍，以重言为真，以寓言为广"。《寓言》里说，"寓言"乃"藉外论之"[借他事以喻此事]；"重言"乃"所以已言也，是为耆艾"[用来中止争辩的，耆老的话]；"卮言"则"日出，和以天倪，因以曼衍，所以穷年"[散漫无穷，却附合自然之理]。为什么庄子采取了这种写作的方式？他用"寓言"，因为他以一种不寻常的观点去看事物，所得的印象不易为一般人了解、接受，所以要用一种比较易懂的话去阐明它，就像将一句话寄寓在另一句话里，用作比喻（如鲁侯养鸟、伯乐治马）。他用"重言"一则为了明白说出某一论点，二则为了终止辩论，所以要诉诸为世所重之人（如黄帝、老子、孔子）或他虚构的睿智人物（如北海若、云将、牧马童子），为他们杜撰了一些话来加重某种说法的分量。他用"卮言"似乎是说溜了口，乘兴夸张（如他对曹商的讥刺和盗跖对孔子的批评，以及"道在尿溺"之说），但是其目的则在引起听者注意某一些看法。《寓言》里说："寓言十九""重言十七""卮言日出，和以天倪"，意谓《庄子》里"寓言"占了十分之九，"重言"占了十分之七（二者多重叠），"卮言"则自然地散漫各处。这种论述的方式可以很有趣,但是可能会引起一些误解,读者不可太拘泥于其文辞,而应该探其大旨,心领神会。

因为《庄子》里常常用各种笔法重复地申述某些相关之点,本章为之介绍也难免重复引用某些资料,希望读者不要嫌其繁冗。此外因《庄子》偶尔用了若干僻奥的字和词,本章做了一些解释,置在方括号内,以减少不熟悉古文的读者可能感到的困难,希望不致见笑于大方。

庄子对于他所处的时世甚为不满,虽然再三强调"无为",实际却想加以改造。因为此事体大,必须慎重为之,因此他对许多相关问题的思考,显然比其前及同时的人所做的广阔深远得多,涉及宇宙万物的起源、本质和变化,人在原始时期的生存状态和规则,后世变化的原因,人生的意义和目的以及如何体现、达成,等等。他以极其高妙的智慧和技巧建立了一套深奥的理论,但是没有将它依照寻常的理则演绎出来,所以《庄子》诸篇未必各有主题,往往包含若干不相关联的片段,而许多相关的片段又分别散见于数篇之内,以致全书有不少参差重复,再加上他又前前后后以"寓言""重言""卮言"夹杂着说,使人不易简单掌握其要旨。本文想将它清理出来,但是怕断章取义,所以不惮其烦地引用其本文,揣摩其逻辑,然后将他有关上述几个重要问题的见解介绍于下。

观　感

要破除人们的成见,最好从他们对于日常生活中若干事物的观感开始。人们在日常生活中都会认为事物有大小、长短、高低、久暂,又有美丑、贵贱、善恶、是非、荣辱、可否。庄子指出,大小等等,都是从人的观点,将不同的事物放在狭小的空间和短暂的时间里互相比较而得的印象;如果将它们放在高远广大的时空里来看,这些差别都微不足道。至于美丑等等，则是个人好恶的判断，更没有确定的意义。

先说"大、小"。庄子在《秋水》篇描写百川汇入黄河，河伯乃自以为大，待其东流至北海，举目茫茫，才知自己之小，而北海若却说："吾在天地之间，犹小石小木之在大山也。"这个寓言就是要说明百川、河、海的大小皆属相对。对于这种看法河伯觉得不能接受，所以问：然而天地可以算是大，毫毛的尖端可以算是小吧？北海若说，如果要定大小，就要先定观点之所在。站在"至精无形"的细微之点看，万物莫不大；站在"至大不可围"的殷垺〔特大〕之点看，万物莫不小。因观点之不同可以将天地看成"稊米"，将毫末看成"丘山"，所以大小没有绝对的意义。

"大、小"是相对的，其他许多现象也是如此。例如"高、下"：《逍遥游》说北海的鹏鸟能展翅上击九万里，顺风而至于南海；池沼里的麻雀只能飞舞在茅草之间，上下方圆不过几丈。二者相比固然有高下之别，但是从广阔的观点来看，因为"上下四方……无极之外复无极"，所以九万里与几丈之别，并不足道。又如"久、暂"：世人多称彭祖为长寿，殇子为短命。《逍遥游》指出，天地之间确有"小年"者，如"朝菌不知晦朔，蟪蛄不知春秋"；又有"大年"者，如楚南冥灵〔溟海灵龟〕"以五百岁为春，五百岁为秋"，上古大椿"以八千岁为春，八千岁为秋"。二者相比虽有不同，但是从长远的观点来看，也是相对的，所以《知北游》说："虽有寿夭，相去几何？"又说活着只是一瞬之间，犹如"白驹之过隙"，是没有什么意义的现象。《齐物论》则更夸张一点地说："莫寿于殇子，而彭祖为夭。"

关于"美、丑""好、恶"，《齐物论》问：人们睡在湿处会得腰病，泥鳅会吗？人睡在树上会恐惧发抖，猿猴会吗？这三者〔人、泥鳅、猿猴〕之中，"孰知正处？"人吃五谷鱼肉，麋鹿吃草，蜈蚣吃小蛇，猫头鹰吃老鼠，这四者之中，"孰知正味？"毛嫱和西施是世人公认的美女，但是鱼见了她们就潜入深水，鸟见了她们就飞向高空，鹿见了她们就转头逃窜。这四者之中,"孰知天下之正色?"

至于"是非""可否",庄子指出,当时的人对事物发表了许多意见,例如儒、墨,各有是非。《齐物论》说"彼亦一是非,此亦一是非",两者"以是其所非,而非其所是〔各以对方所非者为是,而以对方所是者为非〕"。谁可以断定什么是"是",什么是"非"?甲乙二人各以所见而辩,如果甲胜了,甲就是对了,乙就是错了吗?反之亦然。或许二人都错了,他们都无法知道。他们能请一位第三者丙来判断吗?因为每个人都有自己的看法,假如丙的看法与甲或乙相同,他怎么能来做公正的判断?假如他对甲、乙的看法都不同意,怎么能来做公正的判断?甲、乙对丙都无所知,他们怎么能依赖他呢?所以庄子说:"天下是非果未可定也。"《至乐》又说:"天下非有公是也,而各是其所是。"《徐无鬼》

"是非"既不可定,一切含有价值评断的事、物、言、行,都成了问题。《逍遥游》问大鹏和小雀的飞越,谁能断定哪一种较好?庄子借棘〔商汤时贤人〕之口说小雀不羡大鹏之奋飞图远,自谓"我腾跃而上,不过数仞而下,翱翔蓬蒿之间,此亦飞之至也"。《秋水》说井底之蛙与东海之鳖,各述其乐,也是要说明物各有性,自适其然就可,不应依照外来的标准来做评断。世人大多在意势位、荣誉、富贵、贫贱,但这些都是外在的价值,所以《逍遥游》对于宋荣子不"数数然〔斤斤计较〕"这些,而能"举世誉之而不加劝,举世非之而不加沮",甚为赞许。《让王》里有一段说尧以天下让善卷。善卷说:"余立于宇宙之中……春耕种,形足以劳动;秋收敛,身足以休食;日出而作,日入而息,逍遥于天地之间而心意自得,吾何以天下为哉?"此外又有两段说庄子辞谢楚王的聘请,讥刺惠施和曹商的行为,都在说明人们可以有不同的价值观,没有一定的"贵、贱"可言。《秋水》里引了北海若的话作为一个结论:"以道观之,物无贵贱;以物观之,自贵而相贱;以俗观之,贵贱不在己。"

"大小""是非"等没有定论似乎可以接受，但是一般人觉得"虚、实"应该是确定的——有些现象如梦如幻，另一些则确实可靠。但是庄子认为这些亦属相对。《齐物论》说他曾经梦为蝴蝶，翩翩飞舞，自得其乐，完全不知道自己是庄周，不久醒来，发现躺着的却是庄周，因而不知道是庄周做梦成了蝴蝶，还是蝴蝶做梦成了庄周。这段话要说明的是，"梦"和"觉"不过只是两种现象，不必执意区别。他怕人不能领会，又在同一篇里用长梧子对瞿鹊子所说的"重言"来加以点明：人"方其梦也，不知其梦也……觉而后知其梦也，且有大觉而后知此其大梦也"。

"梦、觉"常使人联想到"生、死"——人生犹如"大梦"，"大觉"就是梦的结束，就是死亡。一般人对死亡很是恐惧，所以尽量想求长生，寻找不死之药，但是没有成功的实例。庄子认为这么做大可不必。《齐物论》里长梧子说这么做的人怎么知道"悦生之非惑耶……恶死之非弱丧而不知归者耶［恋生畏死不是迷途忘返］"？易而言之，生死只是两个不同的境界。至于死后的境界是怎样的，中外古今有很多猜测，大多认为人死后变成鬼，但是依旧"存在"，要为之做种种准备，所以儒者主张厚葬；墨子更信鬼，但是大约认为鬼的需要很少，所以主张薄葬。于此二说庄子皆不以为然，他视"生、死"如"梦、觉"，已如上述，此外他又有一种生死变化之论，用了不少重言加以说明——在《在宥》里说，空同之山的广成子告诉黄帝："百昌［万物］皆生于土而反于土。"在《至乐》里叙述了滑介叔对支离叔所说的话：生命是"假借"了外物组成的，就像尘垢一样暂时积聚在一起；死就是尘垢飘散了，聚聚散散，生死的变化就像日夜的转换一样。《知北游》里说，黄帝告诉知［一位求知者］："生也死之徒［随从］，死也生之始，孰知其纪［规律］。人之生，气之聚也。聚则为生，散则为死。若死生为徒［相从］，吾又何患［忧患］。故万物一也，是其所美者为神奇，其所恶者为臭腐；臭腐复化为神奇，神奇复化为臭腐。故曰通天下一气耳。"同篇说老聃告诉孔子:"人生天地之间,若白驹之过隙,忽然而已……已化而生,又化而死……纷乎宛乎,魂魄将往,乃身从之,乃大归乎!"此外又用了一些卮言、寓言来补充,如《大宗师》里说,子祀、子舆、子犁、子来皆能以"无"为首,以"生"为脊,以"死"为尻,知道生死存亡为一体;《寓言》里说:"万物皆种也,以不同形相禅,始卒若环,莫得其伦[端倪],是谓天均[天然的运转之盘]。"《至乐》最后一段似乎将这些话的大意集合成了一套物种变化的理论,强调万物的生死相通、循环变化。〈1〉这当然只是臆说,不必深究。

生死既是倏忽之间往返的变化,对于死就不必太感伤了。《大宗师》说颜回认为孟孙才母亲死了不戚不哀,哭泣无涕,却被鲁国人称赞为善于处丧,很是奇怪。孔子说孟孙才不知道为什么生,也不知道为什么死,只顺自然变化,所以母死不感哀戚,只是随俗哭泣而已,他可以说已经知道处丧要义了。该篇又说子贡奉孔子之命去帮助处理子桑户的丧事,发现子桑户的朋友们在弹琴唱歌,就问他们:"临尸而歌,礼乎?"遭他们讥笑"恶知礼意"。子贡问孔子那些是怎样的人啊?孔子说:"彼游方之外者也……彼方且与造物者为人,而游乎天地之一气。彼以生为附赘悬疣,以死为决𤴿溃痈。夫若然者,又恶知死生先后之所在……彼又恶能愦愦然为世俗之礼,以观众人之耳哉?"这些话与孔子思想的要旨不合,应该也是庄子的卮言。

庄子对老聃很是推崇,但是为了阐明死不足哀之理,《养生主》有一段批评老子的话,说老子死后,秦失去吊唁,哭了三声就离开了。

〈1〉 该段大意说万物都出于一些极其微小的种子叫作"机"。它得到水之后就变成纤细如丝的苗,到了水滨成了苔,在高地上成了草,草根会变成蛴螬,草叶会变成蝴蝶,蝴蝶会变成一种灶下的虫,过了一千日会变成一种鸟,这种鸟的唾沫生出了许多别的虫和兽,包括在草野和竹丛中的虎豹。虎豹生马,"马生人,人又反入于机。万物皆出于机,皆入于机"。这类物种变化的臆想,中外都曾流传过。

他的弟子问他不是老子的朋友吗，怎么可以这么草率呢？他说我以前以为老子是一位"至人"[极端高超的人]，现在才知道他不是，因为我在丧所里见到有老年人哭他，像哭自己的儿子；有少年人哭他，像哭自己的母亲。这是违背自然的。人应时而来，顺时而去，安时处顺，死只是古人所谓的"悬解"[解除倒悬之苦]，不必为之过分地悲哀。老子显然没有使他们了解此理，所以不能算是"至人"，不值得为其死而痛哭。这话大约也是庄子的臆说。

庄子自己确实不介意于死亡，所以其妻死后箕踞鼓盆而歌，自己将死又反对弟子为之厚葬。不仅此也，他甚至认为人死之后"偃然寝于巨室[天地之间]"，存在得比活着时反而好些。为此他又造了一个"寓言"，说他自己去楚国途中，在路边见到一具骷髅，他用马鞭敲着它问：先生是贪生背理而至于如此死于荒地的吗？还是背叛国家，遭到刑罚诛杀而至于此？还是为非作歹，玷辱了父母妻儿而至于此？还是因饥寒之灾而至于此？还是年尽寿终而至于此？问完了就将骷髅当作枕头而睡。半夜里梦见骷髅对他说：听你的谈话好像是一个善辩之士，但是你所说的，都是人生在世时的累赘之事，死了就没有这些事了。你要听听死者的说法吗？庄子说：好。骷髅说：死者没有君主在其上，没有臣民在其下，也没有四季该做的事，而能从容地与天地长久共存，即使是南面为王的乐趣也不及此。庄子不信，说：我使掌管生命的神灵恢复你的形体，还给你骨肉肌肤，将你送回父母、妻儿、故乡朋友那里，你愿意吗？触髅皱眉蹙额说："吾安能弃南面王乐，而复为人间之劳乎？"《至乐》

如果人们能够像庄子一样站在高远的观点看待生死，对于其他一切事物（大小、长短、寿夭、美丑、亲疏、顺逆、得失、胜负、高下、贫富、荣辱、善恶、是非、可否、苦乐）自然都可以有一番不同的见解和感受；对于一切问题都可以有另一套处理的办法，不至于落到一般人的困境之中。这就是庄子理论的起点。

自然与本性

人世里甚至宇宙间的一切都是相对的、不确定的、没有价值意义的吗？倘若真是如此，庄子费了很多口舌来说明此点，有何必要呢？他指出了不少看法想法，加以批驳甚至讥讽；又提出了一些看法想法，加以赞许，并予宣扬，可见他并不坚持一种绝对的相对观，而只是反对某些为世俗所肯定的观念。他自己却肯定了另一些观念，认为比那些世俗观念有较高的意义和价值。他所肯定的是"自然"——"自然"是有价值的，顺从"自然"是有意义的。

"自然"指事物不借外力自动演化的过程及其形成的状态。《天运》里说，有人问："天其运乎？地其处乎？日月其争于所乎？孰主张是？孰维纲是？孰居无事推而行是？意者其有机缄而不得已邪？意者其运转而不能自止邪？云者为雨乎？雨者为云乎？孰隆施是？孰居无事淫乐而劝是？风起北方，一西一东，有上彷徨，孰嘘吸是？孰居无事而披拂是？"巫咸袑答道，"天有六极五常"，换句话说这一切都是自然而然的常态，与庄子在《知北游》所称老子说的"天不得不高，地不得不广，日月不得不行，万物不得不昌，此其道与！"意思相同。《秋水》里有一则"寓言"说明此点：夔［传说中的独脚兽］对蚿［类似蜈蚣的多足虫］说我用一只脚跳着走，很是便捷，你要动用一大群脚走路，不是很累吗？蚿说不然，你不见人吐口沫吗？喷出来的大者如珠，小者如雾，纷杂而下不可胜数。我只是"动吾天机，而不知其所以然"。蚿又对蛇说，我用许多脚来行走，而不及你没有脚的走得快，为什么？蛇说："夫天机之所动，何可易邪，吾安用足哉？"

"天机"是什么？庄子所说的，似指一种机能，存在于各种事物里，可以不借外力自行发动，而使事物运作。它来自天赋，不须学习取得，所以动用它时也没有感觉劳神费力，更不知道产生某种效果的道理。这就是自然而然，因为这种机能是天生的，所以"自然"也常被称为"天然"。

"自然"决定了宇宙之间万物的形体、性向、行为，使其各合所宜。庄子指出，人有自然的"常性"，能"织而衣，耕而食"《马蹄》《盗跖》，可以无须依赖外力，凭借自己的才能而自给自足，安乐地生活。在伏牺、神农之辈的"至德之世"，人们便是如此，所以能够"含哺而熙，鼓腹而游"《马蹄》。到了尧、舜之时还有这种可能，所以善卷日出而作，日入而息，春耕秋收，就可以生活得很好《让王》。

在那种上古时代，人们处在"混芒之中"，过着这样的生活，并未觉得什么特别；到了帝尧之时，善卷却认为能够"逍遥于天地之间，而心意自得"，胜过了君临天下，觉得这种各凭本能、自食其力、不受外来的拘束、顺乎本性、自由自在的生活，是值得珍惜的。庄子特别注意于此，所以主张一切顺从自然。

自然之受破坏

为什么到了帝尧之时，才有人觉悟到这种生活方式的可贵？庄子说因为在此之前它已被"圣人"们用了许多非自然的规范加以限制了。为了解释此点，他用了一个寓言说："马，蹄可以践霜雪，毛可以御风寒，龁草饮水，翘足而陆［跳］，此马之真性也，虽有义台路寝［高大宽广的居处］，无所用之。及至伯乐曰：我善治马：烧之剔之，刻之雒之，连之以羁馽，编之以皂栈，马之死者十二三矣；饥之渴之，驰之骤之，整之齐之，前有橛饰之患，而后有鞭筴之威，而马之死者已过半矣。"马受了这种种折磨，就学会了反抗，而知"介倪、闉扼、鸷曼、诡衔、窃辔［折断轭木、挣脱颈轭、顶撞车具、吐出口勒、啮破缰索等等动作］。故马之知而态至盗者［马知道抗拒］，伯乐之罪也。"《马蹄》

马如此，人亦然。庄子说："夫赫胥氏之时，民居不知所为，行不知所之，含哺而熙［嬉］，鼓腹而游，民能以此矣。及至圣人，屈折礼乐以匡天下之形，县跂［垫足高倡］仁义以慰天下之心，而民乃始踶跂［勉力］好知，争归于利，不可止也。此亦圣人之过也。"《马蹄》

谁是"圣人"？为什么高倡"仁义"会生争乱？

《庄子》屡屡提到"圣人"，而所指不尽相同。有时指一种理想的高妙完美之人；有时指一些受世人尊崇的人，如黄帝、尧、舜、孔子等。前者被庄子称为"真人"，将于下文详述；后者则屡受他的批评。例如他指出黄帝战于涿鹿之野，流血百里《盗跖》；尧攻丛、枝、胥敖［三小国］，禹攻有扈，皆使国为墟，民为鬼《人间世》；尧不慈［杀其长子丹朱］，舜不孝［流其父瞽叟］，汤放其主［夏桀］，武王伐君［殷纣］《盗跖》。这些"为世所高"的人皆有惭德。最恶劣的是他们扰乱了人心，破坏了世间的安宁。在《在宥》里庄子借老聃之口告诉崔瞿："昔者黄帝始以仁义撄［搅］人之心"，然后陈述了一番"重言"，大意说人心是极易动摇的，可以上进，可以下堕；可以柔和，可以刚暴；可以向善，可以向恶，一旦动摇起来便难以静止。所以自黄帝之后，人的行为便张皇不已，以致尧、舜为了防止其流弊，忙碌到"股无胈，胫无毛"，去帮助人们谋生，又竭尽心智倡导仁义、制定法度，去防止恶行，但仍不能掌控情势，所以尧诉诸暴力，将犯规之人如讙兜、三苗、考工放逐到荒鄙之处，这是尧不能治平天下的明证。到了夏商周三代之时天下更不安宁。在下的有暴虐的桀和跖，在上的有孝直的曾参和史鱼，其间有儒墨各家，于是乎"喜怒相疑，愚知相欺，善否相非，诞信相讥，而天下衰矣；大德不同，而性命烂漫［败坏］矣"。执政者乃不得不将法令制定得愈来愈严，刑罚施行得愈来愈重，天下乃纷纷大乱，贤能的人退隐于山岩之下，君王忧惧在庙堂之上。这就是庄子借黄帝之口所描述的"失道而后德，失德而后仁，失仁而后义，失义而后礼"的过程《知北游》。到了礼［一套使行为显得妥当、文雅的规则］也失落之后，便不得不单靠刑罚来强制人们，乃至"殊死者相枕也，桁杨者相推也，刑戮者相望也[被处死的人堆积在一起,戴着镣铐的人前后相推,受刑被杀的人处处可见]"。而儒墨还在受暴力迫害的人群之间奋臂疾呼,倡导仁义,其不知羞耻实在是太过分了,因为他们所说的仁义,其实正是各种拘束人、伤害人的枷锁和刑具;他们所赞的曾参、史鱼之行,其实与夏桀和盗跖所为,效果相似《在宥》。

《庄子》所毁最多的"圣人"是孔子。许多篇里泛泛地讥讽他华而不实的行为,与当时不少人的看法相同[1];比较重要的是指责他"狂狂汲汲"地倡导仁义礼乐。这有什么不对?庄子认为第一因为仁义的适用有限,第二因为它们桎梏、扭曲人性,第三因为它们为害社会。

第一,关于仁义等类规范的"适用",庄子指出了两个缺点,一是其对象狭窄,二是其时效有限。先说对象:《天运》称商大宰荡问仁,庄子说"虎狼仁也",然后解释道,它们"父子相亲,何为不仁"?这当然是从很狭小的观点而言。大宰问什么是最大的仁。庄子说"至仁无亲"。大宰说无亲则不爱,不爱则不孝,不孝可以说是"至仁"吗?庄子说:话不能这么讲,"至仁"是一个极高极广的意境,"孝"不足以说明它,因为一般所谓的孝只限于子女之待父母,对于关系稍远的人就不适用了,若要勉强为之,先要以敬爱待天下之人,然后要使人我皆和谐相处,没有丝毫顾虑,是极其困难的。所以他说:"夫孝悌仁义、忠信贞廉,此皆自勉以役[役使]其德[本性]者也,不足多[称道]也。"

---

[1]《盗跖》篇称孔子去见盗跖,想劝他改邪归正,被盗跖大骂一顿说:"尔作言造语,妄称文武,冠枝木之冠[儒者好巧饰,戴华丽之冠],带死牛之胁[取牛皮为大革带],多辞缪说,不耕而食,不识而衣,摇唇鼓舌,擅生是非,以迷天下之主,使天下学士不反其本,妄作孝弟而徼幸于封侯富贵者也……子之道狂狂汲汲[奔走营求],诈巧虚伪事也,非可以全真也,奚足论哉!"

《列御寇》篇称鲁哀公问颜阖是否可以用孔子为大臣。颜阖说那将极其危险,因为"仲尼方且[惯于]饰羽而画[装扮],从事华辞,以支[枝节]为旨,忍性[矫饰本性]以视[示]民……使民离实学伪,非所以视民也"。

《外物》篇称老莱子告诫孔子说:"丘,去汝躬矜[骄矜的态势]与汝容知[多知的容貌],斯为君子矣。"

"仁"应该可以广大地适用于任何人。孔子有此见解。《天道》中说，他去见老聃谈仁义，老聃问他："何谓仁义？"他说："中心物恺[和乐]，兼爱无私，此仁义之情也。"老聃说："夫兼爱，不亦迂乎？无私焉，乃私也。"大意是："爱"和孝一样，也是一种个人对个人的情感，要使一个人普遍地去爱所有的人，即使能做到，也是一条极为迂远的路；至于"私"，本来是一个人从己身出发的想法和做法，要想"无私"就是先认定了一己之念，才勉强企图去消除它，去推展到兼爱，这种做法不仅极困难，而且全无必要，因为在自然的状态里，万物都各依其情性（"天机"），遵循着一定的规则而存在和运作，人也应该听任其本性，不必造作什么特殊的仁义之类的规范。所以老聃说："夫子[孔子]若欲使天下无失其牧[生存之道]乎？则天地固有常矣，日月固有明矣，星辰固有列矣，禽兽固有群矣，树木固有立矣。夫子亦放德[放任本性]而行，循道而趋，已至矣，又何偈偈乎揭仁义，若击鼓而求亡子焉？意！夫子乱人之性也！"

为了说明在自然的情况里万物有自存之道不必依靠外来的扶持，庄子屡次说："泉涸，鱼相与处于陆，相呴以湿，相濡以沫，不若相忘于江湖！"《大宗师》《天运》当然，人们处于十分困难的情况下，相助相慰，也很可贵，但是这么做只能减缓少数人一时之困，只是小仁，是不周全的，不如让他们换到一个妥善的环境，各自无忧无虑地生活，不必为别人操心，甚至几乎忘却别人的存在。能使人们进入这样的境界，才是"至仁"。所以庄子说"大仁不仁"《齐物论》——真正的"大仁"普及万物，不会显得对某些人在某些时候特别爱护照顾。

庄子指出人为规范的适用对象狭窄之后，又指出其适用时效有限。《天运》里说，师金批评孔子想以先王的礼仪法度来教导、规范人们，因为"礼义法度者，应时而变者也"，甚至仁义，也是失道而后暂行的规范，乃"先王之蘧庐也，止可以一宿而不可以久处"。倘若不明白此点，只是模仿古人，犹如拿了已经在祭祀时用过的刍狗再陈列起来，

《庄子》 | 155

带了人们游居寝卧其下,像是在做梦或着了迷似的,不顾周围的实际情势,当然会被人轻蔑,甚至像东施效颦一样,令人生厌。如果勉强想有作为,则像推舟于陆,不独徒劳无功,而且必有祸殃,这就是孔子之所以在宋、卫、陈蔡之间受难的缘故。

第二,关于仁义等外来规范不合人的自然之性,庄子在《天道》里说,孔子自称所治之学"要在仁义"。老聃说:"请问,仁义人之性邪?"孔子说:"然,君子不仁则不成,不义则不生。仁义,真人之性也。"易而言之,"君子"是生来有仁有义的。庄子觉得此说太肤浅,所以在《天运》里说"虎狼仁也"。他指出:"夫至德之世,同与禽兽居,族与万物并,恶乎知君子小人哉?……及至圣人,蹩躠为仁,踶跂为义,而天下始疑矣";"夫赫胥氏之时,民居不知所为,行不知所之……及至圣人,屈折礼乐以匡天下之形,县跂仁义以慰天下之心,而民乃始踶跂好知,争归于利"《马蹄》。所以仁义不是自然的人性,犹如"骈拇枝指〔旁生的指或趾〕"《骈拇》,不是人体的正常部分。

庄子认为仁义不仅不合人之本性,而且是贼害人的自然情性之物。他在《大宗师》里说,尧时意而子想找一条自由自在的生存之道而去见许由。许由问尧教他怎么做。意而子说,尧教他"必躬服仁义而明言是非"。许由说:"尧既黥汝以仁义,而劓汝以是非矣,汝将何以游夫遥荡恣睢转徙〔自由自在,任意变化〕之涂〔途〕乎?"所以庄子认为仁义不仅不是人的本性,而且将它看作一种刑罚。他怕这一点还不够清楚,因而又说了许多"重言"加以点明,其一说,用规矩来端正人的行为就削损了人的本性;用仁义来安慰人心就使人失去了常情。他指出天下有"常然":弯的自弯,直的自直,圆的自圆,方的自方,黏合的自黏合,不需外物、外力给以帮助,"故天下诱然〔自然〕皆生而不知其所以生,同焉皆得而不知其所得,故古今不二,不可亏也,则仁义又奚连连如胶漆纆索〔各种工具器材〕而游乎道德之间为哉?使天下惑也"《骈拇》。其二说,不幸的是许多不明此理的人,受了那些"圣人"的仁义之说所愚弄，像是被他们散播的米糠迷糊了眼睛，又像是被他变成的蚊虻叮得通宵不寐，惯坏了心志《天运》，而"奔命于仁义"，以致"伤性以身为殉"。"殉仁义"与"殉货财"一样，都是为了外物而牺牲了人的本性，是没有意义之事《骈拇》。

此前已经提到，庄子说伯乐用辔索鞭筴桎梏了马的本性，此处说"圣人"用仁义贼害了人的本性。"圣人"究竟用仁义做了些什么？《天运》篇里说，子贡问，三皇五帝治理天下，受到大众的称颂，而老聃却以为他们不是圣人，为什么？老聃说了一大篇"重言"来开导子贡，大意说黄帝、尧、舜、禹治天下的方法不一，但是都破坏了人们纯朴的天性，一步一步趋向于分割人我，各是其见而非人之见，因而引起了纠纷，导致儒墨各家纷起。诸家在开始时还遵循理数，后来则混淆不清。为什么会有这样的结果？因为"三皇五帝"掩蔽了人对日月、山川、四时等一切自然现象和真理的了解，他们的心智有如蝎子的毒尾，螫得一切生物都不能安定其本性，而他们竟自以为是"圣人"，真是可耻！《天运》

由于这些"圣人"攘乱了人心，使其自然的本性被扭曲，因而产生了许多奇怪的行为，例如尧杀长子，舜流母弟，汤放桀，武王弑纣，王季为嫡，周公杀兄，直躬证父，尾生溺死，申子自埋，孔子不见母，匡子不见父，等等《盗跖》，其悖情逆理实在惊人！

第三，关于仁义等规范"为害社会"，庄子指出，因为仁义等是外来的规范，人们受其拘束，失去了自主的思考和行为的能力，结果就使掌握了这些规范的诠释和实施之权的人也控制了人们的思想和行为。他在《胠箧》篇里用了一个比喻来说明此点：人们为了预防小偷撬箱、开柜而盗取财物，就将这些箱柜用绳索绑紧、锁钮扣牢，这是世俗所谓的聪明之举。但是大盗来时，将箱柜背起而跑，唯恐绳索锁钮不够牢固，所以他说世之"所谓圣者，有不为大盗守者乎？"然后他又举一个更大的实例："昔者齐国……方二千余里……所以立宗庙社稷，治邑屋州闾乡曲者，曷尝不法圣人哉！然而田成子一旦杀齐君而盗其国，所盗者岂独其国邪？并与其圣知之法而盗之。故田成子有乎盗贼之名，而身处尧、舜之安，小国不敢非，大国不敢诛，十二世有齐国，则是不乃窃齐国，并与其圣知之法以守其盗贼之身乎？"进而他以"重言"说圣人之治天下，制定了许多规范准则，如权衡以度轻重，符玺以定信实，仁义以正人情；但是大奸巨盗会将这些一并窃去作为己用。进而他又用"卮言"说"盗亦有道"——"夫妄意〔猜度〕室中之藏，圣也；入先，勇也；出后，义也；知可否，智也；分均，仁也"。五者具备才能称大盗，由此观之，"善人不得圣人之道不立，跖不得圣人之道不行。天下之善人少而不善人多，则圣人之利天下也少而害天下也多。故曰……圣人生而大盗起"。难怪常言道"窃钩者诛，窃国者为诸侯"，因为大盗窃国，无不用仁义等准绳来束缚人们，使他们对于手持这种准绳的人习惯性地顺从，受其统治。这便是"诸侯之门，仁义存焉"的道理，"重圣人而治天下"，实在是"重利盗跖也"。所以他说"圣人不死，大盗不止"。

仁义等规范有这三项大缺点，为什么"圣人"要出来"以仁义撄人之心"？应该不是想作乱造害，而是想改善人们的生活吧。《天地》篇里有一则故事似乎可以说明此点：子贡在途中见到一位老丈从地道走入井中抱了一罐水出来浇菜，费力多而功效少。子贡告诉他有一种机械名为桔槔，后重前轻，可以很容易地从井中汲水，一天可以灌溉上百畦的菜圃。

发明桔槔之人显然是为了节省人力，做较多的工作。这是一般"圣人"教导人们做的，所以子贡说："吾闻之夫子〔孔子〕：事求可，功求成，用力少，见功多者，圣人之道。"老丈听了很不高兴地哂笑说："吾闻之吾师，有机械者必有机事〔机巧的作为〕，有机事者必有机心〔计谋和企图〕。机心存于胸中则纯白不备；纯白不备则神生〔意念〕不定；神生不定者，道之所不载〔不能循道〕也。吾非不知，羞而不为也。"庄子借此说出了一番极重要的道理："机心"不仅可以用来发明"机械"，也可以用来做取巧的"机事"以追求功利，功利莫非是为了满足欲望，小欲已得定会追求大欲，结果必然造成大乱。为此他又借庚桑子之口说尧、舜之际"民之于利甚勤，子有杀父，臣有杀君，正昼为盗，日中穴阫［挖墙行窃］"。所以"大乱之本，必生于尧、舜之间，其末存乎千世之后。千世之后，其必有人与人相食者也"《庚桑楚》。

由上述诸点可见，世俗之"圣人"用心或无不可，其作为却产生了极大的灾害。怎么会有这样意外的后果呢？庄子认为其源在于那些"圣人"的"小知"，就如蝉与鸠，只知蓬蒿之间数十尺的空间，不知有辽阔的北冥、南冥；菌和蛄只知一朝一季的时间，不知有千百年的灵龟、古椿。所以"井蛙不可以语于海，夏虫不可以语于冰"《秋水》，"瞽者无以与乎文章之观，聋者无以与乎钟鼓之声"《逍遥游》。为了彰显"小知"之害，庄子造了两个寓言，其一说："昔者海鸟止于鲁郊，鲁侯御［迎］而觞之于庙［太庙］，奏九韶以为乐，具太牢以为膳。鸟乃眩视忧悲，不敢食一脔，不敢饮一杯，三日而死。"《至乐》其二说："南海之帝为儵，北海之帝为忽，中央之帝为浑沌。儵与忽时相与遇于浑沌之地，浑沌待之甚善。儵与忽谋报浑沌之德，曰人皆有七窍以视、听、食、息，此独无有，尝试凿之。日凿一窍，七日而浑沌死。"《应帝王》为什么鲁侯"以己养养鸟"，儵、忽以人待浑沌？皆因其知太小。由此再进一步，庄子指出任何人的知识都属有限。一个人无论如何努力，能够学得的都只是一小部分。"譬如耳目鼻口，皆有所明，不能相通，犹百家众技也，皆有所长，时有所用；虽然，不该［兼备］、不遍……寡能备于天地之美"，然而"各为其所欲焉以自为方，悲夫！……道术将为天下裂"。《天下》更可悲的是，那些有了一点小知之人皆"得一察焉以自好"，自以为有了成就，因而自行炫耀。《齐物论》里说这些人"大言炎炎［气焰逼人］，小言詹詹［聒聒不休］"，以宣示其"成心［成见］"，用繁而不实的话将单纯的道理搅浑了，而又不肯接受别人的看法，结果造出了许多"真伪""是非"，所以他说："道恶乎隐而有真伪？言恶乎隐而有是非？道恶乎往而不存？言恶乎存而不可？道隐于小成，言隐于荣华，故有儒墨之是非。"又因各自以是其所非，而非其所是，引发了无穷的争辩，所以他说"知也者，争之器也"《人间世》，"辩也者，有不见也"《齐物论》。这种争辩极为无谓，却增加了无数抗争，产生了无穷的恶果。

道

与"小知"相对的是"大知"。依照庄子的说法，"大知"是对于既存于万物，又通而为一的"大道"的领悟。"道"究竟是什么？细读其书，似乎可以见到关于"道"的几个要点。

（一）"道"确实存在。《老子》说："道之为物，惟恍惟惚。惚兮恍兮，其中有象；恍兮惚兮，其中有物；窈兮冥兮，其中有精。其精甚真，其中有信。"《二十一章》《庄子》也说："夫道，有情有信……自本自根……自古以固存……生天生地。"《大宗师》《知北游》里说"道无所不在"，并且用了一个十分夸张的"卮言"说明此点："东郭子问于庄子曰：所谓道，恶乎在？庄子曰：无所不在。东郭子曰：期[指明]而后可。庄子曰：在蝼蚁。曰：何其下邪？曰：在稊稗。曰：何其愈下邪？曰：在瓦甓。曰：何其愈甚邪？曰：在屎溺。东郭子不应。"

庄子这番卮言要说明的是：即便在最卑贱的事物里也都有"道"。

（二）"道"虽存在，但不可闻，不可见，不可名，不可言，不可知。《知北游》里说："道不可闻，闻而非也；道不可见，见而非也。"那些自以为闻道、见道的人所闻所见的都不是真的"道"。"道"既不可闻、不可见，当然很难加以形容，尤其是用语言来描述更为困难，所以说"道不当名",无怪"天地有大美而不言,四时有明法而不议,万物有成理而不说"。勉强为之,必不确切,所以庄子说"道不可言,言而非也",又说一般人"所以论道,而非道也"。《则阳》里又很简明地说:"道物之极,言默不足以载。"言既不足说明道,所以道不能言传。《知北游》里的一则寓言说,知想了解"何思何虑则知道,何处何服则安道,何从何道则得道",先问无为谓,三问而无为谓不答。次问狂屈,狂屈说:"唉!予知之,将语若,中欲言而忘其所欲言。"最后问黄帝,黄帝说:"无思无虑始知道,无处无服始安道,无从无道始得道。"知又问黄帝:"我与若知之,彼与彼不知也,其孰是邪?"黄帝说:"彼无为谓真是也,狂屈似之,我与汝终不近也。夫知者不言,言者不知,故圣人行不言之教。"庄子似乎怕这一点还不够清楚,又用相似的话说泰清问无穷:"子知道乎?"无穷说:"我不知。"泰清又问无为,无为说:"吾知。"然后说他知"道之可以贵,可以贱,可以约,可以散"。泰清以二人之言问无始孰是孰非?无始说:"不知深矣,知之浅矣……有问道而应之者,不知道也。"

(三)"道"既不可言传,当然更不能形诸文字,所以后人读书以学"道"自不能有所得。《天道》篇说了一段"重言":"世之所贵道者书也。书不过语……语之所贵者意也。意有所随〔指向〕……不可以言传也……视而可见者形与色也,听而可闻者名与声也。悲夫,世人以形色名声为足以得彼之情。夫形色名声果不足以得彼之情,则知者不言,言者不知,世岂识之哉!"接着他又捏造了一则故事说桓公在堂上读"圣人之言"的书,轮扁在堂下制轮,听了之后说那些书都是"古人之糟粕"而已,因为以制轮为例,要领悟了适当的技巧,得心应手,才能做得好。他无法用语言文字将这种技巧传授给儿子,儿子乃不能继承他的工作,所以他已经七十岁了,还在制轮。古人和他们那些不可言传的本领都已消失,所以桓公所读的,都只是一些无用之物。

(四)"道"虽难知,但其大要尚可体验。《知北游》里说,孔子向老子请问"至道"。老子说:"夫道,窅然难言哉!将为汝言其崖略〔大要〕:夫昭昭生于冥冥,有伦生于无形……天不得不高,地不得不广,日月不得不行,万物不得不昌,此其道与!"

庄子曾一再借老聃之口说:"天之自高,地之自厚,日月之自明"《田子方》,"天地固有常矣,日月固有明矣,星辰固有列矣,禽兽固有群矣,树木固有立矣"《天道》。这些话似乎说,就其大要而言,"道"是恒久有常的,可以说是"道"之静的一面。此外他又借老聃之口谈万物所循的"昌亡"之"道",说:"人生天地之间,若白驹之过隙,忽然而已……已化而生,又化而死。"又进一步说黄帝告诉知:"生也死之徒,死也生之始,孰知其纪!人之生,气之聚也;聚则为生,散则为死。若死生为徒。"《知北游》这些话似乎说"道"另有动的一面,是变化循回的。但是无论动、静,都自然而然,非外力所致。

"道"有动、静,但是并非两个独立的部分,而是一体的两面。动的一面虽然变化不定,但只是表象,而且周而复始,并没有改变静止的基础。所以庄子借广成子之口告诉黄帝说:"百昌皆生于土而反于土。……万物芸芸,各复其根。"《在宥》又由黄帝告诉知:"故万物一也。是其所美者为神奇,其所恶者为臭腐。臭腐复化为神奇,神奇复化为臭腐。故曰通天下一耳。"《知北游》这个"一",庄子称之为"根""本""宗",说"阴阳四时运行""物已死生方圆",皆基于此。《天道》要知"道",一定要"通"此点,所以他说:"天地虽大,其化均也;万物虽多,其治一也……通于一而万事毕。"《天地》《知北游》这便是"道"的"崖略"。

(五)"道"即是"理"。万物通于一理,所以庄子说:"道,理也。"《缮性》"理"从"玉",因为玉在石内,须剖石才能得之,所以"理"有治理之义。石有固定的间隙、纹络。治玉者须循着纹络凿琢,才能剖石而不致将玉击碎。石之纹络就像一条路,依它而行便可顺利达到目的。这样的纹络与"道"有什么关系?为了说明此点,庄子创作了一个庖丁解牛的寓言：文惠君的厨师用手、足、肩、膝去触摸牛的身体，然后循着牛的肌肉的纹络、骨节的闲隙处，用刀轻轻切入，牛便霍然而解，不知其死。如此者十九年，宰了几千头牛，所用之刀一点也没有变钝，还像新磨出来的一样。文惠君称赞他的技术，他说："臣之所好者道也，进乎技矣［超过了技术］。始臣之解牛之时，所见无非全牛者。……方今之时，臣以神遇而不以目视……依乎天理，批大卻［隙］，导大窾［穴］，因其固然"，所以他的刀在牛的肌肉筋骨之间全无阻碍，游刃有余。《养生主》在这里庄子将"道"与"天理"并提，认为都是一条自然、"固然"的路。在他看来，天地之间处处都有这样的路。《达生》里说，吕梁地方有一大瀑布，"悬水三十仞［二百四十尺］，流沫四十里，鼋鼍、鱼鳖之所不能游也"。孔子看见一人没在水中，以为是想自杀的，叫弟子们顺着河岸去救他。但是在数百步之后，这人从水里冒了出来，披头散发，上岸后边走边唱。孔子跟上去说："吾以子为鬼，察子则人也。请问蹈水有道乎？"那人说他没有，只是"与齐［脐，水之旋涡如脐］俱入，与汩［涌流］偕出，从水之道而不为私［不任私意］……长于水而安于水……不知吾所以然而然"。这段话也在说明：水也有理路，顺之而行，并不困难。

此外《庄子》里还有许多篇章谈到"理"，也在阐明"道"即是"理"之意。例如音乐要"顺之以天理"《天运》；圣人"生也天行，其死也物化……感而后应，迫而后动……去知与故［巧］，循天之理"《刻意》；不知大小、贵贱之相对的人，"是未明天地之理"《秋水》；髑髅曝于路旁可能因为"贪生失理"而死《至乐》；"圣人者，原天地之美而达万物之理"《知北游》，"名利之实，不顺于理"《盗跖》。

"道"有动静，"理"亦然。石纹虽是固定却非始终一致，而是弯弯曲曲的，所以治者不能固执地向一个方向去凿，而要懂得变通。所以庄子说："知道者必达于理，达于理者必明于权。"《秋水》"权"指衡量轻重，然后取其所宜。"道"虽是正途，但在必要时为了避免障碍，可以暂取曲径以达目的。

依据以上这些资料，简而言之，"道"的具体细节虽然不可知，但是其大略可以说就像一条自然蜿蜒、周转无穷的路。

路可以是天然形成的，如河岸、山谷；也可以是人力开辟的，如田溪、驰道。二者皆可供人行走，其功用并无差别。但是将路称之为"道"，便加入了价值观念，成了"理路"，而有了正道、邪道之别。庄子所说的"道"仅指合乎自然之"理"的路，因为如前所述，他认为"自然"是可贵的，而人（特别是世俗所谓之"圣人"）的作为及其生产的事物，大多损坏了自然，所以是祸首、乱源；他们教人走的路是"邪道"。

悟　道

如果"道"不可言传，庄子为什么大谈其"道"？而且还说了一些似乎矛盾的话，例如在《大宗师》里他说："夫道……可传而不可受，可得而不可见。"又说，"道"曾由疑始以下经过参寥、玄冥等八人而传至女偊。可见有人能够得道、传道。他的意思大约是，"道"虽然不可以用语言文字传、受，但可以通过另一种方法。这种方法非常困难。第一，只有某些具有特殊天分的人才能尝试。第二，即使这种人，也需要经过非常的训练。《大宗师》里说，南伯子葵问女偊："道可得学邪？"女偊说："恶，恶可！子非其人也。"然后说一定要有"圣人之才"的人，受了已有"圣人之道"的人的教导，而且要经过相当的时间和若干步骤才能得"道"——先要能"外天下［超脱身外的世界］"，然后"外物［超脱切身之事物］"，然后"外生［超脱己身的生存］"。看破生死，才能学道。《田子方》里说，孔子去看老聃，见他"形体掘若槁木，似遗物离人而立于独也"。问他为什么会如此。老子说他"游心于物之初",将四肢百体视为尘垢,死生终始看作昼夜,万事不足患心,"已为道者解乎此"。孔子听了告诉颜回说:"丘之于道也,其犹醯鸡[酒瓮中的小虫]与!微夫子[老子]之发吾覆也,吾不知天地之大全也。"《人间世》里说,颜回想去卫国教化其君,说了若干自己的计划,使其从"道"治国。孔子说那些办法"犹师心[依照自己的成见]者也",如果执着不化,就不可能教化他人。颜回说他已想不出其他的办法了,请孔子给以指点。孔子教他"斋"。颜回说他家穷,"不饮酒,不茹荤者数月矣。如此,则可以为斋乎?"孔子说那只是"祭祀之斋,非心斋也"。颜回说:"敢问心斋。"孔子说:"若一志,无听之以耳而听之以心;无听之以心而听之以气。耳止于听,心止于符[感应],气也者虚而待物者也。唯道集虚[道集于无己空明之处]。虚者,心斋也。"《大宗师》里记载了一段似乎是颜回行了"心斋"之后,再去看孔子时二人的对话:

> 颜回曰:"回益矣[有长进了]。"仲尼曰:"何谓也?"曰:"回忘仁义矣。"曰:"可矣,犹未也。"他日,复见,曰:"回益矣。"曰:"何谓也?"曰:"回忘礼乐矣。"曰:"可矣,犹未也。"他日,复见,曰:"回益矣。"曰:"何谓也?"曰:"回坐忘矣。"仲尼蹴然曰:"何谓坐忘?"颜回曰:"堕肢体,黜聪明,离形去知,同于大通[道],此谓坐忘。"仲尼曰:"同则无好[偏好]也,化则无常[固执]也。而果其贤乎!丘也请从而后也。"

这段话当然是庄子捏造的,重点在强调要"忘"却一切规范,以及它们用以维持的行为和观念,包括是非、荣辱、生死等,才能开始学道。他曾多次说孔子不能知道,而曾努力地去学道,很谦虚地接受教诲。例如上述他见了老子,听到"天之自高,地之自厚,日月之自明"之后,自比为醯鸡;又一次见了老子,说像见到了龙,使他"口张而不能嗋[闭合]",事后三日都不能说话。《天运》大公任告诉他"自伐[夸]者无功,功成者堕,名成者亏",教导他不要"饰知以惊愚,修身以明污,昭昭乎如揭日月而行",企图去影响别人。他听了就"辞其交游,去其弟子,逃于大泽"。《山木》他在周游列国、迭次遭遇挫折之后,"亲交益疏,徒友益散",很沮丧地去请教于子桑雽。桑雽告诉他人以利相合者,遇难则相弃。所以"君子之交淡若水,小人之交甘若醴。君子淡以亲,小人甘以绝。彼无故以合者,则无故以离"。孔子听了就"绝学捐书",不再企图去教育他人了。《山木》《渔父》里说他遇到一位渔父批评他:"上无君侯有司之势,而下无大臣执事之官,而擅饰礼乐,选[倡导]人伦,以化齐民,不泰多事乎?"然后指出人有"八疵""四患",他似乎有了几项。〈1〉孔子听了愀然而叹,然后问:"丘再逐于鲁,削迹于卫,伐树于宋,围于陈蔡",但是他"不知所失,而离此四谤者何也?"渔父说:"甚矣,子之难悟也!"然后教他不要"畏影恶迹"而疾走不休。并教他"慎守其真",不必去求"妙道"。渔父说罢,撑船而去。孔子"待水波定,不闻拏音",才敢上车离开。

《庄子》里有几段似乎说孔子最后终于悟"道"了。例如子桑户死后他的朋友"临尸而歌",子贡不解,孔子说:"彼,游方之外者也,而丘,游方之内者也……而丘使汝往吊之,丘则陋矣。"然后解释说那些人游乎天地之间,"以生为附赘县疣,以死为决疣溃痈……芒然彷徨乎尘垢之外,逍遥乎无为之业,彼又恶能愦愦然为世俗之礼,以观众人之耳目哉!"又进一步说他自己和子贡都是"天之戮民[为世俗所制,从自然的观点来看是受刑之人]",而知"道术"之人则一切顺乎自然,不依赖人为的关注,像"鱼相忘于江湖"。《大宗师》又如子贡为灌园丈人所讥,"卑陬[惭怍]失色,顼顼然不自得,行三十里而后愈",将其事告诉孔子,孔子说:"彼[为圃者]假修浑沌氏之术者也。识其一不知其

〈1〉 渔父似乎认为孔子有"八疵"之中的"摠"(非其事而事之)、"佞"(莫之顾而进之)二者,又行"四患"中的"叨"(好经大事,变更易常,以挂功名)一项。

二［专一不二］；治其内［心］而不治其外［务］。明白太素，无为复朴，体性抱神，以游世俗之间者……浑沌氏之术，予与汝何足以识之哉！"《天地》《天运》里说，孔子年五十有一而不闻"道"，请教于老子说："丘治诗、书、礼、乐、易、春秋六经，自以为久矣，熟知其故矣。以奸者［干诸］七十二君，论先王之道而明周、召之迹，一君无所钩用。甚矣夫！人之难说也！道之难明邪？"老子说："六经，先王之陈迹也……夫迹，履之所出，而迹岂履哉？"然后说同种的动物，雌雄呼应，就可相感而受孕，称之为"风化"，合则可，不合则不可，外力无法介入。孔子闭门思索了三个月，才想通了此理，回去见老子说："丘得之矣。"然后说鸟孵卵、鱼傅沫〈1〉、蜂演化〈2〉、弟出生而兄啼哭〈3〉，都是自然的现象。然而他自己因钻研六经，很久不与自然亲近，失去了对人的自然之情的了解，当然不可能去教化别人了。老子听了说："可［这就对了］，丘得之［道］矣！"

孔子想从六经里寻"道"，几无所得，又向几位已经"得道"之人问"道"，虽受指点，仍须经过一段时间思考才能体会。这种体会不是知识累积的结果，而是进入一种特殊的境界后的顿悟。这种境界大约是在"心斋""坐忘"后才能进入；这种顿悟大约是不以耳听而以"心听""气听"才能得到。对于古时生活在这种境界里的人而言，当然无需这种领悟，而可以自然地"同与禽兽居，族与万物并"，"端正而不知以为义，相爱而不知以为仁，实而不知以为忠，当而不知以为信，蠢动而相使不以为赐。是故行而无迹，事而无传"《天地》；对于后世受过礼乐、仁义等人为规范所拘束伤害的人而言，要能领悟此道乃非常

〈1〉 有些鱼类由雌鱼产一片卵子于水面，雄鱼布精液在其上，即可使卵受而成鱼。中国古人即知此现象。

〈2〉 古人相信某些物类是从别的物类变化而成的，所以有"腐草成萤"之说。至于蜂类，大约因其腰细，不能孕育，所以古人也相信是变化而来的。

〈3〉 父母爱幼子，兄长被冷落所以哭泣。

不易，所以孔子、颜回尚且下了极大的工夫才能做到；不如他们之人则几乎不可能了。《秋水》里说，公孙龙自称"少学先王之道，长而明仁义之行；合同异，离坚白；然不然，可不可；困百家之知，穷众口之辩"，可以说是一个博学多知之人，但是听到庄子之道，"汒焉异之，不知论之不及与，知之弗若与"，因而去请教其师魏牟。魏牟将他比作井底之蛙，未见东海之大，竟然想了解庄子之道，"是犹使蚊虻负山，商蚷［蚷，蚰蜒、细小爬虫，俗称百足］驰河［游过黄河］也……是直［简直像是］用管窥天，用锥指地也"。公孙龙听了"口呿而不合，舌举而不下，乃逸而走"，当然不必说悟道了。

总之，"道"的细节是无法说、无法学的，只有少数人经过极大努力，方可领悟其大要。然而这只是那些已经为仁义所迷惑、礼法所桎梏的人的问题。对于未受这些残害之人而言，庄子的"道"只是自然的路，只要顺乎自然情性而生活，就会像在"至德之世"的人那样"端正而不知以为义，相爱而不知以为仁，实而不知以为忠，当而不知以为信，蠢动而相使不以为赐"《天地》，生死动静就合乎"道"，无须特地去学。

道之用一：立身

养生、保真、顺天机、去名利、重自由、安天命

庄子之时距"至德之世"已远，一般人受仁义礼法之害已深，他想要帮助他们，但是又不可能一个个地去助人学"道"，所以他只是简单地教人破除成见，以一个高远的眼光看一切，以另一种方式来立身处世。这么做也不容易，为此他花了极大的功夫，先用"寓言"来举出若干现象，然后以"卮言"来推展此等现象可能演变的极致，然后

以"重言"来点明要义。大致而言,他认为人在不同的环境里,应有现象似异而实质相同的立身处世之方。

谈立身处世,不得不考虑两个基本问题:人"为何"及"应如何"而生存?庄子说在原始的"至德之世",万物各依其本性,顺从其"天机"而生存,人当然没有立身处世的问题。当这种状态被"圣人"们以"小知"破坏,教人如何用机心谋功利以满足其无穷之欲之后,人们投机取巧,妄作非为,乃至大乱,"圣人"们又创作了许多礼法来加以规范,一般人受了这些"桎梏"束缚,只得忍受"天刑"。《德充符》在庄子看来,这不是人该过的生活,所以他希望人们能解脱出来,自由自在,"泛若不系之舟"《列御寇》,甚至"游乎天地之一气……彷徨乎尘垢之外,逍遥乎无为之业"《大宗师》,"入无穷之门,游无极之野,与日月参光,与天地为常"《在宥》。这样的生活,简直比在"至德之世"里的还好。当然这是庄子用"卮言"所夸张叙述的一种最高超的精神生活。实际上人该怎么过活?他说首先要"养生",其次要"保真",合起来才是"立身"过活之道。

神仙可以缥缈如风,无拘无束地遨游于六合之间;人则不得不拖着一个笨重而不能自给的躯体,困顿于地上,依靠外物的滋养和庇护而活着。取得外物必须付出代价,究竟要付出多少?《让王》里说韩、魏争地,庄子借子华子之口问韩昭僖侯:"今使天下书铭于君之前,书之言曰:左手攫之则右手废,右手攫之则左手废,然而攫之者必有天下。君能攫之乎?昭僖侯曰:寡人不攫也。子华子曰:甚善!自是观之,两臂重于天下也,身又重于两臂。韩之轻于天下亦远矣,今之所争者,其轻于韩又远。君固愁身伤生以忧戚不得也!"然后庄子称赞说:"子华子可谓知轻重矣。"他要强调的是:人应重视其躯体甚于一切外物。在《达生》里他又说了一番"重言"进一步阐明:"身外之物",包括衣食、器物、名利、权势等等,其中有些是养生必要的,有些则不然。即使是必要之物,一人所需也属有限:"鹪鹩巢于深林,不过一枝；偃鼠饮河，不过满腹。"《逍遥游》——多取毫无益处，所以人不可贪得外物而伤身害生。然而许多人往往"弃生以殉物"。他将这种行为比作"以随侯之珠弹千仞之雀"，而为世人所笑，因为"其所用者重而所要者轻也"《让王》。他又将这种"丧己于物，失性于俗"、不知本末的人称为"倒置之民"《缮性》。可悲的是，这种人很多，所以他叹道："自三代以下，天下莫不以物易其性矣。小人则以身殉利，士则以身殉名，大夫则以身殉家，圣人则以身殉天下……彼其所殉仁义也，则俗谓之君子；其所殉货财也，则俗谓之小人。其殉一也。"《骈拇》

然而要不为物殉相当困难。《山木》里说庄子曾见一只鸟飞入栗林里，他提起衣裳快步追去，拿着弹弓准备射它，然后看见一只蝉躲在树荫里，一只螳螂从隐蔽处要去捉蝉，那只鸟就乘机要去啄螳螂。他突然悟到蝉和螳螂都为求取外物而忘记了自身，以致落入危险，而他自己亦复如此。果然，守林之人以为他要盗栗，就来驱逐并斥骂他。他回去后三天都感觉不快，说自己"观于浊水而迷于清渊［只注意于污浊的利得而忽视了明白的道理］"，所以受到园丁的凌辱。

身外之物轻于身，但是身体，甚至生命，也不是最重要的。《在宥》里说，广成子告诉黄帝："百昌皆生于土而反于土。"《知北游》里说，丞告诉舜："汝身非汝有也……是天地之委形也；生非汝有，是天地之委和也。"同篇里又说黄帝告诉知：生死相从，臭腐神奇相化；老聃告诉孔子，人生如白驹过隙，化而生，化而死。《至乐》里说："生者，假借也；假之而生生者，尘垢也。"《齐物论》说，圣人"游乎尘垢之外"。因此仅仅保存躯体的存在并没有多大意义，重要的是怎么生存——要怎么"立"身。

以上已经说过庄子指出万物各有其特性，失其特性，即失其存在。他称这种特性为"性命之情"《骈拇》《在宥》《天运》《徐无鬼》，又称之为"真"。"立身"除了维持躯体之外，还要保护其"真"。

"真"究竟是什么？庄子借渔父之口告诉孔子："真者，精诚之至也……所以受于天也，自然不可易也"，因而劝孔子"谨修而身，慎守其真"，不可"苦心劳形以危其真"。又借老子之口告诉孔子如何去寻求人的情性之"真"："古之至人，假道于仁，托宿于义，以游逍遥之墟，食于苟简之田，立于不贷之圃。逍遥，无为也；苟简，易养也；不贷，无出也。古者谓是采真之游。"《天运》换句话说，"真"就是最简朴原始的人性。要做人，就要保住其"真"。《田子方》

"保真"之道非常不易。不同的人用不同的做法会产生不同的结果。《庄子》提到三种人和三种做法，其主要的不同在他们对于仁义礼法的桎梏和名利诱惑的反应。关于仁义礼法之害，此前已有分析，现在要来说一下庄子对名利的看法，然后探究三种人"保真""立身"的差别。

《庚桑楚》里列举了二十四个妨碍人"保真"的因素，其中六个可以悖人之志：富、贵、显、严［威势］、名、利；六个可以谬人之心：容［外表］、动［举措］、色［姿色］、理［辞理］、气［意气］、意［主意］；六个可以累人之德：恶、欲、喜、怒、哀、乐；六个可以塞人之道：去、就、取、与、知、能。其中最有害的莫过于"名、利"。为了说明名利之不足取，《盗跖》里引了无足、知和两位虚拟人物很长的对话。大意说无足认为名利富贵是"长生、安体、乐意之道"，所以"人卒［众］未有不兴名就利者"，喜爱、追逐名利乃"人之性也"；如果拒绝名利，"苦体绝甘，约养以持生"，必将"久病长厄"仅免于死。知和说，人固然需要外物以养生，但是不可失当、过分，尤其不能只见当前，不顾后果。如果盲目地奋力谋取，"若负重行而上阪［坡］"，必致精疲力竭，即使成功，当时已经无法充分享受，随时又怕被人盗窃抢夺，生活在恐惧之中，比贫困还苦。原因在于"知为为而不知所以为［只知尽力去做，而不知道为了什么目的］"，结果即使"贵为天子，富有天下，而不免于患"，及其患至，"求尽性竭财，单［但］以反一日之无故［用尽了已得的名利，以求一天的安宁］而不可得"。这样愚蠢的作为，可以说是自寻死路，

《庄子》

不能说是出于"人性"。

同一篇里还有更精彩的一段对话，说明名利之伪及害。大意说子张问满苟得为什么不修饬他的行为，使它合乎仁义礼法？因为行为不修，就不能取信于人；没有可信之名，就无法获得职务；没有职务，就得不到实利。所以无论从名来看，或者从利来算，都应该修饬行为才是。满苟得不以为然，说事实上无耻的人多富有，虚夸之辈多显达，最大的名利几乎完全出于无耻和虚夸的行为。子张说桀与纣虽然贵为天子，却被人鄙视；仲尼、墨翟虽然穷为匹夫，却受人尊敬。可见贵贱之分在于行为名声之美恶。满苟得指出，德行、令名大多不实，而且专为势利做掩饰，所以说"孰恶孰美？成者为首，不成者为尾"，"小盗者拘，大盗者为诸侯。诸侯之门，义士存焉"。那些自命为有德行之人，实际上趋炎附势，毫无廉耻，例如齐桓公杀兄娶嫂，管仲竟去做他的臣下；田成子弑君窃国，孔子竟去接受他的赏赐。"论则贱之，行则下之"，这些高唱德行名声的人"言行之情悖战于胸中"，岂不觉得矛盾不妥吗？子张问如果不讲求德行，"疏戚无伦，贵贱无义，长幼无序。五纪六位〔人伦秩序〕，将何以为别乎？"满苟得反问："尧杀长子，舜流母弟，疏戚有伦乎？汤放桀，武王杀纣，贵贱有义乎？王季为适，周公杀兄，长幼有序乎？儒者伪辞，墨者兼爱，五纪六位将有别乎？"简而言之，子张所谓的德行，古之"圣贤"都没有做到，他为之倡言，实在只是虚辞。接着满苟得说，求名求利，都"不顺于理，不监〔鉴，明〕于道"，因为都违背了人的自然本性——过分地追求名利，而伤害了身心，便是殉于外物，"小人殉财，君子殉名，其所以变其情易其性则异矣，乃至于弃其所为〔应为〕而殉其所不为〔不应为〕则一也"。所以人既不应求名，也不该逐利，而要"与时消息""与道徘徊"——顺从自然的本性。最后这一段显然是庄子自己的话，借满苟得之口而说出来。

说明了名利之害，庄子进一步讨论如何避免。他指出事实上并非人人皆追逐名利，有一种人似乎天生就不在乎这些，而能自然地保持十分简朴的物质生活和极端清纯的精神生活。庄子称他们为"真人"或"神人""至人""圣人",说他们"能体纯素"《刻意》,能"登高不栗,入水不濡,入火不热"《大宗师》,"大浸稽天而不溺,大旱金石流、土山焦而不热"《逍遥游》,"大泽焚而不能热,河汉冱而不能寒,疾雷破山而不能伤,飘风振海而不能惊"《齐物论》,能"去知与故,循天之理。故无天灾,无物累,无人非,无鬼责。其生若浮,其死若休。不思虑,不预谋……虚无恬淡,乃合天德"《刻意》。这些当然都是"卮言",庄子意在强调如果人能专心一意"守素贵精",使生活简朴清纯,便不会受外物所移、所害。为此他借老子之口说了一套"卫生之经",教人"抱一勿失""与物委蛇[守住本性,顺应自然]"《庚桑楚》;又借广成子之口答黄帝所问"治身长久"之道说:"抱神以静……无摇汝精,乃可以长生……我守其一,以处其和,故我修身千二百岁矣,吾形未尝衰。"《在宥》这种人可以说是上上者,能自然而然地"保真",得到神奇的效果,但是为数极少,所以庄子只能举出几个虚构的例子。最具体的是《大宗师》里说的孟子反、子琴张。他借了孔子之口说他们是"游方之外者","游乎天地之一气,彼以生为附赘县疣,以死为决疣溃痈……忘其肝胆,遗其耳目……芒然彷徨乎尘垢之外,逍遥乎无为之业"。

世上最多的是一种平凡之人。他们的才能有限,志向不大,如果不好高骛远、追逐名利,而能节欲知足,专心一意做自己本分之事,也可以保真,顺情适性,自由自在地生活。关于节欲知足,庄子指出,人们生活所需其实是有限的,多了全无用处,已如前述。关于一心专注,他举了一些例子来说明:《达生》里称,木工梓庆削木为鐻[乐器],十分精致,"见者惊犹鬼神"。但是他说并无妙术,只是在工作时"未尝敢以耗气,必斋以静心。斋三日而不敢怀庆赏爵禄,斋五日不敢怀非誉巧拙,斋七日辄然忘吾有四肢形体……然后加手焉……器之所以疑神者,其是与!"《知北游》里说,有一位"捶钩者[制剑匠]"已经八十岁了,所制之剑没有丝毫瑕疵。大司马问他有何诀窍。他说:"臣有守也。臣之年二十而好捶钩，于物无视也，非钩无察也"，所以能够继续工作，"长得其用"。

介于"真人"与凡人之间还有另一种"士人"。他们有才能，可以有作为，因而有许多机会可以取得名利。他们应该如何保真立身，是庄子注意的重点。他那些关于名利之害的言论，主要是讲给这一种人听的。除了那番道理之外，他还举出许多例子告诉他们可以不被名利所困。《让王》里所举最多，其一说子州支父、子州支伯都为了治其"幽忧之病"，分别推辞了尧、舜之让天下。其二说舜又让天下于善卷和石户之农，也都被拒——善卷因欲保持他日出而作日入而息、逍遥于天地之间而心意自得的生活，乃"去而入深山，莫知其处"；石户之农因不屑为"葆力〔费力治事〕之士"而"夫负妻载，携子以入于海，终身不反"。其三说舜又以天下让其友北人无择。北人无择说："异哉后之为人也，居于畎亩之中而游尧之门！不若是而已，又欲以其辱行漫我。吾羞见之。"因而"自投于清泠之渊"。其四说商汤伐桀之后，让天下于卞随。卞随说："后之伐桀也谋乎我，必以我为贼也；胜桀而让我，必以我为贪也。吾生乎乱世，而无道之人再来漫我以其辱行，吾不忍数闻也。"然后就"自投稠水而死"。其五说汤又让天下于务光。务光推辞说："废上，非义也；杀民，非仁也；人犯其难，我享其利，非廉也。吾闻之曰：非其义者，不受其禄；无道之世，不践其土。况尊我乎！吾不忍久见也。"就"负石而自沉于庐水"。其六说伯夷、叔齐拒绝了周武王的爵禄之后说："今周见殷之乱而遽为政，上谋而下行货，阻兵而保威，割牲而盟以为信，扬行以说众，杀伐以要利，是推乱以易暴也。吾闻古之士，遭治世不避其任，遇乱世不为苟存。今天下暗，周德衰，其并乎周以涂吾身也，不如避之以絜吾行。"就遁入首阳之山而饿死。其七说屠羊说不愿接受楚昭王"三旌〔公爵〕""万钟"的不当之赏，而"复反吾屠羊之肆"。此外《秋水》里说，庄子拒绝楚王之聘而愿曳尾涂中，以免落到被用作祭祀之龟"留骨而贵"。在这些例子里，授人以利的都有权势，拒绝其利的多少是对其权势的否定。如果授者不能容忍，拒者必遭忌害，各视程度不同，乃有可以全身而退或自寻短见之别。

诚然，人不谋名利，便可能落入贫困，"久病长厄"。但是如果看破了名利，就能坦然处之，不以为苦。庄子又举出了不少例子说明此点。《山木》里说庄子自己"衣弊履穿"而不悲。《让王》里举了更多的实例。其一称孔子"穷于陈、蔡之间，七日不火食……而弦歌于室……子路曰：如此者可谓穷矣。孔子曰：是何言也！君子通于道之谓通，穷于道之谓穷。今丘抱仁义之道，以遭乱世之患，其何穷之为？故内省而不穷于道，临难而不失其德，天寒既至，霜露既降，吾是以知松柏之茂也。陈、蔡之隘，于丘其幸乎！孔子削（悄）然反琴而弦歌。子路扢［奋］然执干而舞"。庄子接着说："古之得道者，穷亦乐，通亦乐，所乐非穷通也。道德［得］于此，则穷通为寒暑风雨之序矣。"其二称："曾子居卫，缊袍无表，颜色肿哙，手足胼胝。三日不举火，十年不制衣，正冠而缨绝，捉衿而肘见，纳履而踵决。曳縰而歌商颂，声满天地，若出金石。天子不得臣，诸侯不得友。故养志者忘形，养形者忘利，致道者忘心矣。"其三称："原宪居鲁，环堵之室，茨以生草，蓬户不完，桑以为枢，而瓮牖二室，褐以为塞，上漏下湿，匡坐而弦。子贡乘大马，中绀而表素，轩车不容巷，往见原宪。原宪华冠縰履［破帽破鞋］，杖藜而应门。子贡曰：嘻！先生何病？原宪应之曰：宪闻之，无财谓之贫；学而不能行谓之病。今宪，贫也，非病也。子贡逡巡而有愧色。原宪笑曰：夫希世而行，比周而友，学以为人，教以为己，仁义之慝，舆马之饰，宪不忍为也。"其四称孔子问颜回"家贫居卑"，为什么不仕。颜回答道，他有一些田地可以供给简单的需要。孔子改容而称赞说："知足者不以利自累也，审自得者失之而不惧，行修于内者无位而不怍。丘诵之久矣，今于回而后见之，是丘之得也。"其五称鲁君听说颜阖是一个"得道之人"，派了使者送聘礼去。"颜阖守陋闾，苴[粗麻]布之衣而自饭牛。"使者问明了那确是颜阖之家，便将礼物送上。颜阖说："恐听者谬而遗使者罪，不若审之。"使者回去问清楚了鲁君的意图，再去找颜阖，却已找不到了。庄子说："道之真以治身……今世俗之君子，多危身弃生以殉物，岂不悲哉！"

做到如伯夷、叔齐那样清高有节，或像颜回那样"坐忘"，或像孔子、曾子、原宪那样不为贫困而改其行，当然很好，但极难。对于一般士人，庄子告诫他们绝不可像曹商么无耻地追逐名利，但是也不非议他们出仕，而只希望他们能出泥不染，不要为名利所羁。对于这种做法他也举出了一个范例。《田子方》里说，孙叔敖三次被任命为楚国令尹[相]而"不荣华"，三次被免职而"无忧色"。隐士肩吾问他的感受。他说："吾以其来不可却也，其去不可止也。吾以为得失之非我也。"这种人并不遗世独立，而愿意接受人间的得失，但是认为得未必由于自己之功，失未必由于自己之过，所以不为之喜忧，而能我行我素，虽然顺世曲全，却能存其身，保其真。这是庄子认为士人至少应该做到的。

庄子自己采取了什么典范来"保真""立身"？他似乎在心神上已进入"真人"的境界。《天下》称他"独与天地精神往来……上与造物者游，而下与外死生无终始者为友"，当然不愿为了名利而失去自由，甚至不愿像孙叔敖那样出入仕途，而宁可"曳尾涂中"而不受楚王之聘。所谓"曳尾涂中"是怎样的一种生活？《让王》里说，颜回"有郭外之田五十亩，足以给饘粥，郭内之田十亩，足以为丝麻"，可以自给自足，所以不仕而隐。庄子似乎连这一点资产也没有，所以曾经做过漆园吏，后来或许辞职了，才居于陋巷，靠钓鱼、编草鞋以养身养家，实在不得已时还要去借贷粮食。然而遗世隐居并不是他理想的生活方式。他曾以"重言"说："古之所谓隐士者，非伏身而弗见也，非闭其言而不出也，非藏其知而不发也。"《缮性》他之不仕，实在因为在当时的情势下，一入官场便无自由可言，这是他绝对不愿忍受的。

庄子生于乱世，既不愿仕，又不能隐，该怎么办？在《山木》里他说他与弟子在山中看见一株大树，枝叶盛茂，但是木匠停在树旁却不去砍伐它。别人问他是什么缘故，他说那树没有什么用处。庄子说："此木以不材得终其天年夫！"出山之后，他们留宿于一位朋友家。朋友很高兴，叫仆人煮鹅待客。仆人问家里有两只鹅，一只会叫，一只不会叫，要杀哪一只。主人说杀不能叫的。次日弟子问庄子："昨日山中之木以不材得终其天年，今主人之雁［鹅］以不材死。先生将何处？"庄子笑着说："周将处乎材与不材之间"，但是"材与不材之间，似之而非也，故未免乎累……若夫万物之情，人伦之传［习惯］……有为则亏……不肖则欺，胡可得而必乎哉！悲夫！"易而言之，即使似乎是材又似乎不是材，人都不能避免俗累，真是可悲。

所以像庄子这样的人究竟该如何立身，而"免乎累"？他又提出了一个妙方说可以行"神农、黄帝之法则"——"与时俱化，而无肯专为"。但是人生在世不可能对己身内外之事全无作为。《人间世》借孔子之口说这些事情包括"事亲""事君"和"自事其心"。处理这些事须依照两个"无所逃于天地之间"的"大戒［法则］"——"义"与"命"。事亲应孝，事君应义，有所不得已，仍应为之而忘其身；"自事其心"则应"哀乐不易施乎前，知其不可奈何而安之若命"。换句话说，如果黄帝之法则也行不通，就只好认命了。

什么是"命"？孔子曾屡次提到它。此前《论语》诠释章曾说他似乎认为"命"是一群决定事物演变的因素，人能掌握此类因素越多，便可以越有效地左右演变的结果；如果掌握得不够，结果便不如意。对于这样的结果，可以称之为"命"，但是它并非固定于事前，与寻常所谓的"宿命"不同。墨子则认为谈"命"的都是宿命论者，而大加抨击；自己则倡"非命"之说，强调人可以凭自己的能力决定其所做之事的结果。虽然他相信天鬼最后可以肯定或否定人的作为，然而他认为这种事后的决断与事前的命定，完全不同。

庄子说的"命"是怎样的？《达生》里说有个叫孙休的人抱怨他自己平居修身、临难奋勇，但是种田屡逢荒年，出仕不遇明主，而且被乡里摈斥、州部驱逐。他有什么罪过，以至于遇到这样的命运？《大宗师》里说子桑贫困，弹琴而吟："父邪！母邪！天乎！人乎！"然后说："吾思夫使我至此极者而弗得也。父母岂欲吾贫哉？天无私覆，地无私载，天地岂私贫我哉？求其为之者而不得也。然而至此极者，命也夫！"《秋水》里说孔子被困于匡而弦歌不辍，对子路说："我讳穷［欲免于困顿］久矣，而不免，命也；求通［达于道］久矣，而不得，时也。"《大宗师》里说："死生，命也。"《天运》里说，老子告诉孔子"性不可易，命不可变"。由此可见庄子似乎认为"命"是一个不可知、不可解、不可避，又不可变的东西。人们对它的反应只能是消极承受，所以庄子在《人间世》和《大宗师》里一再说人只能"知其不可奈何而安之若命"。值得注意的是他说的安之"若命"——好像由"命"所定，并非真由"命"所定。这一点又可见于他将"命"与"时"并论。"时"是某一时间的大情势，应该是由许多因素造成，而不是先天为某人预定的，在此情势中一个人可以有不同的作为，所以他在《缮性》里用自己的"重言"说："当时命而大行乎天下，则反一无迹；不当时命而大穷乎天下，则深根宁极而待：此存身之道也。"换句话说，人在情势可为之时，应该尽力而为；实在无能为力之时，应该退而保身，等待较好的机会。这显然不是宿命者的立身处世之道，而与孔子的想法相近。但是在承认无可奈何之后，下一步的反应则二者有些差异——孔子发现伯牛生了不治之疾，叹道："命矣夫！斯人也而有斯疾也！斯人也而有斯疾也！"在颜渊死后，悲痛地说："噫！天丧予！天丧予！"庄子却在丧妻之后鼓盆而歌，说她自生至死的变化犹如"春秋冬夏四时行也",如果他跟着悲泣不止,岂非"不通乎命",所以他就停止不哭了。《至乐》这种超脱,是孔子所没有的。

孔、庄二人对"命"的态度,显然与他们对一个基本问题的看法有关。这问题是:人为了什么而活?孔子似乎认为"命"虽不可掌控,人活着就该不断努力,使生活逐步改善,并继续发展文化,"偈偈乎揭仁义,若击鼓而求亡子"《天道》《天运》;庄子则认为生死相替,犹如日夜转换,乃不得不然之事,并无特别的意义,人没有能力去做什么改变,何况人生如白驹过隙,倏忽而已,能够做的事非常有限,因而也不必自设一个目的,勉力去追求。在这一点上,他又在《大宗师》里用了一个寓言说:当一个铁匠正在冶铁之时,一块铁"踊跃曰:我且必为镆铘〔古良剑〕"。铁匠"必以为不祥之金"。当造物者正在用泥土塑一个模子,那泥土说"人耳,人耳〔做一个人,做一个人〕",造化者一定会以为塑出来的是个"不祥之人"。然后庄子借子来之口说:塑成一个人是可喜的吗?万物变化是无穷的,天地犹如一个大冶炉,造物者犹如一个大铁匠,要做什么都可以,"恶乎往而不可哉!"换句话说,人要自作主张,为自己定一个目的,为此而活,是极为不妥而且可笑的。万物变异既是"造化"所为,人既无可奈何,一切顺从就好了。这么说来,"造化者"就是"命"吗?庄子大约不会同意,因为如上所述,他认为二者有点差异——一般人所说的"命"巨细无遗,铁定地铸就了人生每一个细节;庄子的"造化者"则大而化之,只造成了"时命",还留给人们一点自由以决定其个人的行为。

总而言之,庄子认为人活着,固然先要养生,但更重要的是要保真,才能妥当地立身在世。对处于乱世之人而言,这极非简易。为什么?因为这不是一己之事,一个人活着必须与万物及其他的人与物互动,这就是所谓"处世",与"立身"是密切关联的,所以如何"处世"是人活着时候的另一个大问题。

道之用二：处世

相忘、自立、拒诱、委蛇

　　世有治有乱。庄子的"至德之世"，出现于太古及伏羲氏、神农氏、赫胥氏之时，那时候的人"与禽兽居，族与万物并"《马蹄》，"甘其食，美其服，乐其俗，安其居。邻国相望，鸡犬之音相闻，民至老死不相往来"《胠箧》，人与物之间的关系很和谐，人与人之间的接触不频繁，当然处之甚易。当时应当还没有统治与被统治的关系，即使有也十分疏远，互不相扰，所以说"上如标枝，民如野鹿"《天地》。在庄子看来这是一种理想的状态，他认为人与人之间最好不要有很多互动，一再说"泉涸，鱼相与处于陆，相呴以湿，相濡以沫，不若相忘于江湖"《大宗师》《天运》；如必须交往，也不宜过密，尤其不可以利相交。此前已经提到《山木》里孔子问子桑雽，当他在宋、卫、陈、蔡受难之时，"亲交益疏，徒友益散"，是什么缘故。子桑雽告诉孔子，因为那些人与孔子之间都以利益相同而相与。

　　人与人之间如无利害关系，淡然相处是有可能，否则便很困难。在治与被治的关系建立之后，这点便特别显著了，因为统治者要以己意控制人民，人民希望能自由自在，二者之间如何相处，便成了一大问题。庄子建议人们首先要自立、知足（像善卷那样日出而作，日入而息，春耕秋收，自给自足；或者像屠羊说那样，宰羊为生；或者像他自己那样钓鱼，编草鞋，曳尾于涂中），因而可以不受权威者的利诱。其次要识破权威者的貌似尊贤、实加役使的诈术，像伯夷、叔齐、石户之农、卞随、务光那样拒绝为虎作伥、粉饰不义，不得已而弃生以存其真。再次要以不材求免。此前已提到《山木》里的一棵无用之树，《人间世》里又说，齐国有一棵树，"其大蔽数千牛，絜之百围，其高临山，十仞而后有枝，其可以为舟者旁十数"，围观者如市，但是一位木匠遂行不顾，说它是"散木［无用之木］也，以为舟则沉，以为棺椁则速腐……是不材之木也，无所可用，故能若是之寿"。晚上他梦见大树对他说："文［佳］木"如"楂梨橘柚"，皆因其有用而"不终其天年而中道夭……物莫不若是……使予也而有用，且得有此大也邪？"该篇又说有一位叫支离疏的残废畸形之人，不能当兵及服劳役，但是帮他人做一点简单的工作，如"挫针［缝衣］、治繲［洗衣］""鼓筴［簸去米谷］、播精［筛得米粒］"，不仅能够糊口，还可以抚养十人。这些寓言都在告诉人们，如果遇到无奈的情势，不能以其常态存身保真，可以出此下策，表现得无才，虽然未必无患，尚可免于权威者的利用或迫害。

这三种处世的建议似乎都很消极。的确，首先，庄子从未提倡以积极的手段来反抗或改造现实，因为他认为即使用意不恶，这种行为也可能产生不良的后果。《外物》里说，老莱子告诫孔子倡导礼义，乃"不忍一世之伤而骛［忽视］万世之患"；假如为了私利故意去做，结果当然更坏，如《让王》里说，周武王及周公伐殷，用心先已不正，后乃"推乱以易暴"。其次，庄子的相对观否定了一切事物的绝对价值，当然也否定了人们固执积极的行为。再次，他强调养生保真、尽力顺应自然的态度。这几点都可能使人消极。但庄子并不是逃避现实的人，他知道遗世独立是不可能的，所以他并不教人人都那么做，而他认为在"时命"顺时，人应该有所为；只有在"时命"逆时才仅求存身。

总之，庄子认为人应该领悟自然之道，立身处世不可师心自用，企图照一己之念去做。生于乱世之人特别要注重养身保真，与外物和他人尽量减少接触摩擦而求并存。《庚桑楚》里说，老子告诉南荣趎"卫生之经"，要人像婴儿那样"动不知所为，行不知所之，身若槁木之枝而心若死灰"，毫无一己之念，一切顺乎自然。既能自然而然，便无所谓是非、祸福，因而可以一无所求，"与物委蛇［像蛇似的以面掩地婉顺曲折，与他物适应］，而同其波"。这是处乱世的上策。

《庄子》 | 181

道之用三：拨乱反治

无为、绝圣弃知

春秋战国之时人际关系已十分复杂，很少人能听从庄子之说而独善其身；许多人不满社会现状，想加以变革。庄子对此的基本看法是：（一）世间原始的状态是顺乎自然合乎理想的。（二）当前的世局是伪圣以小知破坏了那种状态的后果。（三）想要改善这种后果的人多属虚妄。（四）应该停止并废除那些企图，另想较好的办法。这些主张此前都已述及，尤其第一、第二两点，分析较细，不必再提。现在稍进一步演绎其余两点：庄子认为如果想做改革之人目的仅在私利，结果必定失败——犹如螳螂捕蝉，难免有黄雀在后，同样要捕杀它，即使想保有既得之利，也可能招祸——丰狐、文豹便是因其美丽的皮毛而受"罔罗机辟之患"《山木》。此外因有感于纲纪陵替，而诚意想拨乱反治的人，也难有所成，《在宥》里说，黄帝立为天子十九年，令行天下，但仍不知治道，所以去请教于广成子说："吾欲取天地之精，以佐五谷，以养民人；吾又欲官〔调和〕阴阳，以遂群生。为之奈何？"广成子说那些都是琐细之事，虽然烦神竭力去做，于大事仍不足济。《天运》里说，三皇五帝努力治天下而致大乱。《在宥》里说，尧、舜继之，想加以改善，"愁其五藏以为仁义，矜其血气以规法度"，忙碌到"股无胈，胫无毛……犹有不胜"，后来只得使用刑罚。然而刑罚只是以暴力强制，不能折服人心，于是有儒、墨之辈自告奋勇前来协助，结果却使人们"喜怒相疑，愚知相欺，善否相非，诞信相讥，而天下衰矣"。为政者不知所措，乃用刑更急，"斩锯制焉，绳墨杀焉，椎凿决焉"，天下乃"脊脊大乱"，"殊死者相枕也，桁杨者相推也，刑戮者相望也"，"贤者伏处大山嵁岩之下，而万乘之君忧栗乎庙堂之上"。

《人间世》里有很长的一段写孔子与颜回讨论改革之难,大意说颜回见到卫国君虐民困,想去帮助整治,孔子对他说那是很危险的,因为倘若你以"仁义、绳墨[法则]之言"去论其国事,就会暴露王公大臣的缺点,他们就会来谋害你;倘若你不这么做而迁就他们,就成了"以火救火,以水救水"的帮凶,也一样地失去了自我。颜回说如果他端正其言行,谦虚其心意,但是坚持其原则而努力去做,可以吗?孔子说不行,卫君跋扈自大,即使每天偶尔说以小善,还难有所成,何况你想锲而不舍地去纠正他,使他至于大善呢?颜回说他将"内直而外曲",谨守人臣之礼,所说的都是古代圣贤的话,即使不顺耳,也不是一己之主张,这么做可以吗?孔子说这么做只能免于得罪,但是要想感化卫君仍然不够,当然也不必谈改革卫国国政了。颜回说我没有更好的办法了,究竟该怎么做呢?孔子说你应该学习"心斋",不要有意地想去做成一件事,如果能"入游其樊[处在一个环境里]而无感其名[不为其名利所动]。入则鸣,不入则止[说得进的话就说,说不进的就不说]。无门,无毒[不寻门路以进,不求借口以退]。一宅而寓于不得已[安静以处,只在必不得已之时才有动作],则几矣[大概就可以了]"。

《人间世》另一段说楚国一位县令叶公子高,因为楚王派他出使齐国,责任重大,成与不成都可能有祸患,以致"朝受命而夕饮冰",欲消减其"内热[忧虑]",并且来求教于孔子。孔子说天下有两样无可规避的事——子应爱亲,臣应事君。虽然知其无可奈何,或行之有所不得已,都该尽力去做,"行事之情而忘其身",不可偷生怕死、畏缩不前。

这两段话很能显示孔子的态度,其实并没有说出切实可行的办法,不仅要求于颜回和叶公的都极困难,而且都会伤害其自然的身心。

依庄子之见,宇宙间原来有一种自然的秩序:万物(包括天地日月人兽草木)都各自循其天机,不得不然地动、静、生、灭,循环不息,虽然共存而甚少干扰,虽然纷纭而和平安宁。这种秩序的道理玄妙精邃,不是常人所能知悉,更非任何人所能改变。那些人"以己出经式义度",想来治理天下,在庄子看来犹如"涉海凿河,使蚊负山",只是一种骗人的"欺德"《应帝王》,所以三皇五帝都做不成,后人用之更不必说了,因为那些"经式义度"本来就是因时因人而设,时过人异之后犹如周公之服对于猿猴,西施之颦对于丑女,徒贻耻笑而已。《天运》假如勉强去做,结果不仅如"以随侯之珠弹千仞之雀",即有所得亦不偿失,而且还会有祸患,例如孔子就"伐树于宋,削迹于卫,穷于商周……围于陈蔡之间,七日不火食,死生相与邻"《天运》。

总之,庄子认为要用三皇、五帝、尧、舜、孔、墨等人的办法来改革当时的社会绝不可能。但是他自己也不满意于当时的情况,他有什么办法?此前说过他对个人立身处世的建议,但那只能独善其身,要怎样才能兼善天下?基本上他认为不要去想此事,因为要改革时局就要改变人的情性、行为,极为困难。《天运》里说孔子向老子承认自己不能"化人",后来竟"绝学捐书","辞其交游,去其弟子,逃于大泽,衣裘褐,食杼栗,入兽不乱群,入鸟不乱行"。《山木》

孔子未曾这么做。庄子又是在用寓言、卮言夸张其说,强调不是"大圣",不要妄想"化人"。孔子尚且不能教化他人,一般泛泛之辈当然更不可能了。这些人最好都像他那样"逃于大泽",顺乎自然,与禽兽和谐共处,至少也该像子州支父和子州支伯那样,为了治疗其"幽忧之病",独善其身,不去妄想治天下。《让王》但是天下已乱,"不治天下,安臧〔置〕人心"?《在宥》里说,崔瞿便以此问老聃。老聃答道,千万不可想去安置人心,因为它本来就浮动不稳,一旦被"撄",便不可收拾,已如前述。庄子问如何去诱导人心向善?要使人聪明吗?那会使人淫乱于声色。要使人服膺仁义吗?那会使人乱德悖理。要使人喜爱礼乐吗?那会使人拘谨于仪式,放纵于嬉乐。要使人尊重圣知吗?那会使人故作睿智、互相疵病。这聪、明、仁、义、礼、乐、圣、知八项,本是可有可无的,但如用来诱导人们,便使天下之人无法顺从其自然的性命之情,而致天下不宁。此外他又提到统治者想用赏罚来诱导，但是人们既已背离了自然的本性，各行其是，盗跖、曾参、史鱼之辈纷起，使得统治者"举天下以赏其善者不足，举天下以罚其恶者不给"。所以他说："闻在宥天下，不闻治天下也。""在"指放任，听人自由；"宥"指宽容，听人自得。他接着问，如果天下之人都不改易其本性，自由自在，自得其乐，"有治天下者哉？"

但是在庄子之时的人已经不能自由自在、自得其乐，甚至要养身保真已甚不易——既不能都像支离疏那样以不才自存，又极难走那伯夷、叔齐、卞随、务光的自尽之路，其处境实在困难。其中的士人很可能感觉不得不出来处理众人之事，这就是《在宥》里所说"君子不得已而临莅天下"的情况。在此情况里君子能做什么？基本上庄子认为"道之真以治身，其绪余以为国家，其土苴〔糟粕〕以治天下"，所以他说："帝王之功，圣人之余事也。"《让王》如果实在不得已，圣人怎样去做"余事"？庄子说"莫若无为"——让事情自行发展，不加干涉。这算是"治"天下吗？庄子说是。《应帝王》里说，天根问无名人："请问为天下。"无名人说："去！汝鄙人也，何问之不豫〔当〕也！"天根又再问。无名人说："汝游心于淡，合气于漠，顺物自然而无容私焉，而天下治。"

庄子说的"无为"甚为深奥，若加探究，可以见到它有理论与实践两面。先究其理论。如前所述他似乎说，"道"可动可静，而"静"比较重要。"静"就是"无为"。《在宥》里说，黄帝向广成子请教治道，广成子告诫他说："抱神以静，形将自正。必静必清，无劳汝形，无摇汝精。"《天地》里说："古之畜天下者，无欲而天下足，无为而万物化，渊静而百姓定。"这是庄子的"重言"。他为什么这么说？《天道》里有另一段他的话详释此理：

> 圣人之静也，非曰静也善故静也，万物无足以铙心者故静也。水静则明烛须眉，平中准，大匠取法焉。水静犹明，而况精

神!圣人之心静乎,天地之鉴也,万物之镜也。夫虚静恬淡,寂漠无为者,天地之平而道德之至,故帝王圣人休焉。休则虚,虚则实,实者伦矣。虚则静,静则动,动则得矣。静则无为,无为也,则任事者责矣。……夫虚静恬淡,寂寞无为者,万物之本也。明此以南乡,尧之为君也;明此以北面,舜之为臣也。以此处上,帝王天子之德也;以此处下,玄圣素王之道也。以此退居而闲游,江海山林之士服;以此进为而抚世,则功大名显而天下一也。静而圣,动而王,无为也而尊,朴素而天下莫能与之争美。夫明白于天地之德者,此之谓大本大宗,与天和者也;所以均调天下,与人和者也。与人和者,谓之人乐;与天和者,谓之天乐。

简而言之,"静"之重要在于不以人力干预自然。在自然状态里,万物皆有其生存的能力,例如"鸟高飞以避矰弋之害,鼷鼠深穴乎神社之下以避熏凿之患"《应帝王》;"马,蹄可以践霜雪,毛可以御风寒,龁草饮水,翘足而陆"《马蹄》;人则有"常性",能"织而衣,耕而食……同与禽兽居,族与万物并……含哺而熙(嬉),鼓腹而游"《马蹄》。不仅此也,甚至天地也无所作为——"天不产而万物化,地不长而万物育"《天道》;"故曰天地无为也而无不为也"《至乐》;"从容无为而万物炊累〔蕃殖〕焉""浑浑沌沌……物固自生"《在宥》,所以"玄古之君天下,无为也……古之畜天下者……无为而万物化"《天地》。就人事而言,这段话的结论是:"圣人休焉……休则虚,虚则静……静则无为,无为也,则任事者责矣。"《天道》统治者清静无为,对一切事务不加干预,从事各种事务之人便分别承担起各种责任。责任分明,万事便自然就绪。

除了这些玄妙的理论之外,庄子也谈"无为"的实践。《田子方》里举了一个"实例"证明"无为"之用:周文王游于臧地,见到一位老者在水泮拿着钓竿,而其心神似乎别有所寄,思考着重大的事。大约是这种神态使文王很感尊敬,所以想举拔他来周邦执政,但是怕父兄大臣不安,就对他们说,他梦到一位面黑长须的人,骑着斑毛红蹄的马,大声教他将国政托付于臧丈人。大臣们都说,他梦到的是他的父亲啊!文王说那么将此事来占卜一下吧。大臣们说,先王之命,无可疑虑,不必占卜了。于是文王就将国政委诸臧丈人。他上任之后,"典法无更,偏[颇]令无出"。三年后文王到全国去视察,发现"列士坏植散群[销毁了朋党],长官者不成德[为官的不炫耀其功绩],斔斛[私造的度量衡器]不敢入于四境"。于是文王拜他为太师,请问他这种政绩"可以及天下乎?"臧丈人听了,"昧然而不应,泛然而辞,朝令而夜遁,终身无闻"。

这一段文字与姬昌聘用姜尚的传说相似,但是与他处所见的不同,没有说臧丈人留下来帮助文王伐商并建立周朝,而说他仅仅在职三年便悄然退隐了。这当然是庄子的创作,目的在说明有意治国,无论用何种办法,都不能成功,只有"无为",悉由旧章,不多扰民,才可以无过、免灾。为什么庄子说臧丈人不应文王之问,并且悄然隐去?因为文王想用臧丈人来帮助治理"天下"——大举掌控周邦以外之地——这是臧丈人不愿做的"有为"之事。

由以上所述的理论和实践来看,庄子似乎认为圣君贤相想治国都须"无为"。然而《庄子》里还有许多段落提出了另一种看法:倘若有一个不仅有大智慧而且又握有绝对权力的人来临莅天下,其行为就可以大大不同。《天地》里庄子说,蒋闾葂劝勉鲁君"服恭俭,拔出公忠之属而无阿私",以使民和顺。季彻说其结果"犹螳蜋之怒臂以当车轶,必不胜矣"。换句话说,他认为这是小人以小动作去做大事,一定不会成功;大事一定要有大智之人,以非常的大动作来做,所以他接着说:"大圣之治天下也,摇荡民心,使之成教易俗,举灭其贼心,而皆进其独志,若性之自为,而民不知其所由然。"此前曾提到庄子说老聃教崔瞿"无撄人心",此处他又借季彻之口说"大圣"要"摇荡

《庄子》 | 187

民心",是什么意思?庄子似乎说"摇荡"不是"撄[骚扰]",而是清理——将人心里的杂念彻底摇落、荡去,使它回复到清洁空虚的状态,因而可以无思无虑,犹如婴儿一般。

然而要回复到那种状态极为不易,因为以前已有"三皇五帝",以及等而下之的孔、墨之辈,在人的胸臆里插入了无数"机心"和计较、欲利之念,在人的眼中撒下了仁义的眯糠,又在人的身上加上了礼义法度的桎梏。在这种情况下人怎么可能顺其自然的性命之情,自由自在地生活呢?由于此一理路,庄子提出了一套非常的办法。这套办法不是真正的"无为",而是极其剧烈的"有为":先将现有的桎梏去除,然后抑制自以为是的动作,静待人们各别寻求适合其情性的生活——是"静"之前的一番大"动"。《徐无鬼》里说,黄帝问途于一个牧马童子,因其多知,问他如何"为天下"。小童说:"夫为天下者,亦奚以异乎牧马者哉!亦去其害马者而已矣。"黄帝大为敬佩,"再拜稽首,称天师而退"。所以治天下先要除去其害。此一动作说来简单,却不是常人能够做的,黄帝不能,一定要"天师"才行,其他的"圣人"更不必说了。他们以及出乎其"小知"的作为都是害人的,应该加以摧毁,所以庄子说要"绝圣弃知"。

此前已经大致说过"圣"和"知"的若干问题,现在为了谈"绝圣弃知",还须稍加补充。"圣"在古时仅指多知,并无后来添加的道德意义。庄子仍从此说,他的书里有许多段落谈论"圣人",将他们与"真人""至人""神人""大人""王德之人"《天地》并称,强调他们"通乎大道"。但是他又指出,另有一些人也被称为"圣人",受到尊崇,例如在《天运》里子贡说,"三皇五帝"治天下,人皆称之为圣,而老聃却说:"三皇五帝之治天下,名曰治之,而乱莫甚焉。"因为"三皇之知上悖日月之明,下睽山川之精,中堕四时之施",而"憯于蛎虿之尾,鲜规[细小]之兽莫得安其性命之情",而他们"犹自以为圣人。不可耻乎?其无耻也!"这些话显示,在庄子的心目中有两种

"圣人"，一真一伪，其异主要在于所知之多少、大小。

此前提到"小知"是关于一些细小事物的枝枝节节的知识。庄子并不轻视万物固有的小知，一个人如果能安于其小知而行为，不感其不足，则并无不可，所以他借斥鴳[泽地小雀]的口问："彼[大鹏]且奚适也？我腾跃而上，不过数仞而下，翱翔蓬蒿之间，此亦飞之至也。而彼且奚适也？"《逍遥游》这种想法与他强调万事万物的价值皆属相对的理论符合；他不以为然的是勉强求知和以小知相非。

关于勉强求知，庄子指出知识无穷无尽。他在《养生主》里说："生也有涯，而知也无涯。以有涯随无涯，殆已！"又在《渔父》里说，孔子遇到一位渔夫笑他好学"苦心劳形以危其真"，孔子说："丘少而修学，以至于今，六十九岁矣，无所得闻至教。"渔夫用了一个比喻说，有一个人惧怕自己的身影，厌恶自己的足迹，所以就举步逃避，"举足愈数而迹愈多，走愈疾而影不离身，自以为尚迟，疾走不休，绝力而死。不知处阴以休影，处静以息迹，愚亦甚矣！"换句话说，努力好学、寻求小知全无意义，不仅徒劳无益，而且还使人力竭而亡。

庄子最反对的是强以一己的小知为是，而以此去改变人的想法和行为。这是很危险的，因为凡有改变，原状就被破坏了。在他看来改变事物本然的状态是有害的，所以说"凫胫虽短，续之则忧；鹤胫虽长，短之则悲"《骈拇》。促使这些改变的人都有罪过，所以说："纯朴[纯全之材]不残，孰为牺樽！白玉不毁，孰为珪璋！道德不废，安取仁义！性情不离，安用礼乐！五色不乱，孰为文采！五声不乱，孰应六律！夫残朴以为器，工匠之罪也；毁道德以为仁义，圣人之过也。"《马蹄》因此他进而断言："绝圣弃知，大盗乃止；擿玉毁珠，小盗不起；焚符破玺，而民朴鄙；掊斗折衡，而民不争；殚残天下之圣法，而民始可与论议。"《胠箧》

这段话十分剧烈。诚然，否定珠玉的价值便无人去偷盗，但是摧毁度量的工具和征信的证据是否会使民不争，则很难说；破坏一切准则如何可以使人们议论是非,更不易解。最困难的是怎么去"绝"圣、"弃"知?

庄子在《胠箧》里提出了一套建议:"擢乱六律,铄绝竽瑟,塞瞽旷之耳,而天下始人含其聪矣;灭文章,散五采,胶离朱之目,而天下始人含其明矣;毁绝钩绳而弃规矩,攦工倕之指,而天下始人有其巧矣……削曾史之行,钳杨墨之口,攘弃仁义,而天下之德始玄同矣。"简而言之,就是要压制那些具有特殊技能的人,摧毁他们使用的工具;禁止善辩之人出言,废弃他们倡导的仁义等规范,消除依据这些规范的事迹记录。

此一建议究竟应如何实施,庄子没有确切说明,而一再以寓言、卮言、重言来强调其背后的理论,似乎有点繁复。但是再仔细想一想,却可以悟出这正是他的妙策。先说此策之用于"绝圣"。他虽说"圣人不死,大盗不止",所以要"掊击圣人"《胠箧》,但是没有建议实际上如何镇压或残害他们; 他有一个非暴力而更彻底的做法——摧毁他们在一般人心目中的形象,使他们不再被认为典范。这就是为什么他用了许多话来贬斥三皇五帝《天运》、黄帝、尧、舜、夏禹、商汤、周武《在宥》《徐无鬼》《盗跖》,指他们不知自治其身而撄人心,言仁义而行篡夺。更重要的是他对孔子一而再、再而三的批评。首先他借了许多人之口来加以讽刺[1],并且说孔子在听了那些批评之后,

---

[1] 楚狂接舆说他不晓时势、不知避祸《人间世》。兀者叔山无趾说他以谖诡幻怪之名〔仁义礼乐〕以教弟子,使之困于桎梏《德充符》。老子告诉他兼爱无私非人之情《天道》,仁义是先王之蘧庐,不可过分重视;如用以教人,将如播糠眯目,使人觉得天地四方易位,迷茫失其方向,又将如蚊虻噆肤,使人通昔不寐、不得安宁《天运》。师金说他教人以三皇五帝之礼义法度,不合时宜,犹如推舟于陆《天运》。老莱子教他"去汝躬矜与汝容知",不可"不忍一世之伤而骛万世之患"《外物》。盗跖骂他"作言造语,妄称文武,冠枝木之冠, 带死牛之胁,多辞缪说,不耕而食,不织而衣,摇唇鼓舌,擅生是非,以迷天下之主,使天下学士不反其本,妄作孝弟而徼幸于封侯富贵"《盗跖》。渔父讥他无位无权而妄想干政化民,虽已在鲁、卫、宋、陈蔡受辱还不知收敛,而继续奔走,犹如"畏影恶迹"之人,"不修之身而求之人",必难有所成《渔父》。

大大地改变其言行。⟨1⟩

孔子的这些言行，不见于其他重要文献，与《论语》所记也大相径庭。庄子为什么制造出这许多故事？因为三皇五帝、尧、舜、禹、汤、周文、周武都是远古之人，他去攻击他们，胜之不武；孔子虽也早已作古，然而其言行经弟子们的宣传，到庄子之时还有很大的影响力，受到很多人的赞扬，认为他是"圣人"。庄子如能指出他的缺误，便可将他以及他所称颂并想模仿的那些"圣人"的形象摧毁，将他想重建他们种种伟业的努力抹杀，这才是"绝圣"最好的办法。

接着"绝圣"，庄子说要"弃知"。如上所述他要弃的是"伪圣"们的"小知"。他的办法又是从观念上着手，去否定知识的意义和价值。关于此一办法的理论已散见于此前诸节，现在再归纳成以下几点：（一）知识无涯，而人生苦短，寻求知识将使人"敝精神乎蹇浅"，即使许多人的知识累积起来，结果也只"知在毫毛，而不知大宁"《列御寇》。（二）有些知识（如庖丁之解牛）只可体验不能言传，无法累积。（三）人们喜欢求知，得到了一些"小知"便自以为是，而互相争议，所以说"天下好知，而百姓求竭［纠结］"《在宥》，"知也者，争之器也"《人间世》。（四）人的生活环境一直在变化，一时有用的知识，犹如祭时的刍狗，稍后便无用了。（五）琐细的知识（如以桔槔取水以节省劳力，以"苞苴竿牍"《列御寇》处理人事）会使人发展其机心，导致奸诈。（六）人以其"小知"坐井观天，乃至"道隐于小成"；以此狭小

⟨1⟩ 孔子在见老子论仁义之后"三日不谈"，说似乎见到了龙，使他张口结舌《天运》。另一次听老子说了教化之理后，三月不出门，自认不懂"风化"之道，不能"化人"《天运》。又一次听老子说人应从其自然的性情不必故意去修德，孔子听后告诉颜回说，他自己好像瓮中的小虫，对大道几无所知《田子方》。子夏说子桑户死后其友"临尸而歌"，孔子说："彼，游方之外者也；而丘游方之内者也。"然后说了一大套"方外"之人的德行，简直就在复述庄子的话《大宗师》。孔子周游列国求售其理论不成，十分感慨，听了大公任和子桑雽分别教他不要招摇于世、不要以利与人相处，他就"绝学捐书"，"辞其交游，去其弟子，逃于大泽"《山木》。

的成见来判断事理,指导行为,难免会造成偏差、舛误,甚至祸患,所以说三皇五帝等人的"小知"之害"憯于蛎虿之尾"。(七)"小知"之外另有一种"大知",那是"真圣"用以"兼济道物"而知"大宁"之知。"大宁"就是"大道"之所归。"大道"就是"至道"。它"无所不在",但是"不可闻""不可见""不可言",必须像老子教孔子那样先行斋戒以疏通其心灵、清洗其精神、破除其成见,然后才可以领略其"崖略"——天不得不高,地不得不广,日月不得不行,万物不得不昌;道如山若海,无可增损,只能顺应,不能违背——如此所得之知不是积学的知识,而是顿悟的智能,是"大知"。由此所悟之"道"就是自然必然之"路"。古人未受"伪圣"愚弄之前循此路而行,自然而然,"人虽有知,无所用之","不以辩饰知,不以知穷〔究〕天下〔之事理〕,不以知穷德〔人世之规范〕"《缮性》,"知止其所不知"《齐物论》。后来因为"伪圣"以其"小知"加以干扰,这自然的"大知"便被掩蔽了。所以庄子要"弃"不是一切的"知"——"大知"当然不可弃;个人的"小知"与他人无碍的也不必弃;要弃的只是被用来否定他人、改变他人的想法和行为的"小知"。所以他虽然有限地"反知","去小知而大知明"《外物》,却不是无理的"反智"。在这一点上,《庄子》说得比《老子》清楚。

"绝圣弃知"的结果如何?庄子说:"彼人含其明,则天下不铄矣;人含其聪,则天下不累矣;人含其知,则天下不惑矣;人含其德,则天下不僻矣。"换句话说,假如没有人显露其技巧、德行和辩才,人们便不会感到目眩心迷。但是当时之人已经受了桎梏,走入僻途。"绝圣弃知"至多只是使他们停止继续向下走去。要想止乱救危,必须拉他们回头走向未被"圣""知"破坏的原始境界,无知无虑,"玄同"其德,不与人比较、计较,而以其所能,得其所需,自满自足地生活。老子已主张这么做,但是知道要人们放弃以前已经获得的文化成果(如舟车)十分困难,所以只想由其"真圣"用术诱引人们走回一个中途站。

庄子的高招是否定一切绝对的观念，指出大小、久暂、是非、善恶都是相对的。既然如此，任何用以"改善"人的生活的工作还有什么意义？还值得像那些"伪圣"用其小知所为继续做下去吗？人们如能接受他的看法，就会自动、乐意地回到他所说的"至德之世"。人们既然各循自然而为其所"应为"及"能为"，即使因智愚而分阶层，也是"上如标枝，民如野鹿"，不相干扰，人际乃可和睦相处；君子莅临天下，乃可"无为而无不为"。这便是庄子的拨乱反治之道。

贡献和问题

对于中国文化（哲理、政治、法制、文学等方面），《庄子》有些什么贡献？《天下》篇有一段介绍并评论此书说：

> 芴漠无形，变化无常，死与生与！天地并与！神明往与！芒乎何之？忽乎何适？万物毕罗，莫足以归，古之道术有在于是者。庄周闻其风而悦之。以谬悠之说，荒唐之言，无端崖之辞，时恣纵而不傥，不以觭见之也。以天下为沉浊，不可与庄语；以卮言为曼衍，以重言为真，以寓言为广。独与天地精神往来，而不敖倪于万物，不谴是非，以与世俗处。其书虽瑰玮而连犿无伤也，其辞虽参差而諔诡可观。彼其充实不可以已，上与造物者游，而下与外死生、无终始者为友。其于本也，宏大而辟，深闳而肆；其于宗也，可谓稠适而上遂矣。虽然，其应于化而解于物也，其理不竭，其来不蜕，芒乎昧乎，未之尽者。

这段话包含了四部分。其一指出庄子的理论根源，其二说明《庄子》笔法，其三阐析庄子的心态和意图，其四总结地评价此书。其说很精当，可以作为讨论的基础，兹稍加诠释，并提出一些在此之外但是相关的问题。

首先说庄子的理论自有所本。自古有一些人觉得天地渺茫，万象变幻，人生若梦，不知何为。庄子显然有相似的观感，所以说了许多话加以表明，还借用了许多虚构的人与物和一些历史名人之口加以解释、渲染，将这种观感说得十分玄妙精彩，并且为它建立了深邃的理论基础。

书中引用得最多的是老子的话，有的明白引述[1]，有的反映、引申其意[2]，因而老、庄之说颇为近似。但是细读二书，可以见到一些重大的差异。最重要的是，虽然老、庄都主张"无为而治"，然而其目的和

---

[1] 例如《胠箧》《在宥》："绝圣弃知"，见《老子》十九章；《在宥》："万物云云，各复其根"，见《老子》十六章；《至乐》《知北游》《庚桑楚》《则阳》："无为而无不为"，见《老子》三十七、四十八章；《在宥》："贵以身为天下，则可以托天下，爱以身为天下，则可以寄天下"，见《老子》十三章；《达生》：圣人"为而不恃，长而不宰"，见《老子》二、十、五十一、七十七章。

[2] 例如一切事物皆属相对，见《老子》二章："有无相生，难易相成，长短相较，高下相倾。"二十章："唯之与阿相去几何？善之与恶相去若何？"自然主宰一切却无所喜恶，见《老子》二十五章："人法地，地法天，天法道，道法自然。"五章："天地不仁，以万物为刍狗。""道"与世俗规范有异，见《老子》一章："道可道，非常道。""道"衰而其他规范起，见《老子》三十八章："失道而后德，失德而后仁，失仁而后义，失义而后礼。""知"是引发许多问题之因，"小知"不足恃，所以要绝圣弃知，要绝学，见《老子》十八章："知慧出有大伪。"十六章："知常曰明。不知常，妄作凶。"十九章："绝圣弃知民利百倍，绝仁弃义民复孝慈，绝巧弃利盗贼无有。"二十章："绝学无忧。"人应重身、保真、减欲、去甚、知止、知足，见《老子》四十四章："名与身孰亲？身与货孰多？"十二章："五色令人目盲，五音令人耳聋，五味令人口爽，驰骋畋猎令人心发狂，难得之货令人行妨。"二十九章："是以圣人去甚，去奢，去泰。"四十四章："知足不辱，知止不殆。"四十六章："祸莫大于不知足，咎莫大于欲得。故知足之足，常足矣。"天下不可为，见《老子》二十九章："天下神器，不可为也。为者败之，执者失之。"不可以知治国，而应使民愚，见《老子》十章："爱民治国，能无知乎？"六十五章："古之善为道者，非以明民，将以愚之。民之难治，以其知多，故以知治国，国之贼；不以知治国，国之福。"三章："不尚贤，使民不争……是以圣人之治……常使民无知无欲。"不可多事扰民，而应让民自在自化，见《老子》五十七章："天下多忌讳而民弥贫，民多利器国家滋昏，人多伎巧奇物滋起，法令滋章盗贼多有。故圣人云我无为而民自化，我好静而民自正。"六十章："治大国若烹小鲜。"

做法却甚为不同——老子主张"圣人"用"正言若反""欲取固予"等"微明"之术使人们迷迷茫茫地放弃自己努力的成果，去到他要他们去的半原始"小国"，如果他们不服从，他就"镇之以无名之朴"。这是以"机心"治国，是庄子最为不齿的。他认为"治"国之要在"正"人，要改正人的观念和心态，然后让人们自愿地回到自然的境界。他又强调"正"人者一定要先能"自正"。《人间世》里说，颜阖问蘧伯玉如何可以辅君治国，蘧伯玉告诉他要"正汝身"。《德充符》里说："唯尧、舜独也正，在万物之首，幸能正生〔身〕，以正众生。"《应帝王》里说："夫圣人之治也……正而后行。""正"身是什么意思？《骈拇》里说，"天下之至正"就是"不失其性命之情"。《天运》里说，"正者，正也"，以心为然者是为正，可见庄子认为"正"就是合乎自然之道，不合者不"正"。自身"不正"者不可以"正"人"治"国，几乎与孔子之说相同。他要去除"伪圣"及其"小知"，教人返归自然，就直率地鼓吹这一点，并没有用什么"微明"去愚弄人民，引导他们去到不上不下的"小国"。所以庄子虽然推崇老子，而其说另有基础，并且包含了对老子的批评。

其次说《庄子》的笔法。《天下》篇指出庄子用"重言""寓言""卮言"的理由，以为不得不然。这种笔法产生了很特殊的效果——使艰深的理论变得容易了解并且给读者一个生动有趣、深刻难忘的印象，这一点是其他思想家没能做到的。[1] 但是此法也有缺点。

---

[1]《庄子》里有许多妙言趣喻，如鹏程万里、庖丁解牛、无可奈何、相濡以沫、虚与委蛇、骈拇枝指、盗亦有道、东施效颦、见笑大方、坐井观天、螳臂当车、每下愈况、白驹过隙、以珠弹雀、捉襟见肘、无病自灸、善始善终、朝三暮四、偃鼠饮河、越俎代庖、山木自寇、以火救火、肝胆楚越、蚊虻负山、螳螂捕蝉、延颈举踵、唇亡齿寒、神乎其技、井蛙之见、绠短汲深、鲁侯养鸟、呆若木鸡、初生之犊、空谷足音、豕虱苟安、卤莽灭裂、得鱼忘筌、摇唇鼓舌、分庭抗礼、吮痈舐痔、探骊得珠、能者多劳、栉风沐雨、学富五车，等等。人们乐于引用，成为日常的成语，影响了人们的思想，使没有读过此书的人也易于洞悉事理，知所取舍、进退，可以说这是庄子的一项特殊贡献。

大概而言，"重言"太深奥，"卮言"太夸张，"寓言"里的比喻往往不切当。后者问题最大，容易使读者被牵扯而偏离了主题，引起争议，例如庄子说人喜食粟、鹿喜食草、蜈蚣喜食蛇、猫头鹰喜食鼠，以强调没有"正味"。诚然，不同类的动物有不同的嗜好，但是由此说明人类没有共同的口味，未免失诸过当。

更不妥当的是庄子喜欢借用他人之口以述自己之意，在其"重言""寓言""卮言"中都可见到。如果借用的只是虚构之人，自无大碍；如果是历史上的人物，便有问题，最显著的是他常常提起孔子的言行，但是与其他典籍中所见的不同，甚至相反，都是恣纵不当的"无端崖之辞"，将孔子说得甚为不堪，会引起听者的反感。此外他又屡次借孔子之口来说自己那一套见解，不够率直。

再次是关于庄子的意指。《天下》篇说，他脱出了一般人琐细、鄙陋的思虑，而采取一种高远的观点和超越的心神来立身处世、逍遥自在。但是他知道这么做极为不易，所以退而求其次教人尽量减欲、知足，以养生、保真，逃免身心受到过分的内外迫害。对处于乱世、无可奈何的人而言，此一建议很有价值，可以使他们获得一点精神上的避难空间。它是否会使人消极避世？此前已有分析，指出庄子并非逃避现实的人。但是一般读者是否能够了解他的真意，很难猜测。

最后对《庄子》的评语，其理论根据极多，可以演绎无穷，但是仍有许多未尽之处，待人深思。此评甚是。最重要的未尽之处有二，一是理论的结构不完整。庄子强调自然，将其"至德之世"描述得极为美满，但是没有明白说出此一理想世界必须有两个假设：（一）自然界没有灾祸，而有丰富的资源，可以让一切生物很容易地滋长；（二）生物皆无好恶之念，无相害之心，而能自制容忍，和平共存。缺此二者，世上便有匮乏、斗争。庄子没有坦认这两个假设，而只强调他说的理想世界在远古之时确曾存在，是一种自然现象。当然，对于假设，不必深究其实，但是如果它太过诡异，不近情理，就不易被人接受，以之为前提的理论就有问题。就《庄子》而言，其第一个假设或许还可以想象，但是需要一个更前的假设：人口相对地稀少；其第二个假设则纯属创见，需加以说明——像孟子、荀子、告子等人对人性"善""恶"所见不同，各自花了许多口舌加以辩述——庄子似乎认为人性善良，但是未加"证实"。事实上，《庄子》里有些话似乎并不完全支持他的两个假设，例如他说古人要耕作而得衣食，巢居以避猛兽，可见顺应自然不足维生；他又提到螳螂捕蝉黄雀在后一事，可见生物相残出于求生的必要，人类何以有异于此，他没有说明。

《庄子》的另一个"未尽之处"，是没有充分解答两个最基本的问题：万物"为何"及"应如何"而存在？前者涉及目的，后者涉及方法，二者合并又涉及一个更深刻的问题：万物（特别是人）存在的意义。庄子对人在各种不同的情势里应该如何生活说得很多，对生命的意义和目的也说了不少，初看玄妙圆通，但是仔细端详，似乎有些问题。

先说生命的意义。庄子通观天地万物，发现天不得不高，地不得不广，日月不得不明，四时运转，生死相继，各循一套准则，不能有丝毫变异。这种准则可以称为"自然律"，相信此者就否定了任何自由意志，这是对人和一切生物的能力没有信心之人共同的看法。由于这种看法，他们就觉得人到世间来转一圈就回到另一个境界，犹如一场倏忽之梦，没有什么意义可言，当然也说不上什么目的。

但是对一般人而言，虽然对生命的意义未必有多少见解，但是活着的时候，并不会觉得只是在做梦，许多事物都会使他有真实的感受——欢欣痛苦，喜怒哀乐——而欲趋避，所以有些事物对他是有意义的，例如可以给以温饱的衣食、可以治疗病痛的医药。由此推而广之，许多前人所创可以减轻其劳苦的桔槔、舟车，以及更多可谋取生命安宁、拓展心灵的境界，使得生活安适美化的"文化"，都应该是有意义的，追求它们可以是人生的目标。

庄子认为一切都是相对的，文化本无什么价值，何况它犹如桎梏，使人困顿；又会刺激欲望，使人肆其机心，可能陷于奸邪。所以追寻文化不可以是人生之目的。至于健康病痛、富贵贫困，都只是瞬间之事，如白驹过隙，又系出于"命"和"时运"，无法改变，为之喜忧，全无益处。他所关心的只是一时的心灵自由，又强调合乎自然就可自由，能够自由自在地活着，是有意义的，所以追寻自由是人生的目的。

但是此说颇有问题，因为自由只是活着的一种状态，先要能活着，才能谈自由，而如前所述人不能完全顺乎自然而生活，活着至少要有衣食维持温饱、有医药治疗病痛。自由既非最基本、切要的目的，不该过分强调其重要性，所以庄子对人"为何而存在"这个问题的答案是不周全的。事实上人一直在寻求其他的目的，获得了可观的成就，是生存在庄子所谓"至德之世"的人无法想象，而很可能颇为欣羡的。诚然，人在寻求那些文化时可能走火入魔，迷失了原来的目的，寻得之后又可能加以滥用，造成许多灾害，所以应该有所警惕和节制。如何使人适当地发展其潜在的智慧，达成各种人生目的，使人的存在有一种异于其他生物之存在的意义，这是应该深思的。

《孟子》

孟 子

《史记》有《孟子荀卿列传》,将孟子与荀子、邹衍、淳于髡、慎到等人事迹并述,十分简略。幸而《孟子》记录其行止、言论之处颇多,加上其他经籍里的记载,可知其生平大略如下:

孟子名轲,邹国人,周烈王四年(公元前372年)生,赧王二十六年(公元前289年)卒,享年八十四岁。邹近孔子故居鲁,孟子响慕孔子之道,但距其殁已百有余年,只能私淑其学。学成,有贤名。五十三岁时因梁惠王招募贤士而至梁。〈1〉惠王穷极奢华,不顾民间疾苦,而亟问致利复仇之术。孟子不愿就仕。越一年惠王卒,孟子见其子襄王"望之不似人君",乃去梁至齐。齐宣王好士,继齐威王之后在都城稷门下筑学宫,广招贤者,称稷下学士,且数百人,著名者孟子、邹衍、淳于髡、田骈、慎到、环渊等七十六人,皆赐第康庄,列官上大夫,不治而议论。孟子尤受礼遇,宣王拟赐十万锺[一锺六石四斗]采邑,期其久居。孟子不受,仅收粟帛馈养而为客卿,无官守、言责,朝王无定期,然而屡以王道说宣王,希望借以实现自己平治天下之志。为此

〈1〉 周安王二十六年(公元前376年),魏、赵、韩三家分晋。周显王四年(公元前365年),魏侯罃自安邑迁都大梁,在位三十六年(公元前334年)自立为王,世称梁惠王。即立,改元"后元"。"后元"十二年以卑礼厚币以招贤士。

他留齐约五年，终于因为宣王只望图霸，不能行仁政，齐国大臣皆不识大体，不足有为，乃怀憾去齐，其后曾至宋、薛、滕、鲁等国，往往后车数十乘，从者数百人，传食诸侯，尝与各国君臣论政，但均未久留。六旬后返邹，以著述终老。

《孟子》

《史记》说孟子返邹之后，"与万章之徒，序《诗》《书》，述仲尼之意，作《孟子》七篇"。此书内容包括三大类：孟子周游列国时与其君臣的对话、他对弟子们的疑问所作的解答、他自行陈述的足为言行法度之语。全书明白流畅，易读易解，但是七篇之中的章节未必连续，要经过整理归纳，才能见到孟子的若干主旨。其中最重要的是一方面抨击当时各国执政者的腐败和愚昧，批评许多士人的偏见和短视；另一方面指出一条非同寻常，然而他认为是确实可行之路，帮助人们脱出当时的困境，使个人的生命和群体的存在更有意义。

世　局

西周初年的封建、宗法制度，历经三百多年而逐渐松弛，周室东迁之后益趋式微。以前订定有关各种人等的地位、职业和行为的准则，皆因政治权威衰落而无法维持。春秋之时世局已乱，到了战国时期，乱象愈发严重。各国国内的情势都不稳定，一则因为国君与卿大夫争权，常常发生篡夺之事，例如晋献公用士蒍之计杀尽桓、庄之族，魏、赵、韩三家分晋，齐大夫田成子篡齐，燕相子之篡燕；二则因为统治者腐败无能，骄纵侈奢，而一般人民则生活于饥寒交迫之中。

国际的情势比国内的更为险恶。大国不断地侵略小国，使小国以子女财帛竭力事奉一强或数强，以求幸免，但终于被兼并或瓜分。大国之间的缓冲消失后，便引起了直接的斗争，规模愈来愈大，代价愈来愈高。春秋时期行车战，大约车一乘配甲士三人，徒卒三十人。晋、楚城濮之战，晋军七百乘，士卒二万余人；楚军较众，战车千乘，士卒三万。战一日，晋获楚车百乘，士卒千人。其他如邲、鞌、鄢陵之战，也不过一二日，伤亡亦属有限。战国时征庶人为徒卒，大国各有数十万至百万之数。秦、赵长平之战，历时三年，赵军大败，降者四十余万人，秦尽坑杀之。其他大役，交战国皆各兴师数十万，困斗三五载，流血漂橹，城野成墟。

对于这种内外交迫的情势，各国君民都无法用传统的制度和规范来应付，必须另觅蹊径，于是有一批"游士"兴起，为统治者服务。此类人物辈出，成为儒、道、墨、法、兵、农、名辩、纵横、五行等家，但是大致上可以分为两大类，第一类周游列国，直接与统治者交往。其中有的取得权位，左右了国内和国际情势，如邹衍、苏秦、张仪；有的不治而议论，如孟轲、荀况。这些人都受到很高的礼遇——苏秦曾佩六国相印。邹衍适梁，惠王郊迎，执宾主之礼；适赵，平原君侧行撇席；至燕，昭王拥彗先驱，请列弟子之座而受业，并为之筑碣石之宫，亲往师事之。至于齐国的"稷下先生"数十百人，受威、宣诸王之礼遇，已见前述。

第二类的士较少直接参与政事，而多考虑个人如何修身处世。其中有的致力于改变一般人的思想、行为，如杨朱、墨翟、庄周；有的以身作则，为人们树立言行典范，如许行、陈仲子。这些人虽未建立显赫的事功，但是受到群众的尊崇和信仰。孟子说他那时候"天下之言，不归杨则归墨"《滕文公下》，又说楚国的许行"为神农之言"，带了徒众数十人"衣褐，捆屦，织席以为食"。宋国儒者陈良之徒陈相及弟陈辛见到了大悦其道，便"尽弃其学而学焉"《滕文公上》。可见这些人的影响之大。

以上所述是一些显而易见的现象。孟子对古来时局的变化另有一套自己的看法，认为世局败坏的主因是执政者。他在《告子下》中说，古时天子定期"巡狩"于诸侯之国，听取其施政报告并观察其实际情形。如果见到"土地辟、田野治、养老尊贤、俊杰在位"，则加庆赏；如果见到"土地荒芜、遗老失贤、掊克在位"，则加谴责。诸侯定期到周廷朝见天子述职，"一不朝，则贬其爵；再不朝，则削其地；三不朝，则六师移之"。所以奖惩皆出于天子，诸侯之间没有战争。到了春秋之时情势大变。"五霸者，搂诸侯以伐诸侯者也"，但是他们还大致明白道义，其中最好的是齐桓公，他在葵丘会集诸侯，订立了一个盟约作为共同的行为准则：一曰"诛不孝，无易树子，无以妾为妻"；二曰"尊贤育才，以彰有德"；三曰"敬老慈幼，无忘宾旅"；四曰"士无世官，官事无摄，取士必得，无专杀大夫"；五曰"无曲防，无遏籴，无有封而不告"；最后强调："凡我同盟之人，既盟之后，言归于好。"孟子指出，到了战国之时诸侯皆犯此五禁。至于君臣之间的关系，他说："长〔助长〕君之恶其罪小，逢〔逢迎，奉承，强为之饰理〕君之恶其罪大。今之大夫，皆逢君之恶。"所以他说，"五霸者，三王之罪人也"，"今之诸侯，五霸之罪人也"，"今之大夫，今之诸侯之罪人也"。又说："今之事君者曰我能为君辟土地，充府库。今之所谓良臣，古之所谓民贼也。君不乡〔向〕道，不志于仁，而求富之，是富桀也。我能为君约与国，战必克。今之所谓良臣，古之所谓民贼也。君不乡道，不志于仁，而求为之强战，是辅桀也。"依照他此看法，真是世风日下，不知将伊于胡底了。但是他在《公孙丑下》中又说："五百年必有王者兴，其间必有名世者。由周而来，七百有余岁矣。以其数，则过矣；以其时考之则可矣。"换句话说，他认为历史是有循环性的，久乱之后会继之以平治。不仅此也，他还自许有平治之能，夸称："夫天未欲平治天下也；如欲平治天下，当今之世，舍我其谁也？"

暴　行

孟子把当时一般统治者的行为称为"暴行",大多游士的言论称为"邪说",分别加以严厉的批判。他特别提到的"暴行"有三:国内的权力斗争、统治者生活奢侈剥削人民、国际间的侵略战争。关于第一点他只说:"臣弑其君者有之,子弑其父者有之。"《滕文公下》关于第二点他指出,尧、舜之后"暴君代作,坏宫室以为污池,民无所安息;弃田以为园囿,使民不得衣食……园囿、污池、沛泽多而禽兽至"。《滕文公下》的确,当时的统治者多有此等"暴行",例如齐宣王坦认自己"好货""好色",有"雪宫",又于郊关之内辟囿方四十里,下令将杀其麋鹿者处以杀人之罪,如设阱于国中。《梁惠王下》梁惠王有台池鸟兽之乐,以致"庖有肥肉,厩有肥马,民有饥色,野有饿莩"。为什么有此结果?因为梁国"制民之产,仰不足以事父母,俯不足以畜妻子",所以人民"乐岁终身苦,凶年不免于死亡"。对于这种情形,执政者既"不知检",又"不知发〔开仓赈济〕"。孟子斥之为"率兽而食人"。《梁惠王上》梁惠王抗议说:"寡人之于国也,尽心焉耳矣。河内凶则移其民于河东,移其粟于河内。河东凶亦然。察邻国之政,无如寡人之用心者。邻国之民不加少,寡人之民不加多,何也?"孟子说:"王好战,请以战喻。填然鼓之,兵刃既接,弃甲曳兵而走,或百步而后止,或五十步而后止。以五十步笑百步,则何如?"梁惠王说:"不可。直不百步耳,是亦走也。"孟子说:"王如知此,则无望民之多于邻国也。"《梁惠王上》他的意思是率兽食人之余,移民就食只是一种临时性的办法,没有基本地改变暴政。

关于国际间的战争,孟子指出"春秋无义战"《尽心下》。什么是"义战"?孟子说是"以仁征不仁"。他先举了汤伐葛为例,说葛伯"不祀""仇饷"〔1〕，汤征之，"十一征而无敌于天下。东面而征，西夷怨；南面而征，北狄怨。曰奚为后我？民之望之，若大旱之望雨也"《滕文公下》。之后又举了武王伐殷为例，也用了同样的话来支持其正当性。《尽心下》这种征伐之例，到了春秋时已经没有了。

战国之时的战争更是毫无正当理义可言的大"暴行"。那时有的国君似乎生性"好战"，例如梁惠王对孟子说："晋国〔梁原为魏，是晋的一部分〕，天下莫强焉，叟之所知也。及寡人之身，东败于齐，长子死焉；西丧地于秦七百里；南辱于楚。寡人耻之，愿比死者壹洒之，如之何则可？"《梁惠王上》其实在这些战争里，梁国并非都是被侵略者，而且虽然遭遇挫败，梁国并无灭亡之虑，梁惠王只因一己的意气而欲再牺牲无数生命为已死者"洒之"。另外有的国君则怀有极大的野心，例如齐宣王自认"寡人有疾，寡人好勇"。所谓"好勇"，说穿了就是好战，所以他问孟子："齐桓、晋文之事可得闻乎？"此二人是在春秋之时以武功称霸的。孟子问齐宣王是否要肆其小勇，"兴甲兵，危士臣，构怨于诸侯，然后快于心与？"他说："否，吾何快于是！将以求吾所大欲也。"孟子问："王之所大欲，可得闻与？"齐宣王笑而不答。孟子故意问，那是"肥甘不足于口与？轻暖不足于体与？抑为采色不足视于目与？声音不足听于耳与？便嬖不足使令于前与？王之诸臣皆足以供之，而王岂为是哉？"齐宣王说："否，吾不为是也。"孟子说："然则王之所大欲可知已。欲辟土地，朝秦楚，莅中国而抚四夷也。"《梁惠王上》齐宣王没有否认。

齐宣王五年（公元前315年），燕王哙让国于其相子之。国人不服，内战甚烈。齐大臣沈同派人问孟子："燕可伐与？"孟子说："可。"有人

---

〔1〕《滕文公下》里说，葛伯以无牺牲、无粢盛为词不祀天地。汤居亳，送去了牛羊供祭祀，粮食给饥民，又遣其民去葛代耕。葛伯仍然不祀，并夺取了牛羊、粮食，杀死了一个拒不交出黍肉的童子。于是汤出兵讨伐葛，"为其杀是童子而征之……为匹夫匹妇复仇也"。

问孟子是否曾劝齐伐燕。孟子说沈同只问燕是否可伐，他说"可"，因为"子哙不得与人燕，子之不得受燕于子哙"。⁽¹⁾这种背悖情理、害国害民之事是应该受到惩罚的，就像如果有人问杀人者是否可处死罪，他当然回答"可"；但是如果问谁可以将此罪人处死，他会回答说"为士师"。沈同没有问谁可以伐燕，如果他曾这么问，孟子会说"为天吏[替天行道之人]"，而不是齐宣王。《公孙丑下》

齐宣王没有思考自己是否为"天吏"便去伐燕，战胜后问孟子："以万乘之国伐万乘之国，五旬而举之，人力不至于此。不取[并吞]，必有天殃。取之，何如？"孟子说："取之而燕民悦，则取之。古之人有行之者，武王是也。取之而燕民不悦，则勿取。古之人有行之者，文王是也。以万乘之国伐万乘之国，箪食壶浆，以迎王师。岂有他哉？避水火也。如水益深，如火益热，亦运[翻转，以暴易暴]而已矣。"《梁惠王下》齐宣王不听其言而并吞了燕国。诸侯将谋救燕。齐宣王问孟子怎么办。孟子说："今燕虐其民，王往而征之。民以为将拯己于水火之中也，箪食壶浆，以迎王师。若杀其父兄，系累其子弟，毁其宗庙，迁其重器，如之何其可也？天下固畏齐之强也。今又倍地而不行仁政，是动天下之兵也。王速出令，反其旄倪，止其重器，谋于燕众，置君而后去之，则犹可及止也。"《梁惠王下》齐宣王又不听。燕人畔，齐败归，齐宣王说："吾甚惭于孟子。"《公孙丑下》

所以孟子并非完全反对使用武力，如果是用来解救人民于暴政或外侮，他皆认可；他所反对的是侵略和并吞。在战国时期，大国都在争夺土地，但是他认为当时的大国都已经有很大的疆域，超乎其人民的需要，所以"争地以战，杀人盈野；争城以战，杀人盈城"，双方皆

〈1〉《战国策·燕策一》称孟子曾劝齐宣王伐燕。然而孟子认为禅让要有一定的条件（见下文），子哙授国与子之乃受谋士蛊惑，为不正。子之以权臣取燕实为篡也，故孟子非之。

丧失了千千万万的人民，夺得了土地没有人加以使用，便成了废墟旷野。因而他慨叹："不仁哉梁惠王也！……以土地之故，糜烂其民而战之，大败，将复之，恐不能胜，故驱其所爱子弟以殉之，是之谓以其所不爱及其所爱也。"《尽心下》

更重要的是，孟子认为想凭侵占而统治天下是绝不可能的。他猜中了齐宣王的"大欲"之后说："以若所为求若所欲，犹缘木而求鱼也。"齐宣王说有这么糟吗？孟子说："殆有甚焉。缘木求鱼，虽不得鱼，无后灾。以若所为求若所欲，尽心力而为之，后必有灾。"《梁惠王上》然后解释说小不可敌大，寡不可敌众。齐以一国与当时其他大小略等的八国为敌，结果一定大败。

所以对于帮助诸侯攻战之人，孟子甚为不齿。当景春说："公孙衍、张仪，岂不诚大丈夫哉！〔张仪说诸侯合纵破苏秦连横，久重于秦；公孙衍时纵时横，曾佩五国相印，常为约长〕一怒而诸侯惧，安居而天下熄"，孟子驳道，他们所为无非逢迎、助长诸侯的暴行，"以顺为正者，妾妇之道也"《滕文公下》，而且他们诱致了极多的战争，是"率土地而食人肉，罪不容于死"，所以他主张"善战者服上刑，连诸侯者次之，辟草莱、任土地者次之"。《离娄上》

邪　说

在分析了当时统治者的"暴行"之后，孟子又进一步去探究促使它们发生的一些思想。行为受思想的指导，"暴行"都由不当的思想引发，所以孟子特别重视驳斥"邪说"，甚至对于未必引发"暴行"，但是足以混淆是非、错乱视听、使人误入歧途或彷徨不知所措的想法和言论也要加以匡正。

（一）好利

第一个深入人心的思想是"利"。孟子初到梁国，梁惠王一见面就问他："叟不远千里而来，亦将有以利吾国乎？"这一句简单的问话引发了孟子一番强烈的反应："王何必曰利……王曰何以利吾国？大夫曰何以利吾家？士庶人曰何以利吾身？上下交征利而国危矣。万乘之国弑其君者必千乘之家，千乘之国弑其君者必百乘之家。万取千焉，千取百焉，不为不多矣。苟为后义而先利，不夺不餍。"《梁惠王上》这些话似乎是孟子积蓄已久而爆发出来的愤激之辞。在《告子下》里也有一段相似的话——宋牼去楚国劝阻秦楚构兵，途中遇到孟子，说他将告诉楚王战争之不利。孟子说："先生之志则大矣，先生之号〔说法〕则不可。先生以利说秦楚之王，秦楚之王悦于利……为人臣者怀利以事其君，为人子者怀利以事其父，为人弟者怀利以事其兄，是君臣、父子、兄弟终去仁义，怀利以相接，然而不亡者，未之有也。"

其实无论作为名词或动词，"利"本无是非。万物（包括国、家、个人）想要取得必要的资源以利其生，没有什么不对。孟子所恶的是取不当之利。所谓"不当"有两种意义：一指过于所需；二指与其他价值冲突。生物撷取外在物资供其所需以谋生存，乃是自然之举。在一般的情形下，所需是有限的，所谓"鹪鹩巢于林不过一枝，鼹鼠饮河不过满腹"。如果将求利作为人生主要目的，特别是那种企图不断追寻更多物质之利，便属"不当"，因为过分之利并非生存所需，而世间的物质资源有限，一人竭力争取，难免会损害他人之需。倘若将物质之利看得远远高过人生的其他价值，特别是与人际的和谐安宁相关的若干原则如公平、正直、互助、相谅等等，便是进一步的"不当"。孟子认为当时各种斗争的主因在此二者，所以他承认也爱各种之利，但是如不能兼得，便要有所选择。这便是他有名的"鱼与熊掌"之喻："鱼，我所欲也，熊掌，亦我所欲也；二者不可得兼，舍鱼而取熊掌者也。生亦我所欲也，义亦我所欲也；二者不可得兼，舍生而取义者也。"《告子上》接着他做了一番僻奥的解释，简而言之，可以这么说：人除了口腹躯体之外，还有一些特质使之与一般禽兽有异。假如一个人有此认识，那么即使为了生存，也不屑于做某些禽兽一般卑屈之事，例如去吃"呼尔而与之"或"蹴尔而与之"的一口救命之食。不仅此也，即使是万锺俸禄、宫室美妾，如果其来路不正当，也不可昧然接受。为了强调他对寻求不当利益之人的鄙视，他说了一个故事，将他们讲得十分不堪：

> 齐人有一妻一妾而处室者，其良人出，则必餍酒肉而后反。其妻问所与饮食者，则尽富贵也。其妻告其妾曰："良人出，则必餍酒肉而后反；问其与饮食者，尽富贵也，而未尝有显者来，吾将瞯良人之所之也。"蚤起，施从良人之所之，遍国中无与立谈者。卒之东郭墦间，之祭者，乞其余；不足，又顾而之他，此其为餍足之道也。其妻归，告其妾曰："良人者，所仰望而终身也。今若此。"与其妾讪其良人，而相泣于中庭。而良人未之知也，施施从外来，骄其妻妾。由君子观之，则人之所以求富贵利达者，其妻妾不羞也，而不相泣者，几希矣。《离娄下》

（二）兼爱、为我

除了普遍的图利之念以外，另有两种思想特别受到孟子的苛评，一是墨子的"兼爱"，一是杨朱的"为我"。他说当时"圣王不作，诸侯放恣，处士横议，杨朱、墨翟之言盈天下。天下之言，不归杨则归墨。杨氏为我，是无君也；墨氏兼爱，是无父也。无父无君是禽兽也"《滕文公下》。这段话是他对公都子说"外人皆称夫子好辩"而做的辩词，愤激之情溢于言表。墨子的理论已见前述。孟子除了说他"无父"之外，还说他"摩顶放踵利天下，为之"《尽心上》。杨朱的理论并无确切的记录。孟子除了说他"无君"之外又说："杨子为我，拔一毛而利天下，不为也。"《尽心上》后人谈论杨朱也都有类似的说法。

墨子之言满天下，应该是因为他有众多的信徒；杨子之言为什么也这么流行？因为这种思想其实由来已久。自东周以来世局日乱，许多人觉得十分厌恶，却无力加以改变，只有尽量躲避污浊，保住一点自己的洁净。孔子曾说："贤者辟世，其次辟地。"《论语·宪问》《论语》里提到的接舆、桀溺、晨门、荷蒉者等都属此类。此外老子也说过许多话，强调贵生保真，不助长也不干预他人之事。[1] 庄子则倾其全力在说明这种思想，已见前章。孟子没有评论老、庄，大约因为老子的话往往"正言若反"，难以确切指实；庄子晚于孟子，而且依其性格绝不会去稷下学宫那些地方凑热闹，也没有游走诸国发言求售，所以没被孟子提到。

孟子为什么那么激烈地攻击杨、墨，各以二字以蔽其说，继而斥二人为禽兽？因为他要捍卫儒家的伦理思想。他说墨子"无父"，是指"兼爱"背悖了儒家"亲亲有等"，人际关系应依其宗族远近而有亲疏差别的观念；他说杨朱"无君"是指"为我"忽视了儒家"君君，臣臣"、治人者与被治者之间应有上下关系的主张。在他看来，这些思想和行为会造成世间的纷乱，为了防止这种后果，他勇敢地挑起了

---

[1] 读《老子》者较少注意此点，所以在这里举出数例加以彰显，如《十三章》："贵以身为天下，若可寄天下；爱以身为天下，若可托天下。"《十五章》："古之善为士者，微妙玄通……保此道者不欲盈。"《二十章》："众人熙熙，如享太牢，如登春台；我独泊兮其未兆，如婴儿之未孩……我独异于人，而贵食母。"《二十二章》："曲则全，枉则直……夫唯不争，故天下莫能与之争。"《二十三章》："飘风不终朝，骤雨不终日。孰为此者？天地。天地尚不能久，而况于人乎？"《二十八章》："知其雄，守其雌，为天下溪……常德不离，复归于婴儿。"《二十九章》："天下神器，不可为也。为者败之。"《三十二章》："知止所以不殆。"《五十九章》："治人事天莫若啬。"《七十二章》："圣人自爱不自贵。"《七十五章》："民之难治，以其上之有为……民之轻死，以其求生之厚……夫唯无以生为者，是贤于贵生。"

熄灭这两种"邪说"的重担,说周代在文、武及周公之后,"世衰道微,邪说暴行有作……杨、墨之道不息,孔子之道不著,是邪说诬民,充[阻]塞仁义也。仁义充塞,则率兽食人,人将相食。吾为此惧,闲[卫]先圣之道,距杨、墨,放淫辞,邪说者不得作。作于其心,害于其事;作于其事,害于其政……孔子成《春秋》而乱臣贼子惧……无父无君,是周公所膺[惩]也。我亦欲正人心,息邪说,距诐[偏]行,放淫辞,以承三圣[禹、周公、孔子]者……能言距杨、墨者,圣人之徒也"《滕文公下》。

谬　见

除了一般人的好利及杨、墨的为我、兼爱之外,孟子认为还有一项对于社会有重大影响的观念——告子的"人性"论。他并没有指它为"邪说",但是认为它是一种会误导人们的思想和行为的谬见,所以也须加以澄清。

告子与孟子是同辈,兼治儒墨之道,对于"人性"有许多见解。孟子用了《告子》上下两篇,从许多角度、层面,反复加以批驳。因为"人性"如何是他整个理论的关键所在,所以需要稍为多花一些笔墨来陈述其要。

讨论人的问题,难免要问人是否有一个特殊的"人性"。孔子曾说人"性相近也,习相远也"《论语·阳货》。老子认为人在初生之时都是纯朴的,"沌沌""昏昏""泊兮其未兆,如婴儿之未孩"《老子》二十章。所以他要人"常德不离,复归于婴儿"《老子》二十八章。他们二位都没有说人有什么特性。墨子说人生来就对事物有不同的看法,"一人一义",人各是其义而非人之义,以至于"父子兄弟作怨仇……如禽兽然"《墨子·尚同》。所以他似乎认为"人性"是自大、自私的。庄子认为原始之时,"禽兽可系羁而游,鸟鹊之巢可攀援而窥",人人"含哺而熙,鼓腹而游"《庄子·马蹄》,"与麋鹿共处,耕而食,织而衣,无有相害之心"《庄子·盗跖》。所以他是相信人性本来是无害的。

《告子》里起先说他认为"性犹杞柳也,义犹桮棬也。以人性为仁义,犹以杞柳为桮棬",似乎说人没有什么特性,就像一块木材一样可以用来做成杯盏容器;人也像一件素材,可以使之为仁义。言下之意木材可以用作别的东西,人也可以使之有别的品行。这种想法与孔子、老子的相近。孟子驳问:"子能顺杞柳之性而以为桮棬乎?将戕贼杞柳而后以为桮棬。如将戕贼杞柳而以为桮棬,则亦将戕贼人以为仁义与?"然后说:"率天下之人而祸仁义者,必子之言夫。"当然杞柳被砍成木材做成器皿就不再是杞柳了,可见孟子认为人有特殊之性,仁义与否不是改变了人性而成的。但是如果说将人教导成合乎仁义,人就不是人了,犹如桮棬不是杞柳了,此喻似乎过当。

其次,告子说:"性犹湍水也,决诸东方则东流,决诸西方则西流。人性之无分于善不善也,犹水之无分于东西也。"就水而言,这是一个很简明的观察结果,但是孟子不以为然。他说:"水信无分于东西,无分于上下乎?人性之善也,犹水之就下也。人无有不善,水无有不下。今夫水,搏而跃之,可使过颡,激而行之,可使在山。是岂水之性哉?其势则然也。人之可使为不善,其性亦犹是也。"这段话很突兀。告子只说水向东向西,没有提到上下。孟子指出水无不向下固然不错,但是这与人性善恶有什么关系?怎么因"水无有不下",就证明"人无有不善"而认定其为"人性"?至于水可以被激而向上,也是事实,但这是外力所致,并非自然现象,而且就人而言,为什么说只有某种行为——"为不善"——是被激成的?其他行为——如"为善"——不是也可以被激成吗?

再次,告子说"生之谓性"。大约是为了强调与生俱来的本质,与世俗所谓的善恶无关。孟子又不以为然,问道:"生之谓性也,犹白之谓白与？"告子说是。孟子说："白羽之白也犹白雪之白，白雪之白犹白玉之白与？"告子说是。孟子说："然则犬之性犹牛之性，牛之性犹人之性与？"这段话就更出人意外了。一个东西的颜色，应该只能说是它的一种表象，至多只能算是它极肤浅的"性"。譬如鸡可以有黄色、白色、黑色、杂色等等，这是鸡的表象。无论其为什么颜色，公鸡会鸣晨，母鸡会产卵，这才是鸡的重要之"性"。白羽、白雪、白玉除了白色的表象之外没有其他共同之"性"；犬、牛、人当然各有其"性"，但是各不相同。孟子抓住"性"这个字，说因为人与牛都有"性"，问二者之"性"是相同的吗？二者之"性"当然不同，告子但说各有其生来之性，孟子之问似乎是无的放矢。

告子说："食、色，性也。"就是要点破这种强辩，说明人有这二种需要，这才是"性"。然后他又接着说："仁，内也，非外也；义，外也，非内也。"其意在于说明人的行为准则有的比较容易懂，譬如"仁"，只要将心比心就可以体悟到，因而可以说是内在的；有些比较困难，譬如"义"，一定先要深切地了解行为者所处的社会结构、行为当时具体的情势以及行为之后可能产生的后果。这种准则大多先由社会决定，一般人才接受而遵行，因而可以说是外在的。当时告子并没有这么细说，所以孟子追问："何以谓仁内义外也？"告子举了一例子说："彼长而我长之，非有长于我也；犹彼白而我白之，从其白于外也，故谓之外也。"意思是有一个人年长于我，我就尊敬他，并不是因为他有其他地方比我好。就像见到一个白色的东西，我就从它的外观上认识它为白，所以对我而言，白是外在的。孟子说白马的白与白人的白固然没有区别，但是"不识长［怜］马之长［老］也，无以异于长［尊］人之长［老］与？且谓长者义乎？长之者义乎？"意思是怜悯老马与恭敬老人没有差别吗？而且恭敬老人是因为老人有义，还是恭敬他的人有义呢？在此孟子又在一个"长"字的不同含义上搬弄，并无深意；更重要的是，他的话无非是要说明，尊敬老人这一行为不是因为老人有义行才受人尊敬,而是尊敬他的人自动的一种行为。然而这种见解出自一个有敬老习俗的社会,在其他社会则未必然。《墨子·节葬下》指出,輆沭之国的人在祖父死后便将祖母丢掉,"曰鬼妻不可与居处",并不认为这种行为不义,所以敬老并不是必然与生俱来的"内在"之"义"。

告子又说:"吾弟则爱之,秦人之弟则不爱也,是以我为悦者也,故谓之内;长楚人之长,亦长吾之长,是以长为悦者也,故谓之外也。"前一句说爱是出于内心的喜欢,后一句说敬老是服从一种外来的礼俗以取悦长者。孟子又以为非,说:"耆秦人之炙,无以异于耆吾炙。夫物则亦有然者也,然则耆炙亦有外与?"——吃秦人烤的肉和吃自己烤的肉,都可以引起相同的内在反应,所以爱秦人之弟和敬楚之老人,都可以是由内心发出的。这个比喻很难理解。不同的人烤的肉味道未必相同,要吃到口中才能说喜欢与否。对一般人而言,人际关系皆因有了深度的接触才会产生真切的感情。对于远方不相识之人,未经交往,便自然地怀有爱敬之心,是不可能的。

孟子如此驳斥告子还觉得意犹未尽,又借他与弟子们的谈话再加批评。孟季子问公都子为什么说"义内也"。公都子说:"行吾敬[将我内心的敬意表示出来],故谓之内也。"孟季子说:"乡人[同乡之人]长于伯兄一岁,则谁敬?"公都子说:"敬兄。"孟季子问:"酌[敬酒]则谁先?"公都子说:"先酌乡人。"孟季子说:"所敬在此,所长[酌]在彼,果在外,非由内也。"公都子不能答,去告诉孟子。孟子说你可以问他:"敬叔父乎?敬弟乎?"他将会说"敬叔父"。你可以说:"弟为尸[祭祖仪式中代表祖先的人],则谁敬?"他将会说"敬弟"。你可以问这时候怎么不敬叔父?他将说因为弟处在特殊的地位。你可以说敬乡人也是因为他处在特别的地位。平常应该敬兄,在特殊的场合则临时敬乡人。孟子这番话当然是说"敬"是出自内心的,只是在不同的情况里,所敬的对象可以不同。这一点固然不错,但是所谓特殊的情况,却非个别之人自己决定，而由外在的因素造成，所以内心的反应也并不是完全自然的。难怪公都子将孟子这番话告诉孟季子后，孟季子说："敬叔父则敬，敬弟则敬，果在外，非由内也。"公都子不理解孟季子之意，说："冬日则饮汤，夏日则饮水，然则饮食亦在外也？"此问很牵强。冷时想喝热汤，热时想喝冷水，固然是一种人的生理习性，但是这一点怎么能证明人在复杂的情势里，都会出乎内心自然地选择某一种固定的反应呢？

告子又说："性无善无不善也。或曰性可以为善，可以为不善，是故文、武兴，则民好善；幽、厉兴，则民好暴。或曰有性善，有性不善，是故以尧为君而有象；以瞽瞍为父而有舜；以纣为兄之子，且以为君，而有微子启、王子比干。今曰性善，然则彼皆非与？"此前他将人性与水性相比，只谈东西上下的自然倾向，此处谈善不善，则是人的价值评断。为什么这么说？因为孟子说人性是善的，所以他提出了性可能：（一）无善无不善，（二）可善可不善，（三）有善有不善。当公都子将告子这三种看法转告孟子时，孟子说："乃若其情，则可以为善矣，乃所谓善也。若夫为不善，非才之罪也。"——从人的本性而言，人是可为为善的，这就是所谓"性善"。至于人之为不善，不能归罪于其本性。此言将"性善"说得很笼统，为了否定告子的第一种看法，他说："恻隐之心，人皆有之；羞恶之心，人皆有之；恭敬之心，人皆有之；是非之心，人皆有之。恻隐之心，仁也；羞恶之心，义也；恭敬之心，礼也；是非之心，智也。仁、义、礼、智，非由外铄我也，我固有之也。"他所谓的"心"，应该是指人们对于某些事物和情况的一些比较普遍的观感。在他看来，恻隐、羞恶、恭敬、是非这些观感都是"善"的。进一步他又举了一个实例来证明人皆有"恻隐之心"："今人乍见孺子将入于井，皆有怵惕恻隐之心，非所以内[纳]交于孺子之父母也，非所以要[邀]誉于乡党朋友也，非恶其声而然也。由是观之，无恻隐之心非人也……"《公孙丑上》的确，在他所说的情况下，一般人都会有"怵惕恻隐"之感。他接着又说："无羞恶之心，非人也；无辞让之心，非人也；无是非之心，非人也。"但是对于这三种"心"，他并没有提出任何实例证明"人皆有之"。事实上许多人都有不同的爱憎、是非。既然没有共同的观感，就不能说有同一种"心"。至于辞让更是一种礼节，行之固然很好，不为者便斥之为不是人，未免过分。

为什么孟子要武断地说人都有这四种"心"？因为"仁、义、礼、智"是儒家最重视的美德，它们可以使人们亲和而凝聚成一个有阶层、有秩序的团体；但如果它们只是一些外来的约束，用以镀饰言行，便很肤浅，容易被人忽略废弃，所以孟子要强调它们不是"外铄"于人，而是人"固有之"，一再声称仁义是"内"在，不是"外"在。依此理路推展，将会引导至一个结论：因为人有他说的四种"心"，人必然都是"善"的。然而他无法否认告子在其第二、第三两点提出的实例，所以他做了一个转折说："恻隐之心，仁之端也；羞恶之心，义之端也；辞让之心，礼之端也；是非之心，智之端也"——人并不是生来就知道仁、义、礼、智，而只在内心存有仁、义、礼、智之"端"〔萌芽〕。它们或许可以说是一种粗略、原始的观感，犹如人之有"四体〔肢〕"，如果不加以适当的锻炼，仍不能致用，所以他又说："凡有四端于我者，皆知扩而充之矣，若火之始燃，泉之始达"，就可以充分地领悟、遵行仁、义、礼、智的美德而得到极善的成果。《公孙丑上》这句话有语病，即使不问何以证明有四端，怎么又断言人"皆知"扩而充之？不过这不是孟子此语的要点，他的要点是如果不好好地加以"扩充"，则会像芽苗一样萎缩；如果遇到不良的环境或外力的摧残，更将变成畸形，不仅自趋灭亡甚至危害他人。这一点是显而易见的，他却费了许多口舌说："富岁，子弟多赖〔懒〕；凶岁，子弟多暴。非天之降才尔殊也，其所以陷溺其心者然也。今夫麰麦，播种而耰之，其地同，树之时又同，浡然而生，至于日至之时，皆熟矣。虽有不同，则地有肥硗，雨露之养，人事之不齐也。"此外他又用了一个比喻申述其意：

> 牛山之木尝美矣，以其郊于大国也，斧斤伐之，可以为美乎？是其日夜之所息，雨露之所润，非无萌蘖之生焉，牛羊又从而牧之，是以若彼濯濯也。人见其濯濯也，以为未尝有材焉，此岂山之性也哉？虽存乎人者，岂无仁义之心哉？其所以放其良心者，亦犹斧斤之于木也，旦旦而伐之，可以为美乎？其日夜之所息，平旦之气，其好恶与人相近也者几希，则其旦昼之所为，有梏亡之矣。梏之反复，则其夜气不足以存；夜气不足以存，则其违禽兽不远矣。人见其禽兽也，而以为未尝有才焉者，是岂人之情也哉？故苟得其养，无物不长；苟失其养，无物不消。孔子曰：操则存，舍则亡；出入无时，莫知其乡。惟心之谓与？《告子上》

依照这个说法，人性可以因外在的因素而变，与告子提出的三个可能性相同。那么为什么孟子坚持说"性善"？大约一则因为他深恨当时的暴行邪说，指为世乱之源，又认定它完全出于时君与士人，应由他们负完全责任，所以在理论上必须将一般人说成本性善良，然后申述铲除暴行邪说之必要。二则因为如果相信"性善"，在实践上就比较容易实现"善"的后果——如果人性本善，虽然并不保证人人都能变为善人，但因其内心已有善"端"，只要不去伤害它，将有害的因素（暴行邪说）去除，让它能自然发展就行了；如果人性"无善无不善"，要使人向善，就需花比较多的功夫，先说明什么是"善"，使人相信，然后一步一步促使人"向善"，并帮助他去除沿途的障碍；如果人"本性不善"，当然就更难以使其向善了。除了理论和实践上的需要之外，另一个可能是孟子强调性善也是对杨、墨的反应。杨朱主张"为我"，墨翟说人在没有政教之前是"一人一义"，其前提似乎都是自大自私。

这是孟子不能接受的。

孟子"性善"之说虽然不周全妥当，但是如果不去诘究其细节而从大处去看，可以发现他所注意的是一些极为基本的问题：人为什么有异于其他生物而过着一种特殊的生活——人有什么特性？因为有了其特别的"人性"，人"能够"并"应该"如何生存？告子等人也见到了这些问题的重要性，所以认真地参加了讨论。其后荀子、商、韩等人都将人和所处的环境结合起来，细加研析，各有所见，用作他们各别理论的基础。

误　解

除了邪说、谬见，孟子还发现许多人对于当时流传的若干有关儒家先圣的故事颇多误解，因而感到迷惘。此外又有若干被不少人认为值得信奉的观念和仿效的行为与儒家的主张相悖，使得他们怀疑那些主张。他以孔子的私淑弟子自居，以捍卫儒家思想为己任，觉得对于这些误解应该加以厘清和纠正。

先说关于儒家的理论。儒家认为人际关系应该有亲疏、上下之别，各人应该遵循相对的规范，如父慈子孝、君尊臣卑。杨朱"为我"，墨翟"兼爱"，便是对这些基本信念和主张的挑战。孟子之时，人们也觉得有些儒家先圣的言行与此规范不合。在《万章》里孟子借他与弟子的对话，对此种看法极力加以辩答。首先，弟子万章问孟子，为什么传说舜曾在田野里向天号泣？孟子说因为他爱父母却得不到他们的爱。万章说为人子的应该"父母爱之，喜而不忘；父母恶之，劳而不怨"，舜心里有怨怼吗？孟子说一般人少年时希望得到父母的爱，及长就希望得到少女、妻子的爱，出仕之后就想得到君主的爱；舜却不然，尧为天子，使其九个儿子、两个女儿以及百官去听命于舜，将国家的仓廪、牛羊都托付于舜，并且准备将帝位禅让于舜，然而舜仍旧因为不得父母的爱而抑郁于心，终身希求父母的爱，这是真正的大孝。

万章又问，《诗》里说："娶妻如之何？必告父母。"舜既为大孝，应该信奉这个准则，但是他不告而娶了尧的两个女儿，为什么？孟子说男女成婚乃"人之大伦"，如果舜去禀告父母，而他们不答应，他就不能娶妻，因而"废人之大伦，以怼父母"，这是更不好的，所以他没有去禀告父母。万章说尧也没有事先告知舜的父母，就将女儿嫁给了舜。这是什么道理？（显然万章认为依照正常的礼节尧应该告知。）孟子说尧也知道如果告知，就不能将女儿嫁给舜了。孟子的意思是，为了遵循一个较高的原则，有些细则是可以权宜处理的，只是没有在此明说。（此外可以与舜为婚的女子应该很多，为什么一定要悖父母之意而娶尧之二女？尧的女儿可嫁之人应该也不少，为什么一定要违反礼俗而委之于舜？万章没有追问，孟子也没有解释。）

万章又问，舜的父亲和后母以及他的异母弟象屡次想害死他。有一次象以为成功了，得意地说舜的牛羊、仓廪都归父母，干戈、琴归他，并且要使二位嫂子服侍他。说完走到舜的居室，看见舜坐着弹琴，就忸怩地说很想念舜。舜说他正在思念百姓之事，你可以帮助我吗？万章问不知道舜是否清楚象要谋杀他。孟子说怎么会不知呢？他对于象是极为悌爱的，"象忧亦忧，象喜亦喜"。万章问那么舜是在作伪吗？孟子说："君子可欺以其方，难罔以非其道。"象假装以爱兄之道来，舜就真诚地相信而喜，怎么是作伪呢？

万章又问，象天天图谋杀舜，舜成了天子却仅仅放逐了象，为什么？孟子说其实是给象一个封邑。万章说舜"诛不仁"，将当时的四大凶犯共工、骓兜、三苗、鲧，都放逐或杀戮了，所以天下都信服他。象是极为不仁之人，而舜竟封他于有庳。有庳之人有什么罪辜，要受到这种处分呢？对别的恶人加以诛戮，对自己的弟弟则给以封邑，仁人就可以这么做吗？孟子说，仁人对自己的弟弟有怒不隐藏在心，有怨不蓄存很久，总是亲爱相待，要使他富贵。舜封象于有庳就是要使他富贵。自己成了天子，弟弟却仍是一个庶民，可以说是亲爱他吗？接着孟子又进一步解释说，天子派了官吏治理有庳，向中央政府纳税、进贡。象并没有控制有庳，更不可能暴虐有庳人民，然而因为有庳之封，舜能够常常见到象。这才是舜的目的。

万章又问："尧以天下与舜，有诸？"孟子说："否，天子不能以天下与人。"万章问："然则舜有天下也，孰与之？"孟子说："天与之。"万章说："天与之者，谆谆然命之乎？"孟子说："否，天不言，以行与事示之而已矣。"万章问是怎样做的呢？孟子说尧荐舜于天，暴〔曝〕之于民，"使之主祭，而百神享之，是天受之；使之主事，而事治，百姓安之，是民受之也"，所以说舜之得天下是"天与之，人与之"，不是尧给他的。此外孟子还举了一个证据：舜相尧二十有八载，非人之所能为也，天也。尧崩，三年之丧毕，舜避尧之子于南河之南，天下诸侯朝觐者、讼狱者，都不之尧之子而之舜；天下讴歌者，不讴歌尧之子而讴歌舜。所以说这是天意，是天与之、民与之。如果舜于尧崩之后，"居尧之宫，逼尧之子"，那就是篡夺了。

关于统治者地位的传递，还有一个问题。万章问："人有言，至于禹而德衰，不传于贤，而传于子。有诸？"夏禹也是儒家的一个典范，所以孟子也加以捍卫说："否，不然也。天与贤则与贤，天与子则与子……禹荐益于天，七年。禹崩，三年之丧毕，益避禹之子于箕山之阴。朝觐、讼狱者不之益而之启，曰，吾君之子也……丹朱〔尧之子〕不肖，舜之子亦不肖。舜之相尧，禹之相舜也，历年多，施泽于民久，启贤，能敬承继禹之道。益之相禹也，历年少，施泽于民未久。舜、禹、益相去久远，其子之贤不肖，皆天也，非人之所能为也。"

依照儒家的伦理，君臣父子之间有一定的上下关系。孟子的另一位弟子咸丘蒙问舜受禅为天子之后，南面而立，尧率领诸侯北面而朝

《孟子》

之，舜父瞽瞍也北面而朝之，因而孔子说那时候的天下很是危险。孟子说这不是孔子的话而是齐东野人说的。依据《尚书·尧典》，舜相尧二十八年之后，尧才崩殂。孔子说"天无二日，民无二王"，如果在此之前舜已立为天子，又率领天下之人为尧服三年之丧，那是同时有两个天子。孔子绝不会认可的。

咸丘蒙又问，《诗》里说"普天之下莫非王土，率土之滨莫非王臣"，舜成了王，而瞽瞍却不是臣，那是怎么回事呢？孟子说那句诗所说的不是王与臣的关系，而是说有一个人因为忙于王事而不能奉养父母，所以叹道，全天下都是国王的土地，全天下都是国王的臣民，为什么我要这么特别地劳苦呢？所以说论述诗句不可以表面的几个文字，损害了全句的意义；不能以一句的意义，损害了全诗的精神。说到孝亲，最重要的是尊亲，尊亲之至，莫过于以天下奉养。舜为天子，恭敬小心地以天下养瞽瞍，这是最大的孝。瞽瞍为天子之父，还有比这更尊贵的吗？

象屡次谋杀舜不遂，舜为天子封象于有庳，是为了亲亲；如果瞽瞍杀了人，该怎么办？这是孟子的弟子桃应追问的。孟子说该拘捕他。桃应说舜不会禁止吗？孟子说舜怎么能禁止呢？瞽瞍是自作自受啊。桃应说然后舜怎么办？孟子说舜将偷偷地背起瞽瞍逃到海边住下，终身快乐，忘记了曾为天子，因为他将丢弃天下看得像丢弃一双破鞋一样。《尽心上》

孔子的行为也受到一些人的质疑。他在鲁国为司寇，未受信任；有一次跟随君主大臣去祭祀天地，其后未见祭肉送来。他就没有脱掉祭祀时戴的冠冕匆匆地离开了鲁国。不了解他的人以为他是因为没有分享到祭肉；了解他的人以为他是因为鲁国君臣的无礼。孟子认为孔子故意做得像是不合礼地离去，因而让自己背了一点细小的罪名，以免归责于鲁国政府，这种做法非同寻常。所以孟子说："君子之所为，众人固不识也。"《告子下》

事实上孟子自己的行为也受到人们的误解。他自许极高,不仅要言拒杨、墨,继承先圣,并且声称:"如欲平治天下,当今之世,舍我其谁?"所以他周游梁、齐、宋、薛、邹、滕、鲁诸国,都希望能取得官职,舒展其抱负。时人周霄见他栖栖惶惶,问他古时的君子也这么求仕吗?他说孔子三月无君,则皇皇如也。但是求仕要遵循道义,就像人都想成家,但是不可以钻洞偷看、翻墙幽会。"古之人未尝不欲仕也,又恶不由其道。"《滕文公下》

什么是求仕、任官之道?孟子到了一国却不主动去求见国君。公孙丑问他:"不见诸侯,何义?"他说一个人还没有成为一位君主的臣下,就不该去求见。勉强去做,"胁肩谄笑","其色赧赧然",不是君子可以忍受的。《滕文公下》万章也提出了同一问题。孟子说庶人没有职位而去见君主是不合礼的。《万章下》

如果士人不去求见,君主是否可以召见呢?孟子说不可。君主可以召庶人去为国家服劳役,因为这是合乎道义的;也可以召职官,因为他们的职务就是为他服役。所以庶人无不从义而往役;孔子在鲁任职,"君命召,不俟驾行矣"。但是君主之召即使合乎义理,仍须依照一定的规矩去做,例如召庶人、有职之士、大夫,要用不同的旗帜,用错了,被召之士可以不奉召。《万章下》

可能因为孟子提到了那些形式细节,他的弟子说因而不见诸侯"宜若小然"[气度好像很小],倘若一见国君,大则可使之王,小则可使为霸,才是真正重要。古书里就曾说"枉尺而直寻,宜若可为也"[在小处委曲一点,在大处取得成就,应该是可以做的],孟子听了大为不满,举了一些实例说明君臣行事不依规矩,必定难有好的结果。至于"枉尺而直寻"是指牟利而言。"如以利,则枉寻直尺而利,亦可为与?"如果士人不能守道,枉己而从人,更不可行,因为"枉己者,未有能直人者也"。《滕文公下》

孟子与万章谈同一个问题时更进一步反问,君主为什么要见士人?

万章说因为这位士人多闻而贤。孟子说："为其多闻也，则天子不召师，而况诸侯乎？为其贤也，则吾未闻欲见贤而召之也。"《万章下》

孟子到一个邦国都由该国的大臣接待并为之誉扬。大约在齐国时因而成了齐国的贵宾"稷下先生"之一，虽未任职，但是受到了齐宣王的礼遇，究竟应如何相见，成了一个问题。《公孙丑下》对此有一段精彩的记录：

> 孟子将朝王，王使人来曰："寡人如就见者也，有寒疾，不可以风。朝，将视朝，不识可使寡人得见乎？"对曰："不幸而有疾，不能造朝。"明日，出吊于东郭氏，公孙丑曰："昔者辞以病，今日吊，或者不可乎！"[孟子]曰："昔者疾，今日愈，如之何不吊？"王使人问疾，医来。孟仲子对曰："昔者有王命，有采薪之忧[小病]，不能造朝。今病小愈，趋造于朝，我不识能至否乎。"使数人要于路，曰："请必无归，而造于朝！"[孟子]不得已而之景丑氏宿焉。景子曰："内则父子，外则君臣，人之大伦也。父子主恩，君臣主敬。丑见王之敬子也，未见所以敬王也。"[孟子]曰："恶！是何言也！齐人无以仁义与王言者，岂以仁义为不美也？其心曰是何足与言仁义也云尔，则不敬莫大乎是。我非尧舜之道，不敢以陈于王前，故齐人莫如我敬王也。"景子曰："否，非此之谓也。礼曰父召，无诺；君命召，不俟驾。固将朝也，闻王命而遂不果，宜与夫礼若不相似然。"[孟子]曰："岂谓是与？曾子曰：晋、楚之富，不可及也。彼以其富，我以吾仁；彼以其爵，我以吾义，吾何慊乎哉？夫岂不义而曾子言之？是或一道也。天下有达尊三：爵一，齿一，德一。朝廷莫如爵，乡党莫如齿，辅世长民莫如德。恶得有其一，以慢其二哉？故将大有为之君，必有所不召之臣。欲有谋焉，则就之。其尊德乐道，不如是不足与有为也。故汤之于伊尹，学焉而后臣之，故不劳而

王;桓公之于管仲,学焉而后臣之,故不劳而霸。今天下地丑德齐,莫能相尚,无他,好臣其所教,而不好臣其所受教。汤之于伊尹,桓公之于管仲,则不敢召。管仲且犹不可召,而况不为管仲者乎?"

这一段里明言孟子"将朝王",然后说"不幸而有疾,不能造朝"。他给景丑氏的一套说辞固然不无道理,但是他为什么不直接对齐宣王说?类似的情形还有两个例子:孟子在齐国为客卿时,奉命去吊滕文公之丧,齐王又命权臣盖县大夫王驩为副使。来回齐、滕之间相当长的旅程中,二人朝暮相见,孟子没有与王驩讲过一句话。公孙丑问为什么。孟子说王驩"既或治之〔将事情都揽在身上自己去做了〕,予何言哉?"《公孙丑下》另一次王驩去吊齐大夫公行子长子之丧,到了丧所,许多人都来与他寒暄,只有孟子不和他讲话。他很不高兴,说孟子轻视他。孟子的确不屑理他,因为在前后两次的情况里王驩的专横和炫耀都是不合道理的。《离娄下》孟子没有当面加以教训,但是在《告子下》里他说:"教亦多术矣。予不屑之教诲也者,是亦教诲之而已矣。"大约他想到孔子不教孺悲的作为吧。

孟子并不一概轻视当时的掌权者,事实上他因接受他们的馈赠,能够"后车数十乘,从者数百人,以传食于诸侯"。弟子彭更问他这不是太过分了吗?他说如果不合道义,一筐饭也不该受于人;如果合乎道义,舜受尧禅让了天下,也不以为过分。你以为我过分吗?彭更说士人没有做什么事而得食是不可以的。孟子说农夫、织女、木工、车匠都以其生产所余相交换而得食,现在有人在此,"入则孝,出则悌,守先王之道,以待后之学者",却不能得食。为什么你"尊梓、匠、轮、舆,而轻为仁义者哉?"《滕文公下》

但是孟子接受诸侯的馈赠不是无条件的。他在齐国起先与其他"稷下先生"一样,作为宾客,受齐宣王粟帛之馈。后来被任为卿,但并无实职。齐宣王表示要给以十万锺之禄的采邑,他没有接受。后来因为齐宣王不听其言,他准备离齐,齐宣王说他想在国中为他造一所屋宇,给以万锺之禄,让他长留于齐,"使诸大夫、国人皆有所矜式"。孟子听了说,假使他想致富,此前辞去了十万锺的俸禄,现在却接受一万锺的赏赐,有这样谋富的吗?人没有不想富贵的,但是倘若不依规矩去做,就像市场里一个卑贱的人,站到高处,东张西望,一心想将所有的利益全部垄断[独占],结果使人们都鄙弃他。孟子会这么做吗?公孙丑问:"仕而不受禄,古之道乎?"孟子说不是的,他之不受禄因为起先见到齐宣王,觉得他不能成事,就有了离齐之意,后来因为齐国有战事,不能辞去,然而长久留在齐国,不是他的心愿。《公孙丑下》

  孟子不仅不为了图利而不受禄,他甚至对于一时的馈赠,也不一概接受。他离齐之时齐王赠送他一百镒[二千两]上等的黄金,他没有接受;到了宋国却接受了七十镒;到了薛县[齐宣王庶弟郭君田婴封邑]又受了五十镒。弟子陈臻问这是为什么。孟子说宋君知道他将有远行,送了旅费;薛公知道他沿途可能遇到危险,送了戒备费,都合乎情理。他在齐国并无作为,齐王送的黄金"是货[买]之也。焉有君子而可以货取乎?"《公孙丑下》

  孟子举了许多例子,用了许多话,为的是要说明儒家的思想和先圣们以及自己行为的正确性,当时之人的怀疑都出于误解,应该纠正。

  除了杨、墨的"邪说"和一些人对儒家思想的误解之外,孟子认为还有若干人的独特言行也不妥当,对一般不加深思的人产生了不良影响,应该予以驳斥。其中之一是许行的"神农之言"。《滕文公上》里说,许行自楚至滕,批评滕文公虽贤而"未闻道",没有能"与民并耕而食,饔飧[自炊]而治",仍然有仓廪府库,是"厉民而以自养"。陈相仰慕许行,尽弃其学而从之,并将其说告诉孟子。孟子问许行穿的衣服、戴的帽子、用的器具都是自己制造的吗?陈相说许行要耕作,没有办法都自己去做，而是用收获的谷类去与陶工、铁工等人交换，因为"百工之事固不可耕且为也"。孟子说："然则治天下独可耕且为与……一人之身，而百工之所为备，如必自为而后用之，是率天下而路也［奔走于路从事交易］，故曰或劳心或劳力；劳心者治人，劳力者治于人；治于人者食［供养］人，治人者食于人，天下之通义也。"然后他指出古代圣王皆竭尽心智，教导人民谋生处世，不可能有时间去耕作。最后他点明陈相原在中国学周公、孔子之道，现在却背弃了它去改学南夷许行之说，犹如"下乔木而入于幽谷"。陈相另外提出一点说，许行之道各人依其所长而生产，然后以物易物则"市贾不贰，国中无伪……布帛长短同，则贾相若……屦大小同，则贾相若"。孟子斥道："夫物之不齐，物之情［质与量］也……巨［粗］屦小［细］屦同贾，人岂为之哉？从许子之道，相率而为伪者也，恶能治国家？"

《孟子》记录了以上两点，指出农家之说的简陋。因为许行质疑了儒家的理论和主张，使孟子用了甚为鄙薄的语气称他为"南蛮鴃舌之人"，又因陈相学于儒者数十年，"师死而遂倍［背］之"，乃斥之为"不善变［去善趋恶］"。《滕文公上》

然而重农思想非仅出于战国，古来一向就有，所以公孙丑又问："《诗》曰不素餐兮。君子之不耕而食，何也？"孟子说："君子居是国也，其君用之，则安富尊荣；其子弟从之，则孝悌忠信。不素餐兮，孰大于是？"《尽心上》换句话说，对于社会的贡献不限于农业生产，治国教民更值得受到报偿。这就是孟子所谓的"食功［因功绩而得酬］"《滕文公下》。

另一位受到孟子苛评的人是陈仲子。齐人匡章对孟子说："陈仲子岂不诚廉士哉？居于陵，三日不食，耳无闻，目无见也。井上有李，螬食实者过半矣，匍匐往，将食之，三咽，然后耳有闻，目有见。"孟子说在齐国的士人中，陈仲子可以说是一号大人物了，但是怎么能说他廉洁？他出身齐国世家，兄长是国卿，有万锺的采邑。[1]他认为那是不义之禄,不愿意分享,又认为乃兄的房屋是不义之室,所以避兄离母,到于陵去住。他所居之室,是伯夷那么清廉之人造的吗?或者可能是盗跖那样贪婪之人造的呢?他所吃的粮食是伯夷那样的人种的吗?或者可能是盗跖那样的人种的呢?匡章说那有什么关系?他的住处和食粮都是用他编的草鞋或他妻子绩的麻布去交易而得的。孟子说,要充分地保持陈仲子的操守,他必须生活得像"上食槁壤,下饮黄泉"的蚯蚓才行。孟子的意思是说,蚯蚓完全不需依赖他人,而他人的廉洁与否则非陈仲子所能知,倘若他去与盗跖那样的人做交易,能够算廉洁吗?此外他又说,有一天陈仲子回到老家,有人送一只鹅给他兄长,他显然认为是一项贿赂,就皱着眉头说要这种呃呃叫的东西做什么?另一天他回家,他母亲杀了这鹅给他吃。他吃了,正好乃兄从外面回来,说这就是那呃呃叫的东西。他听了就走出门呕了出来。孟子又强调一次说,要充分保持这种廉洁,陈仲子必须活得像蚯蚓一样才行,因为他不知道家人给他吃的食物是从怎样的人那里交易来的。

战国时多数人的心胸里塞满了势、利之念,行动时便趋炎附势、争权夺利。陈仲子于势利随手可得,而能一概摒弃,实在非同小可。孟子将他说得不如蚯蚓,未免过分。为什么他如此苛求?因为陈仲子矫揉造作,但又做得不够彻底;更重要的是,为了表示一己的廉洁,背离了母兄,违背了做人子、弟的正当德行。子路对荷蓧丈人说,"欲洁其身,而乱大伦",乃儒家所不屑为,而且也不是一种乱世求治的适当有效的想法和做法。为了阐明此点,孟子又说,人们都相信假如不合道义地将齐国给予陈仲子,他不会接受,所以值得尊敬。但是孟子不以为然,因为人的大伦在乎维系亲戚、君臣、上下的关系,进而平治天下。陈仲子没有一点为国家、人民尽力的心意,他不受齐国,

---

[1] 古时"陈""田"同音,陈仲子即田仲子。田氏祖上为陈国公族,后避难入齐,历任上卿,终篡齐。

就像舍弃一筐饭、一碗汤。人们怎么可以因为他有小节而相信他为大贤，可以有益于齐？《尽心上》

匡章自己是一个受争议的人物。孟子弟子公都子问："匡章，通国皆称不孝焉。夫子与之游，又从而礼貌之。敢问何也？"孟子说，世人所谓不孝是指不顾父母之养，行为不检以致贻辱，甚至危害父母。匡章无一于此，而只是与父亲争执善恶是非，以致不相得。父子之间有了这种争执，就妨害了恩情，这是不对的。匡章不得亲近父亲，就出妻屏子，以示忏悔，所以不能说是不孝。《离娄下》

齐国人都很崇敬管仲和晏婴。孟子也不以为然。公孙丑问孟子："夫子当路于齐，管仲、晏子之功可复许乎？"孟子说："子诚齐人也，知管仲、晏子而已矣。"然后说曾西〔孔子弟子曾参之子〕批评管仲"得君如彼其专也，行乎国政如彼其久也，功烈如彼其卑也"。公孙丑说："管仲以其君霸，晏子以其君显。管仲、晏子犹不足为与？"孟子说："以齐王，犹反手也。"《公孙丑上》

孟子之时七国争雄，任何一国想"王天下"皆属难事，何况齐国并未最占优势，说它可以轻易为之，当然十分夸张。孟子的真意在于贬斥管仲只注重富强，而以力服人，仅使齐国成一时之霸，而开百年之争。儒家的理想不仅要统一天下，并且要以"王道"为之，所以管仲那种狭小的目光和成绩，不值得赞扬。

孟子以上诸说虽似持之有故，但是未完全言之成理，其中重要数点已略分析如上，其他还有不少可议之处，可见其"好辩"，他自己说是"不得已"，其目的是在建立其救世之道，用心不恶。

治平之道

孟子便是在答复了关于"人性"的问题，并且驳斥了相关的若干

"邪说"、谬见，去除了若干误解，将人们的观念廓清之后，提出了他认为人能够并应该如何修身、处世，甚至治理国家、天下的办法。

修　身

人生在世该如何修身自立，如何与他人以及世间万物相处？孟子以前的思想家都认为要遵循一套外在的准则，如孔子所说的由先世圣贤建立的规范、老子的"真圣"所指引的"道"、墨子想象的"天志"、庄子描述的自然律。孟子不以为然，而强调只要各人探索内心，就可以发现与生俱来的"善性"。一切修身处世的规范都出于此，它们是潜存在内的，不是从外加上去的。

"善性"如何导人修身？孟子说人有"是非之心"，可以判别应为不应为。就个人而言，他说人"体有贵贱，有大小"，而以"一指"与"肩背"相比，说明体之大小。他又以不能思考、只能接受外来印象的"耳目之官"为"小体"，以可以思考而得道理的"心之官"为"大体"，进而说，"养其小者为小人，养其大者为大人"，又说"从其大体为大人，从其小体为小人"。《告子上》

孟子无疑希望人，尤其是士人，都成为"大人"。如何成为"大人"？他认为应该养其心思，不可只养其躯体。堂高数仞，食前方丈，都是"大人"所不应该追求的。什么是人心应该追求的？孟子认为就个人而言，应该是如何使自己先成为一个正直的人。什么是"正"？孟子没有直接地解释，但是显然认为人人都能直觉地了解正与不正，所以说："存乎人者，莫良于眸子。眸子不能掩其恶。胸中正，则眸子瞭焉；胸中不正，则眸子眊焉。听其言也，观其眸子，人焉廋〔隐藏〕哉？"《离娄上》许多时候孟子所说的"正"与"义"相关。"义"有正当之意。孟子说"义"出于"羞恶之心"。人为什么羞恶某些事物？因为它们不为常人所认可。孟子说："心之所同然者何也？谓理也，义也"。《告子上》所以"义"与"理"一样，都是人们共同认为是合情理的、正当的；不合情理的，不为人们认可的，就是不正当的、"不义"的。

"不义"之事显而易见，包括杀伤、盗窃、虐待、侮辱、剥削、奚落、欺骗、蒙蔽、误导、陷害、压迫等方式去伤害他人以及夺取不当之利。不做这些事，只是消极地不让自己成为"小人"或恶人；要成为"大人"还须进一步积极地思考重大的问题，培养恢宏的气概，追求高远的目标。孟子认为当时最重大的问题是乱，致乱之因包括人人唯利是图，统治者的暴行以及知识分子的邪说。他认为高远的目标是尧、舜、禹、汤、文、武、周公、孔子的理想世界。为了消除这些乱因，追求这些理想，他强调要培养一种"浩然之气"。据他说："其为气也，至大至刚，以直养而无害，则塞于天地之间。其为气也，配义与道；无是，馁也。是集义所生者，非义袭而取之也。行有不慊于心，则馁矣。"《公孙丑上》简而言之，"气"是一种力量。人们常将它与"勇"结合而称之为"勇气"。勇气有多种表现方式，孟子举了两个例子：一为北宫黝之勇："不肤挠，不目逃，思以一毫挫于人，若挞之于市朝；不受于褐宽博〔穿着粗衣的微贱之人〕，亦不受于万乘之君；视刺万乘之君若刺褐夫；无严诸侯，恶声至必反之。"二为孟施舍之勇："视不胜犹胜也。量敌而后进，虑胜而后会，是畏三军者也。舍岂能为必胜哉？能无惧而已矣。"这两种"勇"哪一种比较好？孟子引曾子的话说："吾尝闻大勇于夫子〔孔子？〕矣：自反而不缩〔直〕，虽褐宽博，吾不惴〔敌〕焉；自反而缩，虽千万人吾往矣。"《公孙丑上》孟子当然以"大勇"为是，因为这种勇气并不是直觉、盲目的强烈反应，而是经过审慎考虑后所产生合乎道义的一种动力。想要消除乱因，追寻理想的人一定要有这种勇气才行。这种"气"一定要不断地以正道加以培养，要"勿忘，勿助长"。其间"助长"的为害尤甚，为此孟子造了一个"揠苗助长"的故事《公孙丑上》，是大家熟知的。

孟子说有了高远目标、恢宏气度的人，不仅是"大人"，而且是"大丈夫"，他将"居天下之广居，立天下之正位，行天下之大道。得志与民由之；不得志独行其道。富贵不能淫，贫贱不能移，威武不能屈"《滕文公下》。这就是个人修己的终极典范。公孙丑说这样的道或志向"高矣，美矣。宜若登天然，似不可及也"《尽心上》。孟子说："羿之教人射，必志于彀。学者亦必志于彀。"《告子上》人立志一定要高，然后尽力去达到，切不可妄自菲薄地说"吾身不能居仁由义"。这是"自弃"《离娄上》，因为人既然都有善性，就可以为仁义之行，有成为"大人""大丈夫"的可能。所以他引了颜渊的话说："舜，何人也？予，何人也？有为者亦若是。"《滕文公上》又说："舜，人也；我，亦人也。"《离娄下》颜渊是大贤，孟子自己也不多让，或许都可以做到像舜一样，但是他又进一步说，一般人也都可以做到。曹交问他："人皆可以为尧、舜，有诸？"他说："然。"曹交问："如何则可？"他说有什么困难呢？只要努力去做就好了。乌获能举百钧之重，就是锻炼出来的。一般人说不能胜任仿效圣贤，其实只是不去做而已。为此他又用了一个比喻来说明："徐行后长者谓之弟，疾行先长者谓之不弟。夫徐行者，岂人所不能哉？所不为也。"然后说："尧、舜之道，孝弟而已矣。子服尧之服，诵尧之言，行尧之行，是尧而已矣。"《告子下》他这些话似乎将事情说得太简单了一些。事实上他承认做一个值得尊重的人，需要很大努力，所以说："天将降大任于是人也，必先苦其心志，劳其筋骨，饿其体肤，空乏其身，行拂乱其所为，所以动心忍性，曾益其所不能。人恒过，然后能改；困于心，衡于虑，而后作。"《告子下》

处 世

人在完成修己之后才能妥善地处世——与他人及万物相处。依照孟子的说法，其道也不困难，只要将个人的善性，特别是其恻隐同情之心，推广出去就行了——最先做到亲亲，其次做到敬老、礼贤、贵贵、交友，最后至于仁民、爱物。

亲亲是自然的。孟子说："孩提之童，无不知爱其亲者。"《尽心上》但是如何爱，仍有讲究。他似乎认为亲子之间的爱是无条件的，所以盛赞舜之大孝，说虽然瞽瞍屡次企图加害，舜依然慕之，甚至假设瞽瞍杀人之后，舜还抛弃了王位，入狱负之逃至海滨，终身奉侍他。齐国人皆称匡章不孝，孟子却不以为然，说世俗所谓不孝者多指不顾父母之养，或者从欲、好斗而致遗祸父母。匡章无一于此，只因他与父亲"责善"。〈1〉《离娄下》孟子说，"责善"是朋友相处之道，父子之间是不可以以善相责的，所以君子不教子，因为"势不行也。教者必以正；以正不行，继之以怒；继之以怒，则反夷［伤］矣。［子或曰］夫子教我以正，夫子未出于正也。则是父子相夷也。父子相夷则恶矣。古者易子而教之。父子之间不责善。责善则离，离则不祥莫大焉"《离娄上》。可见孟子强调亲亲应当是绝对的。此点似与孔子所说的"事父母，几谏"《论语·里仁》有异。

但是如何表达对亲人（尤其是父母）的爱，也该讲究。孟子说："曾子养曾皙，必有酒肉；将彻，必请所与；问有余，必曰有。曾皙死，曾元养曾子，必有酒肉；将彻，不请所与；问有余，曰亡矣。将复以进也。此所谓养口体者也。若曾子，则可谓养志也。事亲若曾子者，可也。"《离娄上》子夏问孝，孔子说"色难"《论语·为政》，意义相近。

以上所说的只是子事父母之道，是"孝"。父母应如何待子女？常言道"父慈子孝"。瞽瞍显然不慈。孟子明知而不论，是一阙佚。

尊敬长者，并非易事。鲁国的乐正子大约是孟子喜爱的学生，鲁国将使之为政，孟子说："吾闻之，喜而不寐。"《告子下》但是当他自

〈1〉《战国策·齐策》里说，匡章之母得罪其父，其父杀之，埋于马栈之下。匡章似曾劝其父不为已甚，而父不听。匡章遂不得近父。

鲁到齐来谒见时,孟子说:"子亦来见我乎?"乐正子说:"先生何为出此言也?"孟子问:"子来几日矣?"乐正子说:"昔者。"孟子说:"昔者,则我出此言也,不亦宜乎?"乐正子说:"舍馆未定。"孟子说:"子闻之也,舍馆定,然后求见长者乎?"乐正子说:"克有罪。"《离娄上》

孟子去齐,有人想要为齐王挽留他而来得稍晚,孟子靠卧在几上不予理会。来人说:"弟子齐[斋]宿而后敢言,夫子卧而不听,请勿复敢见矣。"孟子说:"坐!我明语子。昔者鲁缪公无人乎子思之侧,则不能安子思;泄柳、申详无人乎缪公之侧,则不能安其身[鲁缪公派人照顾子思,才能留住子思。泄柳、申详等人则因有人在缪公之侧加以维护,才能安心在鲁。]子为长者虑,而不及子思[没有像侍子思那样加以维护];子绝长者乎?长者绝子乎?"《公孙丑下》所以尊敬长老不仅要合乎礼仪,而且要为长者计谋、维护,当然是要十分用心的。

礼遇贤人更要小心。孟子说世有达尊者三:"爵一、齿一、德一。"《公孙丑下》贤人是有德有智之人,普通人见之,自然会加以敬礼;掌握权势之辈则须特别注意,因为他们所有的不过是爵位、权势,而贤者不仅有德而且可能年长,更重要的是贤士"乐其道而忘人之势"。他们既不趋势,权势者"不致敬尽礼",就不能与之接近《尽心上》,所以贤君要"恭俭礼下"《滕文公上》。最知此道的莫过于尧。尧知舜贤,"使其子九男事之,二女女焉,百官牛羊仓廪备,以养舜于畎亩之中"《万章下》。其次是晋平公,他知亥唐贤,有事去向他请教,他说进,平公就进;他说坐,平公就坐;他说吃,平公就吃,虽然只有粗食菜汤,也不曾不吃饱。但是平公只做到如此而已,并没有给以官职,共同治理政事,一起分享功劳。所以平公只以一般士人相处之礼待亥唐,并没有真正以待贤士之道待之。再次是鲁缪公之待子思。他没有重用子思,却"亟问,亟馈鼎肉"。孟子说:"子思不悦,于卒也[终于]标[拒]使者出诸大门之外,北面稽首再拜而不受,曰今而后知君之犬马畜伋。

盖自是台［始］无馈也。"万章问："敢问国君欲养君子,如何斯可谓养矣?"孟子说："以君命将之［第一次送来］,再拜稽首而受。其后廪人继粟［继续送粟来］,庖人继肉,不以君命将之。子思以为鼎肉使己仆仆尔亟拜也［频频拜谢］,非养君子之道也。"《万章下》更差的是齐宣王。他假称有疾,召孟子上朝来晋见。孟子也推说有疾不奉召,说如果因人贤而欲见之,"则天子不召师,而况诸侯乎?"《万章下》"故将大有为之君,必有所不召之臣。欲有谋焉则就之。其尊德乐道,不如是不足与有为也。"《公孙丑下》再下一等的是滕更。他是滕君之弟,有贤名,从学于孟子,但是孟子不答所问。公都子问为什么。孟子说："挟贵而问,挟贤而问,挟长而问,挟有勋劳而问,挟故而问,皆所不答也。滕更有二［挟贵、挟贤］焉。"《尽心上》

贵贵不是一种自然的行为,因为一般所谓贵指的是拥有权威(特别是政治势力)的人,他们的地位虽然也可能来自于对于社会的贡献,但是大多出于计谋武力或源于他人的余荫,并无内在必然值得尊重之处。如果某一权威者确有可贵之处,当然应该给以尊重,否则贵贵便是因为形势所迫勉强的行为,所以贵贱之间的关系是相对的、不稳定的。对于此点古来就有许多阐述,孟子则说得格外透彻。他的名言是:"君之视臣如手足,则臣视君如腹心;君之视臣如犬马,则臣视君如国人;君之视臣如土芥,则臣视君如寇仇。"《离娄下》此外他乐道汤、武革命,伊尹流放太甲,说君有大过,反复谏之而不听,贵戚之卿可以使之"易位",异姓之卿可以去国《万章下》,都在说明此理。

人际关系很普通却又很复杂的是相与为友。人大多以声气相近而为友,但是双方的背景也很有关系。一般而言,社会地位高下悬殊的人不易为友,特别是在高位之人,要记得孟子说的"友也者,友其德也",不可以"挟长""挟贵""挟兄弟［有权势的亲戚］",而去与人为友。鲁缪公想与子思为友,问:"古千乘之国以友士,何如?"子思不悦,说古人只说国君应该以士为师,未曾说过与士为友。孟子推释其意说：“子思之不悦也，岂不曰以位，则子，君也；我，臣也。何敢与君友也？以德，则子事我者也，奚可以与我友？"《万章下》如果处于高位之人有诚意与士为友，就应该去其权势，站在平等的地位相交，如晋平公之与亥唐。在这一点上做得最好的是尧。他虽将二女嫁与舜，并使其九子与舜共事，但是当他与舜相见之时，各处其室，"迭为宾主"。这是"是天子而友匹夫"的典范。《万章下》

朋友相处既是"友其德"便应该"责善"，这是"朋友之道"。《离娄下》朋友之道还有一点是重信。孟子问齐宣王："王之臣有托其妻子于其友而之楚游者。比其反也，则冻馁其妻子，则如之何？"王曰："弃之。"《梁惠王下》孟子显然同意。

人能妥善地亲亲、敬老、礼贤、贵贵、交友，进而推之便能至于仁民、爱物了。"仁民"基于"老吾老，以及人之老；幼吾幼，以及人之幼"；"爱物"基于"见其生，不忍见其死"《梁惠王上》，二者都是人最基本的善性——"怵惕恻隐"之心（"仁心"）——的表现。如能举己之心而加诸彼，孟子称之为"推恩"，推至极广，可以及于万物。但是二者也有区别，孟子认为"仁"并不只是"爱"，所以他说"亲亲，仁也"《告子下》《尽心上》，又说，"君子之于物也，爱之而弗仁；于民也，仁之而弗亲。亲亲而仁民，仁民而爱物"《尽心上》；"尧、舜之仁不遍爱人，急亲贤也"《尽心上》；"仁者以其所爱及其所不爱，不仁者以其所不爱及其所爱"《尽心下》。可见在他看来，"仁"的意义比"爱"稍狭，但是更深。它出于人对于其血亲，尤其是子女对于父母的一种非常特殊的感情，与人对其他的人和万物的感情有"质"的差别，所以他认为墨者夷之的"爱无差等，施由亲始"《滕文公上》之说是错误的，人不可能"兼爱"众人、万物，只能将一般人都作为"人"看待；对物则以怜悯之情看待。

以上由孟子提出的修身处世的建议，是否能行，首先当然要对自己有信心，绝不可自暴自弃。孟子指出："人必自侮，然后人侮之……

天作孽，犹可违；自作孽，不可活。"《离娄上》但是人虽自重，有些时候仍可能遇到外来的打击。对于此一可能，孟子提出了一个对策："君子以仁存心，以礼存心。仁者爱人，有礼者敬人……有人于此，其待我以横逆，则君子必自反也：我必不仁也，必无礼也，此物奚宜至哉？其自反而仁矣，自反而有礼矣，其横逆由是也，君子必自反也：我必不忠。自反而忠矣，其横逆由是也，君子曰：'此亦妄人也已矣。如此，则与禽兽奚择哉？于禽兽又何难焉？'"《离娄下》修身处世能够如此，可以说合乎情理了。所以孟子说这样的人"无一朝之患"，不会为了一些微细的"横逆"而苦恼。

遇到不顺意之事能够自反，如果发现自己有错，能够改过，当然是善莫大焉；如果发现错不在己，将对方视为禽兽，不与计较，可以免于无谓之争和一朝之患，也说得过去。但是孟子又说"患有所不辟也"《告子上》，可见他并不主张单纯地躲避"横逆"。他又说："自反而缩，虽千万人吾往矣。"《公孙丑上》可见他认为自己正直无枉就该勇往直前，在关键之时甚至不惜"舍生而取义"《告子上》。这种想法更合乎他的气概，因为他对是非之别十分坚持，最鄙视那种认为道德有相对性、对于善恶含糊不明的人——这是儒家一贯的看法，孔子将这种人称为"乡原"，是"德之贼"《尽心下》。

"乡原"是被一乡之人都认为是"原〔愿，谨〕"之人。这种人批评孔子所谓的狂、狷之士说：狂放之人志大言夸而不能行；狷介之士孤高自赏而无作为；然后自陈其道说："生斯世也，为斯世也，善斯可矣。"这样的人有何不是？孟子说他们都是"阉然媚于世也者……非之无举也，刺之无刺也，同乎流俗，合乎污世，居之似忠信，行之似廉絜，众皆说〔悦〕之，自以为是，而不可与入尧、舜之道，故曰德之贼也。孔子曰：'恶似而非者。恶莠，恐其乱苗也；恶佞，恐其乱义也；恶利口，恐其乱信也……恶乡原，恐其乱德也。'"《尽心下》

所以个人修身应该循道守德，自反正直，应勇于进取，是为

"狂"；不能行道，则卷而怀之，是为"狷"。二者都不是孔子所谓的"中道"《尽心下》，但是如果"不得中道而与之"，孔子认为狂狷还可以接受；绝对不可接受的是将自己变成"乡原"，盗名欺世。孟子则要人修身处世不仅以可得免"一朝之患"为足，而要"有终身之忧"。什么是终身之忧？他说："乃若所忧则有之：舜，人也；我，亦人也。舜为法于天下，可传于后世；我由〔犹〕未免为乡人也，是则可忧也。"《离娄下》

入　仕

君子如何存"终身之忧"而"为法于天下"？古代的士人很少有继承的资产，又不事农工生产或从商谋利，生活便很艰困，除了从事教育以外，另一条路是将其知识提供给政府，就是入仕。入仕并不容易，自身的条件及所用的方法与所求之目的都有关系。如果因为自身的条件不足或外在的情势不适，士人就必须救贫，孟子曾说："仕非为贫也，而有时乎为贫。"为了救贫，当然无法多所希求，只要一个卑微的职务，将它做好，获得一份薪资，免于饥寒就好了；勉强列于朝廷而不能行道是可耻的。孟子说："为贫者，辞尊居卑，辞富居贫，恶乎宜乎？抱关击柝〔守门打更〕。孔子尝为委吏矣，曰会计当而已矣。尝为乘田〔管理畜牧〕矣，曰牛羊茁壮，长而已矣。位卑而言高，罪也；立乎人之本朝，而道不行，耻也。"《万章下》

在正常的情形下，有志之士求仕，当然希望能舒展其抱负，所以不会甘于抱关击柝，而要直接求知于国君。据说孔子"三月无君，则皇皇如也"，一般士人皆"三月无君则吊"。孟子认为这没有什么不对，但是他强调求仕之需虽切，仍要遵循一定的规矩。例如嫁娶，应该有父母之命、媒妁之言，不可不循正道私下"钻穴隙相窥，逾墙相从"《滕文公下》。

什么是士人不循正道而求仕的行为？万章问：以前曾有传说，伊尹以烹饪之术求仕于汤，然否？孟子说："否，不然。伊尹耕于有莘之野，而乐尧、舜之道焉。非其义也，非其道也，禄之以天下，弗顾也……汤三使往聘之……吾闻其以尧、舜之道要汤，未闻以割烹也。"万章又问：传说百里奚屈身为佣，用了五张羊皮为礼物去见秦穆公求职[1]，然否？孟子说这是好事之徒捏造的话。百里奚是虞国贤大夫，秦灭虞得之，已年七十。穆公用之为相，大显天下。"自鬻以成其君，乡党自好者不为，而谓贤者为之乎？"万章又问：有人说孔子在卫国和齐国时都住在国君宠信的宦官家里，想靠他们之助求仕，是真的吗？孟子说这也是好事之徒捏造的话。孔子在卫住在颜雠由家。卫君宠臣弥子瑕与子路是连襟，对子路说如果孔子住在他家，他可以使孔子得到卫国卿相之位。孔子听了说"有命［得失在命，非自己所能左右］"。孔子"进以礼，退以义"，住到宦官家去以便求仕，"是无义无命也"，绝不是他会做的事。《万章上》

正当的求仕之道是怎样的？战国之时的知名之士求仕，大多由当地官绅向其君主推荐，并安排面谈，而孟子却坚持"不见诸侯"，更不必说奉召进见，即使有人推荐，君主也要先来拜望他，理由是士乃"庶人"，自行求见诸侯是不合礼的。如果国有大役，庶人当然应该参与，否则便无奉召的义务；如果君主要见士人是为了其人贤而多闻，那么就不该召唤，"天子不召师，而况诸侯乎？"万章听了问："孔子，君命召，不俟驾而行。然则孔子非与？"孟子说："孔子当仕有官职，而以其官召之也。"《万章下》一旦在朝任官，应君主之召乃是其职务，与无职之士是不同的。

---

[1]《史记·秦本纪》称，晋献公灭虞，虏其大夫百里奚，以为秦缪公夫人[晋女]媵于秦，百里奚亡秦走宛。楚人执之。缪公闻百里奚贤，欲重赎之，恐楚人不与，乃使人谓楚曰：吾媵臣百里奚在焉，请以五羊皮赎之。楚人遂许与之……缪公释其囚，与语国事……大说，授之国政，号曰"五羖大夫"。

在尚未任职之前，士人与君主面谈之时应直陈其道，不可畏怯。孟子说："说大人，则藐之，勿视其巍巍然。堂高数仞，榱题数尺，我得志，弗为也；食前方丈，侍妾数百人，我得志，弗为也；般乐饮酒，驱骋田猎，后车千乘，我得志，弗为也。"《尽心下》当然更不可揣摩其意而加奉承。陈代说常言道，"枉尺而直寻［小处委曲一点，以求大处的正直］"似无不可。孟子说："枉尺而直寻者，以利言也。如以利，则枉寻直尺而利，亦可为与？……枉己者，未有能直人者也。"《滕文公下》

面谈之后，如果君主表示愿意给以官职，士人是否接受，孟子又有一套看法。他先说了一个原则，然后再举了一些实例加以说明。他的原则是："所就三：迎之致敬以有礼，言将行其言也，则就之……其次，虽未行其言也，迎之致敬以有礼，则就之……其下，朝不食，夕不食，饥饿不能出门户，君闻之，曰：'吾大者不能行其道，又不能从其言也，使饥饿于我土地，吾耻之。'周之，亦可受也，免死而已矣。"《告子下》

孟子所举的第一个实例是伯夷。依照他的说法，伯夷特别重视自己的清誉，不愿被非道之人污染，所以"非其君不事，非其民不使；治则进，乱则退"，"立于恶人之朝……如以朝衣朝冠坐于涂炭……是故诸侯虽有善其辞命而至者，不受也。不受也者，是亦不屑就已"。《公孙丑上》所以"当纣之时，居北海之滨，以待天下之清也"《万章下》。

孟子举的第二个实例是伊尹，说当商汤初次去聘请伊尹时，伊尹说："我何以汤之聘币为哉？我岂若处畎亩之中，由是以乐尧、舜之道哉？"当汤第三次来聘之时，伊尹幡然而改曰："与我处畎亩之中，由是以乐尧、舜之道……吾岂若使是君为尧、舜之君哉？吾岂若使是民为尧、舜之民哉？吾岂若于吾身亲见之哉？天之生此民也，使先知觉后知，使先觉觉后觉也。予，天民之先觉者也。予将以斯道觉斯民也。非予觉之而谁也？"《万章上》然后就应聘出仕了。孟子甚至说，伊尹为了那种理想而"何事非君，何使非民；治亦进，乱亦进"《公孙丑上》，曾"五就汤，五就桀"《告子下》。

第三个实例是柳下惠。孟子说他"不羞污君"，自称"尔为尔，我为我。虽袒裼裸裎于我侧，尔焉能浼我哉"，所以"由由〔随和〕然，与之偕而不自失焉"《公孙丑上》《万章下》。为什么？因为他是为民行道，不在乎谁是君主。

第四个实例是孔子，孟子说他"可以仕则仕，可以止则止"《公孙丑上》《万章下》。

对于这四个人的就仕与否，孟子都表赞同。他说："伯夷，圣之清者也；伊尹，圣之任者也；柳下惠，圣之和者也；孔子，圣之时者也。"《万章下》四者皆为圣人，虽"不同道，其趋一也"《告子下》，因为他们之仕与不仕皆视道之可行与否。但是他觉得伯夷的"清"过于"隘〔器量狭小〕"，柳下惠的"和"过于"不恭〔不严肃〕"，二者都不足为法。伊尹能"五就桀，五就汤"，救民于水火，是值得敬佩的，但那是极端之例。真正值得效法的是孔子，因为孔子虽然曾被人批评为"知其不可而为之"，事实上他很清楚在某些情势之下，应该做什么，可以做什么，尽人事而听天命。所以孟子说孔子是"识时"之圣，认为这是最合情理、可为士人仿效的典范。他说他自己不能与四圣相比，但是"所愿，则学孔子也"《公孙丑上》。他在齐国不愿受禄任职，只做了客卿，显然因为他很明白，当时齐国情势不容许他行尧、舜之道，所以"识时"而不受职。

士人求仕不易，去仕亦然。有大志向、大节气之士，因求行道而仕，如不能行道，便应辞职，不可恋栈。如何确知不能行道，如何辞职去仕，都是重要的问题，孟子对此也提出了一个原则和一些实例来说明。他的原则是，君主对任职之士"礼貌未衰，言弗行也，则去之……礼貌衰，则去之"《告子下》。

孟子所举的实例第一是柳下惠，说他"不羞污君，不卑小官"，不在乎君主如何对待他，只要能自行其道，便不主动辞职，因为他"不屑去已"《公孙丑上》。这种不为了个人的感受而定去留、影响自己为民服务的初衷，是极可贵的，然而孟子并不完全赞成，他认为正当的实例是孔子。孔子任鲁国司寇，齐选美女八十，舞于鲁城南高门外。季桓子与定公微服往观，怠于政事三日，其后行郊祭[祭天地于郊]，又不依礼送分祭肉与大夫，"礼貌衰"，孔子乃决定辞职。孟子自己于齐，则因不能行其道，而辞万锺之俸而去。

如何辞职离去，也大有讲究。《孟子》里一处说孔子去齐"接淅[漉米未干]而行"；去鲁"迟迟而行"。前者为去他国之道，后者为去父母国之道。《万章下》《尽心下》另一处却说孔子去鲁极为匆促，"不税冕[不脱去祭时所戴之帽]而行"，大约是为了引出孟子对孔子离鲁的解释："不知者以为为肉也，其知者以为为无礼也。乃孔子则欲以微罪行，不欲为苟去。君子之所为，众人固不识也。"《告子下》然而此"解"却不易懂，因为孔子冕而从祭，祭毕返宅，当即脱冕。分送祭肉当在稍后，所谓"不税冕而行"，不合情理，应该只是描写孔子仓促离去，其心怀不愉乃人情之常，孟子所谓"微罪"，未明所指，所以说孔子离鲁"迟迟而行"，应该比较可信。

孟子自己离齐之时，也慢慢而去，因此受到批评。尹士说他"不识王之不可以为汤、武，则是不明也；识其不可，然且至，则是干泽也。千里而见王，不遇故去，三宿而后出昼[昼县]，是何濡滞也？"孟子听了说："夫尹士恶知予哉？千里而见王，是予所欲也；不遇，故去，岂予所欲哉？予不得已也。予三宿而出昼，于予心犹以为速。王庶几改之？王如改诸，则必反[返]予。夫出昼，而王不予追也，予然后浩然有归志。予虽然，岂舍王哉？王由[犹]足用[足以]为善。王如用予，则岂徒齐民安，天下之民举安。王庶几改之，予日望之，予岂若是小丈夫然哉？谏于其君而不受，则怒，悻悻然见于其面，去则穷日之力而后宿哉？"尹士听了说："士，诚小人也。"《公孙丑下》

所以士莫不求仕,如何求,受与否,留或去,都有原则。此外,对于得失、去留,应持怎样的态度,也极重要。孟子认为仕为行道,与个人的情绪无关。公孙丑问:"夫子加齐之卿相,得行道焉,虽由此霸王不异矣。如此,则动心否乎?"孟子说:"否,我四十不动心。"公孙丑问:"不动心有道乎?"孟子说他善于培养"浩然之气",此气"配义与道","则塞于天地之间"《公孙丑上》,有了这么大的志气,个人的情绪就不足道了。所以当他致仕去齐,充虞在途中问:"夫子若有不豫色然。前日虞闻诸夫子曰,君子不怨天,不尤人。"孟子说:"五百年必有王者兴,其间必有名世者。由周而来,七百有余岁矣。以其数,则过矣;以其时考之则可矣。夫天未欲平治天下也;如欲平治天下,当今之世,舍我其谁也?吾何为不豫哉!"《公孙丑下》

孟子不事生产,然而在他成名之后竟能后车数十乘,从者数百人,以传食诸侯。彭更以为太过分了,说:"士无事而食,不可也。"孟子说,木工、车匠都可以受人之资,"今有人焉,入则孝,出则悌,守先王之道,以待后之学者"《滕文公下》,这种教育人群之功为什么不可以得到报酬?但是如果仅凭学生的束脩,要维持他那样的生活是不可能的。他的主要收入是诸侯、大臣们的馈赠,而这一点便很有问题。

春秋战国时上等之士如齐国的稷下先生们都受到国君或权贵的供养。但是孟子认为如此"托〔寄〕"生是不对的《滕文公下》,因为他们"不治而议论",没有为国家做什么事。孟子自己在齐国任客卿而不受禄,仅仅接受了齐君的一些馈赠,在其辞去之前齐王忽然提议要为他在齐都建屋并给以万锺之馈,都被他拒绝。这些行为很使人困惑,因为都涉及"利",所以万章问:"君馈之粟,则受之乎?"孟子说:"受之。"万章问:"受之何义也?"孟子说:"君之于氓也,固周之〔君主对一般贫困人民都加以周济〕。"万章问:"周之则受,赐之则不受,何也?"孟子说:"不敢也。"万章问:"敢问其不敢何也?"孟子说:"抱关击柝者,皆有常职以食于上〔接受薪俸〕;无常职而赐〔受赏赐〕于上者,以

《孟子》 | 241

为不恭[非礼]也。"万章问："君馈之，则受之。不识可常继乎？"孟子说鲁缪公不用子思，却屡屡派人送肉去。子思将使者摒于门外。然后对万章说出一番国君养君子之道《万章下》，已见前述。

对于这些答复万章仍不满意，又提出了一连串相关的问题，孟子一一作答，原文过长，兹述其大意如下：万章问如果尊贵者用了不义而取得的财富给予你，你可以接受吗？孟子说如果该人以道义相交，循礼而给，甚至孔子也会接受的。万章说如果有人在国郊拦路抢劫了财物，也依规矩来与你交往，并循礼给你财物，你也可以接受吗？孟子说杀人越货，自古以来应有死罪。这种人的财物当然是不可收的。万章说今日的诸侯取之于民与强盗抢劫全无不同，只要他依礼节送财物来，君子也就收下，请问这是什么道理？孟子说你以为若有圣王兴起，会将今日的诸侯一律诛杀呢，还是先加以教育，如仍不悔改，才加以诛杀呢？而且将取得不是自己的东西，一概说成是抢劫，这是将"义"扩充到极端的说法。当年为了取得祭祀用的牺牲，鲁国人都争夺猎得之物，孔子也参与争夺。万章说孔子为仕不是为行道吗？孟子说是的。万章说行道怎么可以从事争夺？孟子说孔子先书面写下祭祀的法则，规定得到猎物之后不可移作他用，希望这种争夺是有限制的。万章说当这种希望不能实现时他为什么没有辞职离去？孟子说孔子在观察那些规定所生的作用。他在朝廷停留了三年，当那些作用应该可以产生时却仍没有产生，他知道其主张难以实现，然后才辞去。《万章下》

为　政

入仕之后如果能取得高位可以"为法于天下"，或者治理一国、一地的政事，该如何作为或不作为？孟子有鉴于当时一般君臣之无道，特别将不当的作为提出来警告入仕之人。臣下对君主先意承旨、"胁肩谄笑"的行为被他用曾子的话称为"病于夏畦"《滕文公下》，当然可耻。

他在齐国时说，当时"齐人无以仁义与王言者，岂以仁义为不美也？其心曰是何足与言仁义也"《公孙丑下》，他认为这是莫大的不敬。更严重的是，他说："今之事君者皆曰：'我能为君辟土地，充府库。'今之所谓良臣，古之所谓民贼也。君不乡[向]道，不志于仁，而求富之，是富桀也。'我能为君约与国，战必克。'今之所谓良臣，古之所谓民贼也。君不乡道，不志于仁，而求为之强战，是辅桀也。"《告子下》此外他又说："求[冉求]也为季氏宰，无能改于其德，而赋粟倍他日。孔子曰：'求非我徒也，小子鸣鼓而攻之可也。'由此观之，君不行仁政而富之，皆弃于孔子者也，况于为之强战？争地以战，杀人盈野；争城以战，杀人盈城，此所谓率土地而食人肉，罪不容于死。故善战者服上刑，连诸侯者次之，辟草莱、任土地者次之。"《离娄上》

大约因为管仲会诸侯，伐蛮夷，以力服人，所以孟子称其"功烈如彼其卑也"《公孙丑上》。至于子产以其乘舆济人于溱洧，则被他讥为不知为政。《离娄下》他认为治平天下应该有一套不同的办法，要从大处、基本处着手。那就是他所谓的施行"仁政"。什么是"仁政"？先要问什么是"仁"。此前已经分析过，现在再简单地提一下。孟子说："仁也者，人也。合而言之，道也。"《尽心下》"仁"出自人最基本的"怵惕恻隐之心"，任何人如果能将心比心，便可了解他人也有这种感情，因而将他们看作与自己一样是"人"，就是相待之道了。在执政者而言，最重要的是以"仁"待民，了解民心而以同情心待之，便是仁政。孟子说："诸侯之宝三：土地、人民、政事。"《尽心下》无土地、人民，当然没有国家可言。"政事"就是如何管理土地、人民之事。对于天子而言，既为天下之共主，即有天下之地，管地便在治民之次，所以孟子说："得天下有道：得其民，斯得天下矣。得其民有道：得其心，斯得民矣。得其心有道：所欲与之聚之，所恶勿施，尔也。"《离娄上》

人民所欲、所恶的各是什么？孟子之时的经济主要在农业，而农

《孟子》 | 243

民的生产技能很低，所需的土地又被国家控制，掌握国家权威之人用赋税剥削人民的人力和农作收获，以致在上则"庖有肥肉，厩有肥马……率兽而食人也"，在下则"民有饥色，野有饿莩"，一般人民"乐岁终身苦，凶年不免于死亡"《梁惠王上》。因此可以想见一般人民所恶的是繁重的赋税和不时的"役〔劳役和兵役〕"，所欲的是一些基本的生活资源和必要的时间用来生产，使他们可以养父母、保妻子，不至于冻馁、流亡。

一国的政事当然非入仕之人完全决定，还要与君主配合。如果君臣能合作做到去民之所恶，给民之所欲，便可治国甚至得天下。孟子将此理告诉公孙丑，说"以齐王，犹反手〔掌〕也"。公孙丑很感疑惑，说："以文王之德，百年而后崩，犹未洽于天下；武王、周公继之，然后大行。今言王若易然，则文王不足法与？"孟子说商代自汤至于武丁"圣贤之君六七作……纣之去武丁未久也，其故家遗俗、流风善政，犹有存者"，而且又有贤臣多人相辅，所以"久而后失之"。但是战国之时情况已大为不同："王者之不作，未有疏于此时者也；民之憔悴于虐政，未有甚于此时者也。饥者易为食，渴者易为饮……万乘之国行仁政，民之悦之，犹解倒悬也。故事半古之人，功必倍之，惟此时为然。"《公孙丑上》所以他对齐宣王说倘若能行仁政，则"天下仕者皆欲立于王之朝，耕者皆欲耕于王之野，商贾皆欲藏于王之市，行旅皆欲出于王之涂，天下之欲疾其君者皆欲赴愬于王。其若是，孰能御之？"《梁惠王上》反之，如果一国施行暴政，就会驱使其民去施行仁政之国。"民之归仁也，犹水之就下，兽之走圹。故为渊驱鱼者，獭也；为丛驱爵〔雀〕者，鹯也；为汤、武驱民者桀与纣也。今天下之君有好仁者，则诸侯皆为之驱矣"，行仁政者"虽欲无王，不可得已"《离娄上》。基于此理，他对梁惠王说："王如施仁政于民……可使制梃以挞秦楚之坚甲利兵矣。彼夺其民时，使不得耕耨以养其父母，父母冻饿，兄弟妻子离散。彼陷溺其民，王往而征之，夫谁与王敌？故曰仁者无敌，王请勿疑。"《梁惠王上》此外他又举了商汤伐葛为例，说当时"天下信之。东面而征，西夷怨；南面而征，北狄怨。曰奚为后我？"《梁惠王上》他甚至说不仅大国齐、梁可以王天下，连小国滕，"绝长补短将五十里也，犹可以为善国"《滕文公上》。什么是"善国"？孟子说就是行仁政之国。他说："以德行仁者王，王不待大。汤以七十里，文王以百里。"《公孙丑上》所以他对滕文公说："苟为善，后世子孙必有王者矣。"《梁惠王下》

这些道理似乎很明显，但是许多君主却看不清楚。为了消除这个盲点，孟子提出了一件小事：齐宣王不忍见一头牛被牵去杀了衅钟，下令用一只羊去代替。孟子抓住这个"不忍"之心，说"是心足以王矣"，并进一步称以羊易牛之令是"仁术"。齐宣王听了很高兴，说孟子的话"于我心有戚戚焉"，然后问："此心之所以合于王者，何也？"孟子说如果他能将不忍见牛被杀之心，推展出不忍见民被害之心，"举斯心加诸彼"，做到"老吾老以及人之老，幼吾幼以及人之幼"，就可以王天下了。他指出："古之人所以大过人者无他焉，善推其所为而已矣。"他称这种"推其所为"为"推恩"，强调说"推恩足以保四海"，可以使天下"运于掌"。《梁惠王上》

君主如何"推恩"？孟子说那很简单，只要"与民同乐"就可以了。梁惠王在其囿中沼上看鸿雁麋鹿，问孟子："贤者亦乐此乎？"孟子说："贤者而后乐此……文王以民力为台为沼，而民欢乐之……乐其有麋鹿鱼鳖。古之人与民偕乐，故能乐也。"《梁惠王上》齐宣王在雪宫也问孟子："贤者亦有此乐乎？"孟子说："为民上而不与民同乐者亦非也。乐民之乐者，民亦乐其乐。"齐宣王又问："文王之囿方七十里，有诸？"孟子说："于传有诸。"齐宣王说："若是其大乎？"孟子说："民犹以为小也……刍荛者往焉，雉兔者往焉，与民同之，民以为小，不亦宜乎？"《梁惠王下》君主喜欢某类事物，如果让人民也能享有，那么无论他喜欢什么都可以。齐宣王喜欢音乐，孟子说只要"与民同乐"

就无不可。他没有说怎么做,但是说如果人民听到齐宣王的钟鼓之声、管钥之音,都"欣欣然有喜色",就好了。齐宣王又说他"好货""好色"。孟子说以前周的始祖公刘"好货",而也顾及人民的生活,使他们"居者有积仓,行者有裹囊";周的先祖古公亶父"好色",而也顾及人民的家室之需,使当时的社会"内无怨女,外无旷夫"。所以倘若齐宣王也能如此,他的"好货""好色",对他之王天下没有什么妨碍。《梁惠王下》换句话说,"与民同之"并不困难,只要将心比心即可。齐宣王能够不忍一牛之死而推恩免之,应该可以想到万民之苦而推恩救之。孟子说如果一个人"力足以举百钧而不足以举一羽,明足以察秋毫之末而不见舆薪",当然是不合情理的。如果一个人说他不能"挟太山以超北海",那是真的不能;如果他说他不能"为长者折枝",那是"不为"而不是"不能"。齐宣王"恩足以及禽兽,而功不至于百姓者……为不用恩焉",他之没有王天下,是"不为也,非不能也"。《梁惠王上》

"推恩""与民同乐",都只是原则。孟子说"徒善不足以为政"《离娄上》,实际上究竟该怎么做?什么是"仁政"的具体内容?他说"仁政必自经界始"《滕文公上》。因为当时人民生活困苦的重要原因之一,是没有确切而且可以长久使用的土地——"恒产"——让他们安心尽力去从事生产工作。所以孟子所说的"仁政"首先要使人民可以有"恒产"。他说:"民之为道也……无恒产者无恒心。苟无恒心,放辟邪侈,无不为已,及陷乎罪,然后从而刑之,是罔[网]民也。焉有仁人在位,罔民而可为也?"怎样使人民有恒产?他说先要画定"经界"。古代国家将土地分配给人民耕作,其办法因时因地而异。其中有所谓"井田"之制,依孟子说是:"方里而井,井九百亩[将一平方里之地作为一个井形的单位,每井九百亩],其中为公田,八家皆私百亩。"《滕文公上》一"家"应该是指一个壮丁之家,他得到了一百亩的土地,努力耕作,"数口之家,可以无饥矣"。在此地上划出五亩,作为住宅,周围种了桑树,养了家畜,就能使"五十者可以衣帛""七十者可以食肉"了。《梁惠王上》孟子将同样的话对梁惠王、齐宣王各说了一遍,可见他之重视此点。至于壮丁以外之人,包括无子的老人和无父的幼儿,或已无力耕作,或还没有受田的人,则由政府另外特别周济。孟子说文王治岐,对于这些鳏、寡、独、孤的人,"发政施仁,必先斯四者"《梁惠王下》。

为了改善人民的生活,除了给他们"恒产"之外,还要减轻他们的赋税,包括兵役、劳役和各种课征。孟子反对当时争权夺利的战争,当然痛恨为此而要求的兵役。当时权势者常常征用民力从事各种徭役,孟子对此并不反对,但是强调"无夺其时",不可以在农忙时期征用,以致妨碍生产。至于税收,他也认为是必要的,因为社会必须有治人的"君子",和治于人的"野人"。君子劳心,无暇耕作,所以要"食于人"[依赖他人而得食];野人劳力,从事生产,用以"食人"[供养统治者]。"无君子,莫治野人;无野人,莫养君子",这是"天下之通义"。为了达成这个目的,孟子说夏、商、周三代分别用"贡""彻""助"之制,都是十分农田取其一分收获的税法。他建议滕国"野九一而助[在国郊行井田,由大家助耕公田,以其所获缴税],国中什一使自赋[在国都内的土地没有划成井状,就各就其所获抽十分之一的税]"。至于"君子"[各级官吏],因为不事生产,所以要领俸禄,另外各给以"圭田"五十亩,雇人耕作,以其所获作祭祀之用。如果他家还有未仕的壮丁,则各给田二十五亩,以其所获补助家用。这些田地是否也要缴税,不详。事实上孟子虽说他的这些建议都是"古制",但是自认"此其大略也",如予实施,则尚待负责之人"润泽之"。《滕文公上》

当时执政者因生活奢侈,战争频繁,常感税收不足,对于孟子的建议不以为然。曾任魏国相的白圭故意对他说:"吾欲二十而取一,何如?"孟子说不可,那是北方名为貉的偏僻小国的做法。该国只生产小米,没有城郭、宫室、宗庙、祭祀之礼,也没有许多官司和外交往来，所以二十取一就够了。但是在中国因为有了这些事物、制度和情势，怎么能够办得到？瓦器太少，就不足社会之用，国家怎能缺少资产供给制度和统治者之需？他接着说，十中取一乃是"尧、舜之道"，欲轻于此者是"大貉、小貉"；欲重于此者是"大桀、小桀"。《告子下》

　　什一之税是否够国家之用？孟子没有讨论这个问题。大约在他看来，时执政者侈靡逾度，又滥事斗争，许多支出本属浪费，应该节省；更重要的是，他认为什一之税已是人民能够负担的极限，多过于此人民即将陷于饥寒。他指出："今也制民之产，仰不足以事父母，俯不足以畜妻子。乐岁终身苦，凶年不免于死亡。"《梁惠王上》人民"惟救死而恐不赡"，国家的存在对于他们还有什么意义？所以孟子强调行仁政要立即并彻底。滕国的大臣戴盈之说要施行什一之税，并且去关市之征，现在还不能，先减轻一些，等来年再施行可以吗？孟子说："今有人日攘其邻之鸡者。或告之曰是非君子之道。曰请损之，月攘一鸡，以待来年，然后已。如知其非义，斯速已矣，何侍来年。"《滕文公下》

　　国家之存在不仅在帮助人民获得温饱。孟子说一般人"饱食、暖衣、逸居而无教，则近于禽兽"《滕文公上》，所以明君制民之产，使人温饱之后，要"驱而之善"。什么是"善"？孟子说就是"孝、弟、忠、信"。怎样使人得以如此？他说要"设为庠序学校以教之"。人人学得了孝、悌、忠、信，"入以事其父兄，出以事其长上"《梁惠王上》，社会就"善"了。

　　一个邦国的人民都能不饥不寒，老者衣帛食肉，颁白者不负载于道路，并且都知道孝悌忠信，他们自然勇于为善，如遇外侮，他们可以"制梃以挞秦楚之坚甲利兵"；倘若邻邦有乱，陷溺其民，他们会跟随其长上往而征之，解其倒悬之苦，此一邦国必定可以王天下。"仁者无敌"，这是孟子所称仁政的终极后果，也是他用来游说各国君主的主题,他曾反复地说明此点。⁽¹⁾当时天下之人无不希望脱出战乱的困境,连孟子称为"望之不似人君,就之而不见所畏焉"的梁惠王之子襄王,也卒然问曰:"天下恶乎定?"孟子说:"定于一。"然后用极简单的话说,"不嗜杀人者能一之",天下没有不跟随、服从他的。又进而解释说:"王知夫苗乎?七八月之间旱,则苗槁矣。天油然作云,沛然下雨,则苗浡然兴之矣。其如是,孰能御之?今夫天下之人牧,未有不嗜杀人者也。如有不嗜杀人者,则天下之民皆引领而望之矣。诚如是也,民归之,由水之就下,沛然谁能御之?"《梁惠王上》

孟子认为"仁政"有普遍的适用性。大国行之五年,小国行之七年,"必为政于天下矣"《离娄上》。他不仅以此说大国之君,甚至对滕文公也勉励他以方五十里的小邦这么做,说其后世子孙必有王者出。然而滕文公无法等待后世来解决当前齐、楚二强交相煎迫的问题,所以请教孟子该怎么办。孟子说:"是谋非吾所能及也。无已,则有一焉:凿斯池也,筑斯城也,与民守之,效死而民弗去,则是可为也。"滕文公显然不满意此一答复,孟子说另一个办法是像周先祖太王居邠,狄人来侵,太王不忍其民受害,乃弃其地而迁于岐山之下。请滕文公"择于斯二者"《梁惠王下》。

另外,宋国也有类似的问题。万章问:"宋,小国也,今将行王政,齐楚恶而伐之,则如之何?"孟子说以前诸侯残害其民,商汤伐之而王天下。现在宋〔商之裔〕如能行仁政,"四海之内皆举首而望之,欲以为君。齐楚虽大,何畏焉?"《滕文公下》

---

〔1〕《公孙丑上》里有一长段与《梁惠王上》《离娄上》等章相似的话。孟子曰:"尊贤使能,俊杰在位,则天下之士皆悦,而愿立于其朝矣。市廛而不征,法而不廛,则天下之商皆悦,而愿藏于其市矣。关讥而不征,则天下之旅皆悦,而愿出于其路矣。耕者助而不税,则天下之农皆悦,而愿耕于其野矣。廛无夫里之布,则天下之民皆悦,而愿为之氓矣。信能行此五者,则邻国之民仰之若父母矣。率其子弟,攻其父母,自有生民以来,未有能济者也。如此,则无敌于天下。无敌于天下者,天吏也。然而不王者,未之有也。"

以上所述只是一些大纲,不能算是施行"仁政"的细则,要确切施行,还有无数问题。孟子自己说"徒法不能以自行"《离娄上》,即使有好的政策,仍需有人推行。他认为在他那个时代,首先需要一位明君。明君最要之务是选用贤臣来治国。用贤先要去除不肖之臣。孟子说:"与谗谄面谀之人居,国欲治,可得乎?"《告子下》齐宣王问如何才能用贤去不肖。孟子说如果君主的近臣、大夫都说某人贤良,君主不可轻信,要在国内之人都说该人贤良之后,君主才加以观察,见证其确实是贤良,才予任用;如果君主的近臣、大夫都说某人不可,君主也不可轻信,要在国内之人都说他不可之后,君主才加以观察,见证其确实不可,才给以斥惩。《梁惠王下》

君主选择了贤才,就该依礼聘用,已如前述,并且要给以敬重信赖,让他充分发挥其才能,切不可自作主张,要求他顺从。孟子给齐宣王一个比喻说:"为巨室,则必使工师求大木。工师得大木,则王喜,以为能胜其任也。匠人斫而小之,则王怒,以为不胜其任矣。夫人幼而学之,壮而欲行之。王曰姑舍女所学而从我,则何如?今有璞玉于此,虽万镒,必使玉人雕琢之;至于治国家,则曰姑舍女所学而从我,则何以异于教玉人雕琢玉哉?"《梁惠王下》

君主虽然委政于臣,但是仍应负担最终的责任。有一次孟子责备齐国平陆地方的邑宰孔距心未能妥善治理其地,以致"凶年饥岁",人民"老羸转于沟壑,壮者散而之四方者几千人"。孔距心说这不是他能够有所作为的。孟子说:"今有人受人之牛羊而为之牧之者,则必为之求牧[牧地]与刍矣。求牧与刍而不得,则反诸其人乎?抑亦立而视其死与?"孔距心说:"此则距心之罪也。"另一天孟子将这番谈话告诉齐宣王说:"王之为都[地方长官]者,臣知五人焉。知其罪者,惟孔距心。"齐宣王说:"此则寡人之罪也。"《公孙丑下》齐宣王尚知治国的最终责任在他肩上。但是孟子用了一个比喻对他说:"王之臣有托其妻子于其友,而之楚游者。比其反也则冻馁其妻子,则如之何?"齐宣王说:"弃之。"孟子说:"士师不能治士,则如之何?"齐宣王说:"已之"。孟子说:"四境之内不治,则如之何?"齐宣王不答,"顾左右而言他"《梁惠王下》,毕竟不肯认罪。

"贤臣"是有高远志向、坚毅不屈之人。孟子认为贤臣最大的任务是"格君心之非"而使之"正",因为"君正莫不正,一正君而国定矣"《离娄上》。孟子称这种贤臣为"法家拂士",说国内无此者"恒亡"。《告子下》此外,贤臣之事为行"仁政"。"仁政"之最终目的是要"王"天下。王天下除了需要有志于此之君,还要有助成此志之臣,孟子称之为"名世者"。《公孙丑下》他看不起管仲,就是因为他得君专,任事久,而仅仅使千里万乘之齐国称霸诸侯而已。《公孙丑上》至于郑国的子产执政,用自己乘坐的车子接送人们过渡溱水、洧水,则更被孟子讥为"惠而不知为政",因为他若及时修筑桥梁,人民便没有涉水过河的问题了,怎么可能一个个地帮人去渡津呢?所以他说:"故为政者,每人而悦之,日亦不足矣。"《离娄下》孟子崇敬的贤臣一是伊尹,因为他欲以汤为尧、舜之君,民为尧、舜之民而出仕《万章上》,就职之后,自任以天下之重,因太甲"颠覆汤之典刑"而放之于桐,及太甲悔过,又反之,使民大悦。《万章上》另一位是周公,因为他"相武王,诛纣伐奄……天下大悦"《滕文公下》,在职之时"思兼三王[夏禹、商汤、周文],以施四事[四时政务]"《离娄下》。

君臣、君民关系

由此可见,在孟子的心目中,欲行仁政而平治天下,明君、贤臣,缺一不可。二者之间应该如何相处?他强调君臣的关系不能是单纯的主从,而应有适度的互相尊重,甚至制衡。齐宣王问国君与大臣的关系,孟子既认为大臣的主要责任在格君心之非,所以答道:"贵

《孟子》 | 251

戚之卿，君有大过则谏，反复之而不听，则易位……异姓之卿，君有过则谏，反复之而不听，则去。"《万章下》齐宣王问依照礼制，去国之臣仍需为旧君服丧，在怎样的情况下该这么做呢？孟子说如果国君能赡养人民，听取臣下的谏言，有一个大臣因故而去国，国君先在他要去的地方为他做妥善的安排，并派人护送他出国，如果他三年还不回国，然后才去收还他的采邑，这称为"三有礼"。在这种情况下，离国之臣便应该为旧君服丧。"今也为臣，谏则不行，言则不听……有故而去，则君搏执之，又极[丑]之于其所往，去之日遂收其田里，此之谓寇仇。寇仇何服之有？"此外他对齐宣王说了一个原则："君之视臣如手足，则臣视君如腹心；君之视臣如犬马，则臣视君如国人；君之视臣如土芥，则臣视君如寇仇。"《离娄下》

君臣之间可以势若寇仇，但是依照传统的观念，上下之制是固定的，君主无论如何恶劣不肖，臣民皆无可奈何，不能反抗，所以孟子说贵戚之卿可以迫君易位，齐宣王便勃然变色，当然更不能接受非本族之臣的叛逆了，所以他又问："汤放桀，武王伐纣，有诸？"孟子说："于传有之。"齐宣王说："臣弑其君可乎？"孟子说："贼仁者谓之贼，贼义者谓之残，残贼之人谓之一夫。闻诛一夫纣矣，未闻弑君也。"《梁惠王下》齐宣王对此有何反应，《孟子》里没有下文，但是不难想象他是不以为然的。孟子之所以"不遇"于齐，大约与他的这些主张有关。

至于君民之间的关系，孟子没有说得那么细。有些适用于君臣关系的准则当然不能适用于君民关系。他说君主应"保民"，应"制民之产"，使人民能"仰足以事父母，俯足以畜妻子，乐岁终身饱，凶年免于死亡"，然后"谨庠序之教"，使其知孝、悌、忠、信之义。《梁惠王上》人民则应尽忠于国家，奉养君上，在国有外侮时奋力疆场，"死其长"以捍卫社稷。《梁惠王下》所以君民之间的关系也是相对的。但是他又说："民为贵，社稷次之，君为轻。"《尽心下》这种想法与他所说的

"桀、纣之失天下也，失其民也"《离娄上》是一致的，但是在实际的情况下，究竟如何体现这一原则，他没有详说。

贡献和问题

孟子"欲正人心，息邪说，距诐行，放淫辞，以承三圣〔禹、周公、孔子〕"，并且自称当时要平治天下"舍我其谁"！实际上他做了一些什么？先看具体之事。他曾劝勉梁惠王、齐宣王克制私欲，避免战争，推仁心，行仁政，与民同乐，结果可以说一无所成；他建议滕文公制民之产，也未被采用；他说宋、滕等小国不必怕大国侵略，只要行王政便可使其人民抗拒齐楚的坚甲利兵，甚至可以进而为政于天下，当然没有见效；他教宋牼不要以利而要以仁义去劝秦楚不要构兵，也无后果。所以孟子的事功实在无可称道；他的贡献主要在于他的若干理论，值得注意。

孟子处于一个新的时代，在其混乱的情势里找出了一个根本的问题：争利。他将"利"狭义地解释为物质利益和追求此种利益的行为。人需物质之利无可厚非，他所反对的是过分的唯利是图，罔顾个人和社会的其他价值。这种现象在近代资本主义的社会里显得十分突出。此一主义虽然也有其贡献，但是其毒害则愈来愈严重，比禽兽在野地里的行为原则更可怕。禽兽在饱食之后会有一段时间退隐休息，而人的欲望无穷，会不断地求利，乃至不夺不餍，而在既得之后，不免恐惧随时被他人所夺，因而继续不断准备斗争，人间乃永无安宁。孟子此项先见，是一个重要的贡献。

对于狭义的"利"，人们可以有几种不同的反应。庄子似乎说这种"利"是完全不必要的，人在没有被"伪圣人"操纵而破坏了自然的环境之前，顺其有限的欲念，各取所需，不相干扰地生活，本可以不必逐利。这种想法太远离现实。杨朱的主张与此相近，强调人各利己，然而既不利人，也不损人，所以拔一毛以利天下，取天下一毛以利己，都不可以做。但是早在孟子之前，人们已经熟知"一人之身而百工之所为备"，不得不分工合作，遗世独立的生活是不可能的。另一种想法是墨子所提倡的"兼相利"——人人除了谋一己之利，也为天下所有的人谋相同之利。但是利既是狭义的物质资源，是有穷的，如遇匮乏，该如何分配便成问题，要人人皆视人如己，违反了个体的求生本能，实属难能。这三种想法与后世的"虚无主义""无政府主义""公社主义"等近似，很能引人遐思，但无实施的可能。孟子称之为"邪说"，点破了它们推至极端之后的不合情理，是另一个重要的贡献。

以上所说是最明显的两点。此外孟子还对个人生命的价值和意义、社会的结构和目的，皆有深入的分析，提出了根本性的新想法，然而因为他没有明说，而隐藏在他对于若干事件的陈述和评论里，不易引人注意。

关于个人，他认为就生物个体而言，人之所以异于兽者几希。倘若人只求个体的生存，饱食、暖衣、逸居而无教，则近于禽兽，就没有什么好说的了。但是人毕竟与禽兽有异，其异在于人不只求温饱、繁殖而已，还考虑如何求之。因为人的能力有限，必须分工合作，才能生存，在此求生过程中个人如何自处、处人？孟子说要发挥人的特性，以仁存心，以义存心，由亲亲而仁民而爱物。并且要立大志，养浩然之气，使自己成为富贵不能淫，贫贱不能移，威武不能屈的大丈夫，不仅要如此修身独善，更要进一步帮助世人——"得志与民由之"——使众人都能居仁由义，过一种"人"的生活。孟子说这不是妄想，是可以做到的，所以他强调："舜何人也？予何人也？有为者亦若是。"他说这是颜渊的话。颜渊是大贤，但是孟子显然认为至少士人都应该以他为榜样。孟子自己就充分地表现出了这种意向，所以他

"说大人则藐之",求仕则"不应召",不受禄,不奉君之恶而格君心之非,甚至自许以平治天下之任。他这些言行大大地提高了士人的志趣和尊严,更为所有的人指出了生命的价值和生存的意义,是极其值得称道的。

孟子对社会整体的架构也有特殊的看法。他当时的社会虽然纷乱,但是还保留着周初树立的贵族、平民两个主要阶层,以及春秋以后新生的士人群。贵族掌控了政权,一般民众挑着生产劳动的重担而受剥削和压迫,二者的地位和工作发生变动的可能性很小。士人们游走于二者之间,靠着他们的知识而求生,则可能或上或下进入两个阶层。孟子基本上接受了这种情况,但是对每个阶层的人提出了一种新的行为准则——统治者应该知仁义,行仁政,与民同乐;人民应该供养贵族;士人应该为国施政,教育人民。如果不称其职,各层之人都可能受到惩罚。平民可能被判刑而降为奴隶,这是由来已久的处分,孟子没有多说。他注意的是士人、官吏和君主的行为。如果不符合他提出的准则,就要受到贬黜。

先说士人。士人在野应以德行为人师表,切不可成为同乎流俗、合乎污世,居之似忠信、行之似廉洁,似是而非、阉然媚时、公然乱德的"乡原",而被正人君子所鄙弃。其次说官吏。士无不求仕,但求仕有道,不可以用卑鄙的手段,"钻穴""逾墙"而得之。入仕之后要救民生之苦,格君心之非,不可逢君之恶,只图国之富强,而成为辟土地、充府库、与约国、战必克的"民贼",因为君不向道,不志于仁,而求富之,或为之强战,都是助其为恶。所以他声称臣之善战者应服上刑,连诸侯者次之,辟草莱、任土地者次之。最后说君主。孟子之时君主世袭已成传统,他却盛赞尧、舜禅让,指出舜出于农耕平民,并且又倡言夏代首次的传子仍以民意为基础。对于世袭之主,他认为可以因不受谏而被贵戚之卿所废。至于暴虐的"一夫"甚至可以被人民放伐。所以他说:"民为贵,社稷次之,君为轻。是故得乎丘民而为天子……诸侯危社稷则变置。牺牲既成，粢盛既洁，祭祀以时，然而旱干水溢，则变置社稷［祭天地而不得其佑，而罹旱潦之惩，变置社稷谓废其国，实即去其君统］。"可见他虽然袭用传统语言，实际上却打破了传统，重新安排人在世间的存在意义和社会中的阶层地位，使人从与禽兽相同的生理欲求里解脱出来，去追寻一个高远的"人"的生活方式和目的，又使人从传统的阶层桎梏里释放出来，各凭自己的能力和德行生存，并且帮他们树立了反抗外来干扰和压力的正当性。这种理论促使人们对旧有的许多观念、习惯、制度、规范等重新思考，其潜在的影响力不可忽视。

孟子虽然很有创见，但是其理论和言行也有一些问题。现在先举出几个实例，然后加以归纳分析，试图发现其原因。

一、孟子强调"人性善"，有羞恶、恭敬、是非等"心"，分别是"义""礼""智"之"端"。但是除了以"见孺子将入于井"而产生的"怵惕恻隐"来证明同情心（"仁"心）之外，没有提出任何证据支持人都有其他三种"心"。

二、他强调善性之端会自然萌发出仁、义等心态并演变为内在的行为规范，所以说仁、义、礼、智"非由外铄我也，我固有之也"。关于他的"性善"之说的许多强辩已析述于前，在此要另提一个问题：他承认外在的环境对人的行为有决定性的影响，说"一齐人傅之，众楚人咻之，虽日挞而求其齐也，不可得矣"《滕文公下》。果然如此，则强调性善究竟有多大意义？

三、假如在各种情况之下，人都会有相同的经验，或许可以证明义、礼具有客观的确定性，所以它们可以出于内心又有外效的规范。但是在《离娄下》里孟子说，"大人者，言不必信，行不必果，惟义所在"，而在若干情况下，"义"又可以有不同的解释，因而有"非义之义""非礼之礼"，那种"义"和"礼"是"大人弗为"的。什么是"非义""非礼"的"义"和"礼"？孟子似乎认为在一般了解的"义"

和"礼"之上另有一个更高的准则来决定其正确与否。那是怎样的一个准则？他没有说明。"大人"如何去决定"为"与"不为"？他提出一个办法叫作"权"。"权"原意是衡量轻重，进而指"权宜"，即衡量后取其所宜，就是变通之意。淳于髡问："男女授受不亲，礼与？"孟子说："礼也。"淳于髡问："嫂溺则援之以手乎？"孟子说："嫂溺不援是豺狼也。男女授受不亲，礼也。嫂溺援之以手者，权也。"《离娄上》有人问屋庐子："礼与食孰重？"屋庐子说："礼重。"那人又问："以礼食则饥而死，不以礼食则得食。必以礼乎？"屋庐子不能对，转问于孟子。孟子说："金重于羽者，岂谓一钩〔半两〕金与一舆羽之谓哉？取食之重者与礼之轻者而比之，奚翅〔何止于〕食重。"然后教屋庐子告诉那人说："紾〔扭转〕兄之臂而夺之食则得食，不紾则不得食，则将紾之乎？"《告子下》其意也在说明事与礼各有轻重，应该权衡之后才决定在某一事上某一种礼是否应该遵守。但是这么做很不容易。阳货要见孔子，既不愿以礼下士，又不愿失礼召士，就趁孔子不在居处时送了一只蒸熟的小猪去。依礼士人受了大夫的馈赠是应该回谢的，然而孔子不屑阳货之为人，不愿去他家回谢，就趁他不在家时也送了一只蒸熟的小猪去。如此表面上维持了礼，但是全无实际的精神，这是不是"非礼之礼"？

"非义之义"更令人困惑。孟子称舜为大孝，说瞽叟杀人之后，孟子先说司法者可以将瞽叟拘禁，可见他认为那是合乎"义"的，但是他又说舜将破狱劫囚，逃亡于海滨，以免瞽叟受国法制裁。杀人者死，是自古以来一般人认可的"义"。或许孟子的意思是，逃亡等于流放，也是一种刑罚。但杀人是一罪，破狱劫囚是另一罪。舜为天子，不仅容忍其一，而且自犯其二，他的行为合乎"义"吗？或者他听任其父服刑是一种"非义之义"？或者他认为在"杀人者死"这个自古被一般人接受的"义"之上还有一种更高的"义"？那是怎样的一种"义"？孟子没有说明，结果让舜给天下做了一个极坏的榜样。如果人人效仿，天下还可治吗？而且尧极其郑重地荐舜于天，暴舜于民，然后禅让天下于舜，并非给舜一件私人礼物，而是交给舜一个重大的责任。舜可以不接受，但是既已接受，便该肩起这个重担，来为天下人治理天下事。天下不是舜的私产，怎么可以弃之如破鞋，遗苍生于乱世，只为了对父亲一人尽其孝道，何足以报尧？何足以对世人？

此外，孟子对舜不告而娶、孔子断然离鲁、匡章背父离家、他自己不朝而吊等事都不以为非，是否都涉及他所说的义上之义、礼上之礼？他说："君子之所为，众人固不识也。"君子的行为不能为众人领悟，怎么可以作为他人的典范？

四、孟子说当时世乱之因是人皆好利，故不夺不餍，但是没有说明好利之心由何而生。他说"凶岁，子弟多暴"《告子上》，大约是指外在的环境恶劣便会损害人的善性，使人暴戾、自私、贪婪、争夺。但是战国之时统治者的生活都不会受凶岁的影响，为什么大多残暴、贪婪？

五、孟子谈到修身处世，说要养浩然之气；要居仁由义；要富贵不能淫，贫贱不能移，威武不能屈。谈到处世，说要居天下之广居，立天下之正位，行天下之大道；要亲亲、友德、敬长、尊贤、贵贵；要交也以道，接也以礼；与权势者处应该说大人则藐之，不奉召，不托于诸侯；遇横逆则要自反，自反不缩则惴，自反而缩则勇；得志则与天下由之，甚至可以与尧、舜相侔。实际上该怎么做？孟子没有细述。无怪公孙丑说这些修身之道高矣！美矣！宜若登天然似不可及也。孟子说："大匠不为拙工改废绳墨，羿不为拙射变其彀率。君子引而不发，跃如也，中道而立，能者从之。"《尽心上》可见他也明白其修身处世之道的困难，然而他又说人皆可以为尧、舜。此语固然是说人有此潜能，但是他又对曹交说："尧、舜之道孝弟而已矣。子服尧之服，诵尧之言，行尧之行，是尧而已矣。"《告子下》听来又很简易。其说如此玄奥，教人如何适从？

六、孟子谈治国平天下强调要行"王道""王政"，将它们极端美化，说都是古人施行过的"先王之道"，而"遵先王之法而过者未之有也"《离娄上》。"先王"究竟是些什么人？孟子"言必称尧、舜"《滕文公上》。《孟子》里单独提到尧三十三次，舜七十三次，合提尧、舜二十七次。但是关于他们实际的施政，除了有一段说："当尧之时，天下犹未平，洪水横流，泛滥于天下。草木畅茂，禽兽繁殖，五谷不登，禽兽逼人……尧独忧之，举舜而敷治焉。舜使益掌火，益烈山泽而焚之，禽兽逃匿。禹疏九河，瀹济漯而注诸海……然后中国可得而食也……后稷教民稼穑，树艺五谷，五谷熟而民人育……使契为司徒，教以人伦……"《滕文公上》此外多为赞扬之语。除了尧、舜，孟子还提到商汤、周文王、武王、周公，应该也可以算是先王，但是也没有细说他们的仁政。他自己转述的只是授田于民、轻徭薄赋而已。然而他对于这些空泛的仁政却主张要立即彻底地实施。戴盈之说想逐步减税，孟子讽刺说，这犹如从日偷一鸡改为月偷一鸡。梁惠王救灾，使民移地就食，孟子说这犹如五十步笑百步。这些话岂非强人所难？

七、孔子曾说："善人为邦百年，亦可以胜残去杀矣。"《论语·子路》孟子却说施行仁政者并不困难，大国行之五年，小国行之七年，便可"为政于天下"。此语使公孙丑之惑滋甚，说周文王百年而崩，犹未洽于天下，文王不足法吗？孟子说因为时势尚不利于文王。他甚至又对梁襄王说，只要"不嗜杀人者"为政，便可"一天下"。此语实在耸人听闻。孟子解释说，"今夫天下之人牧，未有不嗜杀人者也。如有不嗜杀人者，则天下之民皆引领而望之矣"，犹如"七八月之间旱，则苗槁矣。天油然作云，沛然下雨，则苗浡然兴之矣。其如是，孰能御之……诚如是也，民归之，犹水之就下，沛然谁能御之？"《梁惠王上》换句话说，梁襄王之时势利于统一。当时滕文公应该是一个"不嗜杀人"的为政者，为什么他未能"一天下"？孟子只好推之于天，说因为那时天未欲平治天下。天什么时候要平治天下？如果治乱决定于天，

《孟子》 | 259

他自己的努力有什么意义?

八、《论语·宪问》里记载孔子对子路说:"桓公九合诸侯,不以兵车,管仲之力也,如其仁!如其仁!"又对子贡说:"管仲相桓公,霸诸侯,一匡天下,民到于今受其赐。"又说,"齐桓公正而不谲""晋文公谲而不正"。然而当齐宣王问:"齐桓、晋文之事可得闻乎?"孟子说:"仲尼之徒,无道桓、文之事者,是以后世无传焉。"《梁惠王上》为什么他这么说?《尚书·武成》称,武王伐殷,"血流漂杵",而《孟子·尽心下》称孟子说"仁人无敌于天下",武王"以至仁伐至不仁",该役绝非如此惨烈,因而说:"尽信《书》,不如无《书》。吾于《武成》取二三策而已矣。"《尽心下》古籍所载的言与事可以任意取舍吗?孟子的取舍有何依据?

九、人有喜恶乃自然之情,《史记·孔子世家》里说:"定公十四年,孔子年五十六,由大司寇行摄相事,有喜色。门人曰:'闻君子祸至不惧,福至不喜。'孔子曰:'有是言也。不曰"乐其以贵下人"乎?'"虽然他之所以喜,不是因为自己得福,而是能使其治下之人得福,但毕竟是喜,是很自然之情。孟子在齐不得志而去,当充虞说:"夫子若有不豫色然。前日虞闻诸夫子曰君子不怨天,不尤人。"他说:"彼一时,此一时也。五百年必有王者兴,其间必有名世者。由周而来七百有余岁矣。以其数则过矣,以其时考之则可矣。夫天未欲平治天下也;如欲平治天下,当今之世,舍我其谁也?吾何为不豫哉?"《公孙丑下》失去了一个平治天下的机会,而说并没有不快,甚出人情之常。事实上当有人想为齐王挽留孟子而来得稍晚,他就出言相讥,这不是"不豫"吗?而且君子不怨不尤,可以因时而异吗?

十、万章问:"今之诸侯取之于民也,犹御[盗]也。苟善其礼际矣,斯君子受之,敢问何说也?"孟子说:"子以为有王者作,将比今之诸侯而诛之乎?其教之不改而后诛之乎?"孟子显然知道万章要逼他承认不可受来路不当之财,他不愿直接答复,转而辩称即使是王者再起，也不能将这些行同盗贼的诸侯一概诛罚，而要先对他们加以教育，使他们知其行为之不义，等到教之而不改，然后才加以诛罚。孟子以王者师自许，必曾告诫所见之诸侯横征暴敛之不当，但是显然没有一个因而改过的。他虽无法加以诛罚，但是至少可以拒绝他们的不义之财吧？他既没有否定万章将当时的诸侯都比作盗贼，又不拒绝他们的馈赠，显然不妥，却又提出了另一套理由："夫谓非其有而取之者盗也，充类至义之尽也。孔子之仕于鲁也，鲁人猎较，孔子亦猎较。猎较犹可，而况受其赐乎？"——将取非其所有的行为都称为"盗"，是将"盗"的含义扩充到极致，不免太过分了。在打猎的时候孔子也会去取未必是他自己所获的猎物，何况接受已取得猎物之人的分赐呢？这话不错，但是将诸侯暴敛于民比作打猎；将自己接受诸侯的馈赠比作接受猎物，不是也很奇怪吗？

十一、齐宣王因不忍牛被杀衅钟，令易以羊，至多也是为德不卒，而且实属无谓，岂不知所食牛羊不知凡几？孟子不指出此一伪善，而盛赞其有"不忍"之心。然而既称"不忍"，则牛羊有何区别？他说因为见牛不见羊而且以小易大是可以谅解的，其实这只是为齐宣王找了一个遁词。至于由此推演而将此"不忍"推之而行"仁政"于天下，那么要将哪些人作为羊，哪些人作为牛？

以上几个例子是略读《孟子》的人都会感觉到的问题。孟子对它们都有解答，但是读者不一定都能接受。事实上当时与他对话之人，可能也未必满意，但因《孟子》里总是让他下结语，对方除了认输，甚至自愧为"小人"之外，没有再辩的机会。但是今日的读者可以对这些问题继续讨论。

想要处理一个问题的人，必须找出它的原因，然后研拟出解决的办法。社会问题的原因大多很复杂，什么是最主要的，往往人异其见，所以认真思考的人会提出一点来假设为问题的主因。其假设愈接近一般人所体验、认知的事实情理，愈易用来解释问题的众多表象，据此建构起来的办法愈可能成功地解决问题。孟子当时战乱频仍，他说其主因在于人的欲利之心，但是又说人生而有仁、义、礼、智之端的心。对于前者他没有指出其由来，对于后者他没有充分地给以证明，所以二者都只能算是假设。他用前一个假设来说明世乱，用后一个假役来设计救乱之策，但是他既承认人的行为最终必受环境的影响，性善的假设并无必要，由此而生的仁、义等规范也无必然性，所以才有"非义之义"。好利为当时致乱之因这个假设是对的，但是人并不都好利，常言道鹪鹩巢林，不过一枝；偃鼠饮河，不过满腹。在平常状况下，一般人并非永不知足。好利贪婪、不夺不餍之心是特殊环境的产物。孟子当时人口大增，可以开发的土地日少，各个邦国犹如被困在一个有限区域的兽群，向外觅食的可能愈来愈小，终于自相残杀、弱肉强食。但是他似乎认为情势还没有那么严重，所以他虽反对邦国之间的战争，却没有仔细研究如何直接地去处理当时外在环境的问题，只说人有善性，可以知仁义，因而他强调治国平天下"亦有仁义而已矣"。但是他又说仁义可以有若干层次的意义，使人难以遵从。而且许多人的善性既已因环境之迫，变得像牛山濯濯，不复美好。他们（尤其是那些已经掌握权势之辈）已经背弃了善性和仁、义、礼、智等规范，以暴力相向，以求自存。教他们重新发现善性而加以推广，诚如缘木求鱼。他一方面承认徒善不足为政，另一方面又坚持只要有不忍人之心，统治者便足以保四海。由于这些矛盾的想法，他对于当时社会上的许多现象都无法妥当地解释。此外他所建议的仁政显得空泛无用，甚至可以用作暴政的借口，却又强调其可行甚至易行。实际上一国受到侵略，他只能教其统治者死守或弃国，当然不能解决问题，国际之间仍战争不止。战争是为了哪些人而牺牲哪些人？对此种种他似乎未曾自问其理论是否有缺误，只见他一再曲曲折折加以辩解，甚至对一般人认定的是非、前人的言行和古籍上的记载皆随意取舍，用来维护其理论和他自己的言行。最后当其理论已经显然不可用，他还推说天没有要平治天下！他一再说要学孔子，但是孔子不好辩，而注重"自讼"，曾经感叹"已矣乎！吾未见能见其过而内自讼者"《论语·公冶长》，而自己则随时反省其言行，如果发现有过失，绝不加以文饰，立即坦然地认错并加以改正。他在陈国时，其司败［官职，犹司寇］问："昭公知礼乎？"孔子说："知礼。"孔子退，司败揖巫马期而进之，说："吾闻君子不党，君子亦党乎？君取于吴为同姓，谓之吴孟子。君而知礼，孰不知礼？"巫马期以告，孔子说："丘也幸，苟有过，人必知之。"《论语·述而》他到了武城，闻弦歌之声，莞尔而笑道："割鸡焉用牛刀？"当时他的弟子子游为该地之宰，抗议说："昔者偃也闻诸夫子曰，君子学道则爱人，小人学道则易使也。"孔子说："二三子，偃之言是也。前言戏之耳。"《论语·阳货》他还一再说"君子耻其言而过其行"《论语·宪问》，"过而不改，是谓过矣"《论语·卫灵公》，都是强调人要力求知过、改过。其亲炙弟子皆深得其教——子夏说："小人之过也必文。"子贡说："君子之过也，如日月之食焉。过也人皆见之，更也，人皆仰之。"《论语·子张》孟子的言行是否有过，姑且勿论，而其好辩，则近"文饰"，或者可以说是"遁词"。他自称"私淑"孔子，而其行为实去孔子远矣！

殷末大乱之后，经过周武王、周公等大力整顿，建立了许多制度和规范，使世局稳定了一段时间，其后即逐渐败坏。不少人想勉力维护，孔子便是其代表。但是由于社会现实的变迁，那些制度和规范所据的基础已经崩裂，修复已无可能，所以少数有识之士开始思考改革的办法。他们看出主要的乱因是在各种权势的集中和世袭。老、庄建议废除政治权威，但是其说过于虚玄；墨子主张由天子开始逐级向下选举贤能来治国，但是最终要诉诸天意，也属渺茫。孟子见到当时统治者荒淫无道，人民饥寒劳瘁，游士欺妄助虐，十分愤慨痛心，想要改革，但是没有提出确切可行的办法，仅仅创说了若干理论，希望能引导人们的思想从传统的桎梏里解脱出来。他的想法虽然先进，但其说法仍然拘泥于传统的用语，受缚于君臣、上下、主从等的文字，不仅不能直接明白地一醒人们的耳目，而且很容易被保守分子篡用，使他所说之话背后隐藏着的革命性意义被扭曲，甚至被执政者删禁。⟨1⟩因此他基本上只是一个批判者，无补于改变世局，更不必说平治天下。《史记》说当时"秦用商君，富国强兵；楚、魏用吴起，战胜弱敌；齐威王、宣王用孙子、田忌之徒，而诸侯东面朝齐。天下方务于合纵连横，以攻伐为贤，而孟轲乃述唐、虞、三代之德，是以所如者不合"，似属实情。然而他教人努力去做大丈夫，养浩然之气，寻求正义，确实可使有志之士心向神往。中国历代多难，而人们能屡仆屡起，与他的号召有关。⟨2⟩后世称他为儒之"亚圣"，良有以也。

⟨1⟩ 明太祖朱元璋于洪武二十七年（1394）刊《孟子节文》，删《孟子》原书八十余条，皆与批判政治权威有关。
⟨2⟩ 试读文天祥《正气歌》必生此同感。

《荀子》

荀　子

《史记·孟子荀卿列传》叙荀子事迹甚简，周秦至汉有关其言行的散记亦不详细。兹据诸说略述其要。

荀子名况[1]，赵人，生年不详，约后孟子三四十年，曾于齐愍王［公元前300—前284年］时说其相孟尝君田文，戒之以胜人之道《荀子·强国》。齐襄王立时［公元前283年］，荀子年已五十，在齐国稷下最为老师，曾三任祭酒。后离齐，曾适赵，与临武君议兵于孝成王前《议兵》，又曾适秦，与秦相范雎论政。旋至楚，考烈王八年［公元前262年］楚相春申君黄歇用之为兰陵令，二十五年［公元前238年］春申君被杀，荀子去职，仍居兰陵，著书数万言而卒，年八十余。

《荀子》

《荀子》共三十二篇，前二十七篇陈述荀子之见，应该是他所著。

---

[1] 荀子古时亦称孙卿。刘向称况著为《孙卿新书》。或谓"孙"乃避汉宣帝刘询讳，然而汉时尚不讳嫌名；或谓"荀""孙"乃声转，"卿"乃尊称，不知然否。世传况著唯唐杨倞注本，名为《荀子》。

其后《大略》篇似系他的弟子们记录他的言行概要。《宥坐》《子道》《法行》《哀公问》《尧问》五篇则是他们所集儒家传闻,与《荀子》要旨不尽相合。

战国之时各国的执政者集权日甚,专横日著,一般士人地位大降,所以《荀子》之辞大多委婉,即使讨论具体的问题,也没有提出具体的解决方案,只说了一些原则,至多举出若干往例作为说明。其中《成相》仿役者之歌,《赋》篇用诗人之咏,多借他事他物喻意明理而为劝勉讽谏,更是空泛隐晦。然而就其理论而言则大致清楚。第一,他审察了当时的世局,找出了致乱的两大原因为昏聩的政治和错误的观念,批判了当时执政者的作为以及若干谬说。第二,他分析了当时较新的一种政治主张——法治,指出了它的许多问题。第三,他探索了治世之方,发现了治的"原"和"流",主张谨择君子以施行礼法,仔细讨论了君子的教育和修养以及礼和法的基础、功能和关系。第四,他陈述了君子的治国之道,第五,他描述了一个理想世界,提出了一些人人应该努力寻求的目标和应该遵循的途径。

世局与乱因

荀子在《富国》篇里将当时的邦国归入四类:一为"乱国",其境内田畴秽,都邑露[败坏],候徼支缭[斥候关征密布],其朝廷贵者不贤,治者不能;二为"辱国",其官吏重财轻礼,外侮日至;三为"治国",其军民安业,官吏好法,朝廷隆礼;四为"荣国",其上下皆宽于计数,谨于礼义,贤者贵,能者任,污者修,悍者愿。"乱国"与"辱国"之君必是"贪主""暗主";"治国""荣国"之君则是"明主"。以往曾经有过"治国""荣国",但是在战国后期荀子所见的大多是"乱国""辱国"。他描述说:

今之世而不然，厚刀布之敛以夺之财；重田野之税以夺之食；苛关市之征以难其事。不然而已矣，有［又］掎挈伺诈［寻错侍故］，权谋倾覆，以相颠倒，以靡敝之。百姓晓然皆知其污漫暴乱而将大危亡也，是以臣或弑其君，下或杀其上，粥［卖］其城，倍其节，而不死其事者。《富国》

庸　主

国家衰乱的原因很多。荀子特别归责于"人主"（大概也包括其大臣）的昏庸，说"今君人者，急逐乐而缓治国"《王霸》，"今人主有大患：使贤者为之，则与不肖者规之；使知者虑之，则与愚者论之；使修士行之，则与污邪之人疑之，虽欲成功，得乎哉！譬之是犹立直木而恐其景之枉也，惑莫大焉"《君道》，"今上不贵义，不敬义，如是，则天下之百姓，皆有弃义之志，而有趋奸之心矣，此奸人之所以起也"《强国》。

齐愍王时北并宋，西却秦，摧三晋，臣诸侯。王及大吏矜功不休，百姓不堪。荀子至齐劝其相国说，"处胜人之势"者，应"行胜人之道"——折服了他人之国，应该以仁义安抚归顺者，不可加以压迫，更不可继续侵夺其地，以致受害者联合起来反抗，使情势逆转，"胜人"者反而败亡。《强国》但是齐国君臣显然并未采纳其说，后来果然诸国攻齐，大败之。

荀子曾入秦，秦相范雎问他："入秦何见？"他盛赞治理之当，但是仍有缺失，所以说："然而县之以王者之功名，则俔俔然其不及远矣！"《强国》他认为治理得当仅仅使国家安宁，还不足使它成为礼义流行的王道之邦——"荣国"。其意在求全，但是说得很委婉。当然秦国也未重视其说。其后他的弟子李斯背王道而用霸术，竟使秦一统天下，进而废弃仁义，施行苛政，贼害人的生命、情性。他若身后有知，想必极为遗憾吧!

谬　说

　　荀子当时民间流行着若干谬说，混淆人们的思想，使得社会纷乱。为了清除这种现象，他写了一篇《正论》，加以纠正。例如当时盛传"尧舜禅让"。荀子说没有这回事，因为天子势位至尊，道德纯备，当其在世之时，天下无隐士，无遗善，无人可以受禅；天子死后，圣王已没，天下无圣，也无人可以受禅。如果天下有圣，无论其为天子之子或三公，则"以尧继尧"，不可称为禅让。至于说天子老衰而禅，也不正确，因为天子分天下之事于王公，垂拱而治，心至愉，形不劳，所以百官有老而天子无老。又如有人倡言"汤、武篡夺"，荀子也说不然，因为桀、纣虽为圣王后嗣，但是不材不正，暴虐无道，使百姓疾之，诸侯叛之，实际上已失去了天下，成为独夫；汤、武修道行义，天下归之，实际上已王天下。所以应该说桀、纣自亡天下，汤、武未曾弑君。又如有人说"尧不能教化其子朱，舜不能教化其弟象"，荀子指出教化只能施诸常人，不能及于鬼怪。任何时代都有鬼怪，朱、象不受教化并非尧、舜之过。又如有人说"汤、武不能禁令"，以致"楚、越不受制"。荀子说王制本来就因属地远近而异，楚越与诸夏受制不同，并无不当。

　　以上诸点与实际政事无关，荀子却觉得应加辩解，但是他的论述恐怕也不易被人接受。除此之外，他指出了另一些前人的理论为害更甚。在《解蔽》中他说："今诸侯异政，百家异说，则必或是或非，或治或乱。"在《非十二子》中他说："假今之世，饰邪说，文奸言，以枭乱天下，欺惑愚众，矞宇嵬琐使天下混然不知是非治乱之所存者，有人矣。"他特别举出了十二个这种人，说其中十个的言行皆"持之有故，言之成理，足以欺惑愚众"，另外两个对于先儒之道未能辨别真伪，也可能混淆是非、影响治乱，因此他将十二人分成六组，各加批评。

首先受批评的是它嚣和魏牟。荀子说他们"纵情性，安恣睢，禽兽行，不足以合文通治"。它嚣不见于他书，其说无可考。魏牟，可能是庄子时人，其说"纵情性，安恣睢"似指放任自然，与庄子主张相近，所以荀子说他如禽兽，无法使之合乎礼义，通于治道。

第二，荀子批评了陈仲、史䲡，说他们"忍情性，綦溪（蹊）利跂，苟以分异人为高，不足以合大众，明大分"。陈仲即齐国的陈仲子，其兄陈戴为齐世卿，禄万锺，他以兄之禄为不义而不食，以兄之室为不义而不居，被孟子讥为不如蚯蚓。史䲡即史鱼，孔子称赞他正直，说他"邦有道如矢，邦无道如矢"。荀子说二人都能克制自己的情性，坚持自己认为的高洁操行，所见与孔子相似，但是他指出这种行为无法和合广大的群众、辨明重要的社会分际与责任。

第三组被批评的是墨翟和宋钘。荀子说他们"不知壹天下、建国家之权称，上功用，大俭约，而僈差等，曾不足以容辨异、县君臣"。墨翟之说已见前述。宋钘见于《庄子》及《孟子》。荀子对他们的批评一是过分注重功用（墨子强调不能增加生产、无惠于民的事皆不必做；宋钘有"人我之养毕足而止""无益于天下者，明之不如已"之说《庄子·天下》）；二是太讲究俭约（墨子反对厚葬久丧，甚至主张非乐；宋钘除了主张节约并欲弭秦楚构兵，因为战争是最大的浪费）。在荀子看来，这些言行忽视了人际的自然差等，破坏了因而产生的社会结构和规范，使得国家失去了权衡上下轻重的能力，社会失去了分工合作的机制。

第四组是慎到和田骈。荀子说他们"尚法而无法，下修而好作，上则取听于上，下则取从于俗，终日言成文典，反纠〔审〕察之，则倜然无所归宿，不可以经国定分"。《史记》称二人"皆学黄老道德之术"，为"稷下先生"。《孟子荀卿列传》荀子对他们的第一点批评似乎指他们崇尚一种高妙之法（自然法？）而否定了实际的人为法令。其下诸语似乎指他们好辩说，上下取舍，左右逢源，但是其言论没有宗旨，因此不能作为建立制度和规范的依据。

第五组是惠施、邓析。荀子说他们"不法先王，不是礼义，而好治怪说，玩琦辞，甚察而不惠，辩而无用，多事而寡功，不可以为治纲纪"。惠施、邓析分别见于《庄子》《左传》，皆善辩。此处荀子只指出他们蔑视传统的政治权威和规范，提出反常的理论并以诡巧之说加以辩护，其说虽妙，但是不切实际，不足为治世的准则。

第六组受批评的是子思与孟轲。荀子说他们"略法先王而不知其统，然而犹材剧志大，闻见杂博。案往旧造说，谓之五行，甚僻违而无类，幽隐而无说，闭约而无解。案饰其辞，而祗敬之曰：此真先君子之言也。子思唱之，孟轲和之。世俗之沟犹瞀儒［愚蒙之儒］嚾嚾然不知其所非也，遂受而传之，以为仲尼、子弓〈1〉为兹厚于后世"。《非十二子》子思是孔子之孙，《孟子》曾屡次提及，颇加崇敬，但是未详其说。此处荀子说他与孟子都大略地遵循先王之法，而不知"王法之要"古今相通，是为其"统"。他们二人不知此"统"，只知道许多先王事迹，借以创说，琐细芜杂，不能一贯以明之，而自高其说，称之为真正"先君子"的理论。一般愚蒙之人，不能辨识其非，乃信其所说，相为传习，以为孔子、子弓仅仅就因为这些理论而见重于世。这是子思、孟轲所犯的错误。（此外荀子又认为孟子倡言"性善"是一重大错误，未见于《非十二子》，将于本文下节析述。）

荀子对十二子的批评太过简略，而且未必中肯。重要的是他指出

〈1〉 子弓或当指冉雍，字仲弓，孔子七十二弟子之一，以德行著称。《论语·公冶长》称冉雍"仁而不佞"，孔子说"焉用佞？"可见他默认仲弓为仁。仁是孔子对人的最高称许，在《宪问》里他曾说管仲"九合诸侯不以兵车"，因而称赞他"如其仁！"在《雍也》《颜渊》《子路》篇记仲弓与孔子问答皆合大体。大约因此孔子认为仲弓可以承担大任，所以说他是"犁牛之子骍且角，虽欲勿用，山川其舍诸？"甚至说"雍也可使南面"。荀子敬称之为子弓，并屡与孔子并提，原因当在于此。

了这些人的理论有一个共同的缺点："蔽"。因为各有所蔽，不能见到"道"之整体，失于偏颇——墨子蔽于实用而不知文化，宋子蔽于从欲而不知行德，慎子蔽于循法而不知尊贤，申子蔽于乘势而不知用智，惠子蔽于言辞而不知实事，庄子蔽于天然而不知人为。所以他说："故由用谓之，道尽利矣；由欲谓之，道尽嗛〔快意〕矣；由法谓之，道尽数〔术〕矣；由势谓之，道尽便〔便宜〕矣；由辞谓之，道尽论矣；由天谓之，道尽因〔自然因果〕矣。"这几种看法"皆道之一隅也"，而"道者体常而尽变，一隅不足以举之。曲知之人，观于道之一隅，而未之能识也，故以为足而饰之，内以自乱，外以惑人，上以蔽下，下以蔽上，此蔽塞之祸也"《解蔽》。

"蔽塞之祸"产生了偏见，偏见影响了行为。为了免于蔽塞，智者应该"兼陈万物，而中县衡焉"——通盘地观察万物，然后用心中悬着的一支秤加以判断，以得到完整平衡的见解。有了这样的见解，才能辨清是非，明白什么该做什么不该做，才不致误蹊径而归于正道。这就是荀子自以为有别于十二子之处。

正　论

道

什么是"道"？《荀子》里提到许多"道"（"大道""小道""天道""人道""公道""私道""王道""霸道""君道""臣道""偷道""奸道""佣徒之道"），但是又说"天下无二道"《解蔽》，而这种"道""非天之道，非地之道，人之所以道也，君子之所道也"《儒效》。所以荀子要谈的只是人应该走的路，特别是君子走的路。那是怎样的路？他自问自答说："道也者何也？曰礼义、辞让、忠信是也。"《强国》

又简单地说,道就是"礼义"之道,又称之为"尧、舜、汤、禹之道"《性恶》,是"人道之极"《礼论》。

名

人因蔽而不能见道之全貌,以小知而论大道,当然多误,其始往往在用字定义,即所谓"制名"。古人将指示、陈述事物的语言文字皆称为"名",将事物称为"实"。"名"是人造的,与"实"之间本无必然的关系,在许多简单的情况下,只因若干人对某一"实"给了一个"名",然后因"约定俗成",使这个"名"与"实"之间建立了一种关系,而被多数人接受,倘若有人不从众而"析辞擅作",对这个"实"给了另一个"名",就像另创了一套度量的工具,会使人疑惑,而生出许多辩讼。在若干比较复杂的情况里,因为有许多"实"具有共同之处,又有相异之处,这些同异要待专家仔细区分,各别给以大类和细目之"名",常人才易接受。另外有些"实"系某些人所发现或创造,就由他们命"名",这些名一旦被定下了,他人也不可任意变更。这种"名""实"相符的情形便被认为"正确",否则便是"不正",便会产生混淆、纷争。荀子指出其前的若干辩士,如宋钘的"见侮不辱",墨子的"圣人不爱己"和"杀盗非杀人",乃是"用名以乱名";庄子的"山渊平",墨子的"刍豢不加甘,大锺不加乐",乃是"用实以乱名";公孙龙的"白马非马",乃是"用名以乱实"。《正名》因而他像孔子一样觉得应该"正名",所以写了《正名》,其说甚为艰涩,但是可以大概了解如上。他特别指出礼义道德等等行为规范都是古代圣王制定的"实"和"名",说"刑名从商,爵名从周,文[仪文]名从礼[礼经]",有别于一般人约定俗成的"散名"。他又说:"王者之制名,名定而实辨……慎率民而一焉。故析辞擅作名,以乱正名,使民疑惑,人多辩讼,则谓之大奸,其罪犹为[伪造]符节度量之罪也。"如果人民

"莫敢托为奇辞以乱正名",则"其民悫,悫则易使……壹于道法而谨于循令矣……今圣王没,名守慢[漫滥],奇辞起,名实乱,是非之形不明,则虽守法之吏,诵数[经典]之儒,亦皆乱也。若有王者起,必将有循于旧名,有作于新名[改变乱正之新名]"。《正名》

然而因为天下纷乱,没有圣王可以"临之以势,道之以道,申之以命,章之以论,禁之以刑","正名"之事只有靠君子去做。此事甚为不易。荀子说要先教人认清事物之"实",然后告诉他们已经被多数人接受之"名",再说明为什么如此,反复为之,才能使人明白"名"和"实"之间的"正当"关系。在确知"名足以指实"之后,才能使"辞足以见极"《正名》——谈论事理才能真切,其过程不致歪曲歧杂,其结果才能正当确实。他认为这种"辩"是君子的责任,所以在批评了十二子之后说:

> 若夫总方略,齐言行,壹统类,而群[集]天下之英杰,而告之以大[太]古,教之以至顺……六说者不能入也,十二子者不能亲也。无置锥之地,而王公不能与之争名,在一大夫之位,则一君不能独畜,一国不能独容,成名况[示]乎诸侯,莫不愿以为臣,是圣人之不得势者也,仲尼、子弓是也。一天下,财万物,长养人民,兼利天下,通达之属,莫不从服,六说者立息,十二子者迁化,则圣人之得势者,舜、禹是也。《非十二子》

这就是荀子认为的立天下之正名、树学术之正统,是孔子、子弓,以及天下仁人志士应该做的事。他唯恐此意不明,又说:"今夫仁人也,将何务哉?上则法舜、禹之制,下则法仲尼、子弓之义,以务息十二子之说,如是,则天下之害除,仁人之事毕,圣人之迹著矣。"《非十二子》可见荀子认为,"仁人"得势必须掌握"圣王"之道的要旨,摒除十二子的"六说",解脱人们的蒙蔽,去除他们的谬见,才能进而辅正时主,平治天下。孔子、子弓曾有此志,但不幸未曾得势。然而天下仁人志士仍应以他们为法,努力以赴。他自己著书立说,也是为了此一目的。兹将他特别着重的几点树立"正道""正统"之见,即其"正论",稍加析述如下。

天、命

名、实不符之事极多,有些初看不很清楚,细审之后可以发现影响甚大,其中之一是"天",其二是"命"。自古以来,人类对于若干无法理解其因果的事故都说成"天生"或"命定"如此。老、庄称之为"自然"。孔子之见有异于此,虽然他也承认有些大事的发生与否似乎牵涉一种不可知的外力,称之为"天""命",但是并不相信它是事先有意设定来决定事情发展的东西,所以他主张人们应该尽其所能去改善生活,甚至"知其不可而为之"。孟子基本上接受了这种想法,而似乎更积极一些,主张在若干极端的情势下,人可以用剧烈的手段改变现状。墨子非"命",因而否定了许多传统的制度(如政权世袭)和习俗(如厚葬、久丧),但是最终仍不得不推出一个不可测的"天"来解释当时的政治、社会情势,甚至支持"天子"的极权。

荀子大反诸子之说,指出:"列星随旋,日月递炤,四时代御,阴阳大化,风雨博施,万物各得其和以生,各得其养以成,不见其事而见其功,夫是之谓神。皆知其所以成,莫知其无形,夫是之谓天。"《天论》这句话所描述的可以说是物理学之"天",是一些没有意志的因素。它们影响了万物的存在,但是看不出来有什么企图,而似乎是不得不然。庄子说"天不得不高"《庄子·知北游》,就在说明此点。荀子在《天论》里一再讨论这个问题,似乎也同意这种看法。他首先说自然界有些不常见的现象如"星坠木鸣",使人们感到恐惧而问:"是何也?"他说:"无何也,是天地之变,阴阳之化,物之罕至者也。怪之可也,畏之非也。"当时流行"天人相应"之说，所以有人问："雩［求雨之祭］而雨，何也？"他说："无何也，犹不雩而雨也。"诚然如此，为什么许多人，特别是受人尊重的"君子"，都做那些祭祈的仪式呢？他说："日月食而救之，天旱而雩，卜筮然后决大事，非以为得求也，以文之也。故君子以为文，而百姓以为神。以为文则吉，以为神则凶也。"坦白一点说，百姓那么做是由于愚昧迷信，君子也这么做只是随俗，并以此文饰他的行为，显得他关心百姓的祸福，并不相信会有什么好处，也不影响他实际该做的事。

然而人的生活确实受到天的寒暑、水旱影响，人应该做些什么来应付？荀子说应该"明于天人之分"，让"天"自行其所必然，而要人自行其所当然。天、人各行其道，人便有可能决定其后果。他说：

> 强本而节用，则天不能贫；养备而动时，则天不能病；修道而不贰，则天不能祸。故水旱不能使之饥，寒暑不能使之疾，祆怪不能使之凶。本荒而用侈，则天不能使之富；养略而动罕，则天不能使之全；倍道而妄行，则天不能使之吉。故水旱未至而饥，寒暑未薄［迫］而疾，祆怪未至而凶。受时与治世同，而殃祸与治世异，不可以怨天，其道然也。故明于天人之分，则可谓至人矣。《天论》

换句话说，自然界的变迁并不可畏，可畏的是人祸，他称之为"人祆"。什么是"人祆"？他说："楛耕伤稼，耘耨失薉，政险失民；田薉稼恶，籴贵民饥，道路有死人，夫是之谓人祆。政令不明，举措不时，本事不理，夫是之谓人祆。礼义不修，内外无别，男女淫乱，则父子相疑，上下乖离，寇难并至，夫是之谓人祆。……勉力不时，则牛马相生，六畜作祆，可怪也，而不可畏也。"《天论》

一般人如能尽力做该做的事，避免做不该做的事，便可防御天灾，平安生活，国家亦然。但是许多人，包括孟子，都说世事兴衰是由天命决定的。荀子问："治乱天邪？"然后答道："日月星辰瑞历[历象]，是禹、桀之所同也，禹以治，桀以乱，治乱非天也。"又说"天不为人之恶寒也辍冬"，"天行有常，不为尧存，不为桀亡"。知道了天循其常规而行，所以"圣人不求知天"，不必去揣摩天的什么奥秘，当然也不要想祈求它为人会有所变化，而着重在掌握其常规并设法应对，甚至据此常规而加以利用。他说："大天而思之，孰与物畜而制之！从天而颂之，孰与制天命而用之！望时而待之，孰与应时而使之！因物而多之，孰与骋能而化之！思物而物之，孰与理物而勿失之也！愿于物之所以生，孰与有物之所以成！故错人而思天，则失万物之情。"《天论》

总而言之，在荀子看来，对一个自然而然的"实"（物理的"天"），给以一个有意志含义的"名"（类似鬼神的"天"），"名""实"不符，是致乱之因。

这是一个革命性的想法。对于此前的人而言，"制天""制命"是不可思议之事。荀子这想法反映了人们自信的增加，认为至少在某种程度上，人们已经可以不必完全受制于一种不可知、不可违的神秘力量。这种自信其实已在孔子思想里萌芽，荀子将它演绎成一种理论，可以称之为"制天论"，是人类进化之途中的重要一步。

人　性

另一与滥名近似之举是对于一个事实给以一个不当的形容词。孟子说性"善"，在荀子看来便犯了此误，需加纠正。他认为人性"恶"才切合事实，因而写了一篇《性恶》，又在若干其他篇章里反复陈述，颇为繁杂。兹整理一番，略述其要如下。所引之语多出自《性恶》，如又见于他篇则另标明。

首先，他先对"善""恶"下了一个定义，说："凡古今天下之所谓善者，正理平治也；所谓恶者，偏险悖乱也。"这当然是依据他个人的价值观而定的——他痛恨纷扰，所以将"乱"等于"恶"；他爱好秩序，所以将"治"等于"善"。

其次，他说孟子形容人性为"善"，是因为"不及知人之性，而不察乎人之性、伪之分"。依照他的看法，"性"是"天之就［成］也，不可学，不可事［不能以人力改变］"，如"饥而欲饱，寒而欲暖，劳而欲休"，这是"尧、舜之与桀、跖"，"君子之与小人"同一的"性"。"伪"谓"人为"，如人虽饥，"见长［长者］而不敢先食者，将有所让也；劳而不敢求息者，将有所代也。夫子之让乎父，弟之让乎兄；子之代乎父，弟之代乎兄，此二行者，皆反于性而悖于情也"。他又进一步指出，孟子说人性善，其有不善，都是因为丧失其性的结果，乃是一种谬论，因为性既然是与生俱来，就不会自行丧失，所以说，"所谓性善者，不离其朴而美之，不离其资而利之也……若夫可以见之明不离目，可以听之聪不离耳，故曰目明而耳聪也"。倘若人心中之"善"可以离失，就不是人天生的"性"了。

再次，他指出，一般人特别注重若干基本的欲求，说"人之生固小人"，只求口腹之欲，"呻呻而噍［嚼］，乡乡而饱"《荣辱》，此外还广泛地唯利是图，无视其他。然而在一定的情势下，世间的食物和其他的"利"皆属有限，人人"欲恶同物，欲多而物寡"《富国》，如顺其情性则必然相争而不肯辞让。争则必乱，必致"强者害弱而夺之，众者暴寡而哗［划］之，天下之悖乱而相亡不侍顷矣"。为了自利而相争在他看来就是"性恶"的表现。他又说，人在求欲之时相争，满足其欲之后便相忘。为此他造出了一段尧、舜之间的对话："尧问于舜曰：'人情何如？'舜对曰：'人情甚不美，又何问焉！妻子具而孝衰于亲，嗜欲得而信衰于友，爵禄盈而忠衰于君。人之情乎，人之情乎，甚不美！又何问焉！'"

最后，他说："古者圣人以人之性恶，以为偏险而不正，悖乱而不治，故为之立君上之势以临之，明礼义以代之，起法正以治之，重刑罚以禁之，使天下皆出于治、合于善也。"基于此一见解，他问："今诚以人之性固正理平治[善]耶？则恶用圣王，恶用礼义矣哉？"然后自答说："故檃栝之生为枸木也，绳墨之起为不直也，立君上，明礼义，为性恶也。"

社会、权威、规范

先秦八哲的理论都是为了改善人的社会而作，对于社会的源起及其必要的因素所见各异。荀子说人性相同，"饥而欲饱，寒而欲暖，劳而欲休"《性恶》，"好荣恶辱，好利恶害，是君子、小人之所同也"。《荣辱》人有共同的好恶，如何能够满足可以有不同的方法。孟子相信性善，所以认为人们会自动分工合作，自动地产生一些规则，以行生产分配。荀子相信性恶，说："人生而有欲，欲而不得，则不能无求，求而无度量分界，则不能不争。争则乱，乱则穷"。《礼论》为了避免这种结果只有靠外力来加以制约，说："古者圣王以人之性恶，以为偏险不正，悖乱不治，故为之立君上之势以临之，明礼义以化之。"《性恶》所以在他看来，社会系由"圣王"创设，靠其所立的权威（君上）和规范（礼义）而维系运作。

关于权威，荀子说可因其优劣分为三等：（一）"道德之威"，指统治者"礼乐则修，分义则明，举措则时，爱利则形"，因而百姓"贵之如帝，高之如天，亲之如父母，畏之如神明"，国内"赏不用而民劝，罚不用而威行"。（二）"暴察之威"，指统治者不能修礼、分义，但是"其禁暴也察，其诛不服也审，其刑罚重而信，其诛杀猛而必"，因而百姓被劫于形势，受振于诛杀。（三）"狂妄之威"，指统治者"无爱人之心，无利人之事，而日为乱人之道，百姓讙敖则从而执缚之，

刑灼之"，因而百姓"下比周、贲溃以离上"，国家"倾覆灭亡可立而待"。《强国》

关于规范，他说可因其由来及基础而分成数类，处于上下许多位阶。就其由来而言，他认为尧、舜、禹三代"先王"及周初文、武"后王"所定者最高。《非相》《王制》《不苟》就其基础而言，凡"顺于人心"者如"礼"，应处上位。他又将不同身份之人应该遵循的规范按重要程度加以分别，先说人君，他引孔子之言说："大节是也，小节是也，上君也；大节是也，小节一出焉，一入焉，中君也；大节非也，小节虽是也，吾无观其余矣"《王制》，但是没有明白指出什么是"大节""小节"。其次他提到人臣，说有"大忠"者"以德复君而化之"，"次忠"者"以德调君而辅之"，"下忠"者"以是谏非而怒之"《臣道》，但是也没说明各级规范的具体内容。再次提到一般人民，说"入孝出弟，人之小行也；上顺下笃，人之中行也；从道不从君，从义不从父，人之大行也"《子道》，明白地指出"道""义"高于"顺""笃"和"孝""弟"，但是未曾像孔、孟那样对各种规范多做诠释。

荀子只对两种规范的性质、功能、由来、依据以及施行的办法做过详细的论述，其一是"礼"，其二是"法"。

礼

荀子对"礼"讲得极多，除了写一篇《礼论》之外，在其书许多章节里都提到"礼"。兹加分析如下：

第一，关于"礼"的性质和功能。荀子一再说"礼者表也"《天论》《大略》，又将"礼"比作"绳""衡""规矩""刑范"《礼论》《强国》。"表"谓标志，例如显示水深的标杆；"绳""衡"等是度量曲直、轻重、方圆、式样的器具。他的意思是"礼"可以像"表"那样防止人滔溺，又如各种工具那样有度量人的行为妥当与否的功能。

第二，关于"礼"的由来。荀子相信人性恶，当然不能像孟子那样说人可以探索内心而得知规范，所以有人问："人之性恶，则礼义恶生？"他说："凡礼义者，是生于圣人之伪，非故[固]生于人之性也。""伪"指"人为"，非"自然"。他接着解释道："陶人埏埴以为器，然则器生于陶人之伪，非故生于人[陶？]之性也；工人斫木而成器，然则器生于工人之伪，非故生于人[木？]之性也；圣人积思虑习伪故[以前人为的成果]，以生礼义而起法度，然则礼义法度者，是生于圣人之伪，非故生于人之性也。"《性恶》

第三，关于"礼"的根据。荀子说："礼也者，理之不可易者也。"《乐论》又说："礼以顺人心为本，故亡于礼经而顺人心者，皆礼也。"《大略》又说："礼有三本：天地者生之本也，先祖者类之本也，君师者治之本也……故礼，上事天，下事地，尊先祖而隆君师。"简而言之，"礼"的根据是不可变易的"理"，这种"理"存在于人心，是人人都能体会的，因此遵循此理而制定的行为规范，能够顺于人心，即使没有载于讲述"礼"的经典，都可以是"礼"。人心都知道应该尊敬天、地、祖先、君主和师长，所以最基本的"礼"就是依据这种心意而制定的。说了这些话之后荀子举出了一些例子加以阐明，包括"大婚""大飨[祭祖]"等，而说得最细的是丧、葬之礼，因为许多人都认为久丧厚葬是一种浪费。他花了许多篇幅给以辩护，说："礼者，谨于治生死者也。生，人之始也；死，人之终也……君子敬始而慎终……夫厚其生而薄其死，是敬其有知而慢其无知也，是奸人之道而倍叛之心也。"《礼论》此点与性恶说异，礼基于理，理即人情，人皆知理，人情非恶？

第四，关于"礼"之目的。荀子指出人生而有"欲"，但是可以满足人欲之物有限，所以会发生争乱。"先王恶其乱也，故制礼义以分之，以养人之欲，给人之求，使欲必不穷乎物，物必不屈于欲，两者相持而长……故礼者养也"，就像"刍豢稻粱，五味调香，所以养口"。《礼论》"礼"是一种规范，怎么可以有此效果？这个问题牵涉荀子对物资的生产和分配的一种特别的看法。古时的生产多靠人力，产量有限，一般人皆有匮乏之虞，所以墨子常"昭昭然为天下忧不足"。荀子却甚不以为然，他说："夫天地之生万物也，固有余足以食人矣，麻葛茧丝鸟兽之羽毛齿革也，固有余足以衣人矣。夫有余、不足，非天下之公患也，特墨子之私忧过计也。"《富国》而且因为他相信人可以"制天"，克服天灾，所以"禹十年水，汤七年旱，而天下无菜色"。《富国》然而为什么当时之人会有匮乏？他说因为人太贪婪，指出："贵为天子，富有天下，是人情之所同欲也。然则从人之欲则势不能容，物不能赡也。"所以免于匮乏不在于增加生产，而在于使人各知其应有之"分"。什么是一个人"应有之分"？他认为人有贤与愚、能与不能，不可"均事业，齐功劳"，而应该依其才能与努力，从事不同的工作，做出不同的成绩，得到不同的报酬，三者集合起来就是一个人应有的"分"。所以他说："故先王案为之制礼义以分之，使有贵贱之等、长幼之差，知、愚、能、不能之分，皆使人载[任]其事而各得其宜，然后使愨[谷]禄多少厚薄之称[当]，是夫群居和一之道也。"《荣辱》简而言之，就是先要将人区别成各种品类、等级，然后给以不同工作和待遇。依照这样的办法，无论物资多少，人人各从其已定之分，就没有争执，社会便安定了，所以他说"恭敬辞让所以养安""礼义文理所以养情"——不仅是"养口"，而且要"养安""养情"，要人心情安宁愉快。这一点与墨子的主张均富（或均贫）不同，因为如果不分等级，将使贤、愚、能、不能，难以分工，以致减少生产，所得不足，因而使人心情不平，这是"两丧之"；而荀子的办法则可使人"两得之"。《礼论》

第五，关于"礼"的施行。荀子说可繁可简，要依人力和资源而定，重要在于"文"[仪式]和"情"[心意]的配合。繁"礼"的仪式隆重，可能超过心意的诚挚；简"礼"的仪式俭略，可能不足表达心意的恳切，二者都不妥当。最好的"礼"是"文理情用相为内外表里，并行而杂"，荀子称之为"中流"《礼论》，是君子应该做的。《哀公》里记载了鲁哀公问,穿着礼服就可以算是合礼吗?孔子说为了表示适当的心意,在行某种礼的时候穿某种服装是应该的。这段对话就是在说明"礼""情"相配之理。但是这一类的话都甚空泛,荀子并没有细说"礼"该如何实施。究其缘故,大约因为许多的"礼"本来出自习俗,又经过长久经验和智慧的洗练,已经被多数人认为是善和美的行为规范,而愿意遵循,以此互勉,并且用来教育子女。这些规范的要旨被记录下来,成为"礼书",包括现在还存在的《仪礼》《礼记》等。《礼记·曲礼》举出了许多细微的日常起居、饮食、洒扫、应对、进退的礼节,显然相信以此教育幼童,使他养成习惯,由此开始,其后便自然地易于遵循较为复杂而有深奥意义之礼。《经解》里说:"礼之教化也微,其止邪也于未形,使人日徙善远罪而不自知也",就是出于此一信念。

乐

古时"礼""乐"并称,许多的礼在施行之时有音乐相配。《荀子》里有一篇《乐论》,批评墨子的"非乐",强调音乐之重要,说"(声)乐之入人也深,其化人也速",能移风易俗,为圣王所重。该篇内容,大多与《礼记·乐记》之说近似,但较简略。[1]首先荀子说人有情绪,

---

[1]《礼记·乐记》系纂集儒家有关音乐理论而成,内容重复累赘,但因儒重视"乐",认为它具有极大的化人、治事功效,说得很玄妙难解,所以在此略加析述。举其要旨大有三点:第一,人因"外物"使其"心动",产生各种情绪,就会发出各种声音,如有"哀心"者,其声"噍以杀",有"乐心"者,其声"啴以缓",有"喜心"者,其声"发以散",有"怒心"者,其声"粗以厉",有"敬心"者,其声"直以廉",有"爱心"者,其声"和以柔"。相对地,声音也会反过来影响人的情绪,所以说:"噍杀之音作而民思忧,啴谐慢易之音作而民康乐,粗厉之音作而民刚毅,廉直之音作而民肃敬,宽裕之音作而民慈爱,流僻之音作而民淫乱。"这一点大致不错。人(甚至其他动物)在不同的形势、心情时,会发出不同的声音,而声音也可以影响情绪,如人在"桑间濮上"、战场、宗庙、乡里、闺门之内,所出之声,所生之情,自不相同。如果以乐器(转下页)

会"发于声音"。声音也会影响情绪,如哭丧之声会使人心悲,行伍之歌会使人心伤,郑卫之音会使人心淫,韶武之章会使人心庄。如果

(接上页)表达,也会作不同的选择,如钟、磬、丝[琴瑟]、竹[箫笙]、鼓的音响可以使人感觉威严、清明、凄切、悠逸、骚动。这些说法都与常识无异。

第二点说声音与音乐"相近而不同"。声音有"奸""正",音乐有"德""溺"。"奸声感人而逆气应之,逆气成象而淫乐兴焉。正声感人而顺气应之,顺气成象而和乐兴焉。"问题是"奸""正"通常是指道德伦理的价值判断,因此什么声音是"奸",什么声音是"正",很难想象。子夏说"郑音好滥淫志""宋音燕女溺志""卫音趋数烦志""齐音敖辟乔志",皆系"溺音"而非"德音",将声音是否使人"溺于色"而"害于德"为准,别为"奸""正",相当玄妙,殊非常人之见。

第三点说音乐(至少"正音")是先王所作,目的在节制人情使其免于"肆溺"而近于"和顺"。"和"是极重要的一种状态,指天地间"百物有别而皆和合"的一种秩序,所以说"乐者天地之和也""大乐与天地同和,故百物不失节"。"节"就是秩序,表现在音乐上就是宫、商、角、徵、羽五个音阶。若将它们组合得当便可成为乐曲,用来表达不同的意境、情绪。如果组合不当,便成了噪音。这一点也易了解,但是儒者又将这五个音阶比诸人事,说:"宫为君,商为臣,角为民,徵为事,羽为物,五者不乱则无怗懘之音矣。"又说:"宫乱则荒,其君骄;商乱则陂,其臣坏;角乱则忧,其民怨;徵乱则哀,其事勤[多劳而无功];羽乱则危,其财匮。五者皆乱,迭相陵,谓之慢,如此则国之灭亡无日矣。"此说玄妙,非常人能够理解。儒者的解释是:"八风从律[音律]而不奸[乱],百度得数而有常,小大相成,终始相生,倡[唱]和清浊,迭相为经,故乐行而伦清,耳目聪明,血气和平,移风易俗,天下皆宁。"此外又造出了一段魏文侯与子夏的对话来进一步加以说明,大意称魏文侯问"古乐"与"新乐"之异。子夏说"古乐"系君子依照音律章法所作,用以"正六律,和五声","进旅、退旅"[整齐有序],有助于人"修身及家,平均天下";"新乐"则不然,"进俯、退俯"[俯偻杂乱],纵情泛滥,"不知父子"[逢反上下轻重章法],导人肆意作乱,以致危亡。这番解释仍使人一头雾水。音乐既是"外物"感动人心而生,是人与物之间的事,怎么忽然一跳而成了人与人之间的关系,不知是何逻辑,令人莫名其妙。

然而仔细研析《荀子·乐论》和《礼记·乐记》,可以发现其实它们并没有说"乐"有独立的社会功能。整体而言,它们始终将"乐"与"礼"并论。"礼"是人与人之间的行为规范,"乐"只是配合"礼"的音效。因为儒家相信"礼"可以使人修、齐、治、平,而古时统治者行"礼",确实都伴有音响,"乐"因而似乎与有功焉。后世"礼"逐渐成了形式,很少人再夸大它的功能,"乐"与"礼"失联,只成了表达个人情意的声音,当然没有人再牵强附会,肆意推演其社会效应了。《孟子·梁惠王下》称梁惠王面有惭色地说"寡人非能好先王之乐,直好世俗之乐耳",《礼记·乐记》称魏文侯说,"吾端冕而听古乐则唯恐卧,听郑、卫之音则不知倦",皆足说明春秋战国时期即有此现象,所以儒家论乐,独树一帜,但与常识距离太远,难为一般人接受,荀子勉为之说并无新意,只为驳斥墨子而已。

《荀子》 | 283

这种种声音发之而"不为道［章法］"，便"不能无乱"。大约因为他相信人"性恶"，所以常常会不循章法而乱。他又说："凡奸声感人而逆气应之。逆气成象而乱生焉；正声感人而顺气应之，顺气成象而治生焉。"他所谓的"奸声"大约是指放纵不羁的声音，会致乱，所以他接着说："先王恶其乱也，故制雅颂之声以道之，使其声足以乐而不流，使其文足以辨而不諰，使其曲直、繁省、廉［简］肉［丰］、节奏足以感动人之善心，使夫邪污之气无由得接焉。"《乐论》这种"雅颂之声"便是合乎适当章法的"正声"音乐。这种音乐"其感人深，其移风易俗易"。所以他说，"故乐者，治人之盛也"，"乐者圣人之所乐也"。将音乐说成政治的工具和手段，并且十分强调其功能，时人及后人似乎都不能充分了解，因而墨子有"非乐"之说，荀子极不以为然，说："君子明乐，乃其德也［为的是它的德化之功］，乱世恶善，不此听也，于乎哀哉！"

法

荀子特别强调"礼"，但《荀子》也常提到"法"，时而用作动词，指"效法"，如"法先王""法后王"；时而用作名词，指一般的法则，如"人无法，则伥伥然"；或指法律，如"有法者以法行，无法者以类举"。大约因此荀子没有写一篇《法论》。现在将他散见于许多章节里有关法律的论说集合起来，陈述于下。

荀子认为"礼"与"法"有密切的关系，说"礼者法之大分［成分］，类之纲纪［要领］也"《劝学》《王霸》，"非礼是无法也［否定了礼，便没有法可言了］"《修身》。但是二者并非一物，其间有同有异。他常将"礼"比作规矩、绳墨，在《荣辱》里他将"法则"与"度量、刑辟、图籍"同称为"数"，所以他认为"礼""法"都是度量他物的器械和数据。这是"礼"与"法"相同之处。但是进一步看其他篇章，可以见到他心目里"礼"与"法"有很多差异。

第一，就二者的内在性质而言，"法"比较粗浅，出于习俗或掌握权威者的规定，并无必然的性质，荀子认为它只是"械数"《君道》；"礼"虽然也可以出于习俗或"圣人"的创作，也是"伪"物，但是它必须合乎"人情""事理"，而且在其外表之下，还有深一层的意义，可以说是"礼之义"，因为有了此"义"，就比法为广、为奥，可以作为"法之大分，类之纲纪"，用以补充法之不足，评断法之当否。

第二，就二者的社会价值而言，"礼"以情理为基础，所以应该都与社会利益相契合；"法"未必有情理的基础，因此可以或善或恶，所以荀子说有"治法""乱法""王者之法""霸者之法""亡国之法"《王霸》，而"礼"则无此等分别。

第三，从二者的实际施行来看，差异最大。首先看二者施行的范围。"礼"是合乎情理的行为准则，应该可以广泛地适用于所有的人；"法"仅为奖励或惩戒某些特殊行为而立，所以只适用于若干特定的人。其次看它们施行的方法。在这一点上，"礼"与"法"的差异最复杂也最突出，因为：（一）"礼"的施行几乎完全依赖教育（尤其是对幼儿生活细节上的教育），使人年长之后，自然地表现出一种善良优美的行为；"法"虽然也有指导行为的作用，但其施行多在事后，并非普及教育，尤其不是初期教育的教材。（二）"法"的条文虽然可以很多，但是终究有限，不像"礼"对于生活细节有无微不至的规定。（三）"法"的准则既不能靠幼时养成的习惯自然地表现于一般人的行为，只得靠权威者强制施行。（四）"礼"与"法"虽然都像权衡、绳墨，但是"礼"有人的情理及习惯为基础，受大众的认定；"法"则纯是"械数"，容易被权威者滥用。

以上诸点并非艰深高妙之论，然而《荀子》曾以很多篇幅加以申述，因为当时已有"法治"之说流行，荀子不否认法之重要，但是认为过分"以"法、"依"法为治，会产生许多弊病，必须加以辨认、说明。

古时对于违反社会规范之事，情节重者由君相、司寇处理，情节轻者由各级"士师"听断。听讼要平和，使人直言无忌；如果态度威猛，人便不敢竭尽其情。至于论断，依荀子所说要"有法者以法行，无法者以类举"，尽量做到"无隐谋，无遗善，而百事无过"。《王制》要做到这样的结果是极不容易之事。"有法者以法行"，只适用于有确当可用的条文之案，然而世事万变，即使是"圣人"也不可能对所有可能发生的案件预先立法加以规范，所以司法者在处理若干案件时可能无法可循。这种案件如系对于社会安宁秩序没有重大不良影响的民事纠纷，一般国家皆依照习惯或"法理"处理。如果涉及个人或社会的重大权益，被认为是一种罪行，现代国家大多采取"刑事，法律未规定者不罚"的原则。中国古时以为各种权益都应该加以适当的维护并促进，所以创设了一套极为广泛的规范"礼"以培养一切的行为，而以数量有限的"法"作为最低的准则，来明确指定若干行为应该绝对禁止。但是对于其他会产生不良影响的行为，治国者不可以不闻不问，仍需加以妥当的处理。如何处理？荀子说"无法者以类举"《王制》《大略》，所谓"类举"，是将一件无法可循的案件找出其某些最基本的要素，再寻找有此要素而又有另外一些比较普通的要素，因而已受法律规范的案件，将这两种案件归为同一类。例如过失杀人的案件，因为此行为有致人死亡的结果，不能不认为是一罪行而归入杀人一类，但是细析其事，毕竟与蓄意杀人不同，所以不能直接适用杀人之法，只可"举"出此法作为参考，而将此法所定原则上适用于一切杀人案件的刑罚调整轻重，以配合案情做出妥当的处分。这种做法早已见于《书经·吕刑》。该篇强调慎刑，告诫司法官"勿用不行［未制定施行文法］，惟察惟法［务必明察而遵循现行之法］"。如果没有现行可循之法，则"上下比罪"，将一个罪行的情节与同类罪行相比，如果法律所定的刑罚对本案的情节而言太重或太轻，就予以加减，称为"上刑适轻下服，下刑适重上服"。荀子之说就是此意。

但是要如此"比"并不容易,因为现行之法既然不明显确切地可以适用,一般对现行法律十分清楚的人也会不知所措。荀子将这种情形称为"法教之所不及"《儒效》,将这种人描写为"尚法而无法""终日言成文典,反紃察之,则倜然无所归宿",说慎到、田骈便属此类。《非十二子》倘若要求有所"归宿",就要寻找"类"。此事之难,在于法的文字简略,只指出某事可以或不可以做,如"杀人者死,伤人及盗抵罪",没有说出为什么要如此处理的理由。若能了解社会的一个重要目的是在保护人的生命、身体和财产,就可将各种方式、程度的杀、伤、夺取财产的行为分别归入几"类",然后比较其轻重,分别进行适当的处理。荀子称这种法律条文背后的理由为法之"义",这种探索此"义"的过程为"议法",说"法而不议,则法之所不至者必废"《王制》,"不知法之义而正法之数者,虽博,临事必乱"《君道》。他又指出,"议法"可以用"礼"为指标,因为"礼者法之大分〔成分〕,类之纲纪〔要领〕也"《劝学》《王霸》,"非礼是无法也〔否定了礼,便没有法可言了〕"《修身》。"礼"也是人为的规范,但是比"法"的涵盖广,更重要的是有道德的基础。道德标示出崇高的社会目的,荀子常常以一个"义"字简称之。"礼"是道德的具体要领,"法"是若干粗略的规定,要寻找社会目的,就应该将"义""礼""法"综合起来看。荀子称这种做法为"统",强调君子要"推礼义之统"。《不苟》一个人能"法先王〔用圣王之法〕",而且"统礼义",就可以"以浅持博,以古持今,以一持万……倚〔奇〕物怪变,所未尝见也,卒然起一方,则举统类而应之,无所儗怸〔疑虑不安〕,张法〔举出适当之法条〕而度之,则晻然若合符节"。《儒效》这种做法与此前他在《非十二子》中所说君子应"总方略,壹统类"以息争议,是相同的。

在刑事案件里司法者除了要引用现有的,或以"类举"的方法找到可以"比附援引"的法条以断罪之外,还要进一步决定适当的刑罚。"刑"的初意与"型"有关,就是要强制使人就范。其方法可以有多种，包括虐害精神、限制自由、伤害肢体、剥夺生命。在中国古代最普通的是最后两种，但是也有传说上古之时的刑罚都是象征性的。《正论》里说："世俗之为说者曰：治古无肉刑而有象刑：墨黥［涂墨于面以代黥刑］，慅婴［以草（慅）为冠饰（婴）以代劓刑］，共艾毕［割（艾）蔽膝（毕）以代宫刑］，菲对屦［以粗麻鞋（对-枲）以代刖（菲）］，杀赭衣而不纯［以红土染无边之衣代斩首］。"荀子说：

> 是不然。以为治邪［假使古时真是治世］？则人固莫触罪，非独不用肉刑，亦不用象刑矣。以为人或触罪矣，而直轻其刑，然则是杀人者不死，伤人者不刑也。罪至重而刑至轻，庸人不知恶矣，乱莫大焉。凡刑人之本，禁暴、恶恶，且征［惩］其未也。杀人者不死，而伤人者不刑，是谓惠暴而宽贼也，非恶恶也。故象刑殆非生于治古，并起于乱今也。治古不然，凡爵列、官职、赏庆、刑罚，皆报也，以类相从者也。一物失称，乱之端也。夫德不称位，能不称官，赏不当功，罚不当罪，不祥莫大焉。昔者武王伐有商，诛纣，断其首，悬之赤旆。夫征暴诛悍，治之盛也；杀人者死，伤人者刑，是百王之所同也，未有知其所由来者也。刑称罪则治，不称罪则乱。故治则刑重，乱则刑轻，犯治之罪固重，犯乱之罪固轻也。《正论》

简而言之，荀子认为刑罚应该有实效，其轻重应该与罪之轻重相"当"，象征性的刑罚与实际的罪行不相当，所以不可行。由此推论则奖赏也应该与功之大小相"当"。此点极为重要，所以他一再强调"刑当罪则威，不当罪则侮；爵当贤则贵，不当贤则贱"《君子》，赏罚绝不可僭滥，"若不幸而过，宁僭无滥"，因为赏僭不过利及小人，刑滥则害及君子。《致士》

如何使用刑赏而求得实效？荀子说必须"先教"。对此他有一段很详细的解释：

> 赏庆、刑罚、埶诈之为道者，佣徒鬻卖之道也，不足以合大众，美国家，故古之人羞而不道也。故厚德音以先之，明礼义以道之，致忠信以爱之，尚贤使能以次之，爵服庆赏以申之，时其事，轻其任，以调齐之，长养之，如保赤子。政令以定，风俗以一，有离俗不顺其上，则百姓莫不敦恶，莫不毒孽，若祓不祥，然后刑于是起矣。是大刑之所加也，辱孰大焉！将以为利邪？则大刑加焉，身苟不狂惑戆陋，谁睹是而不改也哉！然后百姓晓然皆知修上之法，像上之志而安乐之。于是有能化善、修身、正行、积礼义、尊道德，百姓莫不贵敬，莫不亲誉，然后赏于是起矣。是高爵丰禄之所加也，荣孰大焉！将以为害邪？则高爵丰禄以持养之；生民之属，孰不愿也！雕雕焉县贵爵重赏于其前，县明刑大辱于其后，虽欲无化，能乎哉！故民归之如流水，所存者神，所为者化而顺，暴悍勇力之属为之化而愿，旁辟曲私之属为之化而公，矜纠收缭之属为之化而调，夫是之谓大化至一。《议兵》

简单地说就是要先以政教之，使民知善恶，而为趋避。经过一段时间之后，才行"进退诛赏"。

但是此一原则似乎可以有例外，《宥坐》里说了两个故事：

（一）孔子为鲁司寇兼代国相，上任才七天，就诛罚了少正卯。弟子问为什么。孔子说："人有恶者五，而盗窃不与焉。一曰心达而险，二曰行辟而坚，三曰言伪而辩，四曰记丑而博，五曰顺非而泽。此五者，有一于人，则不得免于君子之诛，而少正卯兼有之，故居处足以聚徒成群，言谈足以饰邪营［荧惑］众，强足以反是独立［颠倒是非，不受劝改］，此小人之桀雄也，不可不诛也。"然后说商汤、文王、周公、太公［吕尚］、管仲、子产，各曾诛罚这一类人。这个故事想说明的是，对于某些人而言,"先教"是没有必要的。

(二)孔子为鲁司寇,有父子相讼者。孔子拘之,三月不予审理。其父请终止此案,孔子就释放了他们。鲁国执政季孙很不高兴,说孔子告诉他为国家必以孝,现在逆子讼父该杀,而孔子竟将他释放了。孔子听了叹道:"呜呼!上失之,下杀之,其可乎?不教其民而听其狱,杀不辜也。三军大败,不可斩也,狱犴不治,不可刑也;罪不在民故也。嫚令[怠慢于执法]谨诛[严刻于施刑],贼[害]也;今生也有时,敛也无时,暴也;不教而责成功,虐也。已此三者,然后刑可即也。《书》曰:义刑义杀,勿庸以即,予维曰未有顺事。言先教也。故先王既陈之以道,上先服之;若不可,尚贤以綦[教]之;若不可,废不能[罢斥不能施教之官吏]以单[惮,使畏惧]之。綦三年而百姓从风矣。邪民不从,然后俟之以刑,则民知罪矣……今之世则不然,乱其教,繁其刑,其民迷惑而堕焉,则从而制之,是以刑弥繁而邪不胜……今夫世之陵迟亦久矣,而能使民勿逾乎!"《宥坐》这个故事强调"先教"不只是在上者要求人民如何作为,还需要从事于"身教",并且要改善人民生存的环境,使他们不仅知道是非,而且能够趋避。

《荀子》这两个故事反映了荀子最担心的一件事——法之被滥用。除了前述衡石可被滥用外,他还举出了许多其他的"械数",如用以为信的符节、契券,用以为公的探筹、投钩,都可能因为君主的好权谋、好曲私,而使臣下百吏变本加厉地用来欺诈、偏险,丰取、刻与。《君道》这个法令易被滥用的事实,使荀子发展出一套比孔、孟更为明确周详的人治理论。他说:

> 故械数者,治之流也,非治之原也;君子者,治之原也。官人守数,君子养原;原清则流清,原浊则流浊。故上好礼义,尚贤使能,无贪利之心,则下亦将綦辞让、致忠信,而谨于臣子矣。如是则虽在小民,不待合符节、别契券而信,不待探筹、投钩而

公,不待衡石、称县而平,不待斗斛敦概而啧。故赏不用而民劝,罚不用而民服,有司不劳而事治,政令不烦而俗美。百姓莫敢不顺上之法,象上之志,而劝上之事,而安乐之矣。故藉敛忘费,事业忘劳,寇难忘死,城郭不待饰而固,兵刃不待陵而劲,敌国不待服而诎,四海之民不待令而一。夫是之谓至平。《君道》

因此他的结论是:"有治人,无治法。羿之法非亡也,而羿不世中;禹之法犹存,而夏不世王。故法不能独立,类不能自行。得其人则存,失其人则亡。法者,治之端也,君子者,法之原也。故有君子,则法虽省,足以遍矣。无君子,则法虽具,失先后之施,不能应事之变,足以乱矣。不知法之义,而正法之数者,虽博,临事必乱。"《君道》又说:"故有良法而乱者有之矣;有君子而乱者,自古及今,未尝闻也。"《致士》

君 子

求 学

"人治"之要在于得人,妥当之人被称为"君子"。此前所述诸子也都强调"君子"之重要。老、庄似乎说这种人是天生的。墨子没有明说他们如何而来。孟子说任何人能够发扬其固有的善性便可成为"大人",其说甚玄。孔子和荀子都认为"君子"是良好教育的成果。荀子对此点说得特别详细。

首先,他指出人虽性恶,但其行为有极大的可塑性。他说人皆有"可以知之质、可以能之具",只要加以适当的教化诱导,便可使人做适当之事而成为"君子",甚至像夏禹那样的"圣人"。为什么人不都是

"君子"？他说因为一般人未能"积善"（努力学习做"好事"）。《荣辱》

可学的事很多。荀子指出，世间事物无数，一个人虽"没世穷年不能遍也"，而且事物一直在变化，所以一个人"其所以贯理焉虽亿万"，仍"不足以浃万物之变"，其结果"与愚者若一"。《解蔽》但是他又指出有些事物，例如农工的技艺以及辩者所论的"充虚之相施易也，坚白同异之分隔也"，与为人治世无关，不值得学，"不知无害为君子，知之无损为小人"。《儒效》因为他认为教育之目的在于培养君子，所以说要教以"圣王"之学——"圣也者尽伦〔理〕者也，王也者尽制者也。两尽者足以为天下极矣"。《解蔽》他所说的"伦""制"，即人文社会之学，他认为君子之学应到此为止，更具体地说："学恶乎始？恶乎终？曰：其数〔项目〕则始乎诵经，终乎读礼。"《劝学》"经"指当时已有的《诗》《书》《春秋》之类，"礼"特别指当时专门讲述礼仪要义的"礼书"。《诗》《书》辑存了古代人的经验和智慧，是人们生活的依据。"礼"是根据这些经验和智慧制定出来的具体规定，是人们行为的准则，最为重要，因为"水行者表深，使人无陷；治民者表乱，使人无失。礼者，其表也"《大略》，人不知礼便无法立身处世，更不可能成为君子了。所以他说："故学至乎礼而止矣，夫是之谓道德之极。"《劝学》

读"礼"不难，但不该只是记忆"礼书"之文。重要的是掌握"礼"的要旨（"隆礼"），就像提起了衣裳的领口，一举手就可以将事理整顿顺当。对于初学之人此事甚为不易。荀子有感于俗语所谓"蓬生麻中，不扶而直，白沙在涅，与之俱黑"《劝学》，而指出学"礼"要找到适当的师友。良师可以教人诵经读礼，并且"以身为正仪"来指导人的行为，益友可以扶持人"防邪辟而近中正"，所以他强调"非我而当者，吾师也；是我而当者，吾友也；谄谀我者，吾贼也。故君子隆师而亲友，以致恶〔厌恶〕其贼"《修身》。在师、友之中当然以良师更为重要，因为人性恶，自私自利，"生固小人"，只知"饥而欲食，寒而欲暖，劳而欲息，好利而恶害"，"无师无法［外在的行为准则］则唯利之见耳"《荣辱》，所以"人无师无法而知则必为盗［窃利］，勇则必为贼［残杀］，云能则必为乱，察则必为怪，辩则必为诞"《儒效》。人"可以为尧、禹，可以为桀、跖，可以为工匠，可以为农贾"《荣辱》。有了师法才不至于偏入歧途。

良师益友可以有助人了解规范，下一步是如何去遵循，使言行合于规范。此事更难。荀子说："道虽迩，不行不至；事虽小，不为不成。"《修身》为学修身乃是人生大事，需要自己持久不断地一点一滴去做。他指出："不积跬步，无以至千里；不积小流，无以成江海。骐骥一跃，不能十步；驽马十驾，功在不舍。锲而舍之，朽木不折；锲而不舍，金石可镂。蚓无爪牙之利，筋骨之强，上食埃土，下饮黄泉，用心一也。蟹六跪而二螯，非蛇蟺之穴无可寄托者，用心躁也。是故无冥冥之志者，无昭昭之明；无惛惛之事者，无赫赫之功。"《劝学》

修身、处事

求学的目的何在？荀子说："古之学者为己，今之学者为人。"《劝学》"为人"是"为禽犊［赠品］"，以取悦于他人，是他所不齿的；"为己"是"美其身"，使自己完善，才是求学的首要目的。"美其身"，就是修身，使人之刚强者柔和，勇猛者平宁，急躁者安徐，狭隘者宽阔，贪卑者高尚《修身》；在独处时能"致诚"，以"诚心守仁""诚心行义"《不苟》，能"慎独"，犹如"芷兰生于深林，非以无人而不芳"《宥坐》，能"自知"，知是非而"分是非之分"《不苟》，乃至于"不怨天，不尤人"《荣辱》，能"长虑顾后"，以"节用御欲，收敛蓄藏"《荣辱》；在与人相处时，能"体恭敬而心忠信，术［作为］礼义而情爱人"《修身》，高于人时能"宽容易直以开道人"，低于人时就"恭敬撙绌以畏事人"《不苟》，能"崇人之德，扬人之美"而不谄谀，"正义直指，举人之过"

而不毁疵《不苟》，能坦率而正直，使人觉得"易知而难狎……交亲而不比"《不苟》，能"宽而不僈，廉而不刿，辩而不争，察而不激，寡立[独立特行]而不胜[以气凌人]，坚强而不暴，柔从而不流[随波逐流]，恭敬谨慎而容[从容]"。

求学的另一个目的是学会处理事务，能"劳苦之事则争先，饶乐之事则能让"，"身劳而心安，为之；利少而义多，为之"《修身》，能"先义而后利"《荣辱》，"求利也略……行道也勇"《修身》，"义之所在……不顾其利……重死持义而不挠"。然而因为天下之事极为繁杂，未必可以用同一种方法处理。所以他又说"知当曲直""与时屈伸""以义屈信变应"。《不苟》这一点可以说是最难能可贵的。荀子称之为"至文[最高的文理教化的表现]"。对能够如此修身处事的人誉为"古之处士""士君子"。《荣辱》

处理事务要先取得相关之人的信任，修身便是为此做准备。荀子说："君子能为可贵[使自己可贵]，不能使人必贵己；能为可信，不能使人必信己；能为可用，不能使人必用己。故君子耻不修，不耻见污；耻不信，不耻不见信；耻不能，不耻不见用。是以不诱于誉，不恐于诽，率道而行，端然正己，不为物倾侧。夫是之谓诚君子。"《非十二子》因为君子注重自身的善，就不在乎外在的评价，所以"志意修则骄富贵，道义重则轻王公，内省而外物轻矣"《修身》，"是故权利不能倾也，群众不能移也，天下不能荡也，生乎由是，死乎由是"。有这样修养的人才能受人尊敬信赖，才能妥善处理大事。荀子将这种修为称为"德操"，将有此修为者称为"成人"《劝学》、"大人"《解蔽》、"诚君子"《非十二子》。这样的人可以"横行天下，虽困四夷，人莫不贵……人莫不任"《修身》。这样走遍天下都受人尊贵信任的"士君子"，才是可以治国平天下的人，所以他总结说，求学、修身"始乎为士，终乎为圣人"《劝学》，"士"是能够妥当地立身处世的"君子"，"圣人"是足以治国平天下的人。

治 世

士君子和圣人如何治世？荀子说"君子治治，非治乱"《不苟》，不是整顿乱局，像将一片污泥搅动一番，而是先将乱因、乱象去除，然后才布置可以治平之局。前一工作主要在驳斥邪说和正名，已如前述；后一工作极繁，但是有一些原则必须遵循。荀子提出两点——"静"和"中"。第一，除乱者当然不可自乱，所以要静。荀子说："人心譬如槃水，正错〔安置〕而勿动，则湛浊在下而清明在上，则足以见须眉而察理矣。微风过之，湛浊动乎下，清明乱于上，则不可以得大形之正也。心亦如是矣，故导之以理，养之以清，物莫之倾，则足以定是非，决嫌疑矣……中心不定，则外物不清……水动而景摇，人不以定美恶。"《解蔽》第二，除乱者的作为不可太过或不及，应该"比中而行之"。什么是"中"？荀子说："言必当理，事必当务……凡事行，有益于理者立之，无益于理者废之，夫是之谓中事。凡知说，有益于理者为之，无益于理者舍之，夫是之谓中说。事行失中，谓之奸事；知说失中，谓之奸道。"《儒效》依此解释，"中"可以说就是"合理""适当"。决定"当"否，要靠"衡"——秤。心中有了一杆秤，便可知"当"否。秤要静止不动才能度量他物的轻重。

立 分

乱因何在？荀子一再说因为人没有守其"分"，如果人人能遵守其"分"，就不会有争乱。但是如果资源匮乏，人无法满足其欲，怎么望他守其"分"？荀子提出了两个看法：一、世间有足够的物资供人所需，已见前述。二、"欲"受"心"控制，"心"可以说是"意志"，它之是否可行，视其是否合理，所以荀子说，"欲过之而动不及〔有欲而无行动〕，心止之也。心之所可中理，则欲虽多，奚伤于治……心之所可失理，则欲虽寡，奚止于乱"，因此只要人能知理，"欲虽不可尽，可以近尽也；欲虽不可去，求可节也"《正名》。欲既可控制，"分"便可守，乱便可免。

为什么不同身份的人可以享有不同量的资源？这问题使许多人感到不满。所以许行主张君主亲耕；墨子强调贵者节用；孟子虽然不讲平等，但是也说要君主与民同乐。荀子之见与众不同。第一，他认为"分均则不偏[遍]"《王制》，将一切资源平均分配不可能遍及所有的人。第二，他从另一角度来看资源的分配，先着眼于社会事务的运作，指出这种运作不能由各人独立去做，因为个人"力不若牛，走不若马"《王制》，且一身所需是"百技所成"，然而一人不能"兼技"，不能"兼官[管]"，"离居不相待则穷"《富国》，必须群居。成群还不足成事，因为"群而无分则争，争则乱，乱则离，离则弱，弱则不能胜物"《王制》，所以必须分工合作。为此目的人应该依其能力分入若干类别，荀子称之为"分"，社会上最重要的两种"分子"是在分工合作时所需的领导者服从者。能够为众人"定分"者可以说是"圣人"，人们对于他当然应该崇敬；对于领导实际工作的人则需给以权威，荀子称之为"势位"，说："势齐则不壹[一致]……众齐则不使……两贵之不能相事，两贱之不能相使，是天数也。"又说："势位齐而欲恶同，物不能澹[赡]则必争，争则必乱，乱则穷矣。"又说："先王恶其乱也，故制礼义以分之，使有贫富贵贱之等，足以相兼临[统领]者，是养天下之本也，《书》曰维齐非齐，此之谓也。"《王制》所以势位高的，负责领导、指挥群众的人应该"贵"，不同于一般人民。"贵"的表征是什么？他说："先王圣人……知夫为人主上者，不美不饰之不足以一民也，不富不厚之不足以管下也，不威不强之不足以禁暴胜悍也，故必将撞大钟，击鸣鼓，吹笙竽，弹琴瑟，以塞[满足]其耳；必将錭琢刻镂，黼黻文章，以塞其目；必将刍豢稻粱，五味芬芳，以塞其口。"《富国》为什么"先王、圣人"觉得统治者要富贵才能"一民""管下"。

荀子说能够管而得当，"治万变，材万物，养万民，兼制天下者"，是为"仁人"，天下"得之则治，失之则乱"，百姓都依赖他，"故相率而为之劳苦，以务佚之，以养其知也……以养其厚［仁厚］也……以养其德也。故仁人在上，百姓贵之如帝，亲之如父母，为之出死断亡而愉者，无他故焉，其所是焉诚美，其所得焉诚大，其所利焉诚多"，"故美之者，是美天下之本也；安之者，是安天下之本也；贵之者，是贵天下之本也"。《富国》换句话说，百姓为了防乱，心甘情愿地给统治者以较多的资源作为酬劳，他并不是无故享受富贵。

这番道理并不妥当，因为真正为民服务者不该只是为了报酬，而且治人者并不需要豪华的享受。尧舜在位，所得不逾盐之养。至于人民感激他，那是另一回事，而且也不必供给他物资的报答。荀子未见到这一点，而在说了他的道理之后，又批评墨子的"节用"和"非乐"，说将"蹙然衣粗食恶，忧戚而非乐……上功劳苦，与百姓均事业，齐功劳。若是则不威，不威则罚不行……若是则万物失宜，事变失应……既以伐其本，竭其原，则焦天下矣……故墨术诚行，则天下尚俭而弥贫，非斗而日争，劳苦顿萃而愈无功，愀然忧戚非乐而日不和"《富国》。

总之，荀子认为人应各有其"分"，令统治者富且贵是为了使他能够有"势位"来"管下""一民""防乱""为治"。统治者包括君主和各级官吏，他们之"为治"自有不同之道。所以荀子写了《君道》《臣道》二篇为之说明，此外在若干其他篇章又一再加以申详。兹分别略述于下。

为　君

荀子在《君道》里说，"君者仪［标杆］也，民者景［影］也，仪正而景正"，意思是君主治国必先正其身。有人问他如何"为国"，他说:"闻修身,未闻为国也。"《君道》此前提到他讨论"君子"如何修身,但是没有明白指出"君主"该怎么做。综观《荀子》各篇,他强调的是存仁,守义,循道,尊礼。在《富国》篇里他说:"王天下,治万变,材万物,养万民,兼制天下者,为莫若仁人之善也夫。"在《王霸》篇里他说,"百里之地可以取天下",其要在于人主是否能"致忠信,著仁义"。在《君道》篇里他说圣人"仁厚兼覆天下……行义塞于天地"。在《大略》篇里他说"王者先仁而后礼",就是说要先以仁存心,然后才施行礼法。在《议兵》篇里有一段对话,李斯对荀子说:"秦四世[孝公、惠王、武王、昭王]有胜,兵强海内,威行诸侯,非以仁义为之也,以便[便利之势术]从事而已。"荀子说:"非汝所知也。汝所谓便者,不便之便也。吾所谓仁义者,大便之便也。彼仁义者,所以修政者也。政修,则民亲其上,乐其君,而轻为之死……秦四世有胜,諰諰然[恐惧貌],常恐天下之一合而轧己也,此所谓末世之兵,未有本统也。汤之放桀也……武王之诛纣也……皆前行素修也,此所谓仁义之兵。今汝不求于本,而索之于末,此世之所以乱也。"

基于这些看法,荀子说:"人主仁心设焉,知其役也,礼其尽也,故王者先仁而后礼,天施然也。"《大略》能以仁义为先,然后施政,便能自然地治国化民。他并举了夏禹作为一例说:"禹之所以为禹者,以其为仁义法正也。"《性恶》禹是古代圣王,所以荀子强调君主修身治国皆须"法先王"。他的《劝学》《荣辱》《非相》《非十二子》《儒效》《王制》《富国》《君道》《强国》《正论》《礼论》《乐论》《解蔽》《性恶》《君子》《大略》《宥坐》诸篇莫不申论"先王之道"。其"道"主要在为世人"定分""使群""制礼""作乐","为天下生民之属,长虑顾后而保万世",使之"群居和一",是为"至平"之道。《荣辱》他所谓的"先王"多指尧、舜。《王制》《性恶》《大略》里说:"先王之道,则尧、舜已。"但是他又说:"圣王有百,吾孰法焉?"然后自行回答说:"文久而息,节族久而绝……欲观圣王之迹,则于其粲然者矣,后王是也……故曰欲观千岁，则数今日；欲知亿万，则审一二；欲知上世，则审周道；欲知周道，则审其人所贵君子。"《非相》可见他所说的"圣王"还包括夏、商、周的贤主。所谓"周道"就是文、武、周公之道，这三位是受人尊重的君子，是荀子所说的"后王"，是尧、舜、禹、汤之后的圣君，不是一般占有国君之位的人。"先王"事迹已因年久而不详，然而"千万人之情，一人之情是也；天地始者，今日是也；百王之道，后王是也"。所以如果人主能"审后王之道，而论于百王之前，若端拜而议，推礼义之统，分是非之分，总天下之要"，就可以"治海内之众若使一人"。《不苟》因此荀子教人君"法后王"，其实与"法先王"是相通的，因为"后王之成名［制定名义］，刑名从商，爵名从周，文名从礼，散名之加于万物者，则从诸夏之成俗"《正名》，因此，时君不可舍先王之法，"好自用"，"析辞擅作"以致乱，而应该"不识不知，顺帝［先王］之则"。《修身》

"法先王"并不是刻板地遵循古代留下的法规。法条有穷，人情万变，前文已经提到用法时应该"有法者依法行，无法者以类举"，"举"也者，先要"议法之义"，要"统礼义"。荀子"论百王之道"又说君主应"端拜而议，推礼义之统"，强调"礼""法"和许多度量的工具一样，是否能用以求得正确的结果要看使用者——特别是君主——是否正直。此外他又指出，君之道首在"立义""立信"，而不可"立权谋"，说"用国者，义立而王，信立而霸，权谋立而亡"，并举出了实例：汤、武行义而王，五伯守信而霸，齐愍王好权术而身死国亡。用权术之所以败亡，是因为这种君主"不务张其义，齐其信……如是则臣下百姓莫不以诈心得其上矣。上诈其下，下诈其上，则是上下析［离析］也。如是则敌国轻之，与国疑之，权谋日行，而国不免危削，綦［极］之而亡"。《王霸》

除了"法先王"并且"以信义守之"这个为君的正道之外，荀子还列举了若干具体的做法。

第一，君主应"爱民，如保赤子"，虽孤独鳏寡也不遗弃。《王霸》

爱民有道，不是"拊循之，呃呕之，冬日则为之饘粥，夏日则与之瓜麮，以偷取少顷之誉"，这只是"偷道"；也不是"傮然要时务民［纷纷地限时役民］，进事长功［赶事求功］……事进矣而百姓疾之"，这是"奸道"。好的君主"为之不然，使民夏不宛喝［苦于暑热］，冬不冻寒，急不伤力，缓不后时，事成功立，上下俱富"。《富国》

庶民的心愿是极单纯的，如果没有重大的天灾，他们只希望能有一点土地，不因徭役妨害了耕种，不被税敛夺尽了收获。所以荀子又申述"节用裕民"之道只需"量地而立国［耕田区域］，计利［地之所出］而蓄民［民之数］，度人力而授事……使衣食、百用出入相掩［当］……轻田野之税，平关市之征，省商贾之数，罕兴力役，无夺农时，如是则国富矣，夫是之谓以政裕民"《富国》。依照他的说法，这么做的结果，资源一定有余，只要合理地分配，人人都不虞匮乏。所谓"合理"就是"合礼"，因为"礼"就是用来"定分"的。人人依"礼"而分享资源，"贵贱有等，长幼有差，贫富轻重皆有称者也，故天子袾裷衣冕，诸侯玄裷衣冕，大夫裨冕……"，是谓"节用"，但是与墨子所说人人一律"蹙然衣粗食恶"不同。《富国》

君主如何对待人民，人民就有相对的反应。荀子说圣君如汤、武者，"兴天下同利、除天下同害。天下归之"，然后"厚德音以先之，明礼义以道之，致忠信以爱之，赏贤使能以次之，爵服赏庆以申重之，时其事、轻其任以调齐之"，则百姓"贵之如帝，亲之如父母，为之出死断亡而愉"，反之倘若君主对人民"污漫突盗以先之，权谋倾覆以示之，俳优侏儒妇女之请谒以悖之，使愚诏知，使不肖临贤，生民则致贫隘，使民则綦劳苦"，则百姓"贱之如伥，恶之如鬼，日欲司间而相与投藉之，去逐之"。《王霸》他又用了两个比喻来说明君民的关系。其一将民比为马，君比为舆中之人，说"马骇舆"犹"庶人骇政"，则"君子不安位"。其二将君民比为舟与水，说"君者舟也，庶人者水也。水则载舟，水则覆舟"。《王制》由此他更进一步说："天之生民，非为君也；天之立君，以为民也。"《大略》可见他虽不轻君，但实重民，然而比孟子之说则有所不及，因为世局不同，君权日强，他自己也没有以前士人那份豪气了。

第二，君主要有知人之能，要能如绳墨规矩那样衡量人的品格、才能，"既错［置］之而人莫之能诬也"《王霸》。荀子称这种办法为"材人［度量人才］"。依他的看法，人主在这方面的工作最重要的是度量三种人才：一是"官人使吏之材"，指担任一种特定的工作和受人驱使的吏员，他们的材质是"愿悫拘录［谨慎勤劳］，计数纤啬，而无敢遗丧"。二是"士大夫、官师之材"，其特性是"修饰端正，尊法敬分，而无倾侧之心，守职循业，不敢损益，可传世也，而不可使侵夺"。三是"卿相辅佐之材"，他们"知隆礼义之为尊君也，知好士之为美名也，知爱民之为安国也，知有常法之为一俗也，知尚贤使能之为长功也，知务本禁末之为多材也，知无与下争小利之为便于事也，知明制度、权物、称用之为不泥也"。《君道》在此三种人才之中当然以卿相为最重要，因为他"列百官之长，要百事之听，以饰朝廷臣下百吏之分，度其功劳，论其庆赏，岁终奉其成功以效于君，当则可，不当则废"，可以说是"君者之枢机""人主之宝"《君道》，人君举国而与之共治，"国者天下之大器也，重任也，不可不善为择所而后错［安置］之……故与积礼义之君子为之则王，与端诚信全之士为之则霸，与权谋倾覆之人为之则亡……然则强、固［梏，破败］、荣、辱，在于取相矣"，因而"君人劳于索之"，务必找到适当之人，"能当一人而天下取，失当一人而社稷危"，既得适当之人，人主便可"休于使之"，如汤用伊尹，文王用吕尚，"身有何劳而为？垂衣裳而天下定"，所以荀子一再说君主要"慎取相"《王霸》，并且写了一篇《成相》，盛道贤相之重要，说"人主无贤，如瞽无相"。

第三，君主经过仔细考察之后发现了贤能之人，则要"无恤亲疏，无偏贵贱，唯诚能之求"《王霸》，"悬贵爵重赏以招致之"，然后分给工作。荀子称之为"官人"，使"士大夫分职而听，建国诸侯之君分土而守,三公总方而议"。《王霸》在其受任之后要"显设"之,颁以职衔;要"藩饰"之,给以各等冠弁衣裳、黼黻文章,便足以辨贵贱,"使臣下百吏莫不宿〔守〕道、乡〔向〕方而务"。《王霸》更重要的是,君主应给贤能之人以信任,不容愚者论之,不肖者规之《君道》,也不可以自用其智,"与臣下争小察而綦偏能"《君道》,因为天下至大,百事丛胜,人主无由知之,无能为之,倘若勉强去做,劳苦耗悴,那是墨子的"役夫之道"《王霸》,难以成功。所以荀子说人主应"好要不好详",应"守约",只掌握重大的政策、政务,不干预臣民的工作。为此他举了魏武侯谋事,臣下莫能逮为例而非之,说诸侯"得师者王,得友者霸……自为谋而莫己若者亡"。《尧问》

第四,君主于"官人"之后,为免于"昏暗孤独"而受臣下蒙蔽、愚弄,荀子说要用便嬖左右为耳目,卿相辅佐为基杖,对臣下加以考核管束:"禁〔限定〕之以等""度之以礼""稽之以成〔成绩〕""校之以功""与之举错迁移,而观其能应变""与之安燕,而观其能无流慆""接之以声色权利、忿怒患险而观其能无离守"。荀子称此为"用人之法"。《君道》

第五,考核的结果应该加以陟黜。古时"礼"尚未定,故有世家,由其族人依昭穆之序出任世职,但是在"礼制"已立之后,则应依之而定去留,"虽王公士大夫之子孙也,不能属于礼义,则归之庶人;虽庶人之子孙也,积文学,正身行,能属于礼义,则归之卿相士大夫"。荀子称此为"王者之政"。《王制》

第六,君主为政宜明不宜密。荀子特别提出此点,因为当时世俗之说曰"主道利周〔秘密、幽隐〕"。他大不以为然,说"主者民之唱〔倡导〕也,上者下之仪〔仪表〕也,彼将听唱而应,视仪而动。唱默则民无应也,仪隐则下无动也……若是则与无上同也,不祥莫大焉"。君主既有倡议便该公开、明白地宣示出来,使人民易于知晓、遵循。所以说"上宣明则下治辨矣,……上周密则下疑玄矣……疑玄则难一……是乱之所由作也。故王道利明不利幽,利宣不利周"《正论》。公开明白的宣示还有一个重要的效果就是可以避免偏颇,所以说"公生(于)明,偏生(于)暗"。《不苟》主道公明不仅可以使臣民得知所从,而且可以防止他们"比周［私结朋党］"。臣民为何比周?因为主道幽险不明,偏曲难知,使他们悬疑不安,畏惧而求自保,一则"渐［欺］诈",二则结党。用以"陶［謟］诞［妄］比周以争与［相与之人］","贲［奔］溃［散］以离上"。《强国》党羽既成,只图私利而害公,国家便陷于危亡了。

第七,为了确切掌握国政,君主必须"立威"。此前已提到荀子说上等的君主能修礼乐,合理地制定各种之"分",适时推行妥当的政策,遵循法则对待臣民,则"百姓贵之如帝,高之如天,亲之如父母,畏之如神明,故赏不用而民劝,罚不用而威行,是为"道德之威"。其次的君主不能修礼、制分、适时、循法,却能"禁暴也察,其诛不服也审,其刑罚重而信,其诛杀猛而必",然而"非劫之以形势,非振之以诛杀,则无以有其下［掌控臣民］,是为"暴察之威"。下等的君主"无爱人之心,无利人之事,而日为乱人之道,百姓讙敖［抗议］则从而执缚之,刑灼之……夫是之谓狂妄之威"。立道德之威者安强,立暴察之威者危弱,立狂妄之威者灭亡。所以荀子说君主对于"此三威者,不可不孰察也"。《强国》

第八,一般人论治国都会提出赏、罚两项,以为是必要的手段。此说甚为粗浅,因为人固然欲赏,但是如果所受之赏不及所受之害,赏便失去了作用。荀子在《议兵》篇里说凡人做事"为赏庆为之,则见害伤焉止矣","劳苦烦辱则必奔,霍焉离耳"。所以用赏以导民是"佣徒鬻卖之道"。至于刑罚,至重莫过于死,倘若以此使民卫国,"大寇则至,使之持危城则必畔,遇敌处战则必北",甚至叛变,"下反制其上"。赏庆、刑罚既"不足以尽人之力,致人之死",统治者无论如何以威势权术用此二者,也不能治国,所以古代圣王羞而不道,另用一套可以"合大众,美国家"的办法。以荀子的话说那是"厚德音以先之，明礼义以道之，致忠信以爱之，尚贤使能以次之，爵服庆赏以申之，时其事，轻其任，以调齐之，长养之，如保赤子"。能如此先行教化，乃能"政令以定，风俗以一"，如果还有人"离俗不顺其上，则百姓莫不敦恶，莫不毒孽，若祓不祥；然后刑于是起矣。是大刑之所加也，辱孰大焉！将以为利邪？则大刑加焉，身苟不狂惑戆陋，谁睹是而不改也哉！然后百姓晓然皆知修上之法，像上之志，而安乐之"。《议兵》

为　臣

治国不能只靠君主，还需有各级官吏。《荀子》里有一篇《臣道》，一般性地讨论为官吏之道。又有一篇《成相》，特别申述官吏之首的"相"应该如何辅弼君主。此外还有一些有关的议论散见于其他篇章。

各级官吏都是从事政府工作之人。"相"特别重要因为他参与重大政策的拟定。这一点在古代尤然，因为君主世袭，养在深宫，长于妇侍之手，未必有才能和意愿治理繁剧的政事，往往将责任交于一个亲信，为国之"相"。与"相"相比，其他官吏只是奉命执行政令而已，所以荀子说明主不亲操国政而急得良相，得之则"身佚而国治，功大而名美，上可以王，下可以霸"《君道》。

何谓良相？简单地说就是荀子所谓的"君子"。君子已如前述是守仁义、行礼法之人。《致士》篇里说："君子也者，道法之总要也，不可少顷日旷也。得之则治，失之则乱。得之则安，失之则危。得之则存，失之则亡……传曰：'治生乎君子，乱生乎小人。'此之谓也。"

君子如何治国？荀子强调国之大臣要（一）认清他对于国家的责任而设计一套可行的政策，（二）建立一个他与君主之间的适当关系，（三）选择足以实施行政令的官吏，（四）主持政令的施行，（五）妥善地教养赏罚吏民。

关于君子对国家的责任，荀子在《臣道》篇里说是"外距难""内一民"[齐一人民之意向行动]。如何达到这些目的？他认为要有两大政策——使国富，使国强。为此他写了《富国》《强国》，还在其他若干篇里申述其细节。

为了使国富，执政者要使田野相其饶瘠，什一而赋，关市几而不征，山林泽梁以时禁发而不税，草木荣华之时斧斤不入山林，鱼鳖孕育之时罔罟不入水泽，春耕夏耘，秋收冬藏，不失其时，使民有余财。《王制》其次，为国者要"节用裕民"，"上以法取"，不滥事征夺，而"以礼节用"，不容官吏贪敛。如此开其源，节其流，使天下有余而上不忧不足，则"上下俱富"。《富国》

为了使国强，必须有精良的军备和英勇的战士。荀子以铸剑一事为例说，要有美好的金属、模型、冶工、火候，经过锤炼以剥脱其杂质，砥砺其锋刃，才能造成镆铘那样的良剑。要有一支强劲的军队，不可只是泛滥招募，以赏罚驱使之，因为这办法只是"佣徒鬻卖之道"，所得的只是"干赏蹈利之兵"。这种军队"大寇至，使之持危城则必畔，遇敌处战则必北，劳苦烦辱则必奔，霍然焉离耳"。若要使之入可以守，出可以战，必须加以"剥脱"——淘汰不可用之人，然后加以"砥砺"[磨炼]，"训诲"，非仅磨炼其战斗技能，并且诲之以为何而战之理。结果乃能"兵劲城固，敌国不敢婴[撄]"。《强国》然而这些是建军之后的事，更重要的是先行"附民"，因为"用兵攻战之本在乎一民……士民不亲附，则汤、武不能以必胜也，故善附[安抚使之顺从]民者，是乃善用兵者也"。如何"附民"？除了使其无虑匮乏，必须加以教化，使百姓"化善，修身，正行，积礼义，尊道德"，而能"合大众[和于全民]，美国家[爱其国家]"，对于统治者"贵敬、亲誉"，"晓然皆知修上之法，像[因应]上之志"，以至于"百将一心，三军同力"，"聪明警戒，和传[抟]而一"。这是荀子所说的"大化至一"。能如此"一民"，然后使之攻战，就会"延之若莫邪之长刃，婴之者断；

兑〔锐〕则若莫邪之利锋,当之者溃;圜居而方止,则若盘石然,触之者角摧"。有如此之兵,其国乃强。《议兵》

与君主相处,一般人都说臣民要尽忠,荀子说忠有"大忠""次忠""下忠",已见上述。他又说在君主"有过谋、过事",忠臣必须加以匡正。尤其当君主之过可能"危国家、殉社稷"之时,"大臣、父兄"应能"进言于君,用则可,不用则去",是谓"谏";"进言不用则死",是谓"争";能"率群臣百吏而相与强君、矫君,君虽不安,不能不听,遂以解国之大患,除国之大害,成于尊君安国",是谓之"辅";能"抗君之命,窃君之重,反君之事,以安国之危,除君之辱,功伐足以成国之大利",是谓之"拂"。他强调:"故谏、争、辅、拂之人,社稷之臣也,国君之宝也……传曰'从道不从君',此之谓也。"《臣道》

"从道不从君"之说自古有之,所以荀子说"传曰"。孔子曾说:"所谓大臣者,以道事君,不可则止。"季子然问:"然则从之者与?"孔子说:"弑父与君,亦不从也。"《论语·先进》孟子说:"贼仁者谓之贼,贼义者谓之残,残贼之人谓之一夫。闻诛一夫纣矣,未闻弑君也。"《孟子·梁惠王下》《孝经·谏诤》篇记曾子问:"从父之令,可谓孝乎?"孔子答道:"是何言与,是何言与?昔者天子有争臣七人,虽无道,不失其天下。诸侯有争臣五人,虽无道,不失其国。大夫有争臣三人,虽无道,不失其家。士有争友,则身不离于令名。父有争子,则身不陷于不义。故当不义,则子不可以不争于父,臣不可以不争于君。故当不义则争之,从父之令又焉得为孝乎?"《孝经》作者不详,可能是孔子弟子。其义则与孔、孟大旨不悖。荀子所说"从道不从君,从义不从父"《子道》,应该是古代儒家传统主张,但是孔子只说为臣者诤谏不为君用则止,孟子则称贵戚之卿可以使君主去位,臣民可以放伐独夫。荀子介于孔、孟之间,认为臣工虽不可放伐危及社稷之君,但是可以强之、矫之、抗之、反之,而成为国君之宝。这是他的理想,然而臣工未必都需要并能够"谏、争、辅、拂",所以又提出一套比较现实的建议：君子事君要视君之情况而定。君有"圣君""中君""暴君"。"事圣君者，有听从无谏争……恭敬而逊，听从而敏，不敢有以私决择也，不敢有以私取守也，以顺上为志"；"事中君者，有谏争无谄谀……拆然刚折端志，而无倾侧之心，是案曰是，非案曰非"；"事暴君者，有补削无拆拂……崇其美，扬其善，违［讳］其恶，隐其败，言其所长，不称其所短……柔而不屈，宽容而不乱，晓然以至道而无不调和也，而能化易"。《臣道》

除了事君，国相、大臣还要主政。为此他必须持身以正，处事以明，退奸进良。对于持身一事，荀子特别重视，提出了三个原则：一曰"衡听"——朋党比周之誉，君子不听；二曰"显幽"——残贼加累之谮，君子不用；三曰"重明"——隐忌壅蔽之人君子不近，货财禽犊之请君子不许。《致士》此外他还进言于齐国［约在愍王时］之相，告以"胜人"之道——一种可以与人相共通、相兼容的"公道通义"，就是"礼、义、辞让、忠信"。《强国》

国相不可能亲理一切庶政，必须选择适当之人为奉行政令之官吏。《王制》篇里列举出多位这种官吏，包括"司空"掌通沟浍、筑堤建桥；"治田"视地之肥瘠，教民耕作收藏；"虞师"管理山林、薮泽；"工师"理百工、备器用；"治市"安商旅、通货财；"司徒"掌教化；"司马"主兵备；"司寇"正法则、论刑罚；"宰爵"知宾客、备祭祀。大约皆经国相推荐而由国君任命。《强国》篇里说，为相者上得专主［得君主的完全信任］，下得专国［专断国政］，如果能"求仁厚明通之君子而托［荐之于］王焉，与之参国政，正是非"，就可以使全国之人皆行仁义，贤能之士、好利之民都愿意来依附，此国便可"一天下"了。

国相既然选用官吏，使之奉行政令，当然也负监督考核之责。因为赏罚黜陟之权在于君主，已如上述，大概国相在分别其下官吏之贤不肖之后，上陈国君，由其处分。

重 儒

综合以上所述,可见治国要有"明主"、"良相"和贤能的官吏。依照荀子开出来的条件,这些人都应该是大大小小的"君子"。但是他似乎认为这还不够。《强国》篇里有一段说,他去秦国,秦相应侯〔范雎,封于应〕问他"入秦何见?"他说入境见到山川美、形势险;人民风俗淳,"甚畏有司而顺",像"古之民也";各地官府"百吏肃然,莫不恭俭敦敬,忠信而不楛〔滥权〕",像"古之吏也";进了国都,"观其士大夫,出于其门,入于公门,出于公门,归于其家,无有私事也,不比周,不朋党,倜然莫不明通而公也",像"古之士大夫也";上了朝廷,见到"听决百事不留,恬然如无治者",像"古之朝也";整个国家"佚而治,约而详,不烦而功,治之至也,秦类之矣"。但是,"县之以王者之功名,则倜倜然其不及远矣!"为什么?他说:"殆无儒邪!"

秦国到了应侯之时在国际上已经"四世有胜","威〔国势〕强乎汤、武,广〔国土〕大乎舜、禹,然而忧患不可胜校〔计算〕也,諰諰然常恐天下之一合而轧己也",因为用的是"力术"。这一点不难了解。为什么民众驯服,官吏肃慎,朝廷果决,已近乎"治之至也",而仍不足道,内不及王者之功名,外不能一天下?荀子说因为没有儒者为国之故,言下之意是,一般的明主、良相、贤臣还不够,要有儒者执政才行。

儒者执政就可以王天下?然而有人说"儒无益于人之国",秦昭王便以此问荀子。荀子说儒者未出仕是国家的良民,"虽穷困冻馁,必不以邪道为贪,无置锥之地,而明于持社稷之大义……虽隐于穷阎漏屋,人莫不贵之……居于阙党……孝悌以化之"。如果出仕,则是"王公之材……志意定乎内,礼节修乎朝,法则度量正乎官,忠信爱利形乎下……通于四海,则天下应之如讙……近者歌讴而乐之,远者竭蹶而趋之……通达之属，莫不从服"。他称这种儒者为"人师[王者之师]"，并且举了一个例子说："仲尼将为司寇，沈犹氏[羊贩]不敢朝饮其羊[增其体重]，公慎氏[其妻淫乱]出其妻，慎溃氏[奢侈之徒]逾境而徙，鲁之粥[鬻卖]牛马者不豫[诳]贾[市官]。"儒者能"在本朝则美政，在下位则美俗"，以至于此，怎么可以说无益于人国？《儒效》荀子为了说明此点写了《儒效》，并且在其他数篇里大事称赞儒者齐民治国的功能，不胜尽录。

《儒效》篇里说，儒者也有上下之别。穿戴着儒服儒冠，口道先王而不知其义，像墨子那样欺蒙愚者而求衣食的，只是"俗儒"；能够法后王，言行已有大法，虽然不能齐法教之所不及，然而内不自以诬，外不自以欺者是"雅儒"；能够法先王，统礼义，一制度，以浅持博，以古持今，以一持万，辨仁义之类如别白黑，倚物怪变，卒然起一方，能举统类而应之、张法而度之者是"大儒"。他说君主即使只用"俗儒"，就可以使国家免于败亡；如果能用"雅儒"，就可以使国家安定；如果能用"大儒"，则虽是百里之地的小国，"久而后三年"，可以使"天下为一，诸侯为臣"。他对于这种"大儒"也举了一例：周武王灭纣后不久崩，天下尚未稳定，周公恐天下叛周，便屏置年幼的成王，自就天子之位，听断天下，杀管、蔡二弟及殷后嗣武庚，新立诸侯之国七十二，其中姬姓者五十三，分给殷民，然后教导成王，使谕于道，及其能掩迹于文、武，乃归还天子之位，自返于封地周。这种敢于在危急之时排除诽难，负担责任，能使国家免于夭亡，至于长治久安，而最后能自离权位、退而为臣的作为，乃是荀子所谓的"大儒之效"。
《儒效》

至道大化

大儒在位究竟能将国家治理成什么样子？此上已经提到荀子所说

《荀子》 | 309

"大化至一"的境界，另外他又描述了一个"至道大形"的情况：

> 至道大形，隆礼至法则国有常，尚贤使能则民知方，纂论公察则民不疑，赏克罚偷则民不怠，兼听齐明则天下归之。然后明分职，序事业，材技官能，莫不治理，则公道达而私门塞矣，公义明而私事息矣。如是，则德厚者进而佞说者止，贪利者退而廉节者起。《书》曰："先时者杀无赦，不逮时者杀无赦。"人习其事而固，人之百事，如耳目鼻口之不可以相借官也，故职分而民不慢，次定而序不乱，兼听齐明而百事不留，如是，则臣下百吏至于庶人，莫不修己而后敢安止，诚能而后敢受职；百姓易俗，小人变心，奸怪之属莫不反悫。夫是之谓政教之极。故天子不视而见，不听而聪，不虑而知，不动而功，块然独坐而天下从之如一体，如四肢之从心。夫是之谓大形。《君道》

这种"至道大形"，就是由特别杰出之人（"大儒"）行"礼"施"法"，而实现的理想世界。所谓天子"块然独坐"，使天下如四肢之从心，是他竭力教化所致，与一般所谓的"无为而治"大异其实。

贡献和问题

《荀子》有许多贡献，也有不少问题，有的部分贡献多于问题，有的部分则相反。现在先说前者。第一项显著的贡献是否定"天"，不信"命"。他对"命"的看法似乎与孔子近似，与宿命论迥异。这两项意见与后世的科学理论相符，但显然并没有说服一般信天宿命之人。

《荀子》的第二项显著贡献是非议传统的社会阶层制度。他承认社会应有阶层，以便人们分工合作，但是不赞成世袭制度，而主张不同阶层之间可以有流通性，视各人的修养和作为所得的成绩而定，特别要看他是否能"属［遵行］于礼义"——能者虽是庶人可以"归之卿相士大夫"，不能者虽是王公士大夫之子孙，应该"归之庶人"。个人地位的升降在古代历史上已有一些著名的先例。到了春秋战国时代，更有若干白衣卿相，但是几乎没有因为"属于礼义"，而是以霸道及纵横术游说时主而得。至于一般贵族沦为庶人甚至皂隶的，则历来多有，或出于人口增加，或因为政治斗争，皆与礼义无关。荀子主张以礼义为准的阶层流通只是一个理想，时至今日仍难实现。

《荀子》第三项显著的贡献是主张人际关系应当有相对性。《王霸》篇将此点说得最清楚：如果执政者待人民能"如保赤子"，人民就会"贵之如帝，亲之如父母，为之出死断亡而愉"。反之，如果执政者虐待人民，则"百姓贱之如尪，恶之如鬼，日欲司间而相与投藉之，去逐。卒有寇难之事，又望百姓之为己死，不可得也"。孔子说"审吾所以适人，适人之所以来我也"〈1〉，就是说明这相对之理。荀子说当时诸国的君主厚刀布［钱财］之敛，重田野之税，苛关市之征，掎挈伺诈，权谋倾覆，"百姓晓然皆知其污漫暴乱而将大危亡也。是以臣或弑其君，下或杀其上，粥［卖］其城，倍［背］其节，而不死其事者，无它故焉，人主自取之"《富国》，由此导出了"从道不从君，从义不从父"的主张，可以说是人际关系最好的原则，但是在实际的关系里，如何将"道"和"义"辨认清楚是一个问题。

《荀子》的第四项贡献是对"法"的论述。他虽然没有写一篇《法论》，但是对"法"的来源、功能、目的、施行等方面都有一些看法。事实上他很重视"法"，曾说："人无法，则伥伥然［不知所适］；有法而无志［识］其义，则渠渠然［拘谨不能应变］；依乎法而又深［悉］其类，然后温温然［举止裕如］。"《修身》在这一点上他与此前所述诸子之注重礼

〈1〉《王霸》此语不见于《论语》。不知引自何处。

教、忽视法律的态度不同，可以说他在"法"与其他社会规范（特别是"礼"）之间建起了一个桥梁。他为此所做的努力可以从他谈"法"的来源和基础上看出来。他屡言"法先王"，但没有说出什么是"先王"之法，而只说"先王（圣王）"曾"制礼义"，又一再说"礼者法之大分，类之纲纪也"，"非礼是无法也"，所以在他心目中"法"只是"礼"的一部分表象，因此可以说也是"先王（圣王）"制定的，或者应该是后世权威者依据"礼"或"理"（"礼也者，理之不可易者也"《乐论》）制定的。他将"礼"和"理"举出来作为"法"的正当性基础，是一种贡献。然而他终究认为与"礼"相比，"法"有许多缺点，要靠"礼"去补充修正。此外他指出了两个根本问题：（一）法条有限，不足以应人事；（二）法为械数，可被滥用。对于前者，他的答案是"有法者依法行，无法者以类举"；对于后者他的答案是"官人守数，君子养原"。"官人"指法吏，"守数"就是严格地遵守条文，不许滥用。"君子"是正直之人，"养原"除了指保养其正直之外，应该还包括培养其"议法""举类"的能力，以厘清"法"的精神和目的，然后找出同类的法，比附援引。荀子相信"原清则流清"，"法"就可以不被滥用了。他这两个答案颇有见地，成为后世遵行的准则。⟨1⟩

然而荀子的"法论"仍有不少问题，主要在于"法"的施行。其

⟨1⟩ 汉以后对于法条不足以应人事，而又易被滥用这两个问题曾反复讨论。晋惠帝（290—306）时因政出群下，每逢疑狱，各立私情，刑法不定，狱讼繁滋。于是有尚书斐頠、三公尚书刘颂、汝南王亮各上书，东晋元帝（317—322）时主簿熊远、大理卫展亦进言，或曰上古议事以制，不为刑辟，而夏殷及周，皆书法象魏，以求文之直准。但因法文有限，仍有看人设教，随时之宜，临时议处，以求曲当之说。然而诸大臣认为"法盖粗术，非妙道也"，"看人设教""随时之宜"应在立法之初，当时既已矫割物情，起为经制，事后不宜求法外之小善，以小善而夺法，舍法逐善，犹如无法，人无所循，虽小有所得必大有所失。所以建议基层司法官"守文"，法无正文，依附"名例"断，正文、名例所不及，皆勿论。如不能不论而理有穷塞，则使大臣释滞。如事有时宜，则由人主权断。见《晋书·刑法志》。这种办法大致为后世采用，所以有州县以上逐级霖核以至于皇帝审定死罪之制。

一是他所说的"类举"和"比附"。此一做法虽有必要,但是赋予了司法者太大的自由。即使他并无偏私,以至诚寻求"法之义",然后扩张或缩小解释某些现存的法律,结果仍难以预料,以致法律之适用失去了稳定性;如果他不能诚正自制,而受不当因素的左右则后果更不堪设想,可以"所欲活则傅生议,所欲陷则予死比"。到了后世模拟之先例日多,司法者为求便捷,往往随意引用,乃至法律的可信性日减,权威性日降,沦为统治者恣意滥权的工具。

其二是所谓"先教"问题。"先教"指施行法律之前应先将其所奖所禁之点教育人民,这是儒家一贯的主张。《宥坐》就以人民未受"先教"为孔子三月不审父子互讼做辩护。但是当时鲁国之民显然已受"暴""虐"甚久,而所受教化不足,如果司法者都三月不理讼狱,鲁国恐怕会更乱,所以《宥坐》之说似属夸张,难怪孔子弟子没有将它编入《论语》。该书《子张》篇里提到鲁卿孟孙氏使阳肤为士师,阳肤请教其师曾子该怎么做,曾子说:"上失其道,民散久矣,如得其情,则哀矜而勿喜。"可见曾子认为司法官吏应该听讼,但不可因审出实情而喜,只能为那些未受教化而为非之人感到悲哀,并加以怜悯,不苛刻待之而已。

荀子虽然强调"先教",但是《王制》篇又说"元恶不待教而诛"。《宥坐》篇所述孔子诛少正卯一事似乎便以此为理由,然而与孔子一再说的"不教而杀谓之虐"《论语·尧曰》相悖,而且此篇所称"五恶",依常情而论,没有一件可以算罪行,只能说有此诸点者性情乖怪而已,至于"聚徒成群""饰邪荧众""反是独立",至多只是宣扬其与众不同的意见,并没有煽动人群、危害社会安宁的实际行动,如加惩罚,可以说是"诛心",与周公诛管、蔡不同,因为管叔、蔡叔勾结殷后武庚反周,犯了叛国罪,是有实际行动的。事实上周公反对"诛心"这种做法。《韩非子·外储说右上》里说,齐有狂矞、华仕兄弟二人,相约"不仕而事力,无求于人"。太公吕望封于齐,使吏执而杀之。周公在鲁，急传而问何以杀贤者。太公说："是昆弟立议曰不臣天子，是望不得而臣也；不友诸侯，是望不得而使也；耕而食之，掘而饮之，无求于人，是望不得以赏罚劝禁者。且先王之所以使其民者，非爵禄则刑罚也，今四者不足以使之，则望谁为君乎？"这种"据势""用术"以制民，"势不足则除之"，乃正宗法家的做法，是儒家周公、孔子所不屑为的。

为了支持"元恶不待教而诛"，《宥坐》又举了汤诛伊谐、文王诛潘止、管仲诛付里乙、子产诛史付，诸事皆不详。《左传》记鲁昭公六年（公元前536年）郑子产铸刑书，二十年（公元前522年）子产卒。孔子闻之，出涕曰："古之遗爱也。"鲁定公九年（公元前501年）驷歂为政于郑，杀邓析而用其竹刑〔邓析，郑大夫，受君命而改刑法，书诸竹简〕，距子产之死已二十年。《宥坐》之言不知何据。此篇本系荀子后学所纂，或许不足以代表他的思想，但是《王制》所言应该是他说的。此言肃杀，与此后所述商韩之论相同。

《荀子》贡献小而问题大的有五项：

（一）"性恶"之说。"人性"如何，古来就有许多假设，都没有充分的事实证明其是非，所以不值得深论。重要的是，某一假设能否有助于建立一种理论；更重要的是，这种理论是否能够对现实世界做出较易被接受的解释。荀子以"性恶"为其理论的基本假设，又说了许多话来加以"证实"，都不成功。第一，人求温饱是"性"，因资源不足而斗争，固然不当，但是人也可以互助合作来满足温饱，并不一定要斗争，所以为求温饱而斗争并非其"性"使然，不能因而说人"性"是恶。第二，以圣王、礼义之存在证明人性恶则是倒果为因。庄子将圣王、礼义比作伯乐和辔策之害马，便是一个很好的反驳。第三，更重要的是，他说"礼"的根据是"理"，而"理"存于人"心"。"理"固然只是逻辑，并无"善恶"的含义，但是如果人"心"里有"理"，就很难说"心"里只有恶念。所以用它为基础建立的理论与人情龃龉，无法解释人的一些基本情感——"爱"和"仁"。荀子承认人情有"爱"，引申之即为"仁"，所以说"仁，爱也"。《大略》"性恶"可以解释各种憎，也可以解释某些爱（因为人自私，无不爱己，所以可以推展而爱若干于己有利的人和事物）。但是"爱"是一种复杂的感情，可以因为许多其他的理由而生，例如孟子所说的怵惕恻隐之心，就没有明显的"为己"成分。荀子一再强调统治者要爱民，也许还是出于功利之心，但是他也说君子"术礼义而情爱人"，似乎并没有为了利己。这种爱是"礼义"训练出来的吗？"礼"是外来的规范，可以使人合乎规矩，可以教人在某些情势下应该"爱"他人，但这不是自然的感情。自然发生的"爱"是怎么来的？荀子强调"性恶"，对于常见的陌生人互相救助，甚至牺牲自己生命之事，将如何解释？

（二）崇拜传统。《天论》否定了人对于外在神秘力量的信仰，将人从消极颓唐的宿命观念的陷阱里拯救出来，却又被《礼论》过分强调"先王"之道，而使人套上了传统规范的枷锁，强化在"后王"的模型里，无法自主地去适应新的环境，发展新的能力，开拓新的前途，创造新的生活目的和生命意义。荀子似乎也怕有这样的结果，所以在《荀子》有些章节里曾说"礼"可依"理"而变通、增减。但是整体而言，他的主张仍是保守的，因此在时势变迁之后，其影响就有限了。他一再说"圣人之不得势者"应该"群天下之英杰而告之以大［太］古"，"今夫仁人也，将何务哉？上则法舜、禹之制，下则法仲尼、子弓之义"。《非十二子》"太古"的情势是怎样的？"舜、禹之制"的内容如何？他并未细说。他强调"千人万人之情，一人之情是也；天地始者，今日是也；百王之道，后王是也"。"后王"仅指周初文、武、周公，但是周初到他的时代情势已经大变。最主要的是人口的增加。如果没有重大的天灾人祸，人口自然增加，十分快速。韩非说古时一人有五子不为多，祖父未死就会有二十五孙。从周初到战国大致即是如此。人口的增加必然影响个人、社会、国家的各方面。先说国家政制，周初建立的封建制是靠其宗法维持的，由周族的尊长掌握最高的政权，其子弟后辈逐级分别管理一部分人民与土地。不久之后各级贵族之间上下的辈分发生了参差，道义上的尊卑便生了问题，统御便有了困难，进而因为争权夺利而斗争，使得原来制定各人地位、权利、义务的纲纪规范、礼乐制度逐步崩坏。在社会上贵族人口增加，使其下层成员可得的资源（包括采邑、官职、俸禄）逐级减少，只得靠传布其文艺、武术以争取生存，造成了一个新的阶级"士"。他们大多力争上游，乃促使原有的阶级之间发生更多的流动。其次在经济上，最初地广人稀，可以实行"井田"制度，人口增加之后此制便日益松弛，得不到土地的人民就业于工商者日多，改进了生产的技术和产物的运销，逐渐产生了资本的累积，增加了贫富的差距，激化了争夺的战争。由于这许多基本的改变，周初设计的种种制度和规范几乎完全失效，荀子当然不可能不清楚，但是他别无长策，只能想象古代（主要是周初）的情况，将它美化成理想世界，视为应该保存的传统，教人回复过去，但是没有说出确切可行的办法，徒然说了许多仁义礼法的道理、富国强兵的原则，使人觉得空泛渺茫，难以适从。

（三）过分强调"礼"为最妥当的规范。人生在世需要遵循的规范很多，荀子特别提出"礼"，盛道其精妙完美，有潜移默化之功能，为立身、处世、治国之准则。此说并非他的创见，其前儒家已有各种"礼书"详述此旨。然而他的理论有不少缺陷。首先，他所推崇的乃是周初之礼，所以强调"法后王"，"不识不知，顺帝之则"，"无有作好，遵王之道；无有作恶，遵王之路"。但"礼"毕竟是一时一地之人所循的行为规则，由于上述各种情势的变迁，"礼"的表象已经无法保存，虽然他说"千人万人之情，一人之情是也"，"礼"之"义"百世不变，又说合于"理"者虽不见于"礼书"仍可以是"礼"，但是他承认一般人没有能力了解"礼"的精义和事情的"至理"，自不免将许多的"礼"看成没有意义的形式，进退揖让，交换玉帛，甚是无谓，因而不予重视，再加上权威者一再故意滥用，使旧"礼"更成了笑柄。荀子之崇"礼"，乃被讥为不识时务，想要用它来修齐治平更被视作迂论。

更重要的是，他虽然说"理"是"礼"的基础，但是没有说明"理"是什么。物与物之间有一定的关系和相互影响的规则，是为"物理"，是一种客观存在的东西，人可以经由观察、思考、检验而认识、了解它。人与人之间也有这样的"理"吗？古今中外的人都或多或少知觉有些事是可以或不可以做的，这种知觉通常被称为"道德"。它不像由政治、宗教或哲学的权威者所制定的规则那么明确，却常被人们用来衡量那些规则，决定是否接受它们，所以可以说高于它们。荀子说人可以"从道不从君"，可见他承认"道德"的存在和至高性。他曾说"道"就是"礼义、辞让、忠信"，但这些只是"道德"的条目，他没有探究"道德"的来源、内涵和特质。倘若"道德"出于人们普遍的知觉，可以说是出于人的本性吗？它就是人间的"理"吗？倘若"理"存于"人性"，岂不证明人有天生知觉是非、当否的潜能？如果有，还可以说人"性恶"吗？如果人"性恶"，人间的"理"会有什么内涵和特质？据此出于"性恶"之"理"而制定的"礼"会不会与一般人知觉的是非（"道德"）冲突？如果有此可能，"礼"的基础岂非很不稳固？那么何必特别强调"礼"，而不像孔、孟那样直溯于为人们普遍知觉的"道德"作为规范的基础？

荀子总是将"礼"和"乐"结合在一起，固然因为他那时候的贵族行礼多配以乐，现代的考古人类学则指出，人们自古就知道享受音乐。先秦诸子中谈"乐"的不多。《庄子·齐物论》提到"人籁""地籁""天籁"，教人欣赏各种音乐。《墨子·非乐》说："子墨子之所以非乐者，非以大钟、鸣鼓、琴瑟、竽笙之声，以为不乐也……耳知其乐也，然上考之不中圣王之事，下度之不中万民之利，是故子墨子曰，为乐非也。"可见墨子也认为音乐能产生一种感官的享受。孔子也喜欢音乐，《论语·述而》篇说："子在齐闻韶，三月不知肉味，曰：不图为乐之至于斯也。"但也只说它感人之深。荀子则特别强调音乐有种种社会功能，殊属勉强。

（四）没有具体的办法来实行其主张，仅仅说了一些原则。例如他说要使国家"上下俱富"，然而他的致富之道，比孟子所举的"仁政"（定经界、给田地、鼓励耕织、勿夺其时、轻徭薄赋）还显得简略。他在最后提出"渐〔重〕庆赏，严刑罚"，作为施行之法，说这样可以使贤者进，不肖者退，"万物得宜，事变得应，上得天时，下得地利，中得人和"，"财货浑浑如泉源，汸汸如河海，暴暴如丘山，不时焚烧，无所藏之"《富国》，说这是"儒术诚行"的结果。儒家固然认为行"仁政"可以裕民富国，但是没有主张用庆赏、刑罚来促成，这是荀子的创见，显然是"法术"而非"儒术"，而且无论如何，他说的结果，未免太神奇了。

（五）过于重视"人治"，说"有治人，无治法"，指出"法"为械数，易被滥用，必须有"君子"来司法。固然，俗语说政治之良窳在一二人心之所向。孔子说君子、小人之间有"风行草偃"的效应。但是"君子"毕竟难得。荀子提出了一系列教育修养的办法，究竟产生了多少实效，很难确证，而且即使由此培育出了君子，他们不一定有机会执政；即使有了机会，也不一定能实现其理想，因为他们毕竟只是为人作嫁，最终还要看君主的决定，除非君主也是君子，或者君子就是实质的君主，如周公。他因当时特殊的情势和自己特殊的地位，才能以非常的作为平乱、安国、立制、齐民，而奠定周代数百年之基础。荀子称他为"大儒"，但是实属例外，其他被称为"大儒"者，包括孔子在内，都极少治国的成效，就是因为生不逢时，没有遇到明君。《宥坐》篇指出："夫遇不遇者时也……君子博学深谋不遇时者多矣！"孔子圣矣，荀子"将圣"，《尧问》里说，"孙卿迫于乱世……无贤主……天下冥冥"，没有一个邦国之君将他视为"大儒"而许之以国政，以致他只能屈居兰陵，明哲保身而已。历史上致乱者固然可以说都是"小人"，但是平乱者的"君子"不多，可见"人治"之不可靠。这是此下《商君书》《韩非子》二书对此加以力斥的缘故。

荀子生于战国后期，亲见了国家、社会、个人的许多问题，思索了它们的根源，批驳了道、墨之说，特别详细地分析了法家的长处和短处，显然是希望世人不要被诸家误导。他自己提出了若干办法，基本上承袭了儒家的思想，强调传统的规范和实践。其重视人治一点虽多争议，但是政治中人的因素确实是最大的主宰力。他指出此点，而又认可了法的实用性，其说可谓颠扑不破，值得称道。唐宋以下有以其性恶说加以讥刺者，其实他之主性恶与孟子之主性善，皆属假设，用以为其理论出发点，重要在其理论，而二人之论皆为勉人为善，固无大异。究诸细节则荀说实比孟说为精慎，后世扬孟抑荀，多因士人屈于权势，不敢直言专制暴政之非，借孟子放伐之言泄其积郁而已。荀子之时已受权势压制。其弟子作《尧问》即指出这一点，说他"怀将圣之心"，"其善行，孔子弗过"，固属滥誉，但是他强调人臣应"从道不从君"，人子应"从义不从父"，主张在朝为官应"谏、争、辅、拂"，都显示出他的意旨，可惜他"不遇时"，"不得其政"，不能成功，但是"志修德厚，孰为不贤"，可以说是对他为人为学的公正评语。

《商君书》

商 君

据《史记》说，商君之祖姬封乃周武王同母弟，于成王为康叔。武王另二弟管叔、蔡叔与殷纣子武庚禄父作乱。周公姬旦平乱之后，命康叔为卫君治殷余民。西周夷王命卫君顷侯为侯，东周平王晋卫侯和为公，其后遂姓公孙。公孙鞅为卫庶孽公子，故称卫鞅。卫鞅少年好刑名之学，于周显王时居魏，不见用。

其前，秦之先人在西戎，姓嬴氏。西周末犬戎入侵，杀幽王。秦襄公以兵送平王东迁，受岐山以西之地为侯。至缪公（公元前695—前621年）而盛，后衰，失地于三晋，为诸侯所卑。及孝公立（公元前361年），下令曰："寡人思念先君之意，常痛于心。宾客群臣有能出奇计强秦者，吾且尊官，与之分土。"卫鞅闻此，遂去魏至秦，说孝公以"帝道""王道"，皆不中听，再说以"霸道"。孝公"不自知膝之前于席也，语数日不厌"。孝公三年（公元前359年）卫鞅为左庶长，"卒定变法之令"。令既具未布，恐民之不信，乃立三丈之木于国都南门，募民有能徙置北门者，予十金。民怪之，莫敢徙。复曰，能徙者予五十金。有一人徙之，辄予五十金，以明不欺，卒下令。初行之时民多言其不便，甚至太子犯令，卫鞅刑其傅公子虔，黥其师公孙贾。后公子虔复犯令，卫鞅劓之，又以初言令不便者及后言令便者皆为乱民，尽迁之于边境，其后民莫敢议令。治秦十年，"道不拾遗，山无盗贼，家给人足，民勇于公战，怯于私斗"。他自己曾参与战事，以谎言诱杀魏公子卬，破其军。魏割河西之地与秦。秦封卫鞅于商十五邑，号为"商君"。秦富强后，天子致胙于孝公，诸侯毕贺。裴骃的《史记集解》说商鞅之治也，"内刻刀锯之刑，外深斧钺之诛，步过六尺者有罚，弃灰于道者被刑。一日临渭而论囚七百余人，渭水尽赤，号哭之声动于天地，畜怨积仇比于丘山"。然而他自己显然不以为过，甚至自以为豪。《史记》说他曾问故人赵良："子观我治秦也，孰与五羖大夫〔百里奚〕贤？"赵良说百里奚相秦六七年，"三置晋国之君，一救荆国之祸，发教封〔国〕内，而巴人致贡；施德诸侯而八戎来服"，自己则"劳不坐乘，暑不张盖，行于国中，不从车乘，不操干戈，功名藏于府库，德行施于后世"，及其死也，"秦国男女流涕"，这是百里奚以德治秦的结果。而商君所为则与之大异，他出门必须"后车十数，从车载甲，多力而骈胁者为骖乘，持矛而操闒戟者旁车而趋"，此一物不具，他就不敢外出，可见他自知力之不足恃。赵良遂引《书》告诫他说，"恃德者昌，恃力者亡"，劝他"归十五都〔商君封地〕，灌园于鄙，劝秦王显岩穴之士，养老存孤，敬父兄，序有功，尊有德"，他就可以少安。他不听，一则当然因为他自己的欲念，舍不得放弃得来不易的富贵；更重要的是他知道其"力治""法治"的理论，不如"德治"之说，也知道有很多游说之人会与他竞争，所以他骑虎难下，只得继续一意孤行，结果付出了可怖的代价——孝公卒后，太子立为惠王，公子虔之徒告他"欲反"。依商君处罚"将过"之法，对于"欲反"之人即可捕拿，惠王乃发吏捕之。商君亡至关下，求宿于客舍，舍人不纳，说"商君之法，舍人无验〔求宿者身份证件〕者坐之"。他喟然而叹说："嗟乎，为法之敝一至此哉！"似乎在这时他才醒悟酷法之害，但已晚矣。后去之魏，魏人弗受，返至商邑，欲发邑兵击鄣，被秦兵攻杀，秦惠王更车裂其尸，灭其家。

《商君书》

商君执秦政，参与国内斗争与国际征战，恐少闲暇。《商君书》应非其所著，而是后人搜集其言其事并加以申述而成。本文此下所称"商君"，就是指他及其申述者。此书的理论与此前所析诸家之说迥异，而与韩非等主张以法治国之人所持相近，故被后人列为法家之作，但是其理论极为粗疏，只因除韩非外其他诸人之说多已阙佚，所以在此加以讨论。

当时的邦国犹如被困在笼里的野兽，为了生存，不得不互相斗争，以致弱肉强食。求仕于邦国的人，自然地特别注意如何避免这个厄运。商君提出的办法是国家要富强。为此必须考究什么事物和举措可以使国家富强；什么事物和举措会使国家贫弱；国家要用什么方略来促进富强，避免贫弱；人民会有什么反应；统治者该如何应对；二者如何互动；国家富强的最终目的是什么；个人可以有什么目的等问题。

国家富强、贫弱之因

战国之时有些邦国为什么贫困？商君认为完全由于人民不事农垦之故。他说"民之内事莫苦于农"《外内》，而人无不畏难而选择简易的工作。他提到了商贾、工艺、言谈游说三种比务农简易之事，指出"言谈游士，事君之可以尊身也，商贾之可以富家也，技艺之足以糊口也，民见此三者之便且利也，则必避农"。《农战》三者之中商贾之可以富家是因为贱买贵卖，趁人之急，赢取利润；工艺之人可以糊口是因为制作淫巧之物，售诸权贵而得酬金，二者虽有不是，然而还需出一些资本，用一些劳力，也还有一些社会的功能，所以没有受到商君的严斥。言谈之士仅以黠慧的口舌游说人君，而受其奉养，甚至可以取王公大臣之位，因而诱引人民羡慕效尤，以致舍农游食，实在可恶。所以他对于这些人做了极为酷刻的批评。第一，他夸张地说这些人为数甚多，"辈辈成群"[1]，大体包括了宣扬《诗》、《书》、礼、乐、善、修、仁、廉、辩、慧、孝弟、诚信、贞廉、仁义、非兵、羞战等学说的士人。他称这些人为"学民""诗书辩慧者""辩说之人"，贬之为"六虱"，指责他们蛊惑了执政者，骗取了政府的职务，无所贡献而坐享俸禄。《六虱》第二，因为他们为数多而噬食不止，将他们比作"螟螣蚵蠋"，虽然"春生秋死"，但是"一出而民数年乏食"。《农战》第三，他说这些人还有一项更为可恶的行为——"随从外权"——依附、借用外国的关系到本国来取得官爵权势，进则曲主，退则虑私。《农战》第四，最重要的是，这些人所宣扬的知识、德行不仅无用而且有害。他指出："辩慧，乱之赞〔助〕也；礼乐，淫佚之征〔召〕也；慈仁，过之母也；任誉，奸之鼠也。"《说民》仁慈怎么会生出过错？他说"仁者能仁于人，而不能使人仁；义者能爱人，而不能使人爱"。《画策》空口教人"仁"，不会有什么实效，反而因为倡言宽恕而纵容人犯过，使他们肆无忌惮。除了"仁"之外，其他道德的条目也有相似的问题，例如"义"，他说一般人所称之"义"是指"立民之所好"，"废其所恶"。他认为这是错误的，因为这样的做法会使人"安其所乐……乐则淫，淫则生佚"，佚生乱，"乱则民伤其所恶〔受到所恶的大害〕"。所以合乎真正道德（他所谓的"至德"）的做法不是教人去行"仁""义"，而是要推行使人不能"为不仁""为不义"的"治天下之法"。《画策》

为什么有些国家衰弱？商君认为是由于人民畏战。他说"民之外事，莫难于战"《外内》。这一点不言自明，各国人民莫不知此。畏战者是

---

[1] 《商君书》的不同篇目里将他们列举为"八者"《去强》《说民》，"十者"《农战》《去强》《靳令》《弱民》，"十二者"《靳令》，数目不确，无非表示其众多而已。

否可以避战？他说："今境内之民皆曰农战可避……豪杰务学诗书，随从外权；要靡[细民]事商贾，为技艺，皆以避农战。"《农战》如果人民能学诗书、事商贾，为技艺以谋生，当然就不去辛苦事农、冒险从军了。所以商君说："农战之民千人，而有诗书辩慧者一人焉，千人皆怠于农战矣。农战之民百人，而有技艺者一人焉，百人皆怠于农战矣。"《农战》

致富强去贫弱之策

国家富强有赖于农战，而商贾、工艺、游说之民诱民离农避战，是致国家贫弱之因，所以商君认为国家为求富强必须遵循两个基本政策：一为"重农"，二为"教战"。为此他又提出了许多办法。

重　农

关于"重农"，他先指出了一个原则："欲农富其国者，境内之食必贵，而不农之征必多，市利之租必重，则民不得无田[垦殖]。无田不得不易其食；食贵则田者利，田者利则事者众。食贵，籴食不利，而又加重征，则民不得无去其商贾技巧，而事地利矣。"《外内》（除了商贾技巧之外，"六虱"更在应"去"之列，不在话下。）然后他又建议了若干具体的策略，其中最基本的是"徕民"——以秦国边区荒芜草茅之地招徕三晋邻国之民，"使之事本[从事耕作本业]"，"利其田宅[给以田宅之利]，而复之三世[免其三代兵役]"，称之为"新民"，以其耕作所获[给刍粮]，供养秦国国民所组成之军队。《徕民》此外将"重农"政策说得更确切的是《垦令》篇所列举的二十点。兹稍加整理如下：

（一）"民无得擅徙"，以免人民"愚心躁欲"，离开了定居之处，不事耕作而"无所于食"。

（二）"国之大臣、诸大夫"，"无得居游于百县"，使"农民无所闻变见方，无从离其故事［习惯的工作］"。

（三）"声服［淫声、异服，奢靡玩好］无通于百县"，使民"行作不顾，休居不听"，一意务农。

（四）"无得取庸"，使"大夫［高官］、家长［贵族世家之长］不建缮［不能雇人从事建筑、修缮的工程］"，以免妨碍农事；使他们的"爱子不惰食［怠惰而仍得食］"，惰民不窳［懒散］，以免田地荒芜。

（五）"无以外权爵任与官"，不将爵禄、官职授予享有外来的权势的人，以禁阻"博闻辩慧"的"学民"去结交外国，而迫其定居务农，并且防止他们引诱人民避农。

（六）对于"禄厚而税［食邑之税］多，食口众"的贵族卿士之家，"以其食口之数，赋而重使之"，使依附这种家庭，游惰不事农耕的人口改而从农。

（七）"出余子［卿大夫嫡长以外之子］之使令［服役之法令］，以世使之［依其世系次序而使服役］"，"又高其解舍［严格考核其黜陟］，令有甬［使有固定职事］，官食槩［薪资］，不可以避役……则余子不游事人［游居服事于他人］"，可以使之务农。

（八）"一山泽"，由国家专有高山大泽，禁止人们任意进入采樵、打猎、捕鱼以谋生，使怠惰不肯务农而又多欲之人无所于食，转而务农。

（九）"废逆旅"，使旅行困难，包括废除旅舍，以致"奸伪、躁心、私交、疑农之民不行，逆旅之行无所于食"，不得不定居务农。

（十）"商无得籴，农无得粜"，使商人不能于丰收时低价收购粮食，留到饥荒时高价出售赢取大利，人民就怯于从商、乐于务农。

（十一）"訾粟而税"，一切赋税都以粮食计算并缴纳，可以避免官员"为邪"，诈欺、剥削农民，并且使非农人口依赖农民。

（十二）"重关市之赋"，使商人负担沉重的赋税，因而迟疑、犹豫，可使农民畏惧从商。

（十三）"贵酒肉之价，重其租［税］，令十倍其朴［成本］"，使"商酤［贩赏酒肉之商］少，则上不费粟。民不能喜酣奭，则农不慢，大臣不为荒饱，则国事不稽［拖延］"。

（十四）"以商之口数［名下人口］使［管理］商，令之［其］厮、舆、徒重［多］者，必当名［名数与实相符］……农逸而商劳［负担重］，农逸则良田不荒，商劳则去来赍送之礼无通于百县……则农事必胜。"

（十五）"送粮无取僦［酬］，无得反庸。车、牛、舆重［多］设必当名"，使为政府运送税粮之人不得向农民收取费用，回程也不得私载货物，所用运输的牛、车等都必须切实无虚。农民就不会被剥削。

（十六）"令军市无有女子而命其商，令人自给甲兵使视军兴……使军市无得私输粮者……轻惰之民不游军市，盗粮者无所售，送粮者不私……农民不淫，国粟不劳"〈1〉，一则可以防止私粜粮食给商人而减少应缴的赋税，二则使国家支付军需的"国粟"不致紧迫，农民便不得不从实务农。

（十七）"重刑而连其罪"，重罚犯法之人而且令其家属连坐，使"褊急之民不斗，很刚之民不讼，怠惰之民不游，费资［奢侈］之民不作，巧谀恶心［心地奸恶］之民无变［诈变］"，而皆一心于农。

（十八）"无得为罪人请于吏而饷食之"，使"奸民无主"，"奸民无朴［本］"，"农民不败"。

（十九）"无宿治［迟延处理公务］"，使"邪官不及为［求取］私利于民，而百官之情［事务］不相稽［拖延］"，农民便不会受害，可以有时间耕作。

〈1〉 此令疑有误佚之字，故难确解，大意谓驻军的营区内有市场，由商人经营。因为服役之人应自备军装及武器，军粮应由人民依政府规定输送供应军人所需，所以市场的功能有限。但是军粮可能不足，有人偷运私粮入营求售，随之而有"轻惰之民"及妇女"游军市"，引起种种问题，所以要加以禁止。

（二十）"百县之治一形［方式］"，各地的官吏都依照统一的法令、标准、程序、格式办事，农民的本业受到保障，不致困惑被欺，而能安心务农。

《垦令》里在以上诸条之末皆曰"则草必垦矣"。其理虽未尽确切，但是它们对于抑制官、商对农业的妨碍，应该有一些效果。

教　战

因为当时弱肉强食，各国无不强调"教战"，但是商君所说的"战"，不是自卫之战，而是侵略之战，因此他建议的办法很是特别。首先要"塞淫道"，一则消除"六虱"，禁止他们凭其口舌骗取官爵；二则抑制工艺商贾，不许他们轻易获利。进一步他又具体地说明以"赏""刑"为驱民作战之法，规定"利禄官爵，抟出于兵"，使天下豪杰贤良以至一般人民为求利禄官爵者都奋勇从军。[1]《赏刑》这种奖赏之法对于从战之人应该是一种鼓励。

然而对于不愿出战之人，奖赏未必能使其"皆尽其胸臆之知，竭其股肱之力，出死而为上用"《赏刑》，所以商君再进一步建议政府要迫使人民"不得不战"《画策》，首先规定"四境之内，丈夫、女子，皆有名于上，生者著，死者削"《境内》，使得政府可以循此名册征

---

[1] 秦代奖赏之制甚繁，《商君书·境内》大致说凡与敌国战，"短兵［持刀剑之兵士］"能斩敌首一级者，"复［免其劳役］"，"益田一顷，益宅九亩"，"除［除其役］庶子一人"；屯长、百将［基层战斗单位之长］坚持不退，能斩敌首三十三级以上者，"盈论［叙官］"，"赐爵一级"；攻城围邑之战，能斩敌首八千级以上，或野战，能斩敌首二千级者，各级军官皆盈论，但积功得爵不过于"公乘"。得爵且得官者可得"赐房［战俘］"、"赐邑"或"税邑"三百家或六百家。"客卿"盈论可就"正卿"。《史记·秦本纪》"集解"引《汉书》说："商君为法于秦，战斩一首，赐爵一级，欲为官者五十石。其爵名一为公士，二上造，三簪袅，四不更，五大夫，六官大夫，七公大夫，八公乘，九五大夫，十左庶长，十一右庶长，十二左更，十三中更，十四右更，十五少上造，十六大上造，十七驷车庶长，十八大庶长，十九关内侯，二十彻侯。"

兵。其次又以严刑规定人民居住于一定区域之内，"入行间之治连以伍，辨之以章，束之以令"，使无所逃避，"迁徙无所入"，"拙无所处，罢［疲］无所生"。《画策》逃避兵役既不可能，人民乃会在军兴之时，"父遗其子，兄遗其弟，妻遗其夫，皆曰不得［胜］，无返。又曰失法离令，若［汝］死，我死"，"是以三军之士从令如流，死而不旋踵"。[1]《画策》

综合上述，可见商君的富国强兵政策第一步要将人民的力量团结起来，他称之为"抟力"。用此力量务农，农业兴盛，国家就富足。但是富足之后人民可能会奢侈、懒散，夸言诗书，妄行礼乐，浪费国力，这种人犹如毒素一般，会产生纷乱灾祸。为了防止这种浪费，所以第二步要将积蓄的力量适当地用掉，他称之为"杀力"。最好的杀力办法就是发动对外战争，一则可以将国内的"毒输于敌国"《去强》《靳令》，二则可以胜敌获利。他称能"抟力"又能"杀力"的国家为"攻敌之国"，这种国家"必强"；能"生力"而不能"杀力"的国家为"自攻之国"，这种国家"必削"。《说民》《壹言》《去强》《靳令》

愚民、弱民、辱民、胜民、制民

国家要"抟力""杀力"，先要建立政府的权威，迫使人民服从。为此商君又提出了一套特殊的办法。第一步是"愚民"，要禁止国之大臣、诸大夫、博闻辩慧之人居游各地，以免人民"闻变见方"而"好学问"。人民"不贵学问则愚"《垦令》，"民愚则易治也"《定分》。第二步要"弱民"，规定"訾粟而税"，使"农无得粜"，又"废逆旅"，使外务、商贾、游说、佣工之民无所于食，又重其税，使其贫困。农民有粟可缴税，但又令他们"以食出爵"，不容其有余粮，因此弱而无

---

[1]《兵守》称秦设壮男一军、壮女一军、老弱者一军。不知此处所称是否即此"三军"。

余力,"弱则尊官"。《弱民》第三步要"辱民",使"辩知者不得贵,游宦者不得任,文学私名不得显",以见"不战之辱"《外内》,又使一般人民定居于"乡治之行间[什伍组织]",不得迁徙,避战之人"拙无所处,罢无所生"。《画策》平时既羞辱以刑使其从战《弱民》,战时更使"五人束簿为伍,一人死而剅其四人"《境内》。民"见不战之辱则苦生"《外内》。人民受此屈辱便失去尊严,自感卑下,被统治者所"胜"所"制",不敢反抗。

人　性

上述这些策略可以迫使人民务农、趋战,但是所用的威胁利诱,实是荀子所说的"佣徒鬻卖之道",人民遇到更大的威或利,便会涣然离散。如何能使人民乐意去做这些困难、危险之事,仍是一大问题。商君认为其答案就在执政者的手中,他说:"道民之门,在上所先。故民可令农战,可令游宦,可令学问。"《君臣》在上者怎么会有这么大的能力?这问题涉及商君对"人性"的看法和理论。《算地》说:"民之性,饥而求食,劳而求佚,苦则索乐,辱则求荣,此民之情也";"民之生,度而取长,称而取重,权而索利";"民生则计利,死则虑名"。为了求利,人可以"为盗贼,上犯君上之所禁,而下失臣子之礼",犯法、辱名、危身而不止,是为"失礼之法";为了求名,人可以"衣不煖肤,食不满肠,苦其志意,劳其四肢,伤其五脏",是为"失性之常"。《赏刑》甚至说:"民之欲富贵也,共阖棺而后止。"简而言之,人为了满足某些需求,可以无所不用其极。其中最明显的是"利"和"名",具体一点说就是"富"与"贵"。人追寻此二者不惜犯法、伤身,至死方休。

这种过分的欲念乃是一般人最大的缺点,可以被他人利用。商君说:"人君而有好恶,故民可治也"。《错法》他的"圣人审权以操柄,审数以使民"一语《算地》,就在说明此点。"权"指统治者的权势,"柄"指用来控制人的把柄,"数"指衡量轻重的数术,用了这些东西便可以驱使人民。具体而言就是要由统治者掌握人的好恶之情,用更好和更恶的事物去引诱、逼迫他们,翻转他们自然的好恶。但是如上所述,政府能够用的数术只有奖赏和惩罚两项,用它们来改变"人性"是不够的,所以商君建议了一种更赤裸、强暴的办法来制服人民。首先,他说一般人民都自私自利,罔顾公益,统治者应该将他们都视为"奸民",对于少数例外之人不必重视,因为"章[表彰]善则过匿,任[重罚]奸则罪诛"《说民》,"国以善民治奸民者,必乱至削;国以奸民治善民者,必治至强"。《去强》因而他主张治国者要不顾民情,彻底将他们制服,使他们完全失去自我而屈从于国家。为了说明此点他指出:"昔之能制天下者,必先制其民者也;能胜强敌者,必先胜其民者也。故胜民之本在制民,若冶于金,陶于土也。"《画策》统治者应该像冶工、陶匠那样将金属或陶土锻炼、塑制成他们所要的物件。

实际上怎样去锻炼、塑制人民?商君提出了一套策略,限制人民可走的路,使他们落入政府为他们所铸的模子里。他称此为"塞淫道","启一门"。"淫道"就是可以逃避农战之道,"一门"就是开向田野、战场之门。《算地》具体的办法是由政府施行"壹务""壹赏""壹刑""壹教"。"壹务"是要"尊农战之士,而下辩说技艺之民,贱游学之人……开公利[农战之奖],而塞私门[为私劳私行请托之途]"。《壹言》"壹赏"是使"利禄官爵,抟出于兵,无有异施"。《赏刑》"壹刑"是要"卿相、将军以至大夫、庶人,有不从王令,犯国禁,乱上制者,罪犯死不赦",强梗避战者更有"常刑而不赦"。《赏刑》"壹教"是告示人民"富贵之门,要存战而已",将他教到"闻战而相贺",平日"起居、饮食,所歌谣者,战也",以致"当壮者务于战,老弱者务于守。死者不悔,生者务劝"《赏刑》,最后会使"民之见战也,如饿狼之见肉"。《画策》统治者能够将人训练成狼,可以说真的将人民的好恶情性改变了。由他来诱引驱策人民,便可以使他们完全服从他的命令,去做违背其本性之事——尽力于农田,效命于战场,这是"教战"之极。

政与法令

古代邦国的政策,多由统治者以命令出之,所以说"王言为令"。这种命令可以称为"政令",未必记录成文,更少公布于众,施行之时有相当的弹性,可以"因事制宜"。到了"刑鼎"的铸造并展示之后,此"令"的位阶便被提高,成了"法令",施行时应该严格遵守其条文。商君的许多政策是以"法令"形式颁布的。他对于"法"的理论需要稍加探究,先说法的制定、依据、目的、特性等问题,然后谈与法的施行有关的问题。

法之制定

法与道德、习惯、礼仪等规范不同,是由少数人制定的,商君特别指出应该由具有独特之智的人为之。他说,"法者,所以爱民也;礼者,所以便事也",但是"爱民""便事"都不容易,尤其是当时势变易之时,一般人皆暗于成事、安于故习,学者则溺于所闻,墨守成规,不足以论此外之情势;只有"知者"能"见于未萌",察觉到将发生的变化,而设计出因应的办法。虽然他们的主张出于独知之虑,因而"见负于世""见訾于民",但是人民是愚昧的,"可与乐成,而不可与虑始",所以"论至德者,不和于俗;成大功者,不谋于众",苟可以强国，知者应该不法其故，"无顾天下之议"而制定新法。[1]《更法》换一句当时流行的话说，法应该由"圣人"制定。

法之依据

法的依据是什么？商君说："圣人之为国也，观俗立法则治，察国事本则宜。"《算地》又说："法不察民之情而立之则不成。"《壹言》这些话似乎与方才说的"圣人"依其独特之知而立法有悖。但是商君在此处所说的"观俗"是究察已有之俗，然后决定应留应革，所以他说"圣人之为国也，不法古，不修[循]今，因世而为之治，度俗而为之法"《壹言》，并非随顺已有之习俗成规。至于国之"本"，在商君看来只是农战二事，他说"国之所以兴者农战也"《农战》，"民不归其力于耕，即食屈于内；不归其节于战，则兵弱于外"《慎法》，"故圣人之为国也，入令民以属农，出令民以计战……入使民尽力则草不荒，出使民致死则胜敌"。《算地》

法之目的

关于法之目的，一般人会想到如何寻求公平正直，商君不谈这些"微妙"之事《定分》，只讲立法是为了"胜民"而"使无邪"《说民》《错法》，"塞[使]民以法"而广土胜敌。《画策》所以法之目的只在协助施行政策。在当时而言就是导民于农战，使国家富强。

---

[1] 这番话见于《商君书·更法》。《史记·商君列传》亦记其大旨。《赵世家》记赵武灵王十九年[周赧王八年，公元前307年]下令变法，使全国君民改着胡服，习骑射，也遭其叔父公子成及大臣赵文等反对。他们之间的对白几乎和卫鞅与甘龙、杜挚之辩雷同。商鞅说秦王虽然稍先，但《商君书·更法》写成之时不详。无论如何，"圣人"立法之说早已流行，并非卫鞅新见。

法之特性

与其他规范相比，法有若干特性，包括：

（一）因为法令是"圣人"制定的，所以有特殊的地位，常人不得变动。商君说已制定的法令皆录成二份，一份存在天子的殿中[1]，一份存于特别为法令而建的"禁室"中，常人不得擅入，任何人偷改法令一个字，都"罪死不赦"。《定分》当然，法令并非神旨，在特殊的情况下是可以改变的，但是必须由"圣人"为之，已见上述。

（二）法既立之后，即为最高规范，不容许以其他标准加以议论、评价。商君说，"法已定矣，不以善言害法"《靳令》，"故明主慎法制，言不中法者，不听也"《君臣》，他甚至禁止其他规范的传播，所以主张要去"六虱"。

（三）道德等规范的内涵广泛而不确切，法的条文则该"简明"。"简"者指法之数。商君说"法详则刑繁，法简则刑省"《说民》，如果法令对于许多个别的情事都依其性质、轻重、环境等因素，个别地规定了不同的处理方法，条文就很繁杂，人们动辄得咎，受到惩罚，刑事案件就很多了。反之如果法令简略，只将性质相近的行为，大大小小都归入一类（例如伤害人身为一类，侵夺财产为一类），一概加以严惩，人们便会对可能属于这几类的行为有所警惕，不敢去做，刑事案件就较少了。"明"者指法之义。商君说："法者，国之权衡也。"《修权》度量长短轻重的工具应该明白确定，法判定情事的可否也应如此，所以他指出："先王悬权衡，立尺寸，而至今法之，其分明也。"《修权》又说："夫微妙意志之言，上知之所难也……故夫知者而后能知之，不可以为法……故圣人为法，必使之明白易知。"《定分》

---

[1]《定分》称"一副天子之殿中"。商君之时周天子早已失势，各邦国自行立法，是否以副本送周廷不详。或许此篇所谓之"天子"，实为邦君。

《商君书》 | 333

（四）各种规范都在厘定行为的妥当与否，法尤其严格地设立了"名分"来标明在特定的情势里一个人该不该有之利益及该不该做之行为。人人都明白了法令标明的"名分"，就知道如何举止，不至于发生纠纷。商君做了一个譬喻说："一兔走，百人逐之，非以兔也。夫卖者满市而盗不敢取，由名分已定也。故名分未定，尧、舜、禹、汤且皆如鹜焉而逐之；名分已定，贪盗不取……故圣人必为法令……所以定名分也。名分定则大诈贞信，民皆愿悫而各自治也。夫名分定，势治之道也；名分不定，势乱之道也。"《定分》

（五）规范之能有效果或因内心的认可，或因外力的促使。要取得人们内心的认可，往往需要相当时间的教育熏陶，道德礼俗之效便有赖于此。外力的促使则全赖其力之强弱。虽然符合情理之法易被认可，但绝大部分的法未必如此，而要靠国家的力量推行。此力的表现为赏罚。商君说："立法明分，中程者赏之，毁公者诛之。"《修权》对人民而言，国家确实具有巨大的力量，商君对于这种力量具有异常的信心，认为不仅可以左右人的行为，甚至可以改变人的情性，已见上述。

（六）一般人论法，都提到法的奖惩与人的行为应该轻重相当，认为这是法的一个必要的内在特性。商君也谈"当"，但是只指法之所赏应与人民对于国家所作贡献相当，例如国家之赏为官爵，法令应规定农民可以输粟入官而得之《靳令》，兵士可以斩获敌首而得之。《境内》他没有说刑与罪应该相当，而指出"夫过有厚薄，则刑有轻重……世之常用也"《开塞》，然而"行刑重其轻者，轻者不生则重者无从至矣；行刑重其重者，轻其轻者，轻者不止，则重者无从止矣"《说民》。

（七）常人认为刑罚是为已成的行为而设。商君不同意这种想法，说"刑加于罪所终则奸不去"，事后的处分效果有限，就治安而言，重要的是预防犯罪，所以"王者刑用于将过"。《开塞》什么是"将过"之事？既然尚未发生，当然不是可见的行为，或许可以包括具体的计划，但也可能只是意图。这些计划、意图只有极近之人才可能知悉。他们不说出来，国家就无法得知，无法加以预防。因此商君指出："国皆有法，而无使法必行之法。国皆有禁奸邪、刑盗贼之法，而无使奸邪盗贼必得之法。为奸邪盗贼者死刑，而奸邪盗贼不止者，不必得。"《画策》如何能必得？他要求知悉这种"将过"的计划、意图的人，将它揭发出来。他称之为"告奸"。为使此要求有效，他制定法令使民定居，组成什伍，互相监视，随时向政府报告"将过"之事。知而不告者，"重刑而连其罪，则民不敢试"。《垦令》《赏刑》

政策与法令之施行

法官及其工作

执行法令，推行政策，当然先要甄选、训练、任命适当之人为法官。商君说要选"足以知法令之谓"，可以"为天下正者"，置为法官，直属天子者三人，在殿中者一人，隶属御史、丞相、诸侯、郡县者各一人，受禁室之法令。先使学者读之，定期考试，中式者可于法官出缺时递补。法官与学法者皆应切记法令文字，如敢损益一字，罪死不赦。《定分》

商君谈到法官的工作有三类，其一是解释法令。诸官吏、人民可以主动地向法官询问有关法令的问题，法官应该明白回答他们，并且做一尺六寸之符，书明年月日时及所问之法令，分为左右二券，左券给予吏民之问法令者，右券由主法令之吏谨藏于木柙，置于禁室中，封以法令之长印，以后便依此券书处理相关事务。法官不做答复并解释者，以所问法令之罪罪之。商君认为这些办法可以使"天下之吏民无不知法者。吏明知民知法令也，故吏不敢以非法遇民，民不敢犯法以干法官也……天下之吏民虽有贤良辩慧,不敢开一言以枉法,虽有千金,不能以用一铢[以贿赂求变异法令之所谓]"《定分》。

法官的第二类工作是侦查违法事故。商君说这工作的目的是"求过不求善"《开塞》《靳令》,因为他说治国者应将人民都看成"奸民"。《去强》法官是国家统治集团的分子,当然应该尽量求人民之过而惩处之。

法官的第三类工作是适用法令。此一工作有若干应注意之点。

(一)要维持法令的至尊性。社会有许多规范,法令之外还有道德、习俗、礼仪等等,一般人往往加以衡量,分为高下。在处理特定事件之时,如果将某些规范看得比法令高,法令的施行便受到障碍。商君认为法官对于这种看法应加排斥,不仅不允许当事人这么辩说,自己也不可以在私下有此看法。他说,"世之为治者,多释法而任私议,此国之所以乱也","夫废法度而好私议……秩官之吏隐下而渔百姓,此民之蠹也……有隙蠹而不亡者天下鲜矣,是故明王任法去私"。《修权》

(二)要维持法的绝对性。在某些情形下,人们虽不争论法令的良窳,但是认为可以由于某些因素(例如当事人以往的行为)而调整其适用程度。商君反对此见而主张"任法",特别是执行刑法之时,不可"法制设而私善行",以致"民不畏刑"《靳令》,而应该绝对机械性地遵守条文的规定。这就是他所谓的"壹刑",不仅指用刑不问官民,无分等级,而且强调"有功于前,有败于后,不为损刑;有善于前,有过于后,不为亏法。忠臣、孝子有过,必以其数[轻重程度]断。守法守职之吏,有不行王法[此令]者,罪死不赦"。《赏刑》

(三)要多刑少赏。施行法令可用刑亦可用赏。商君指出这两个手段的功能有很大的差异,代价也有不同。用赏,政府则必须耗资,而获赏者往往望多不已,所以商君虽然鼓励告奸,没有细说对于一般告奸之人如何给赏;对于农民输粟入官,虽说可以得赏,但不过免除其劳役;对于对外战争获胜的将士,则赏以从敌国夺取的财物、土地、俘虏,"尽城而有之,尽宾[城内之人]而致[赐与]之"《赏刑》,所赏虽厚,于政府资源并无耗损。至于罚,不仅用来处分违反法令之人,并且可以警诫有此意图之辈,无论哪一种刑,执行起来都很少花费,所以商君说"王者刑九而赏一,削国赏九而刑一"。《开塞》为了使"刑多",不仅处罚细故,而且加诸"将过",刑当然就多了。

(四)用刑要重。商君指出:"夫先王之禁刺杀,断人之足,黥人之面,非求伤民也,以禁奸止过也"。《赏刑》所以他说:"行刑,重其轻者,轻者不生,重者不来"《去强》,又说:"行刑,重其轻者,则重者无从至矣……行刑重其重者,轻其轻者,轻者不止,则重者无从止矣……故重轻,则刑去事成,国强;重重而轻轻,则刑至而事生,国削"《说民》,又说:"行罚,重其轻者,轻者不至,重者不来,此谓以刑去刑,刑去事成;罪重刑轻,刑至事生,此谓以刑致刑"《靳令》,反复强调"以刑去刑,虽重刑可也"。《画策》果然能"大邪不生,细过不失"《开塞》,则"国无刑民,故曰明刑不戮"《赏刑》,是所谓"效刑之反于德",是使"至德复立"之道。《开塞》

至治之世

此前所述诸子皆在提出其治国的想法之后,描绘出一幅"至治"之世的境界。商君亦然。他先指出社会的演化经历过三个阶段:

> 天地设,而民生之。当此之时也,民知其母而不知其父,其道亲亲而爱私。亲亲则别,爱私则险,民众而以别险为务,则民乱。当此之时,民务胜而力征。务胜则争,力征则讼,讼而无正,则莫得其性也。故贤者立中正,设无私,而民说仁。当此时也,亲亲废,上贤立矣。凡仁者以爱为务,而贤者以相出为道。民众

而无制,久而相出为道,则有乱。故圣人承之,作为土地货财男女之分。分定而无制,不可,故立禁。禁立而莫之司,不可,故立官。官设而莫之一,不可,故立君。既立君,则上贤废,而贵贵立矣。然则上世亲亲而爱私,中世上贤而说仁,下世贵贵而尊官。《开塞》

这段话当然只是臆想。大意说上古之时,人们只知爱其近亲,为他们冒险犯难,竭力寻求私利,不免与他人争讼,引起动乱。后来有些贤慧的人出来订立了公平正直的行为准则,人们便不再偏私亲近的人,而推举这些贤人作为领袖。这些贤人强调仁爱互助,但是人口增加了,仁爱互助而没有分寸,就又产生了动乱。若干具有大智慧大见识的人见到这种状况,出来对物质资源加以区划,分配给人们,并且设立了处罚违反这种区分的官司以及统辖这些官吏的君主。这时敬崇贤人的制度就被废除,而开始尊贵官爵制度了。

自从"贵贵"制度建立之后,君主如何统治人民?商君说:"民愚,则知可以王;世知,则力可以王。"早期人民都很笨,所以"神农教耕而王,天下师其知也"。后来民知渐多,以知相争,统治者只有靠其威力去制服他们,所以"汤武致强而征,诸侯服其力也"。战国之时,各邦国的统治者更需要"抟力""杀力",才可以使人民顺从,所以商君说"主之所以尊者,力也"。《慎法》但是他又指出:"凡人主,德行非出人也,知非出人也,勇力非过人也,然民虽有圣知弗敢我谋,勇力弗敢我杀,虽众不敢胜其主,虽民至亿万之数,悬重赏而民不敢争,行罚而民不敢怨者,法也。"《画策》"法"本来是统治者的命令,后来因为被铸在鼎上公布于众,要求全国上下共同遵守而几乎神圣化了。虽然在实质上它仍是统治者意图的反映,形式上却变成了一种制度——"法制"。它的施行不再完全依赖统治者个人的力量,而靠自身规定的一套方法——赏和刑。因为可以用来作赏的莫大于国家的资源,可以用来行刑的莫甚于国家的暴力，有此二者的支持，"法制"便享有了其他制度所没有的力量。君主掌握了"法制"，特别是其中刑罚的功能，便有了可以有效地控制、驱使臣民之力。所以他说"刑生力，力生强，强生威"。《说民》

这种由"法"所生之"力"与"法"互为表里，君主如能妥善使用，便可或王或霸。所以商君强调要"任法而治"，一再反复说要使法令内涵明确，施行严格，绝不可让任何人依据其他的规范、价值加以私议，否则法便如虚设，臣民结党自利，君主垂危，国家消亡。《慎法》《错法》《禁使》《弱民》《画策》《君臣》《算地》《壹言》《开塞》《靳令》《修权》

商君认为，法令切实施行之后，国家便会进入一种"至治"的境界，其表征之一是人民自治，二是政府无为。关于前者，他说：

> 国治：断家王，断官强，断君弱。重轻刑，去常官，则治。省刑要保，赏不可倍也。有奸必告之，则民断于心。上令而民知所以应，器成于家而行于官，则事断于家。故王者刑赏断于民心，器用断于家。治明则同，治暗则异。同则行，异则止。行则治，止则乱。治则家断，乱则君断。治国者贵下断，故以十里断者弱，以五里断者强，家断则有余，故曰日治者王。官断则不足，故曰夜治者强。君断则乱，故曰宿治者削。故有道之国，治不听君，民不从官。《说民》

他的大意是：当人民知晓法令之后，明白什么事会受赏或受罚，而且知道刑罚重其轻者，非常严酷，就可以在一个非法之事发生之后，很快地由家庭或小地区的人们做出正确的决断，无待官吏侦查审判，拖延时日，横生枝节。若需要君主才能决断，国家就更纷乱不堪了。所以说在治理得很好的国家，人民不须听从君主和官吏的审断，就可以将违法事件处理得妥当无误。

人民可以"自断",政府乃可"无为"——至少君主就没有什么事要做了。所以商君说在这样的情况下,"群臣不敢为奸,百姓不敢为非,是以人主处匡床之上,听丝竹之声,而天下治"《画策》。对统治者而言,这真是美梦成真,对一般人而言这也是一大慰藉,因为人人依照法令生活,安分守己,人与人之间没有过分的期望,无须努力维持各种特定的关系,一切当然而然,如商君所说,"治主无忠臣,慈父无孝子,欲无善言"《画策》,至于夫妻亲友之间,更如陌生人无异,"不能相隐"。这样的生活没有难断的是非,没有扰心的感情,井然有序,极其安宁,应该是处于大动乱时代的人所向往的。

贡献和问题

先秦诸子无不希望其学说可以平乱。在他们之前曾有不少人以实际的行动做过此种努力,包括周公制定封建和宗法,维持了一段时间的安宁;东周以后动乱日甚,管仲相齐,仅仅暂时恢复了一些秩序;其后的称霸者对于大局的维系,绩效皆属有限;子产是英才,但只能在弱小的郑国企图"救世"而已。诸子之中孔、老等人未曾主政,影响自不显著。商君得秦孝公支持,振衰致强,在其有生之年虽未平定海内,但在其身后数十年,荀子至秦,见其国内官民各务本业,肃然安宁,与商君之治应该有关。他的治道在乎用"法"。"法"与道德、礼仪、习俗等都是社会规范,自古以来治国者无不兼而用之,他则专重法令,鄙弃仁义,可谓独树一帜,因此《商君书》做出了一些特殊的贡献,也引发了许多困难的问题。

《商君书》主要的贡献在有关"法"与"治"的理论。前述孔、老、墨、庄、孟、荀等人都不重视"人为法",很少加以论述。商君则对法的由来、基础、目的、功能、内涵、形式、施行以及与其他规范的关系等皆有研究,与此前诸子之说,《尚书》《左传》《国语》等古籍里的记载,以及若干现代出土文物中所见的零星材料相比,《商君书》提出的是一套有系统的理论,是对法学的一种贡献。

此前所述诸子除庄子主张放任自由外,都曾谈到"治",大多强调"德治"。此外有的人讲"任势"(由世袭或篡夺而得的政治权威)来慑服臣民;有的人讲"用术"(侦测、诈诱、蒙蔽、突击等技巧)来愚弄臣民。此处要说的是商君倡言的"力治"——用赤裸的威力来"弱民""辱民""胜民""制民"。他所谓的"力"不是统治者一己之力,而是靠法制所设的刑赏诱引、逼迫出来的人民的力量。他将这种力量凝聚起来("抟力"),然后加以利用("杀力"),以寻求国家的富强,打击内在的"六虱"和外在的敌国,并且消减人民可能的反叛。政治学的研究大多先注意于政府的组织、功能的分配等现象,进一步才去探讨这些现象背后的核心问题——权力的产生、依据、运作等等。《商君书》论"力治",触及这些问题,可以说是对政治学的一种贡献。

商君所谈的"法治"和"力治"有许多问题,兹择其大者略论如下。

关于"法治",他说法应该由具有独特之知和坚强意志的"明主"制定。问题是这样的人可遇而不可求。其次关于法的依据,他说在于时俗、国本、民情。问题是他所说的与一般人的理解不同——"时俗"不是历久形成的传统,只是一时流行的风尚;"国本"不包括文化,仅在于农业和战力;"民情"无关道义,专指反映切身利害的本能。据此而立之法如何能使人民服从?他说因为人皆趋利避害,法令可以提供大利去引诱、规定重罚去威胁,迫使他们改变本性,使其遵守法令。问题是以利诱人乃是佣徒鬻卖之道,而政府能给的利是有限的;至于用刑罚逼迫人,政府虽然可以假法令之名致人于死,甚至连坐其亲友,但是当人民不堪生、不畏死之时,死刑便失去效用了。更基本的是,虽然许多人趋利避害,也有不少人另有理想,不为利害所动,如何去改变他们的本性？他说可以将一切不服从法令的行为视为奸行，制定告奸、连坐之法，以压制这种奸民，使他们不能将不贪利不怕死的心态表达出来，影响别人，造成动乱。问题是为什么会有"奸民"不服从法令？这问题涉及法令的目的和施行的方法。他说法令的目的在促进国家的富强。果然，在战国之时国家富强不仅可以避免受外国侵略而消亡，而且可以侵略外国而壮大，最后统一天下，使人人处于一个以力佐法来愚民、弱民、辱民、胜民、制民的极权统治之下。这就是法治的终极目的吗？至于施行法令的方法，他说要少赏多刑，因为"赏善之不可也，犹赏不盗"，没有必要。刑则越多越好，种种细过皆加处罚，并且是用重刑，不必求当，不必追究犯行出于故意、过失或不可抵抗的外力，也不必考虑任何可以宽恕的因素，结果会使细过不生，大罪不起，以刑止刑，乃至于无刑，这是爱民至极的方法。问题是轻罪重罚，会不会使人铤而走险，或者心怀不平、积怨成仇，终于爆发为叛乱、革命？

在商君的至治之世只有法令没有其他的规范如仁义礼俗，人们对于法的认知仅仅限于条文，不容许依据情理加以申述，法令的适用可以完全机械化，犹如以尺寸量物，人人可得正确的结果，所以违法事件不必司法审理而可以"家断"。问题是如果人人都那么认知、遵循法律，岂不成了没有意志、情感的木偶，或者是机器里的零件？人与人之间失去了自然的纽带，只被法令紧密地锁定在一起，互相牵制，以致不得不重足而立，探听监视，平时被迫告奸、出卖亲友，战时以死相劝、逼人为狼。这样的存在是人希望得到、能够忍受的吗？这些问题都显而易见，其答案也不难知。最令人困惑的是商君极力声斥"六虱"，显然认为他们的去留是他政策成败的一个重要关键，因为他们的存在会引诱人民逃避农战，因而妨碍了他所寻求的国家富强。但是虽然他说他们"辈辈成群"，事实上人数不可能很多，而且一般人也不可能学习他们而得食避农。至于避战则更属难能，因为当时大约除了官吏、有爵贵族、流动人口，以及受此辈庇护之人以外，一般人民皆须服役。事实上几次大战，用兵动辄数万，可见能够避战之人不多。商君那么痛斥"六虱"，真正的原因何在？何况他自己不也是一个游说求仕之士吗？

《史记》称商君曾先以"帝道""王道"说秦孝公，但是《商君书》没有一丝仁爱忠恕之意，其旨则厉，其说则戾，其气则肃杀，所以司马迁说商君对秦孝公讲的只是"挟持浮说"，并非出于其"质"［本性］之言。究其原因似在他是一个没落贵族而力图重入政府，基本上只想到统治者的利益，从未真正考虑一般人民的福祉。对他而言，他们只是野兽、家畜，问题只在如何加以制服、利用（以他自己的话说，他们只是矿石、陶土，要加以火熔锤炼、磨研塑埴），以达成统治者的目的。《史记》说他是"天资刻薄人也"。诚是，诚是！

欲图治世者，不能循乎情理，只为图一己之利、一时之功而创立一套理论来支持其作为，结果必然偏颇失败。治理国家不能只赖法令（尤其是没有道德依据、不顾民情人伦的法令），更不可以用暴力强制施行；不能将人看作野兽、家畜，要将人看作与己相同的人，以同情同理对待。赵良引《诗》说"得人者兴，失人者崩"，诚属至理。荀子说"天之生民，非为君也；天之立君，以为民也"，政府是因人民的需要而建立的，应该为人民服务。如果统治者忘却了此点，制定法令所据的只是自己的意愿，不合人情事理，又用暴力加以施行，是为"以法而治"；人民可以勉强忍受一时，但是不能变异其本性，成为牛羊或饿狼，终会爆发革命。水可载舟，亦可覆舟。商君无见于此，而说"明君之治也，任其力不任其德"，更说"以刑去刑""刑反于德""德生于刑"，实属乖戾之论。其实求国之富强，并无不是，但富强只是一时之计，法令不是唯一之策，国家应该有高远目标和长治久安的计划和规范，徒务近功者，终有后难。赵良以此谏之，商君不听，果然败亡，而且使无数人民为之牺牲。后世为政者应以此为鉴！

《韩非子》

韩 非

《史记》有《老子韩非列传》。以此为据,参考后人的著述大约可得韩非生平梗概如下:他是韩国宗室的旁支,生年不详,大约后于商君五十余年,曾受业于荀子,在韩王安(公元前239—前230年)时尝数次上书谏事,未被采纳,乃退而著述,作《孤愤》《五蠹》等篇。人或传其所作至秦,秦王嬴政见后说:"嗟乎,寡人得见此人与之游,死不恨矣!"因李斯说是韩非之作,秦王乃急攻韩。韩王遣韩非使秦,见秦王,秦王悦之,但未予信用。韩非曾批评秦权臣姚贾不肖,不足与计国事,致姚贾含恨。李斯曾与韩非俱事荀子而自以为不如,于是与姚贾共谋害韩非,对秦王说:"韩非,韩之诸公子也。今王欲并诸侯,非终为韩不为秦,此人之情也。今王不用,久留而归之,此自遗患也,不如以过法诛之。"秦王以为然,下吏究治。李斯使人送毒药给韩非令其自尽。韩非想亲自陈诉于秦王,但不得见。秦王后悔,使人赦韩非,但是他已死了,时在秦王十四年(公元前233年),其寿约近六十。

《韩非子》

《史记》说韩非"为人口吃,不能道说,而善著书"。又用了一段话说明他写作的动机、主旨和若干篇名：

> 韩非疾治国不务修明其法制，执势以御其臣下，富国强兵而以求人任贤，反举浮淫之蠹而加之于功实之上。以为儒者用文乱法，而侠者以武犯禁。宽则宠名誉之人，急则用介胄之士。今者所养非所用，所用非所养。悲廉直不容于邪枉之臣，观往者得失之变，故作《孤愤》《五蠹》《内外储》《说林》《说难》十余万言。

细读今存《韩非子》，深感司马迁之说扼要精确。但是此书诸篇有的显然不是韩非之作（如《初见秦》），有的与全书主旨不尽相合（如《安危》明据先王，必定尧舜），有的与前人之书几乎雷同（如《饬令》与《商君书》之《靳令》），可能是后人羼入。另有若干篇所论不是单纯的法家言，而在宣述道家意志（如《主道》《扬权》《大体》《观行》《解老》《喻老》）。司马迁说韩非"喜刑名法术之学，而其归本于黄老"，"引绳墨，切事情，明是非，其极惨礉少恩，皆原于道德之意"。虽然他接着说与韩非相比"老子深远矣"，但是《韩非子》中这些篇什对了解韩非的若干关键性的观点很有帮助。

此书用了极多当时传说的历史故事和若干似乎是韩非创作的寓言来说明其主旨，虽然对一些问题的分析和推论比较详细，但殊为冗长，反而使其主旨不清，不如《商君书》的简洁明了。

韩非之前有不少人主张治国不能依赖人民的善性和道德，而要靠政府的力量强制人民顺从一定的规范，趋向一定的目标。其事迹稍有可述的如周初的齐太公吕望[1]、东周的甫侯[2]，春秋时的管仲[3]、子产[4]，战国时的李悝[5]、吴起[6]、申不害[7]、商鞅、慎到[8]，后人皆归之于"法家"。因为他们大多没有著作留存至今，依照现有的一些资料以及《韩非子》里的叙说，他们除了上述一点共同的信念之外，对于如何去实现这个信念并无一致的看法，有的认为单凭执政者的权势，就可以为所欲为；有的认为执政者要善用若干技术使臣民屈服；有的认为执政者应该将其意图转化成法律，给以高出其他一切规范的崇高地位，然后以它来控制臣民。韩非综观这些意见，寻找出一套他自己的治国之道。《韩非子》的主要目的便在陈述此道。

世乱之因

韩非之时在战国晚期（下距秦朝统一仅二十余年），其时邦国之间

---

[1] 吕望封于齐，当时有狂矞、华士兄弟二人"不臣天子，不友诸侯，耕作而食之，掘井而饮之，吾无求于人"，吕望初至国即执而杀之，说"先王之所以使其臣民者，非爵禄则刑罚也"，他们二人不仰禄，不求功，他无法支配他们，"恐其乱法易教也，故以为首诛"。（见《韩非子·外储说右上》）
[2] 甫侯可能是《尚书·吕刑》的作者。
[3] 管仲相齐桓公（公元前685—前643年），"通货积财，富国强兵"（见《史记·管晏列传》），多藉法令，所以到战国末年"境内之民皆言治，藏商、管之法者家有之"。（见《韩非子·五蠹》）
[4] 子产相郑（公元前543—前519年），铸刑书。
[5] 李悝（李克），战国时魏文侯（公元前445—前396年）师，集诸国法典，造《法经》（见《晋书·刑法志》，《唐律疏义》），比各国刑书为详。
[6] 吴起为楚悼王（公元前402—前381年在位）相，"明法审令"（见《史记·孙子吴起列传》），"卑减大臣之威重，罢无能，废无用，损不急之官，塞私门之请……使驰说之士无所开其口，禁朋党以励百姓……"（见《史记·范睢蔡泽列传》）
[7] 申不害以学术干韩昭侯（公元前363—前333年），为相十五年，国治兵强。其学"本于黄老而主刑名"。（见《史记·老子韩非列传》）主张用"术"治国。（见《韩非子·定法》）
[8] 慎到为齐宣王（公元前319—前301年在位）时稷下先生，"学黄老道德之术"（见《史记·孟子荀卿列传》），主张以"势"治国。（见《韩非子·难势》）

战争剧烈（自三家分晋之后大战四五十次，死伤军民动辄数万甚至数十万），各国政变频仍（君主被弑者五，贵族权臣互相攻击谋害者无数）。韩非称先秦诸子对于世乱之因各有所见。他自己所见似可分成两类，一类近乎自然，一类多属人为。前者主要包括人口增长、人的自私心理和勤惰不同的天性，它们造成资源的不足和争夺。后者包括对若干问题的错误认识，它们引发各种邪说，使君主受其迷惑而做成错误决策，又使奸人借以掩护施行其狡计。

人口的增加

人口的增加是前人没有注意的一个问题。韩非指出："古者，丈夫不耕，草木之实足食也；妇人不织，禽兽之皮足衣也。不事力而养足，人民少而财有余……今人有五子不为多，子又有五子，大父未死而有二十五孙，是以人民众而货财寡。"《五蠹》的确，以有限的物资分配给不断增加的人口，各人所得必然降低，因而引发争夺。古时没有这种争夺，尧、舜甚至有禅让之举，并非由于他们仁而爱人，而是因为一则当时人口较少，物资尚多；二则当时分工不细，人人都要劳动才能生活，即使是处于领导地位的人亦然，并没有享受到太特别的待遇。据韩非说，"尧之王天下也，茅茨不剪，采椽不斫，粝粢之食，藜藿之羹，冬日麑裘，夏日葛衣"，生活十分艰辛，比后世的一个守门小吏也不如，而"禹之王天下也，身执耒臿，以为民先，股无胈，胫不生毛"，工作非常勤苦，一般的奴仆也不过如此，因而他说"古之让天子者，是去监门之养，而离臣虏之劳"；相对而言，后世的一个县令，"一日身死，子孙累世絜驾［有马车可乘］"，生前的奢华可想而知。无怪他说："人之于让也，轻辞古之天子，难去今之县令……轻辞天子，非高也，势薄也；重争士橐，非下也，权重也。"又说："古之易财，非仁也，财多也；今之争夺，非鄙也，财寡也。"《五蠹》

勤惰的天性

因为生活简朴,古时人较少争夺,只要能努力工作,便可取得足够的资财。为什么后世变得"财寡"?据韩非说,"今夫与人相若也,无丰年旁入之利,而独以完给者,非力则俭也;与人相若也,无饥馑疾疚祸罪之殃,独以贫穷者,非侈则惰也。"《显学》换句话说,个人的所得与其勤惰、俭侈的天性有关。因为这种想法,他对于贫苦之人很少同情。

自私的心理

另一个引发争夺的自然原因是"人情"。什么是"人情"?韩非说:"安利者就之,危害者去之,此人之情也。"《奸劫弑臣》为什么人情如此?他指出了一项生理的基础:"人无毛羽,不衣则不犯[耐]寒。上不属天,而下不着地,以肠胃为根本,不食则不能活,是以不免于欲利之心。"《解老》这种求生之心会使人做出一些不寻常的行为,例如"鳝似蛇,蚕似蠋。人见蛇则惊骇,见蠋则毛起。然而妇人拾蚕,渔者握鳝,利之所在,则忘其所恶,皆为贲、诸[孟贲、专诸,皆勇士]"。《内储说上》《说林下》他认为人情可用,便出于此见。

人之求利,大多是为己。但也未必,因为人也可以有共同之利。韩非却不以为然,指出几乎在一切情况里,各人的利都是相异的,所以人人都尽量维护一己之利。他承认有些人的行为似乎不然,他说那是因为这行为于己并无大损,所以"穰岁之秋,疏客必食",但是如果有损,就不免"饥岁之春,幼弟不饷"。《五蠹》另外有些人的行为表面似乎宽厚无私,其实仍是为己,例如地主买庸播耕,给以厚酬美食,"非爱庸客也",因为如此则庸工"耕者且深,耨者熟耕也"。又如吴起为魏将而攻中山,军人有病疽者,吴起"跪而自吮其脓",不是爱其人,而是要使他为吴起卖命。《外储说左上》

除了以上那些似属例外的情况，利害相异而人皆自顾其利的原则甚至体现在最亲密的人际关系中。韩非曾说过一则寓言："卫人有夫妻祷者，而祝曰：使我无故，得百束布。其夫曰：何少也？对曰：益是，子将买妾。"《内储说下》他又说："父母之于子也，产男则相贺，产女则杀之。此俱出父母之怀衽，然男子受贺，女子杀之者，虑其后便，计之长利也。故父母之于子也，犹用计算之心以相待也，而况无父子之泽乎？"《六反》所以"舆人成舆，则欲人之富贵；匠人成棺，则欲人之夭死。非舆人仁而匠人贼也，人不贵则舆不售，人不死则棺不买，情非憎人也，利在于人之死也"。"后妃夫人，嫡子为太子者，或有欲其君之早死者……夫妻者非有骨肉之恩也，爱则亲，不爱则疏……丈夫年五十而好色未解也，妇人年三十而美色衰矣。以衰美之妇人事好色之丈夫，则身死见疏贱，而子疑不为后，此后妃夫人之所以冀其君之死者也。唯母为后而子为主，则令无不行，禁无不止，男女之乐不减于先君，而擅万乘不疑，此鸩毒扼昧之所以用也。"《备内》

夫妻亲子之间尚且如此以计算之心相待，君臣之间就更不用说了。韩非一再说"君臣之相与也，非有父子之亲也"《奸劫弑臣》《难一》，"臣、主之利，与相异者也……主利在有能而任官，臣利在无能而得事；主利在有劳而爵禄，臣利在无功而富贵"《孤愤》，"君臣之利异，故人臣莫忠，故臣利立而主利灭"。《内储说下》所以君臣之间"以计合者也"，"君以计畜臣，臣以计事君"。《饰邪》

简而言之，人口增多，资财不足，人人自私自利，贪得无厌，这是"自然"地造成"大争"的原因。

邪　说

另一些原因是"人为"的，其中最重要的是：人们对争乱的成因认识不清，忽视客观事实而盲从主观臆想。韩非指出，当时人还相信鬼神，认为治乱是它们所定；另一些人认为争夺是人们道德沦丧所致。有些人更造出许多说法来支持这两个观念——对于前者鼓吹占卜，对于后者倡言仁义。韩非认为凿龟数策殊不可靠，他举了其前的一些战事说，"龟、策、鬼、神，不足举胜……然而恃之，愚莫大焉"，因此他称之为"邪"，应加以"饬〔戒〕"。《饰邪》

韩非提到占卜，因为当时仍有巫史用事，但已不重要，所以他没有对此辈之事多加驳斥。他最憎恶的是一群新起的游说之徒。他们的"邪说"或据于不可考证的传闻，或出于无法实现的幻想，虽然虚妄，却能惑人视听，乱人心意。其中影响最大的是儒、墨两家之说，韩非称之为"显学"，提出三点主要的批评：一是它们动辄引述古代圣王以讽刺时君。他先指出孔子、墨子皆称道尧、舜，而"取舍不同，皆自谓真尧、舜"，接着问："尧、舜不复生，将谁使定儒、墨之诚乎？"其次，他指出孔、墨的弟子派别甚多，而各派传述孔、墨的言行也"取舍相反不同，而皆自谓真孔、墨"，因而他又问："孔、墨不可复生，将谁使定后世之学乎？"最后他指出，孔、墨距战国后期七百余年，尧、舜距孔、墨之时二千余年。时人已不能判断孔、墨之真伪，而竟然要奢谈三千年前的尧、舜之事，全无考据而言之凿凿，岂非痴妄？所以他说："故明据先王，必定尧、舜者，非愚则诬也。"《显学》为了讥刺这种无稽之谈，他说了一个故事："客有为齐王画者，齐王问曰：画孰最难者？曰：犬马最难。孰易者？曰：鬼魅最易。夫犬马，人所知也，旦暮罄于前，不可类之，故难；鬼魅，无形者，不罄于前，故易之也。"《外储说左上》换句话说，那些称道尧、舜、孔、墨的，都是画鬼之徒。

但是韩非也谈古代先王，他对儒、墨的第二个批评是他们主张恢复古人所行的仁义治国。他说："上古之世，人民少而禽兽众，人民不胜禽兽虫蛇。"后来有圣人教民构木巢居而避害，钻燧取火而熟食。中古之世，天下大水而鲧、禹决渎。近古之世，桀、纣暴乱而汤、武征伐。《五蠹》那些圣人都以爱心为民寻求福祉，受人民的拥戴而王天下，可见古代仁爱足以治国。但是那些做法到了后代便不适用了，因为"古者，寡事而备简，朴陋而不尽，故有挑铫[以蚌彀芸草]而推车[以人力推车]者。古者，人寡而相亲，物多而轻利易让，故有揖让而传天下者。然则行揖让，高慈惠而道仁厚，皆推政⁽¹⁾也"。到了"中世"[殷、周时期]，便不再重德而重智。及至"今世"，人皆以力相争。战国之时"寡事之器，非智者之备也"，"揖让之轨，非圣人之治也。故智者不乘推车，圣人不行推政也"《八说》。假如此时"有美尧、舜、汤、武、禹之道于当今之世者，必为新圣笑矣。是以圣人不期修古，不法常可，论世之事，因为之备"。"当大争之世，而循揖让之轨，非圣人之治也。"为了说明此理他又做了一个比喻："宋人有耕者，田中有株，兔走触株，折颈而死。因释其耒而守株，冀复得兔。兔不可复得而身为宋国笑。今欲以先王之政治当世之民，皆守株类也。"《五蠹》

以仁爱为治不仅不合时宜，而且有悖情理。韩非指出世间的爱莫过于母之爱子。儒墨都说先王兼爱天下，视民如父母之视子。但是他说："夫以君臣如父子则必治，推是言之，是无乱父子也……今先王之爱民，不过父母之爱子，子未必不乱也，则民奚遽治哉！"《五蠹》事实上，"慈母之于弱子也，爱不可为前"，但是子有僻行，母"积爱而令穷"，不能改之，乃致作奸犯科，不仅自身受戮，而且祸及家族。君主以仁爱待臣民，莫非"施于贫困""不忍诛罚"，但在正常情形下，人民的贫富决诸勤惰，"施于贫困"是使无功者受禄，民乃"外不当敌，内不力田"；"不忍诛罚"会使有罪者不惮，"奸私之臣愈众，暴乱之徒愈胜"。《奸劫弑臣》所以他问："母不能以爱存家，君安能以爱持国？"然后他将仁、暴进行了对比："仁者，慈惠而轻财者也；暴者，心毅而易诛者也。慈惠则不忍，轻财则好与；心毅则憎心见于下，易

〈1〉 此处所谓"推政"，可以简单地指以人力推车那种古代的做法，或许也可以解释为将古时人少物多、人轻利易让的仁厚之心推己及人的做法。

诛则妄杀加于人。不忍则罚多宥赦,好与则赏多无功;憎心见则下怨其上,妄诛则民将背叛。故仁人在位,下肆而轻犯禁法,偷幸而望于上;暴人在位,则法令妄而臣主乖,民怨而乱心生。故曰:'仁、暴者,皆亡国者也。'"最后他说:"不能具美食而劝饿人饭,不为能活饿者也……今学者之言也,不务本作而好末事,知道虚圣以说[悦]民,此劝饭之说。"《八说》为了说明此理他又做了一个比喻:"夫婴儿相与戏也,以尘为饭,以涂为羹,以木为胾,然至日晚必归饷者,尘饭涂羹可以戏而不可食也。夫称上古之传颂,辩而不悫,道先王仁义而不能正国者,此亦可以戏而不可以为治也。"《外储说左上》

古人的言行之不可信奉以为圭臬,还因为它们互相"杂反"。韩非指出:"墨者之葬也,冬日冬服,夏日夏服,桐棺三寸,服丧三月……儒者破家而葬,赁子而偿,服丧三年,大毁扶杖……夫是墨子之俭,将非孔子之侈也;是孔子之孝,将非墨子之戾也。"《显学》又如儒者说舜曾经教农者不侵畔,渔者不争坻,陶者器牢,孔子称之为"圣人之德"。有人问那时候尧在何处。儒者答尧为天子。韩非说尧既为圣人,"圣人明察在上位,将使天下无奸也",应该不会有奸民,何需舜去德化?需舜去"救败",就显示尧有过失,因此"贤舜则去尧之明察,圣尧则去舜之德化"。随后他提出了有名的寓言:"楚人有鬻楯与矛者,誉之曰:'吾楯之坚,物莫能陷也。'又誉其矛曰:'吾矛之利,于物无不陷也。'或曰:'以子之矛陷子之楯,何如?'其人弗能应也。夫不可陷之楯与无不陷之矛,不可同世而立,今尧、舜之不可两誉,矛楯之说也。"《难一》

当时似乎曾有人认为尧、舜并未禅让,而是"舜逼尧,禹逼舜",又认为汤"让王"一事是个骗局,说:"汤以伐桀,而恐天下言己为贪也,因乃让天下于务光。而恐务光之受之也,乃使人说务光曰:'汤杀君,而欲传恶声于子,故让天下于子。'务光因自投于河。"此二说见于《说疑》《说林上》,未见有韩非的"参验"否定,或许他或《韩非子》的纂辑者也相信可能如此吧。

古人的言行既已不合时宜,又可能有矛盾,甚至其用意未必真纯,施诸大争之世不仅可笑而且会有严重的后果。韩非以两个史事为例。其一说明以仁义治事之弊——春秋时宋襄公与楚军战于涿谷。[1] 宋军已成列,楚军尚未全部渡过泓水。宋右司马购强进言攻击,襄公说:"寡人闻君子曰:'不重伤,不擒二毛[发色斑白],不推人于险,不迫人于厄,不鼓不成列。'今楚未济而击之,害义。请使楚人毕涉成陈,而后鼓士进之。"右司马说:"君不爱宋民,腹心不完,特为义耳。"襄公斥使归伍,待楚军成阵后才交战,宋军人少,大败,襄公伤股,三日而死。《外储说左上》《史记·宋微子世家》另一个例子说明禅让只能行于古代——战国时燕王哙宠信其相子之,又受人唆使欲禅以王位[2],结果国内大乱,构难数月,死者数万,子之逃亡,燕王哙死于乱中。《二柄》《外储说右下》《史记·燕召公世家》

战国时的游说之士还有许多"邪说"对常人的观念产生了不当的影响。韩非指出,最基本的是他们对"圣""贤""仁""智""正""廉""忠""勇""杰""婘""愚""怯""陋""不肖"等词给予了不同的定义[3],

---

[1] 见《左传》僖二十二年(周襄王五十年,公元前638年)。
[2] 《史记·燕召公世家》记此事于周显王四十八年[公元前321年]。
[3] 例如《诡使》称:夫立名号所以为尊也,今有贱名轻实者,世谓之"高"。设爵位所以为贱贵基也,而简上不求见者,世谓之"贤"。威利所以行令也,而无利轻威者,世谓之"重"。法令所以为治也,而不从法令为私善者,世谓之"忠"。官爵所以劝民也,而好名义、不进仕者,世谓之"烈士"。刑罚所以擅威也,而轻法、不避刑戮死亡之罪者,世谓之"勇夫"……今下而听其上,上之所急也。而悖悫纯信、用心怯言,则谓之"婘"。守法固、听令审,则谓之"愚"。敬上畏罪,则谓之"怯"。言时节,行中适,则谓之"不肖"。无二心私学,听吏从教者,则谓之"陋"。难致谓之"正"。难予谓之"廉"。难禁谓之"齐"。有令不听从谓之"勇"。无利于上谓之"愿"。少欲宽惠行德谓之"仁"。重厚自尊谓之"长者"。私学成群谓之"师徒"。闲静安居谓之"有思"。损仁逐利谓之"疾"。险躁佻反复谓之"智"。先为人而后自为,类名号言,泛爱天下,谓之"圣"。言大本称而不可用,行而乖于世者,谓之"大人"。贱爵禄,不挠上者,谓之"杰"。

又进一步对许多人与传统意义相合或相悖的行为,给予了不同的评价[1],因而造成极大的混淆。

这种混淆,显然是韩非将当时许多人的想法与他认为正当的想法相比而展示出来的。为什么人们会有不当的想法?他认为不仅由于游说之士的荧惑,还因为当时的君主受了他们的欺蒙,失去了判断是非的能力,信其所说,给以爵禄,以致天下纷纷相从。韩非举例说,赵襄主用"身修、学博"之士二人为中大夫,予之田宅。"中牟之人弃其田耘,卖宅圃而随文学者,邑之半。"《外储说左上》此说似系夸辞,但是春秋战国时期弃农就学的人确实有之,因为当时传统贵族多腐化无能,执政者乃起用士子,如齐国稷下招徕各地游学之辈,时而达千有余人,皆予廪给,著名者开第康庄之衢,高门大屋,不治而议论。此外各国权贵如齐孟尝君、赵平原君、魏信陵君、楚春申君、秦吕不韦等也多养士,其中蛇龙混杂,但是以古讽今者不在少数。他们既受权威者尊崇,其说虽与常识有悖,人民往往附庸风雅,以致有上述各种错误之见,导致大乱,所以韩非说:"故世之所以不治者,非下之罪,上失其道也。"《诡使》

---

[1] 例如《八说》称:为故人行私谓之"不弃",以公财分施谓之"仁人",轻禄重身谓之"君子",枉法曲亲谓之"有行",弃官宠交谓之"有侠",离世遁上谓之"高傲",交争逆令谓之"刚材",行惠取众谓之"得民"。《六反》称:畏死远难,降北之民也,而世尊之曰"贵生之士";学道立方,离法之民也,而世尊之曰"文学之士";游居厚养,牟食之民也,而世尊之曰"有能之士";语曲牟知,伪诈之民也,而世尊之曰"辩智之士";行剑攻杀,暴憿之民也,而世尊之曰"磏勇之士";活贼匿奸,当死之民也,而世尊之曰"任誉之士"。此六民者,世之所誉也。赴险殉诚,死节之民,而世少之曰"失计之民"也;寡闻从令,全法之民也,而世少之曰"朴陋之民"也;力作而食,生利之民也,而世少之曰"寡能之民"也;嘉厚纯粹,整谷之民也,而世少之曰"愚戆之民"也;重命畏事,尊上之民也,而世少之曰"怯慑之民"也;挫贼遏奸,明上之民也,而世少之曰"谄谗之民"也。此六者,世之所毁也。奸伪无益之民六,而世誉之如彼;耕战有益之民六,而世毁之如此,此之谓"六反"。

庸 主

除了信用"邪说",当时国君们还有若干共同的过失,造成了国家的动乱。韩非用了许多篇章来陈明此点。他在《亡征》里列出四十七条可以使国家危亡的原因,其中二十七条是君主的过错。略加分析,包括有性格(柔茹寡断,好恶无决,愎谏好胜,轻为自信,浅薄易见,不能周密);个人行为(好宫室台榭,煎靡货财,务以仁义自饰,简侮大臣,听信亲近不加参验);内务(贱后妻而贵婢妾,卑太子而尊庶子);用人(用一人为门户而壅塞见闻,不以攻伐课试而好以名问举错,近谄妄而远正直,忽视大臣父兄之内党外援,听任羁旅侨士之上阅谋计下与民事);大政(见大利而不趋,闻祸端而不备,贵私行而贱公功,慕匹夫之孝,不顾社稷之利);外交(不料境内之资而易其敌,无礼而侮邻,贪愎而拙交,持交援而简近邦);国防(地不固,城郭恶,无畜积,财物寡,守战之备不足而轻攻伐);法制(好以智矫法,时以私杂公,法禁变易,号令数下,屡行不法,滥赏奸佞,杀戮无辜,自恃多能而不以法度从事,简法禁而务谋虑,喜淫刑而不周于法)。

其他许多篇也一再提到君主的过失,如《十过》所说大多与《亡征》所列相同或相近[1];《显学》指出他"兼听杂学",不知其矛盾,不辨其是非,已见前述;《五蠹》指出他"兼礼"思想行为与国家利害相悖之人。[2]

刁 民

因为君主有这么多过失,臣民自然会有其反应。先说一般人民。

---

[1]《十过》:一曰行小忠;二曰顾小利;三曰行僻自用,无礼诸侯;四曰不务听治而好五音;五曰贪愎喜利;六曰耽于女乐,不顾国政;七曰离内远游而忽于谏士;八曰过而不听于忠臣,而独行其意;九曰内不量力,外恃诸侯;十曰国小无礼,不用谏臣。

[2]《五蠹》:儒以文乱法,侠以武犯禁,而人主兼礼之,此所以乱也。

其中有的不屑君主所为而避世，见利不喜，虽厚赏无以劝之；临难不恐，虽严刑无以威之，是为"不令之民"，为数不多。《说疑》绝大多数的人民则因君主不辨是非，乃各图其私——"其学者，则称先王之道以籍仁义，盛容服而饰辩说，以疑当世之法，而贰人主之心；其言古者，为设诈称，借于外力，以成其私，而遗社稷之利；其带剑者，聚徒属，立节操，以显其名而犯五官之禁；其御[君主之仆役]者，积于私门，尽货赂，而用重人之谒，退汗马之劳；其商工之民，修治苦窳之器，聚弗靡之财，蓄积待时，而侔农夫之利"——所以韩非称之为"蠹"。因为这他们都受君主容忍甚至尊重，易于得利，而农事特别辛苦，所以人民都尽可能避农。《五蠹》

此外还有不少奸诈之民，利用君主好奇轻信的性格去蒙骗他。韩非说了很多故事，其中之一说燕王好微巧，一个卫国人说他能在棘刺的尖端雕刻母[猕]猴，燕王很高兴，就给以五乘之俸。有一天燕王说要看看刻成的猕猴，卫人说，"人主欲观之，必半岁不入宫，不饮酒食肉"，在"雨霁日出"之时，"视之晏阴之间"。燕王无法那么做，只好继续养着他。郑国有一个铁匠来见燕王说："臣为削者也。诸微物必以削削之，而所削必大于削。今棘刺之端不容削锋，王试观客之削，能与不能可知也。"燕王要看卫人的削刀，卫人就逃走了。《外储说左上》另一个故事说："齐宣王使人吹竽，必三百人。南郭处士请为王吹竽，宣王悦之，廪食以数百人[给以数百人的廪食]。宣王死，湣王立，好一一听之，处士逃。"《内储说上》这些故事当然可笑，但是当时欺蒙君主以谋私利的刁民大约为数确实不少。

奸　臣

其次说到官吏的反应，有的会对君主"强谏"，使"圣王皆不能忍"；有的忠心事君，"进善言，通道法，而不敢矜其善；有成功立事，而不敢伐其劳"。但是此二者皆极少《说疑》，其他的是许多奸臣，用了种种计谋取得君主的信赖，增加自己的利益，甚至夺取政权，劫弑君主。韩非说他们的奸术有八："同床""在旁""父兄""养殃""民萌""流行""威强""四方"。《八奸》〈1〉简而言之，就是利用各种行为、物事亲近君主，引诱他胡作非为；收买人民及游说之士为他们造势；培植私人武力以恐吓君民；重赂外国来支持他们的奸计。此外韩非又说"臣有五奸"〈2〉，造成许多结党危上的"比周之臣"和"谄谀之臣"《说疑》；"无令而擅为，亏法以利私，耗国以便家，力能得其君"的"重

〈1〉《八奸》：凡人臣之所道成奸者有八术：一曰"同床"。何谓同床？曰：贵夫人，爱孺子，便僻好色，此人主之所惑也。托于燕处之虞，乘醉饱之时，而求其所欲，此必听之术也。为人臣者内事之以金玉，使惑其主，此之谓"同床"。二曰"在旁"。何谓"在旁"？曰：优笑侏儒，左右近习，此人主未命而唯唯，未使而诺诺，先意承旨，观貌察色以先主心者。此皆俱进俱退，皆应皆对，一辞同轨以移主心者也。为人臣者内事之以金玉玩好，外为之行不法，使之化其主，此之谓"在旁"。三曰"父兄"。何谓"父兄"？曰：侧室公子，人主之所亲爱也；大臣廷吏，人主之所与度计也。此皆尽力毕议，人主之所必听也。为人臣者事公子侧室以音声子女，收大臣廷吏以辞言，处约言事，事成则进爵益禄，以劝其心使犯其主，此之谓"父兄"。四曰"养殃"。何谓"养殃"？曰：人主乐美宫室台池、好饰子女狗马以娱其心，此人主之殃也。为人臣者尽民力以美宫室台池，重赋敛以饰子女狗马，以娱其主而乱其心、从其所欲，而树私利其间，此谓"养殃"。五曰"民萌"。何谓"民萌"？曰：为人臣者散公财以说民人，行小惠以取百姓，使朝廷市井皆劝誉己，以塞其主而成其所欲，此之谓"民萌"。六曰"流行"。何谓"流行"？曰：人主者，固壅其言谈，希于听论议，易移以辩说。为人臣者求诸侯之辩士、养国中之能说者，使之以语其私，为巧文之言，流行之辞，示之以利势，惧之以患害，施属虚辞以坏其主，此之谓"流行"。七曰"威强"。何谓"威强"？曰：君人者，以群臣百姓为威强者也。群臣百姓之所善，则君善之；非群臣百姓之所善，则君不善之。为人臣者，聚带剑之客、养必死之士以彰其威，明为己者必利，不为己者必死，以恐其群臣百姓而行其私，此之谓"威强"。八曰"四方"。何谓"四方"？曰：君人者，国小则事大国，兵弱则畏强兵，大国之所索，小国必听，强兵之所加，弱兵必服。为人臣者，重赋敛，尽府库，虚其国以事大国，而用其威求诱其君；甚者举兵以聚边境而制敛于内，薄者数内大使以震其君，使之恐惧，此之谓"四方"。凡此八者，人臣之所以道成奸，世主所以壅劫，失其所有也，不可不察焉。
〈2〉《说疑》：人臣有五奸而主不知也。为人臣者，有侈用财货赂以取誉者，有务庆赏赐予以移众者，有务朋党徇智尊士以擅逞者，有务解免赦罪狱以事威者，有务奉下直曲、怪言、伟服、瑰称以眩民耳目者。

《韩非子》 | 357

人"或"当涂之人"《孤愤》；以及劫国弑君的"奸劫弑臣"。《奸劫弑臣》

为什么会有这么多的奸臣？因为如前所述"君臣利异"。韩非在这一点上举出了极多实例，如子产忠心为国，其父子国告诫他说："介异于人臣而独忠于主……汝已离于群臣……则必危汝身矣。非徒危己也，又且危父矣。"《外储说左下》又如魏、楚将战，战则必不两存。魏将宋石写信给楚将卫君说："此乃两主之事也。与子无有私怨，善者相避也。"《内储说下六微》因为在这种公私利害的冲突之中，君主掌握了随意生杀之权（如吴王夫差赐死伍子胥，越王勾践赐死大夫种），臣子为了自保，乃诉诸各种计谋。《说疑》篇举出齐国的田恒、宋国的子罕、燕国的子之等人，说他们"皆朋党比周以事其君，隐正道而行私曲，上逼君，下乱治，援外以挠内，亲下以谋上"，又举出齐国的竖刁、易牙等人，说他们"皆思小利而忘法义，进则掩蔽贤良以阴暗其主，退则挠乱百官而为祸难"。《内储说下》甚至说周文王给费仲财物，使他"游于纣之旁，令之间纣而乱其心"，又一再说奸臣往往为了一己之利而卖国，例如公叔相韩而善齐，引齐军入韩以劫其君；魏相白圭对韩相暴谴说："子以韩辅我于魏，我请以魏待子于韩，臣长用魏，子长用韩。"在这些人之中，最甚者莫如田恒、子罕与子之——田恒"请爵禄而行之群臣，下大斗斛而施于百姓"，终于由其后代田和篡夺了姜齐《二柄》《十过》《说林上》《外储说右上》《说疑》《难言》，子罕劝宋君行赏而自己行罚，进而杀君夺政；子之为了夺取燕王子哙之位，雇齐国使臣苏代、隐者潘寿去蛊惑子哙，使他禅让。《外储说右下》——其处心积虑与君主斗争至于此极！

恶 果

臣民各谋私利，罔顾公益；君主昏暗，不知禁止，结果如何？《五蠹》曾概括言之："法之所非，君之所取；吏之所诛，上之所养也。

法、趣、上、下，四相反也，而无所定。"《诡使》则描述出一番极其混乱的形象：

> 凡上所以治者刑罚也，今有私行义者尊。社稷之所以立者安静也，而噪险谗谀者任。四封之内所以听从者信与德也，而陂知倾覆者使。令之所以行、威之所以立者恭俭听上，而岩居非世者显。仓廪之所以实者，耕农之本务也，而綦组锦绣刻画为末作者富。名之所以成、城池之所以广者战士也，今死士之孤饥饿乞于道，而优笑酒徒之属乘车衣丝。赏禄所以尽民力易下死也，今战胜攻取之士劳而赏不沾，而卜筮视手理狐虫为顺辞于前者日赐。上握度量，所以擅生杀之柄也，今守度奉量之士，欲以忠婴上而不得见，巧言利辞行奸轨以倖偷世者数御。据法直言，名刑相当，循绳墨诛奸人，所以为上治也而愈疏远，谄施顺意从欲以危世者近习。悉租税，专民力，所以备难，充仓府也，而士卒之逃事状匿，附托有威之门以避徭赋，而上不得者万数。夫陈善田利宅所以战士卒也，而断头裂腹，播骨乎平原野者，无宅容身，身死田夺，而女妹有色、大臣左右无功者，择宅而受，择田而食。赏利一从上出，所以擅制下也，而战介之士不得职，而闲居之士尊显。上以此为教，名安得无卑，位安得无危。夫卑名危位者，必下之不从法令，有二心无私学，反逆世者也，而不禁其行，不破其群以散其党，又从而尊之，用事者过矣。上世之所以立廉耻者，所以属下也；今士大夫不羞污泥丑辱而宦，女妹私义之门不待次而宦。赏赐所以为重也，而战斗有功之士贫贱，而便辟优徒超级。名号诚信，所以通威也，而主掩障。近习女谒并行，百官主爵迁人，用事者过矣。大臣官人与下先谋比周，虽不法行，威利在下，则主卑而大臣重矣。

一个国家被庸主、奸臣、刁民败坏到这种地步,不落于衰亡者几希?韩非有鉴于此,发愤著述,将其因果指出,警惕世人。

去除乱说

仁 义

如何脱出此种乱世?当时无人不在思考这个问题。儒、墨主张行仁义,其理论被韩非讥为尘饭涂羹。他又说这些人道上古、誉先王,自称可以使人主成王霸之业,就像巫祝说可以使人"千秋万岁"《显学》,皆系虚妄之言。他还指出近世少数实行仁义的执政者,如徐偃王《五蠹》、宋襄公《外储说左上》,无不失败,遗害社稷,贻笑大方,已见前述。

此外有人仅就民生经济观点而说"上不爱民,赋敛常重,则用不足而下怨上,故天下大乱",以为"足其财用以加爱焉,虽轻刑罚可以治也"。韩非说不然,此前已经提到他说人之贫富主要由于其勤惰,他又指出:"夫富家之爱子,财货足用。财货足用则轻用,轻用则侈泰。亲爱之则不忍,不忍则骄恣。侈泰则家贫,骄恣则行暴。此虽财用足而爱厚,轻利之患也。"而且人心多不知足,"君人者虽足民,不能足使为天子……则虽足民,何可以为治也?故明主之治国也……使民以力得富,以事致贵,以过受罪,以功致赏而不念慈惠之赐。"《六反》

虚 辞

儒墨之外,当时的游说之士中有一些专门教人主如何用兵、制民、固君权、拓疆土之术,很受若干国君欢迎。其中讲究纵横捭阖以结与国御强敌者,特别引人注目,如公孙衍、苏秦、张仪,时而挂五六国相印,叱咤风云,但是韩非指出:"世人多不言国法而言从横。诸侯言从者曰从成必霸,而言横者曰横成必王。山东之言从横未尝一日而止也,然而功名不成,霸王不立者,虚言非所以成治也。"《忠孝》

处 势

此外另有一些说者教君主以威势、权术、法制为治,分别以慎到、申不害、商鞅为其代表。韩非基本上认同这些人的看法,但是认为他们各有所偏差不足。为了说明此点,他用许多篇幅陈述了一段虚拟的对话。首先他说慎到认为治理国家并不困难,只要掌握"势"就行。"势"是什么?慎到说:"飞龙乘云,腾蛇游雾。云罢,雾霁,而龙蛇与螾蚁同矣,则失其所乘也。"依照此说,"势"是一种事物或力量,可以支持人到一个特定地位,让他超越常人行使很大的权威。它是外在的,与人的才能无关。所以他接着说:"故贤人而诎于不肖者,则权轻位卑也;不肖而能服乎贤者,则权重位尊也……尧为匹夫不能治三人,而桀为天子,能乱天下……尧教于隶属而民不听,至于南面而王天下,令则行,禁则止。由此观之,贤智未足以服众,而势位足以诎贤者也。"《难势》

慎到这番话问题很多,有人反驳说势位虽然有用,但并非任何人都能善用,所以说:"夫有云雾之势而能乘游之者,龙蛇之材美也。……夫有盛云酽雾之势而不能乘游者,螾蚁之材薄也。"而且即使能用势,也未必能致治——尧之势无异于桀之势,"贤者用之则天下治,不肖者用之则天下乱……专言势之足以治天下者,则其智之所至者浅矣"。《难势》

然而又有人似乎为慎到作辩,说"势"有许多种类,其一指某种特定情况,如圣贤或暴虐之人掌握了统治权。该辩者称这种情况为"自然之势"（偶然发生的情况），例如"尧、舜生而在上位"，或者"桀、纣生而在上位"。在前一情况，"虽有十桀、纣，不能乱"，他称之为"势治"；在后一情况，"虽有十尧、舜，不能治"，他称之为"势乱"。尧舜、桀纣犹如"不可陷之楯与无不陷之矛"，不可能并存，因此也不必多论。至于一般的贤人也需要势，则不可否认，如果尧、舜不在上位，即使"户说而人辩之，不能治三家"。但是一定要"待贤"得势才能致治，亦非确论，因为尧、舜千世而一出，而世人"百日不食，以待粱肉，饿者不活。今待尧、舜之贤，乃治当世之民，是犹待粱肉而救饿之说也"。因此这位辩者说，"吾所为言势者，言人之所设也"，不是偶然的"自然之势"，而是一种常人可以有所作为的情况。他又进一步说："吾所以为言势者，中也。中者，上不及尧、舜，而下亦不为桀、纣。"这种统治者既非大贤，亦非大恶。他们所处之世既非太平，亦非大乱。假如他们能"抱法、处势"就可以致治去乱，不必等待贤者。所以求治无须等待尧、舜，犹如赶路不必等待像古代王良那样的驾御高手，只要"良马固车，五十里而一置，使中手御之，追速致远，可以及也，而千里可日致也"。最后，这位辩者指出，那些强调要待贤者得势而治，不然就会让恶人因势而乱的说法，就如说吃东西，"非饴、蜜也，必苦菜、亭历〔葶苈，味恶〕也"，乃是"两末之议"——趋于两个极端的议论。《难势》

这位为慎到辩护的人大约就是韩非。他在此除了区别"自然之势"与"人为之势"，还提出"中主"治国犹如"中手"御车的观念。什么是"中主"的"良马固车"？他说是"法"和"势"。这是他对慎到仅仅重"势"之说的一个补正。

用　术

除了"法"与"势"之外，传统的"法家"还讲究"术"，以申不害为代表。据韩非说,"术"是"人主之所以执"《说疑》,由他"藏之于胸中,以偶众端,而潜御群臣"《难三》,"因任而授官,循名而责实,操生杀之柄,课群臣之能"《定法》的一套手段。《内储说上七术》特别提到申不害教韩昭侯用"术",昭侯"佯亡一爪,求之甚急,左右因割其爪而效[献]之,昭侯以此察左右之不诚",他又使人出城巡视,回来时问见到了什么。使者说没有什么大事。他问看到什么小事。使者说:"南门之外,有黄犊食苗道左者。"他教使者不要泄露这些问答,然后下令说,前已有令,当禾苗生长时,不准牛马入田中,而违令者甚多,今令各地吏员将违令之事一一申报。于东、北、西三门外乡申报之后,他说"未尽也",令再查,才得南门黄犊。于是"吏以昭侯为明察,皆悚惧其所,而不敢为非"。韩非称这些术为"挟知而问"。他又提到许多国君曾用此"术",并且还在同一篇举出若干其他之"术",包括"诡使"(例如魏嗣公使人为客过关市,关吏苛难之,因事关吏以金,关吏乃舍之。嗣公谓关吏曰:"某时有客过而所,与汝金,而汝因遣之。"关吏乃大恐,而以嗣公为明察)、"倒言反是"(例如有相讼者,子产隔离两造而分别听之,然后倒其一造之言责之另一造,乃得实)。其他许多篇里也提到若干"术",例如《八经》篇内"立道"一节举出"参言以知其诚""论反以得阴奸""作斗以散朋党"等十余条;"起乱"一节提出控制大臣的"三节"(质其亲戚妻子,镇之以爵禄,固之以参伍责怒)。《八奸》内更具体地说:

> 明君之于内也,娱其色而不行其谒,不使私请。其于左右也,使其身必责其言,不使益辞。其于父兄大臣也,听其言也必使以罚任于后,不令妄举。其于观乐玩好也,必令之有所出,不使擅进不使擅退,群臣虞其意。其于德施也,纵禁财,发坟仓,利于民者,必出于君,不使人臣私其德。其于说议也,称誉者所善,毁疵者所恶,必实其能、察其过,不使群臣相为语。其于勇

力之士也,军旅之功无逾赏,邑斗之勇无赦罪,不使群臣行私财。其于诸侯之求索也,法则听之,不法则距之。

君臣利异,上下一日百战,在这种斗争中双方所用之术不可胜计,韩非知此,在再三申述若干"术"后,提出最重要的一点:君主用术必须隐秘。他指出,"人臣者窥觇其君心也,无须臾之休"《备内》,所以"……君见[显]其所欲,臣自将雕琢;……君见其意,臣将自表异。故曰去好去恶,臣乃见素"《主道》,"故明主之行制也天,其用人也鬼"《因情》,如此莫测高深,使群臣时时在悬疑惊恐之中,才可切实控制他们。要如此用术,必须有相当的机智和自制力。韩昭侯将决大事"未尝不独寝,恐梦言而使人知其谋也"《外储说右上》,这不是一般君主所能做到的。

定　法

有鉴于用术之不易,韩非提出了另一个办法使"中主"可以控制群臣。他先指出做事应该预定一个目标,不可盲目为之,犹如射箭,无的而妄发,"其端未尝不中秋毫"。君主应以"功用为的"来评断臣工的言行。《外储说左上》"功用"如何设定?他说要立"度"。"度"指度量事物的准则、规矩。他指出"巧匠目意中绳,然必先以规矩为度"。在国家而言这个规矩就是"法度"。"法"是商君特别强调的,已见前述。韩非也重法,认为有了法度君主便可"抱法处势"而治,不必太费心用术了。《有度》篇说:

> 夫人臣之侵其主也,如地形焉,即渐以往,使人主失端、东西易面而不自知。故先王立司南以端朝夕。故明主使其群臣不游意于法之外,不为惠于法之内,动无非法。法所以凌过游外私也,

严刑所以遂令惩下也。威不贷错，制不共门。威制共则众邪彰矣，法不信则君行危矣，刑不断则邪不胜矣。故曰：巧匠目意中绳，然必先以规矩为度；上智捷举中事，必以先王之法为比。故绳直而枉木斫，准夷而高科削，权衡县而重益轻，斗石设而多益少。故以法治国，举措而已矣。法不阿贵，绳不挠曲。法之所加，智者弗能辞，勇者弗敢争。刑过不避大臣，赏善不遗匹夫。故矫上之失，诘下之邪，治乱决缪，绌羡齐非，一民之轨，莫如法。属官威民，退淫殆，止诈伪，莫如刑。刑重则不敢以贵易贱，法审则上尊而不侵，上尊而不侵则主强，而守要，故先王贵之而传之。人主释法用私，则上下不别矣。

治世之道

势、术、法三者并用

如此说来，就治国而言，"势"是必要的，"法"与"术"孰重？在讨论法家三派的主张之后，就有人问："申不害、公孙鞅，此二家之言，孰急于国？"韩非回答说：

是不可程也。人不食，十日则死；大寒之隆，不衣亦死。谓之衣食孰急于人，则是不可一无也，皆养生之具也。今申不害言术，而公孙鞅为法。术者，因任而授官，循名而责实，操杀生之柄，课群臣之能者也，此人主之所执也。法者，宪令著于官府，刑罚必于民心，赏存乎慎法，而罚加乎奸令者也，此臣之所师也。君无术则弊于上，臣无法则乱于下，此不可一无，皆帝王之具也。

有人又问为什么不可以只有术而没有法，或只有法而没有术。韩非回答说：

> 申不害，韩昭侯之佐也。韩者，晋之别国也。晋之故法未息，而韩之新法又生；先君之令未收，而后君之令又下。申不害不擅其法，不一其宪令则奸多，故利在故法前令则道之，利在新法后令则道之，利在故新相反，前后相勃，则申不害虽十使昭侯用术，而奸臣犹有所谲其辞矣。故托万乘之劲韩，七十年而不至于霸王者，虽用术于上，法不勤饰于官之患也。公孙鞅之治秦也，设告相坐而责其实，连什伍而同其罪，赏厚而信，刑重而必，是以其民用力劳而不休，逐敌危而不却，故其国富而兵强，然而无术以知奸，则以其富强也资人臣而已矣。及孝公、商君死，惠王即位，秦法未败也，而张仪以秦殉韩、魏。惠王死，武王即位，甘茂以秦殉周。武王死，昭襄王即位，穰侯越韩、魏而东攻齐，五年而秦不益尺土之地，乃成其陶邑之封。应侯攻韩八年，成其汝南之封。自是以来，诸用秦者皆应、穰之类也。故战胜则大臣尊，益地则私封立，主无术以知奸也。商君虽十饰其法，人臣反用其资。故乘强秦之资，数十年而不至于帝王者，法不勤饰于官，主无术于上之患也。《定法》

这番谈话说明了韩非对"势""术""法"的见解。简而言之，他认为三者各有利弊，为了治国，缺一不可，因此以前的重势、重术、重法之说皆属偏颇。他主张三者并重，适当地同时运用，才是有效的救世之道。

立法行法

韩非主张"势""术""法"并用以救世，并进而实现其理想，然而对于"势"所述不多；对于"术"虽然反复申论，并未列举所有之"术"，更没有说出一套简易且必然有效的用"术"之道；对于"法"则有许多重要的见解，应该进一步加以讨论。

立法者及其目的

首先说立法者。韩非认为法应由圣人"审于是非之实，察于治乱之情"而制定。"是非""治乱"都是极其复杂的问题，非一般人所能明晓。为了说明此点，他做了一个比喻："民智之不可用，犹婴儿之心也。夫婴儿不剔首则腹痛，不副痤则浸益，剔首副痤，必一人抱之，慈母治之，然犹啼呼不止。婴儿不知犯其所小苦，致其所大利也……昔禹决江浚河，而民聚瓦石；子产开亩树桑，郑人谤訾。禹利天下，子产存郑，皆以受谤。夫民智之不足用亦明矣。"《显学》民智既不可用，只有靠圣人的独特之见来立法，所以他说："民愚而不知乱，上懦而不能更，是治之失也。"人主应该"明能知治，严必行之。故虽拂于民心，立其治"《南面》，又说"圣人为法国者，必逆于世，而顺于道德"《奸劫弑臣》。

圣人有立法之责，而所立之法"必逆于世"，那么立法的目的是什么？韩非曾说"圣人之治民，度于本，不从其欲，期于利民而已"《心度》，又说圣人立法是为了"救群生之乱，去天下之祸，使强不陵弱，众不暴寡，耆老得遂，幼孤得长，边境不侵，君臣相亲，父子相保，而无死亡系虏之患"《奸劫弑臣》，这些话都很空泛。他又一再说"上古竞于道德（仁义），中古逐于智谋，当今争于气力"《五蠹》《八说》，"国多力而天下莫之能侵也"《饬令》，"力多则人朝，力寡则朝于人"《显学》，可见他认为国家求生存，图发展，便是为政之"本"；使人民免于外侮，便是民之大"利"，这应该是治国的大目标。为了此一目标，他主张要国富兵强。富强要靠人民尽力于田畴，效命于疆场。他知道二者皆是辛苦危险之事，人民都想逃避，但是"战士怠于行阵者，则兵弱也；农夫惰于田者，则国贫也。兵弱于敌，国贫于内，而不亡者，未之有也"《外储说左上》。所以他说政府不能顺从民之所欲，而要一方面以利禄引诱兵农，一方面以刑罚禁止商工游食之民。这种做法虽然"逆于世"，但是终究可以"利民"，因此如何设定利禄、刑罚，应该是立法之目的。

然而韩非又说，圣人立法虽然会"逆于世""拂于民心"，但是需"顺于道德"，所以"道德"应该是立法终极的依归吗？他在此所说的"道德"不是儒墨所说的仁义，因为他认定它们不足以治理"大争之世"。他对这个问题没有直接的答案，但是在仔细探讨他所说的法的种种特性和施行方法之后，可以看出一些端倪。

法的特性

法有若干特性。第一，它与常人所说的仁义不同，不是一种主观规范，而是一种客观的准则。商君将它比作绳墨、规矩、权衡、斗石、尺寸等度量的工具，韩非同意此一看法，说："巧匠目意中绳，然必先以规矩为度；上智捷举中事，必以先王之法为比。故绳直而枉木斫，准夷而高科削，权衡悬而重益轻，斗石设而多益少。故以法治国，举措而已矣。"《有度》

第二，韩非又将法比作"椎锻""榜檠"，说："椎锻者所以平不夷也，榜檠者所以矫不直也。圣人之为法也，所以平不夷、矫不直也。"《外储说右下》可见他认为法的功能不像权衡、斗石等一样仅在于静态、消极的度量，而且要做动态、积极的纠正（"椎锻""榜檠"都是极为强劲的工具，其改变对象性质、形状的力量很大），这是他独特的见解。

第三，平不夷，矫不直，已是事后之举。刑法应重视事前的警阻。

韩非说:"禁奸之法,太上禁其心,其次禁其言,其次禁其事。"《说疑》心思被禁,便不敢言其计,更不致行其事了。

第四,法为一般人民而立,人民睿智者少,蠢愚者多,所以法应该明白易知。韩非说:"为众人法,而以上智之所难知,则民无从识之矣。"《五蠹》不仅此也,一般统治者也未必多智,所以他说"立法……所以使庸主能止盗跖也"。《守道》绳墨、尺寸等都是简单易用的,立法也应如此,使"庸(平庸)主"可以确切掌握。

第五,法不仅应简明,而且对于所规范之事应有详细、确切的界定,以免用法者揣测、探究,而生错误。韩非说:"书约[简]而弟子辩,法省而民萌讼。是以圣人之书必著论,明主之法必详事。尽思虑,揣得失,智者之所难也;无思无虑,絜前言而责后功,愚者之所易地。明主虑愚者之所易,以责智者之所难。"《八说》

第六,要使君民知而行之,法应该固定有常。韩非说"法莫如固,使民知之"《五蠹》,"治大国而数变法,则民苦之。是以有道之君贵虚静而重变法。故曰治大国者若烹小鲜"《解老》,"法禁变易,号令数下者,可亡也"《亡征》。为了说明此点,他做了一个比喻:"镜执清而无事,美恶从而比焉;衡执正而无事,轻重从而载焉。夫摇镜则不得为明,摇衡则不得为正,法之谓也。"《饰邪》又引用了一句俗语:"家有常业,虽饥[遭遇饥荒]不饿。国有常法,虽危不亡。"《饰邪》然后归结说:"法已定矣,不以善言害法。"《饬令》

第七,为求确切固定,法令一定要成文,而且要明显地公布。韩非说:"法者编著之图籍,设之于官府,而布之于百姓者也……故法莫如显。"《难三》

第八,法是治世之具,而世情时变,所以法不可僵化。韩非说:"安国之法,若饥而食,寒而衣,不令而自然也。先王寄理于竹帛[据理而立法],其道顺,故后世服。"《安危》"故治民无常,唯治为法。法与时转则治,治与世宜则有功。故民朴而禁之以名则治,世知维之以刑则从。时移而治不易者乱……故圣人之治民，法与时移。"《心度》又说："不知治者，必曰'无变古，毋易常'……然则古之无变，常之毋易，在常、古之可与不可……民愚而不知乱，上懦而不能更，是治之失也。"《南面》

第九，法令应互相融合，无论新旧，不可矛盾冲突。韩非用了一个比喻说延陵卓子驭马，"钩饰在前，错锲在后。马欲进则钩饰禁之，欲退则错锲贯之，马因旁出。造父过而为之泣涕曰：'古之治人亦然矣。夫赏，所以劝之，而毁存焉；罚，所以禁之，而誉加焉。民中立而不知所由，此亦圣人之所为泣也'"。《外储说右下》

第十，法不可立标过高，强求人所不能或难能。韩非说"人主立难为而罪不及，则私怨生。人臣失所长而奉难给，则伏怨结"，所以"明主立可为之赏，设可避之罚，其教易知……其法易为"《用人》。

第十一，法的规定不可能绝对有利无害，立法只能求功而不求全。韩非指出："法所以制事，事所以名功也。法立而有难，权其难而事成则立之；事成而有害，权其害而功多则为之。无难之法，无害之功，天下无有也。是以拔千丈之都，败十万之众，死伤者军之乘［半］，甲兵折挫，士卒死伤，而贺战胜得地者，出其小害计其大利也。夫沐者有弃发，除者伤血肉，为人见其难，因释其业，是无术之士也。先圣有言曰：规有摩，而水有波，我欲更之，无奈之何！此通权之言也。"《八说》

第十二，法令应比其他规范享有较高的地位。商君曾说"明主治国，言不中法者不听，行不中法者不为"，韩非更进一步说："故明主之国无书简［诗、书］之文，以法为教；无先王之语，以吏为师……是以境内之民，其言谈者必轨于法……超五帝，侔三王者，必此法也。"《五蠹》

从以上所述数点可以看出，韩非认为"法"自有一套内在的准则，合之者为良法，不合者为恶法或缺误之法。这套准则可以说是"法"应该依顺的"道德"，与寻常所称的仁、义等外在的准则不同。

法与赏罚

为什么法可以享有比其他规范更高的地位？因为它能够比较有效地取得预期的结果。事实上任何一种规范无不望其有效，因而都设定了一些奖励和禁止以及实际施行劝惩的办法，例如道德多靠师长的教化，习俗多靠社团成员的支持，但是成效都很有限。法令的施行则赖政府的威势，以具体的赏罚出之，产生了强大的驱策力。韩非举了一个实例说："今有不才之子，父母怒之弗为改，乡人谯之弗为动，师长教之弗为变。夫以父母之爱、乡人之行、师长之智，三美加焉，而终不动其胫毛。州部之吏，操官兵，推公法，而求索奸人，然后恐惧，变其节，易其行矣。"《五蠹》所以他说："慈母之于弱子也，爱不可为前，然而弱子有僻行，使之随师；有恶病，使之事医。不随师则陷于刑，不事医则疑于死。慈母虽爱，无益于振刑救死，则存子者非爱也……母不能以爱存家，君安能以爱持国？"《八说》因此他强调赏罚（尤其是罚）是使法令比其他规范有效的主要因素。

关于赏罚，韩非有许多看法。首先说为什么赏罚有用。他曾说："凡治天下，必因人情。人情者有好恶，故赏罚可用。赏罚可用则禁令可立，而治道具矣。"《八经》他也承认赏罚的效力并非绝对，因为有的人像许由那样不受禅让，也有人像盗跖那样不畏诛罚，是所谓"天下太上之士，不可以赏劝也，天下太下之士，不可以刑禁也"。但是那样的人极少，绝大多数的人都畏诛罚而利庆赏，所以他说："为太上士不设赏，为太下士不设刑，则治国用民之道失矣。"《忠孝》

其次，韩非讨论了法令里应该有怎样的赏罚。常人都说，赏罚的轻重应该与所受之人的行为功过大小相当。他也曾一再说"功当事，事当言，则赏"，否则即诛。《主道》《难二》《二柄》又说"杀必当"《备内》，"赏罚当符"。《用人》但是他所谓的"当"是指"应当"，而不是"相当"，所以他说："凡治之大者，非谓其赏罚之当也。赏无功之人，罚不辜之民，非所谓明也。"他强调的是"赏有功，罚有罪，而不失其人"《说疑》，特别是对于该罚的行为，无论其轻重、多少，一概加刑。为了说明此理他举了一例：齐景公问晏子市场货物贵贱。晏子回答说"踊贵而屦贱"。因为是时景公之刑繁，受刖者多。听了晏子之说，景公乃减损受刑行为之数及半。韩非以为此举不妥，说"刑当[该罚]无多，不当无少"。《难二》换句话说，赏罚与功罪应当有确切的关系，无功不赏，有罪必罚。

至于如何赏、如何罚，则是另一个问题。如果赏罚由法令定之，则"赏莫如厚而信，使民利之；罚莫如重而必，使民畏之"《五蠹》。事实上以法定赏的情况较少，以法定罚的情况较多，因为二者相比，罚比赏省费而有效。韩非举了一例说鲁人烧积泽而引起大火，将烧至王宫，鲁哀公亲自带领人民往救，但是没有人跟从，而许多人去追捕逃火之兽。孔子说救火险而无赏，逐兽乐而无罚，所以人民不从。目前事急，不及赏，而且对救火者一概给赏，则国财不足，请徒行罚，于是下令：不救火者比降北之罪；逐兽者比入禁之罪。令下未遍，而火已救矣。《内储说上》

"降北""入禁"都应受重刑，可见重刑可驱民。但是有人会问："重刑伤民。轻刑可以止奸，何必于重哉？"韩非驳道：

> 此不察于治者也。夫以重止者，未必以轻止也；以轻止者，必以重止矣。是以上设重刑者而奸尽止，奸尽止则此奚伤于民也？所谓重刑者，奸之所利者细，而上之所加焉者大也；民不以小利蒙大罪，故奸必止者也。所谓轻刑者，奸之所利者大，上之所加焉者小也；民慕其利而傲其罪，故奸不止也。故先圣有谚曰："不踬于山，而踬于垤。"山者大，故人顺之；垤微小，故人易之也。今轻刑罚，民必易之。犯而不诛，是驱国而弃之也；犯而诛之，是为民设陷也。是故轻罪者，民之垤

也。是以轻罪之为民道也，非乱国也，则设民陷也，此则可谓伤民矣！《六反》

"不蹞于山而蹞于垤"，是韩非主张轻罪重刑的理论基础。此外他还有一套特殊的说辞："夫重刑者，非为罪人也。明主之法，揆[杀]也。治贼，非治所揆也；治所揆也者，是治死人也。刑盗，非治所刑也；治所刑也者，是治胥靡也。故曰重一奸之罪而止境内之邪，此所以为治也。重罚者，盗贼也；而悼惧者，良民也；欲治者奚疑于重刑！"《六反》他的意思是：重刑不是为已经犯罪的人而设。处死一个杀人者[贼]，并不是为了惩治他个人，因为他已将被杀而成一个死人，不必惩治了；将一个窃盗处以奴役，也不是为了惩治他个人，因为他即将成为一个奴隶，奴隶不是人而只是物，人可以随意处置它，无所谓治与不治。惩罚罪行之目的在于警告未犯罪之人，使他们不犯罪。诚然，用法令规定重刑，有何不可？为了说明此理他又举了一例：殷之法，弃灰于公道者，断其手。子贡说："弃灰之罪轻，斩手之罚重，古人何太毅[狠]也？"孔子说："无弃灰，所易也；斩手，所恶也。行所易，不关[犯]所恶，古人以为易，故行之。"此外韩非又称赞商君说："公孙鞅之法也，重轻罪。重罪者，人之所难犯也，而小过者，人之所易去也。使人去其所易，无离[罹]其所难，此治之道。夫小过不生，大罪不至，是人无罪而乱不生也。"《内储说上》

总之，韩非认为法令犹如"椎锻""榜檠"，是用来锤击、曲屈人民，使其就范之具，而赏罚是实际用来产生此一后果的办法，其目的不在奖、惩于事后，而在鼓励、遏阻于事前。为此目的，立法应该设定厚赏重罚，但是因为赏耗费国财，所以主要应用刑，而且愈重愈好。商君主张轻罪重刑，以刑去刑，韩非显然完全同意，所以说："禁奸之法，太上禁其心，其次禁其言，其次禁其事。"《说疑》

行　法

立法应设定"赏、罚",行法则应注意如何实施赏罚。赏罚可以影响人的行为,所以韩非称它们为人主控制臣民的"二柄":"明主之所道制其臣者,二柄而已矣。二柄者刑德也。何谓刑德?曰杀戮之谓刑,庆赏之谓德。为人臣者,畏诛罚而利庆赏,故人主自用其刑德,则群臣畏其威而归其利矣。"《二柄》但是人主如何用此"二柄"来行法,殊非易事。韩非提出了许多应注意之处。首先如前所述,应将法与势、术并用,以下所列诸点也多与势、术相关。

第一,行法之权,尤其是使用赏罚之威势,应该完全掌控在君主之手。韩非称此为"二柄",又将它们比作虎的爪牙,说"使虎释其爪牙而使狗用之,则虎反服于狗矣"。他又称赏罚为"利器","君操之以制臣,臣待之以壅主。故君先见所赏[表示有意奖赏什么],则臣鬻之以为德[奸臣透露此意以卖好于人];君先见所罚,则臣鬻之以为威。故曰国之利器不可以示人"《内储说下六微》《喻老》。他又举了几个实例:其一说齐国田常"上请爵禄而行之群臣,下大斗斛而施于百姓,此简公失德而田常用之也,故简公见弑"《二柄》。其二说"子罕谓宋君曰:夫庆赏赐予者,民之所喜也,君自行之;杀戮刑罚者,民之所恶也,臣请当之。于是宋君失刑而子罕用之,故宋君见劫"《二柄》《外储说右下》。其三说鲁国用民工筑长沟,子路为县令,以自己的秩粟为浆饭,置于大道以供民食。孔子闻之,使子贡往覆其饭,击毁其器。子路去向孔子抗议,说他"所学于夫子者,仁义也⋯⋯其不可,何也?"孔子说:"女之餐之,为爱之也。夫礼,天子爱天下,诸侯爱境内⋯⋯过其所爱曰侵。今鲁君有民,而子擅爱之,是子侵也。"言未卒,而国相季孙使者至,责怪孔子说:"肥也起民而使之,先生使弟子令徒役而餐之,将夺肥之民邪?"孔子就被迫离开了鲁国。《外储说右上》

第二,行法者应遵循条文而不用个人之智能。韩非指出:"巧匠目意中绳,然必先以规矩为度。上智捷举中事,必以先王之法为比。"为什么?因为人的智能有限,尤其在君主而言,"上用目则下饰观,上用耳则下饰声,上用虑则下饰辞"《有度》,极难周全。解决之道是用法。法是客观、确定、易用的准则,"悬衡而知平,设规而知圆,万全之道也"《饰邪》。所以他说明主治国"不游意于法之外,不为惠于法之内,动无非法"《有度》。又进一步说:

> 古之全大体者:望天地,观江海,因山谷,日月所照,四时所行,云布风动;不以智累心,不以私累己;寄治乱于法术,托是非于赏罚,属轻重于权衡;不逆天理,不伤情性;不吹毛而求小疵,不洗垢而察难知;不引绳之外,不推绳之内;不急法之外,不缓法之内;守成理,因自然;祸福生乎道法而不出乎爱恶,荣辱之责在乎己,而不在乎人。《大体》

第三,行法者应该充分掌握被衡量之事物,否则结果不免偏颇。但是他的知能有限,所以韩非说人主要"以一国目视,以一国耳听"《定法》,办法是令人告奸,规定"告过者免罪受赏,失奸者必诛连罚"《制分》,于是"使天下不得不为己视,使天下不得不为己听。故身在深宫之中,而明照四海之内,而天下弗能蔽、弗能欺"《劫奸弑臣》。

第四,行法者得到了充分的信息之后应该仔细去"听"。韩非说:"听言之道,溶若甚醉,唇乎齿乎,吾不为始乎……彼自离之,吾因以知之……参之以比物,伍之以合虚。"《扬权》意思是听者不以己意干扰,任由言者自陈其说,显出其是否合乎情理。除了"听"之外行法者还要"察",其方法为"参伍"。"参"是将许多事物掺杂在一起,"伍"是将它们排列成伍,然后加以观察,将事情物理的真相分析出来,是所谓"众端参观"。其后还要"比",将事物与既定的标准,特别是法,来作比较,以厘定是非、功过,是所谓"循名责实"。

第五，是非、功过既定，行法者便应决定赏罚。倘若法令已有明白规定，自应遵行，不然则须另行裁断，其原则在使是者、有功者得赏，非者、有过者受罚。犯此原则，或至于滥赏，使"战介之士不得职"，而"女妹有色""左右近习者"得"日赐"《诡使》；或至于滥刑，使"罪生甲，祸归乙"《用人》，甚至"妄杀"《八说》。因为"用赏过者失民，用刑过者民不畏"，犯了这种"过"，会使"有赏不足以劝，有刑不足以禁"《饰邪》，得赏者自知其为徼幸，所以不会因而努力；受刑者怨恨其为无辜，所以不会悔改。

第六，为了行法而用罚，应该用重刑以止轻罪，已见前文。至于给赏，韩非主张绝不宜多，即使是极微细之赏，也不可无故轻赐。为此他举了两个他认为妥当之例，其一说韩昭侯有一条敝裤，藏着不肯赐给左右小臣，声称"吾必待有功者"。《内储说上》其二说秦国大饥，应侯请昭襄王发王室五苑之蔬果以活民。昭襄王说："吾秦法，使民有功而受赏，有罪而受诛。今发五苑之蔬草者，使民有功与无功俱赏也……此乱之道也。夫发五苑而乱，不如弃枣蔬而治……夫生而乱，不如死而治。"《外储说右下》

第七，行法应公平齐一。韩非指出自古以来，"犯法为逆以成大奸者，未尝不从尊贵之臣也，而法令之所以备，刑罚之所以诛，常于卑贱。是以其民绝望，无所告愬"。他认为应该改正，使"法不阿贵，绳不挠曲。法之所加，智者弗能辞，勇者弗敢争。刑过不避大臣，赏善不遗匹夫"《有度》。他用了一个事例来说明此点：晋文公行猎，下令从者以日中为期，后期者以军法用事。其爱臣颠颉后期，文公挥泪由吏斩颠颉之脊，百姓乃大惧，相顾而说："君于颠颉之贵重如彼也，而君犹行法焉，况于我则何有矣！"于是法大行，晋乃称霸。《外储说右上》

第八，行法应"必"。如果立法规定应该如何，行法者不认真要求，人们便存侥幸之心，蔑视法令，任意妄为，结果不仅犹如无法，而且使立法、行法者皆失威信，造成动乱，所以韩非一再强调行法要必赏、必诛。《奸劫弑臣》《饰邪》为此他举了几个事例：其一，董阏于为赵上地守，见山中深涧，两壁如墙，深百仞。附近居民说从来没有人或犬马猪牛曾进入此涧而能生还。董阏于听后说："吾能治矣，使吾法之无赦，犹入涧之必死也，则人莫之敢犯也，何为不治？"其二，"荆南之地，丽水之中生金。人多窃采金。采金之禁，得而辄辜磔于市甚众，壅离〔迤，塞〕其水也，而人窃金不止。夫罪莫重辜磔于市，犹不止者，不必得也。故今有于此曰：'予汝天下而杀汝身。'庸人不为也。夫有天下，大利也，犹不为者，知必死。故不必得也，则虽辜磔，窃金不止；知必死，虽予之天下，不为也。"《内储说上》其三，说卫国一个奴隶逃到魏国，魏后用以为医。卫嗣君使人至魏以五十金买他，去了五次魏王皆不允。卫嗣君提议用卫国一个名为左氏的都城给魏作为交易。卫国群臣皆以为不可。卫嗣君说："非子之所知也。夫治无小而乱无大，法不立而诛不必，虽有十左氏无益也；法立而诛必，虽失十左氏无害也。"《内储说上》

第九，行法要"忍"。什么是"忍"？韩非将它与"仁"相比，指刚毅果断不为情绪所乱。他说："古者有谚曰：'为政犹沐也，虽有弃发必为之'。爱弃发之费，而忘长发之利，不知权者也。夫弹痤者痛，饮药者苦。为苦急之故不弹痤、饮药，则身不活，病不已矣"。《六反》又说："今家人之治产也，相忍以饥寒，相强以劳苦。虽犯军旅之难，饥馑之患，温衣美食者，必是家也；相怜以衣食，相惠以佚乐，天饥岁荒，嫁妻卖子者，必是家也。故法之为道，前苦而长利；仁之为道，偷乐而后穷。圣人权其轻重，出其大利，故用法之相忍，而弃仁之相怜也。"《六反》此外他又用了一个故事来说明。卜皮对魏惠王说人们多认为他慈惠，惠王很高兴地问慈惠可以有怎样的结果。卜皮说会导致亡国。惠王惊讶地问为什么。卜皮说："夫慈者不忍，而惠者好予也。不忍者不诛有过，好予者则不待有功而赏。有过不罪，无功受赏，虽亡不可乎？"《内储说上》又韩非自己也说："不忍诛罚则暴乱者不止……不亡何待？"《奸劫弑臣》然后指出"忍"与此相反，对于犯罪者断然加刑，不予宽恕。有人说古时"司寇行刑，君为之不举乐；闻死刑之报，君为流涕"，韩非说："夫垂泣不欲刑者仁也，然而不可不刑者法也。先王胜其法不听其泣，则仁之不可以为治亦明矣。"《五蠹》他又说："凡奸者，行久而成积，积成而力多，力多而能杀，故明君早绝之。"人主不忍诛杀罪臣，必将反害己身，如晋厉公三日而夷三卿，不忍复诛同罪之人。长鱼矫说："今不忍之，彼将忍公"，公不听，三月后诸卿作难，杀厉公而分其地。《外储说左下》又如田常阴谋篡夺，齐简公未能及早处罚禁阻，姜齐终于被田齐所代。《外储说右上》

第十，用赏罚行法之人必须对其目的有清楚的认识。依照韩非的理论，法与其他规范不同，其目的在于维护国家安宁，促进其富强。至于是否能够改善个人的德行，乃其余事。然而当时谈论规范的儒、墨二家，有许多相悖的主张，皆与法之宗旨有异。他指出："儒以文乱法［儒家称先王之仁义非议法制］，侠以武犯禁［墨者以侠义之行违背禁令］，而人主兼礼之，此所以乱也。"他又举了两个实例来说明。其一说楚国有个正直的人，其父窃羊，他告发于吏，楚令尹以为此人"直于君而屈于父"，是为不孝，就下令将他处死。其二说鲁国有一个人，三次从君作战，三次败逃。孔子问他为什么如此。他说"吾有老父，身死莫之养"。孔子以他为孝，不仅不加处罚，还"举而上之"。后果是"令尹诛而楚奸不上闻，仲尼赏而鲁民易降北"。因此他得出一个结论："以是观之，夫父之孝子，君之背臣也。"诚然，公私所求，原多相悖，执政者不顾国家大利迁就私人小德，乃是致乱主因。此前提到《诡使》里所列应赏应罚之人及事，与实际受赏罚之人及事，往往相悖，便在显示当时执政者对于法之目的认识不清，所用赏罚造成混乱，"法、趣、上、下，四相反，而无所定"。韩非说在此情形，"虽有十黄帝，不能治也！"

法治之极

执政者如能适当立法、行法,便可使国家成为一个"至治之国",世界进入一个"至安之世"。依照韩非的描绘:

> 至治之国,有赏罚,而无喜怒,故圣人极有刑法,而死无螫毒,故奸人服。发矢中的,赏罚当符……则君高枕而臣乐业,道蔽天地,德极万世矣。《用人》
>
> 至安之世,法如朝露,纯朴不散;心无结怨,口无烦言。故车马不疲弊于远路,旌旗不乱于大泽,万民不失命于寇戎,雄骏不创寿于旗幢;豪杰不著名于图书,不录功于盘盂,记年之牒空虚。《大体》

这两段的大意是,如果执政者将国家的法令,订立得像朝露一般明白清楚,使人民知所趋避;行法时不用私意去破坏法之纯朴,自然就简易无失。在得赏受罚之人而言,因为自知应该如此,就不觉得侥幸或感到不平,于是百姓各事本业,不必奔走竞争,乃无寇戎之祸;豪杰不必舍命于疆场,乃无功绩可言;君臣上下安宁无事,共享太平,史册上没有什么可以记录。

这种理想的境界是先秦诸子共同向往的。至于如何达到,儒、墨都强调用一套合乎情理的准则(仁、义)教化所有的人。道家主张只要人们都遵循一套自然的规律(道、德)就可以无为而自治。"仁""义"是从人际关系里发展出来的规范,要旨在推己及人。"道""德"则不然。《韩非子·解老》篇说:"道者,万物之所然也,万理之所稽也。理者,成物之文也;道者万物之所以成也……万事兴废焉,天得之以高,地得之以藏……日月得之以恒其光……四时得之以御其变气……万物得之以死,得之以生;万事得之以败,得之以成。"简而言之,一切事物之所以然（生、死、成、败）都各有其"理"，这些"理"的总和就是"道"，"道"是一套自然定律。至于"德"，该篇里说："德者，道之功……仁者，德之光……义者，仁之事也……礼者，义之文也。"其意大概是："德"是"道"表现出来的一部分，"仁"是"德"光辉的一面，"义"是"仁"在人事上的表现，"礼"是"义"的一种文饰。由此可见"德"只是"道"的一些表象，"道"才是最基本的原则，此一原则不是人为而是自然的。"自然"的一切都有一个特质——无所谓是非、善恶，不涉及喜怒、爱憎。韩非论法，虽然强调它应该确立一套是非、善恶，指出一个价值导向，但是他显然以为在法令制定之后，可以将它看作尺寸、权衡，不涉情感地加以施行，就如适用自然律一样。有了这样的了解，再来看此前提到的一个问题——圣人立法、行法，"必逆于世情，而顺于道德"——就可以回答了：此处所谓"道德"，不是常人所想的"仁义"，而是一种"必然之理"，是"物理"之律，适用者不必有所爱憎，得益或受害者也不会感到喜怒。以韩非的话说："今成功者必赏，赏者不德君，力之所致也；有罪者必诛，诛者不怨上，罪之所生也。民知赏罚之皆起于身也。"《难三》所以韩非的"至治之国""至安之世"，几乎是一个道家的理想境界。了解了他所论之法，实"归本于黄老"，对于他所说的法犹如自然律，立法、行法之道应顺乎"道德"而无涉于情感，便可明白了。

贡献和问题

乱　因

先秦诸子无不为去乱反治立说，但对乱因之认定各有不同。韩非指出人口增长、人性自私及社会价值的纷歧诸点，诚有所见。关于人口,的确,古来的战乱,多数由于人口增长、资源不足。关于人性,他指出了一项生理的基础,较孟子、荀子所说为切实。但是他认为人性完全自私自利,而且各人之利害必然互相冲突,显然与事实不符。社会之所以存在,就是因为人们有许多共同的利害,因而能分工合作。固然,有些人的利害是相异的,所以社会需要一套大体一致的价值观念,作为其发展的依据。当时有许多人提出不同的观念,举其大者,有的还向往传统的依靠仁义所维持的秩序,有的主张用国家权势来重建一种新秩序,有的认为一切人为的秩序皆弊多益少。执政者不知如何在此诸说中做一选择,导致人民无所适从,确实是一大乱因。

反　治

如何去乱反治?先秦诸子也各有所见。儒、墨倡"仁爱",老、庄言"道德",慎到主"势",申不害主"术",商鞅主"法"。韩非讥仁爱为尘饭涂羹,说"仁"者施与贫困,"爱"者哀怜百姓。施与贫困是使无功得赏,哀怜百姓是使有罪不罚,不仅无益,甚且有害,引起祸乱。至于"道德"一说,韩非似颇赞成,但与老、庄之说实不尽同。二者最大的差别在于,庄子要人们了解束缚他们的规范制度皆系"伪圣"所创,并无绝对价值,所以在认清此点之后,可以恍然回归自然,重复自由,假如人际仍有差异,也无关紧要,可以"上如标枝,民如野鹿",各别自得其乐。老子也要人们回归自然,但不是放任他们自己回去,而是由圣人用许多方法诱导他们跟他走,先走到一个中途站——寡民小国——该处仍有政治权威,随时准备用"无名之朴"去镇压"欲作"之人,所以人民虽然"乐其俗",但并非真正自由。韩非的"至治之国"系由圣人据"势"、用"术"、行"法"而建成,其过程与老子的圣人所为近似。他写了《解老》《喻老》二篇,以说明其妙旨,然而他自己的理想殊为不及,虽然将"法"比作自然律,但其施行结果极不自然。

术、势、法

慎到、申不害、商鞅之说各有阙误。韩非分别批评之后强调三者并重，可以说是对"法家"的理论做了一番整合。他很重视"术"，但是它须因应外在情况而变化无穷，无法列述，所以一再强调一些用术的原则，包括周密如鬼神。

对于"势"他说得较多，十分强调它的重要："势重者，人君之渊也……故曰鱼不可脱于渊。"《喻老》但更重要的是，此点涉及一个基本问题——权势的必要、功能和实际行使的效果——所以他假借了几个人之口反复辩说。当时执政者所掌之"势"大多来自世袭或篡夺，但根究其源，实由社会需要而生。庄子想象在原始的世界里，人们可以自食其力，实际上人的能力极为微弱，而其欲求甚为繁多，必须在人群之中分工合作从事生产，并合理地分配生产所得，才能生存。荀子说"势位齐而欲恶同，物不能澹则必争，争则必乱"，"势齐则不一，众齐则不使"，因而在此求生的过程里，不得不有领导者与随从者之分，前者行使权势，后者服从权势。由此可知，依据事理权势乃属必要，所谓"尧为匹夫不能正三家"，诚非虚语。其次就其功能而言，权势乃"器械"，可以帮助人制作、处理各种事物。它没有自己的属性，只有良窳，无所谓善恶。它的效果完全由使用者决定，可以为善，也可以为恶。所以说"贤者用之则天下治，不肖者用之则天下乱"。这一点常引起争议。中国谚语说"有权必滥"，西方也有类似的说法[1]，但是都没有提出证据支持其结论。然而韩非所说是一原则，并且也非无据。孟子说古时中国不适合人们居处生活，由尧、

---

[1] 英国19世纪的 Lord John Dealberg-Acton 曾说："Power tends to corrupt, and absolute power corrupts absolutely." ("Letter to Bishop Mandell Creighton, April 5, 1887", collected in J. N. Figgins and R.V. Laurence, ed. *Historical Essays and Studies*, [London: Macmillian, 1907])。

舜、禹、益、后稷、契、皋陶等辛勤率民治水力田，加以教养；韩非说他们有"臣虏之劳"而"受监门之养"。诸语虽然未必尽实，但是没有说他们如何滥权，大约不是故为隐晦。此外还有一些掌权而不滥之例，如子产、管仲，皆被孔子赞为仁人，后世的贤相、循吏也不在少数，所以"必滥"之说只是观察一些事实而生的感慨，用来断然一概而论，有失偏颇。

韩非最重视的是"法"，说只要有适当的法，"中主"也可用来治国。因此他对"法"说得很多，引起的问题也很多。兹择其要者陈述数点于下。

第一，关于法之由来。韩非说"法"是"圣人"制定的，但是没有说这种人如何产生。庄子根本不信人为之法可以为善，当然没有追究立法圣人之由来。孔子说人能好学、反省，便可近圣。孟子说人性本善，只要反求诸己，皆可以为尧、舜。荀子强调勤学、苦修，人皆可以为禹。墨子相信天志爱人，能够服膺天志者便是圣贤。老子说圣人"不出户知天下，不窥牖见天道"，可见是天生的。韩非的圣人，不知如何得来，也只能说是天生的。他说这种圣人"千世一出"《显学》，十分难得；他又说人事变动不已，"法"应该随时转变。圣人固然可以见常人所未见，但是一时之圣也只能见到当前及稍后之事，所以用"上古""中古""近古"的先圣之法于后世，必为"新圣笑"《五蠹》。既然一时之圣不能尽知将来之变，如何能预先为之——立法？若须新圣为之，世变频仍，人们要到何处、用什么方法去找到那么多新圣即时出来应急？

第二，关于法之依据。法是人为了处理人际事务而制定的，人有情绪，有思想，有意志，与物不同，所以人事十分复杂，与物理不同，处理人事的人为法与描述物理的自然法有异。在极简单的层次上，人也遵循自然法，例如饥而需食，寒而需衣，但是对于要什么食、什么衣，怎样获取等稍进一步的问题，就有无数不同的答案。寻找一个较易被接受的答案,务必要以这种基本需求为依据。韩非说圣人为法者"必逆于世"。的确,时势不断变化,一般人未必都知道如何应付,而有远见之人提出的建议不一定被大众接受。但是如果其法"拂于民心",他所依据的是什么?韩非说是求利避害、自私自利的"人情"。然而人情不可能完全自私自利,因为有些利害是众人共享的,为了寻求这种利、排除这种害,人们必须分工合作。要使人能分工合作,除了先对共同的利害有共同的认识,人们还须有同情心,能推己及人,能相互体谅、容忍、信赖、尊重,己立立人,己达达人,甚至舍己为人。这些心态、意愿以及因之而生的行为,就是儒、墨所说的仁义等的立身处世之道。社会依据此道建立起来,也要靠它才能继续存在、发展。抹杀了它们,而只注意个人利害,以计算之心相待,结果不仅使人难于分工合作,而且必将不夺不餍。立法、行法应依此为据吗?

第三,关于法的性质和功能。法家谈法,多将它比作规矩、斗衡等用来度量的工具。此一说法的问题是,那些工具都只能用于固定而易于量化的事物,而涉及人的事情,往往因为有情绪、意志等因素的介入,使之变得复杂不定,难以用死板的工具去度量。更重要的是,这些工具本出于人们一时之意,并非必须如此或应当如此。换句话说,它们没有物理上的"必然性"(如"日月不得不明"),也很少人情上的"当然性"(如"杀人者死,伤人及盗抵罪")。它们之所以被广泛使用,只因约定俗成。在这一点上法与它们相似——它完全没有必然性,虽然某些法似乎有一些当然性,但是为数极少,绝大多数都要靠外在的人类实际生活的经验,来决定其当否。这些经验大多已经提炼出来,成为传统的规范,包括仁、义、信、恕等等,因此成了判断法是否正当的基准。韩非抹杀了它们,武断地独尊少数人所定之法,实为不妥。而且法本来是为纠正、防止侵损社会安宁秩序而立,其内涵自始就很狭小。韩非说"夫悬衡而知平,设规而知圆,万全之道也"《饰邪》,未免夸张。他又说仁义等不足用而且有害,要用法取代那些规范,来处理一切人事,更是偏激。

韩非又将法比作椎锻、榜檠,其功用不仅在于度量,更可用来"平不夷,矫不直"。的确,法令可以有若干强制性的规定,问题在于什么是"不夷""不直",先要有一个标准来判断。由权威所定之法既不能自证其正当,便不能先用来判断其他事物的是非,又用来加以纠正。是所谓自行其是,难为情理认可。

第四,关于法之施行。儒、墨皆主张施行规范之道首在教化。韩非袭商君之说,也讲行法之前要使人们知法。但是他们只要法吏告诉人民法令如何规定,不必讲解其所据的人情、事理,甚至自身的逻辑。这种教育对于法之施行当然很少帮助,然而法家并不在乎,因为他们认为人民一则不足以知道法之深义,二则也不必知道,只要单纯地服从即可。为了使他们服从,韩非附和商君主张尽早发现不服从的行为甚至这种行为的倾向,以便扼止于未萌。具体的办法是规定人民告奸。这一办法会引起许多可以预期的恶果,已经一再析述于前,然而韩非未予理会。

在"奸"被揭发之后,如何依法定罪?韩非说司法者应严格遵守条文,不用私意出入。在法有明文的情形下,诚然应该如此。但是在许多情形下法令并不明确,或者事实上有若干因素使得机械地适用法条的结果变得不合情理,所以孟子说"徒法不能自行"。那么该怎么办?荀子说"不知法之义而正法之数者,虽博,临事必乱","故法而不议,则法之所不至者必废"。怎么来"议法"?在比较简单的情形中,只须分析法之文义,或进而探究立法的旨意。在法条明显"不至者"的情形下,后世认为如系刑事则应遵从"法所不禁者不罚"的原则;中国传统将影响社会安宁秩序之事大致分为二类,轻微者由民间依习俗、情理解决,重大者由政府依法处断。因为人情万变,法令有限,对于虽无明文禁止,而同类之事已有禁令者,允许司法者"比附援引"，而说明其理。这是比较深入的"议法"，做此工作的人必须深知人情事理、高远的社会理想以及与之相关的各种其他规范。荀子称他们为"君子"，是"法之原"，说"故有君子，则法虽省，足以遍矣；无君子，则法虽具，失先后之施，不能应事之变，足以乱矣"。韩非显然没有接受他老师的智慧，而将法看作死板的度量工具，一味强调机械地适用，大约只是为了投时君之所好，才这么说吧。

事发之前如何预防，事发之后如何处分？韩非说只要用赏以引诱、刑以惩罚。但如荀子所说，以赏诱人，乃是"佣徒鬻卖之道"，走这条路的人见到别处有更多的赏便豁然而去。至于罚，最重的不过于死。老子指出人到了觉得生无可恋之时，便不畏死，奈何以死惧之？韩非未加讨论。

以上说的是关于韩非论法的一些问题。此外他的理论中还有两点需要检讨。其一有关他的理想世界，其二有关它的实现。

理想世界

说起社会国家的理想，当然应该指全体成员的愿景而言。韩非说国家应求富强。在他所谓的"大争之世"，要免于灭亡，邦国自当力图富强。但是韩非没有像商君那样提出任何富国强兵的实际政策和法令，也没有像荀子那样要求一国"上下俱富"。他甚至反对救济困苦之人，说人之贫穷乃侈、惰所致，政府"征敛于富人，以布施贫家，是夺力俭而与侈惰也"《显学》。所以他称赞秦王拒绝发五苑之蔬果以救灾民。再者，他所说的富强不是为了国防，而是用以并吞他国，所以他只要求人民竭力于田畴，效命于疆场，结果农民、兵士能分享到的富强之利甚为有限。这一点在《诡使》《五蠹》等篇里已一再说明。《初见秦》篇里称："今天下之府库不盈，囷仓空虚，悉其士民，张军数十百万……白刃在前，斧锧在后……出其父母怀衽之中，生未尝见寇耳。闻战，顿足徒裼，犯白刃，蹈炉炭，断死于前。"⁽¹⁾这绝不可能是秦国人民共同的愿望。《六反》篇说"法之为道，前苦而长利"，所以圣人"权轻重，用法之忍"，令人民平时克苦节俭使国富强。但是秦国富强之后不断对外侵略，久战之后，"甲兵顿，士民病，蓄积索，田畴荒，困窭虚"《初见秦》，而"战胜则大臣尊，益地则私封立"《定法》，可见国家富强，未必是一般人民之福。韩非更明白地说："君上之于民也，有难则用其死，安平则尽其力……君以无爱利，求民之死力而令行。明主知之，故不养恩爱之心，而增威严之势。"《六反》

社会理想应该还涉及许多方面，至少有人们的精神生活和人际关系两点，其重要性不言而喻。精神生活包括对于知识的追寻、对美的欣赏与对善的感受等等。这些就是所谓"文化"，是人们用来对粗糙、原始的，仅仅为了满足生理需求的生活方式加以优美化、合情化、合理化而努力的成果。韩非对于这些全不在意，甚至有意抹杀，将倡导它们的人称为"五蠹"。以求知一事而言，他说"明主之国，无书简之文，以法为教；无先王之语，以吏为师"。他甚至将法家之作也包括在内，说当时"境内之民皆言治，藏商、管之法者，家有之，而国愈贫"《五蠹》。当然，假如所藏者只是商鞅、管仲所订的法令，似乎不能作为人们的精神食粮，因为法令之目的甚为狭窄，只在维持秩序，不足以论其他，连法令自身的基础（政治、经济、人情、事理等等）也不见于条文，吏以之为教，自然也不可能说明涉及"法之义"的问题（例如为什么要订定某一条法令），只能机械地解释法令的文字，说不上"教化"。因此在他的理想国里，人们精神生活中求知的部分是十分贫乏的，至于求美求善，因为他要求人们竭力于农战，互相告奸，当然就更谈不上了。

人生在世最重要的对外关系一是对万物，一是对他人，二者都会

⟨1⟩ 此篇非韩非所著，但所述诸点显然与当时情况相近。

《韩非子》 | 387

影响自己的生活和生存。现在只谈人际的关系，其中最明显的是亲友、邻右、君民之间的互动。韩非指出，人性自私，公私异利，人人以计算之心相待。大体而言，这些观察并非无据，但是他没有说应该如何改变这种在他认为显然是有问题的现象（如宣扬推己及人之理、知足自制之智），反而利用它来作为他的理论基础，说明人之自利、相侵为正常，甚至正当。最严重的是他过分强调国家社会的秩序，严禁破坏它的人与事，主张人人相互监视，告奸者得赏，失察者连坐，因而使得人际丧失互信，猜忌中伤，无所不为。这种情况在君臣之间尤其特出，上下相处，一日百战，犹如毒蛇猛兽之于沼泽丛林。对于这种现象他不仅不以为非，而用了无数篇幅，教君主如何用势、术、法来制服臣民。此外，他还提出了一种绝对君权的观念，并用了一个故事加以说明：

> 费仲说纣曰："西伯昌贤，百姓悦之，诸侯附焉，不可不诛，不诛必为殷患。"纣曰："子言义主[你所说的是仁义之君主]，何可诛？"费仲曰："冠虽穿弊，必戴于头；履虽五采，必践之于地。今西伯昌，人臣也，修义而人向之，卒为天下患，其必昌乎！……非可不诛也。且主而诛臣，焉有过？"纣曰："夫仁义者，上所以劝下也。今昌好仁义，诛之不可。"三说不用，故亡。
> 《外储说左下》

君主无论如何腐败，都应该盘踞国家社会的顶端，将人民践踏于脚下，这是极端的人治，所以韩非强调的"抱法"而治，其实只是"以法"而治。此外，他又从"冠""履"的观念引申出"臣事君，子事父，妻事夫，三者顺则天下治，三者逆则天下乱，此天下之常道也，明王贤臣而弗易也"《忠孝》之说，将君权扩张至父与夫，成了后世所谓"三纲"的张本。依照此说，权威者专横在上，其他人或是辣惧乎下，或者以奸计图谋私利，相互之间无法信赖、亲爱而充满了紧张、斗争的气氛，他所说的"法如朝露、纯朴不散"、"有赏罚而无喜怒……君高枕而臣乐业"的状况，犹如海市蜃楼、镜花水月。如此的"至治之国""至安之世"，是人们所期望的吗？

理想的实现

关于其理想世界，韩非自己提出了一个难题：谁去实现它？他认为当时的执政者，包括各国君主和大臣皆不足以担负此一重任，因为虽然他们掌握了权势，但一则因大多是旧贵族，居于深宫巨宅，与世情隔阂，不知恰当地处理新发生的事情，二则因其利害往往相悖，君主无不独尊专制，而往往暗昧无能，不能控制群臣；臣工则无不想取得更多的权利，大多在暗中求贿贪污，使"府库空虚于上，百姓贫饿于下"，而得以"中饱"。《外储说右下》其甚者更各别或互相联合起来，用种种计谋诈欺、控制、篡代国君，是所谓"奸、劫、弑"之臣。韩非又称此辈为"重人""当涂之臣"。这些君臣原属鄙陋，当然不可能一起来实现什么理想。当时国君无论贤、不肖，都被认定是一国之主，因而新起的士人皆需依靠他们，借他们之力来夺取"重人"的权势，所以韩非一再警告人君对重人不可宽恕，要用其能而责其功，绝不容许他们比周成党，要像驯鸟者那样"断其下翎"《外储说右上》，使他们不能自行有所作为，而不得不依赖君主以得利禄。但要除去重人很是不易，因为他们犹如"社鼠"［筑穴于国家神庙地基下的野鼠］。韩非说齐桓公问管仲"治国最奚患？"管仲说："最患社鼠……君亦见夫为社者乎？树木而涂之，鼠穿其间，掘穴托其中。熏之则恐焚木，灌之则恐涂弛，此社鼠之所以不得也。今人君之左右，出则为势重而收利于民，入则比周而蔽恶于君，日间主之情以告外。外内为重，诸臣百吏以为富。吏不诛则乱法，诛之则君不安，据而有之，此亦国之社鼠也"。《外储说右上》

韩非又引用了一个故事将"重人"比作猛犬:"宋人有酤酒者,升概甚平,遇客甚谨,为酒甚美,县帜甚高,然而不售,酒酸。怪其故,问其所知闾长者杨倩。倩曰:'汝狗猛耶?'曰:'狗猛,则酒何故而不售?'曰:'人畏焉。或令孺子怀钱挈壶瓮而往酤,而狗迓而龁之。此酒所以酸而不售也。'夫国亦有狗。有道之士,怀其术而欲以明万乘之主,大臣为猛狗,迎而龁之,此人主之所以蔽胁,而有道之士所以不用也。"《外储说右上》

将"重人"比作社鼠,说明他们善于藏匿在君主、贵族的庇护之下,难以去除,因而能长期作恶自利,但是似乎还不至于立即使国家崩溃。将他们比作猛犬吓跑了"有道之士",使君主得不到良佐,对于国家的危害便更大了,因为"有道之士"才是实现理想世界所需之人。

什么是"有道之士"?他们大约都不是大贵族,而是新起的"士人",但与一般"诗、书游说之士"不同,是特别有理想的少数人。韩非说他们"知道理","肯问知而听能"。《解老》所谓"道理"指万事万物之理,当然包括治国之道。这种人能"远见而明察",所以也称为"智术之士"。他们坚守道法,"刚毅而劲直",所以又称为"能法之士"。《孤愤》他们的志向在"效度数之言,上明主法,下困奸臣,以尊主安国",所以又称为"有术者"《劫奸弑臣》、"贤者"《才度》、"法术之士"《人主》。韩非的理想世界之实现,就靠这些非常之人。他说他们如能入仕,就会尽心尽力,为君主效忠,"北面委质,无有二心。朝廷不敢辞贱,军旅不敢辞难。顺上之为,从主之法,虚心以待令,而无是非也。故有口不以私言,有目不以私视……譬之若手,上以修头,下以修足,清暖寒热,不得不救入;镆铘傅体,不敢弗搏"《有度》。他举了皋陶、伊尹、管仲、范蠡等人为例,说他们"皆夙兴夜寐,卑身贱体,竦心白意……以事其君,进善言,通道法,而不敢矜其善;有成功立事,而不敢伐其劳。不难破家以便国,杀身以安主。以其主为高天泰山之尊,而以其身为壑谷釜洧之卑"《说疑》。

"有道之士"为什么会这么做？韩非用了一段他与堂溪公之间假设的对话来说明：

> 堂溪公谓韩子曰："臣闻服礼辞让，全之术也；修行退智，遂之道也。今先生立法术，设度数，臣窃以为危于身而殆于躯。何以效之？所闻先生术曰：楚不用吴起而削乱，秦行商君而富强，二子之言已当矣，然而吴起支解而商君车裂者，不逢世遇主之患也。逢遇不可必也，患祸不可斥也，夫舍乎全遂之道而肆乎危殆之行，窃为先生无取焉。"韩子曰："臣明先生之言矣。夫治天下之柄，齐民萌之度，甚未易处也。然所以废先王之教，而行贱臣之所取者，窃以为立法术，设度数，所以利民萌便众庶之道也。故不惮乱主暗上之患祸，而必思以齐民萌之资利者，仁智之行也。惮乱主暗上之患祸，而避乎死亡之害，知明夫身而不见民萌之资利者，贪鄙之为也。臣不忍向贪鄙之为，不敢伤仁智之行。先生有幸臣之意，然有大伤臣之实。"《问田》[1]

韩非欲"立法术，设度数，所以利民萌便众庶"，自系"法术之士"。但是其他以"法术"求售之辈似乎并非如此，其著者如商君视人民如畜牲，而欲弱之、辱之，驱之于农战。及其失势，还企图驱使无辜的商邑兵民侵郑以救其个人权位。所以韩非之志非常人所能及，而且其情背乎他的人性自利之说，因此他可以说是出世之异类。

可惜像韩非这样志行高尚的非常之人不仅极少，而且大多不能实现其理想，主要因为他们必定会遭遇两重困难：一是难以说服一般执政的君主。为此韩非写了《难言》《说难》二篇。他在《难言》中指

---

[1] 按堂溪公为韩昭侯（公元前363—前333年）时人，较韩非之时为早，且文内称韩非为韩子，似系其后学所作。

出"度量虽正,未必听也;义理虽全,未必用也",并且举了伊尹说商汤一事说:"汤至圣也,伊尹至智也。夫至智说至圣,然且七十说而不受,身执鼎俎为庖宰,昵近习亲,而汤乃仅知其贤而用之。"此外他还提到许多不幸的人,如傅说、孙膑、吴起等,"皆世之仁贤忠良有道术之士也,不幸而遇悖乱暗惑之主而死"。在《说难》中他教导人如何说服执政者:第一要知分寸,"强以其所不能为,止以其所不能已,如此者身危"。其次要"知所说［被说者］之心","彼有私急也,必以公义示而强之;其意有下也,然而不能已,说者因为之饰其美,而少其不为也;其心有高也,而实不能及,说者为之举其过而见其恶,而多其不行也……欲内相存之言,则必以美名明之,而微见其合于私利也;欲陈危害之事,则显其毁诽,而微见其合于私患也"。简而言之,人主都有其私心［私下的欲恶爱憎］,不愿被人发现。说者如能暗中知悉,不予揭露,表面上公正地称赞其爱欲者,批评其憎恶者,使人主藉以得逞,而不觉得被说者摆布,就会对说者感激,而加以信赖。等到"旷日弥久,而周泽既渥,深计而不疑,引争而不罪,则明割利害以致其功,直指是非以饰其身,以此相持,此说之成也"。所以说者之术,先在顺人主之意以取得其宠,然后才进以箴言。这种委屈求售的做法,即使法术之士不以为耻,恐怕不是洁身自好之人所屑为。更重要的是人主之信赖难以确保,一旦被毁,法术之士便可能失势丧生。韩非一再提到的吴起、大夫种等人的悲惨下场便是实例。

法术之士的第二个困难是"重人"的阻挠。韩非指出,所有的法术之士皆因"明察""劲直",以"烛重人之阴情","矫重人之奸行","故智术、能法之士用,则贵重之臣必在绳之外矣。是智法之士与当涂之人,不可两存之仇也"《孤愤》。不幸的是二者相争,当涂之臣有"五胜之资",而法术之士处"五不胜之势"。"五胜之资"指重人与人主亲近,长久以来相处成习,养成了共同的嗜好。他们占有贵重的职位,又结党比周相互援引。"五不胜"指法术之士与人主关系疏远,没有共同的习惯、嗜好。他们本无重要的职位,也没有朋党的支援,"以疏远与近爱信争""以新旅与习故争""以反主意与同好争""以轻贱与贵重争""以一口与一国争",而"将以法术之言,矫人主阿辟之心,是与人主相反也","是明法术而逆主上者,不僇于吏诛,必死于私剑"。《孤愤》

所以要实现韩非的理想,不仅要有法术之士,还要有能起用他们的君主。他称这种君主为"明君""明主"。与一般的统治者相比他有若干特出之处。此前已提到他应该知道如何乘"势",用"术",行"法",特别是用术要周密如鬼神,说"有道之主,不求清洁之吏,而务必知之术"《八说》,"明主者不恃其不我叛也,恃吾不可叛也;不恃其不我欺也,恃吾不可欺也"《外储说左下》。这样的君主当然不是守成的"中主",如果他要进一步求胜于"大争之世",他还要能够起用法术之士。为此,他首先要能知人。战国之时,世袭的贵族大臣还掌握着很大的权势,但是大多抱残守缺,没有远见和知识来应付当时社会、经济、军事、政治的急剧变化,而且还继续互相斗争。新兴的士族虽多人才,但是出身微贱,不可能在现有的体系里逐步上升至统治阶层。人主要有独特之智才能在众庶之中察见其才其志,这绝不是"中主"所能做的事。

人主得知贤人之后要能排除他人的非议而加重用。韩非说尧知舜贤,欲传位于他,鲧与共工反对,尧杀了他们,于是天下没有人再敢反对。对于此事韩非评曰:"不以其所疑败其所察则难也。"《外储说右上》既用之后,应加信任,不可另作计较。为此他又举了一例:卫嗣公以薄疑贤,欲授为上卿,薄疑说他母亲很器重他,但是他凡有建言,他母亲必定再与她所信赖的蔡妪商量,才作决定。接着他说:"今疑之于人主也,非子母之亲也,而人主皆有蔡妪,必其重人也。"《外储说右上》重人之利害与他有异,则卫嗣公不必用他的政策,所以他不愿受职。

最重要的一点是人主需知自制。有独特之智而起用法术之士的明君,可以排除众议,但可能不免自以为是而加以干扰。韩非强调人主虽有智能，却不宜自用。因为"矜而好能，下之所欺"《扬权》，所以说"人主之道静退以为宝。不自操事"，要"有智而不以虑……观臣下之所因……是故去智而有明，去贤而有功……使智者尽其虑，而君因以断事，故君不穷于智。贤者效其材，君因而任之，故君不穷于能。有功则君有其贤，有过则臣任其罪，故君不穷于名"，"故曰：寂乎其无位而处，漻乎莫得其所，明君无为于上，群臣竦惧乎下"《主道》。

总之，要实现韩非的理想，既要有法术之士，又要有明君。他很明白此点，说古之王天下霸诸侯者，皆"非专君之力也，又非专臣之力也"《难二》，而是君臣合作的成果，如汤之得伊尹，齐桓公之得管仲。《劫奸弑臣》但这些都是旷世奇遇，不是一般中主及一般士人所能期望的，他们只能在寻常之时，"抱法处世"而求治，然而韩非所处的是"大争之世"，如何能找到明君和法术之士，并且使他们相辅相成来实现他的理想？这是一个无可逃避的问题，但是韩非没有提出一个答案。

后世可能婉惜韩非怀才不遇，所以在《韩非子》内羼入了他与堂溪公的一段对话，但是他于韩王安六年［秦王嬴政十四年，公元前233年］为韩使秦，说秦伐赵、魏、齐、楚，而存韩。《存韩》可见他之所为虽然明为秦谋，实有私计，并非纯粹的"利民萌，便众庶"的"仁智之行"。秦王虽因其说支持专制极权，有助于统治秦国、征服天下，而爱其才，但是不免存疑，所以未予即用。旋因李斯指出其说之弊，并联合重人姚贾加害，将他毒死狱中。对他个人而言固然是一悲剧，但是对于此一后果他早已预见而明知故犯，虽不能说是求仁得仁，但也不能说是出其意外。可悲的是他的主张导致了政治权威的集中以及人际关系的冷酷。前者造成了此后中国政治上的集权专制；后者使人们为求自保，难以合作，社会乃如一盘散沙。如果他在九泉有知，不知有何感想。

结　语

此前八章的工作着重在将"八典"及其相关资料分析归纳,找出其理路,组合成为"八哲"各别的政法理论,可以说是以他们的立场写的。八章之末各加了"贡献和问题"一节,指出诸说最为显著的若干特点和阙佚,只是我的管见,并未擅加伸展。最后我将"八典"众端参观,发现"八哲"都生逢乱世,都想拨乱反治,但因情势轻重、问题大小前后有异,所以提出了不同的对策。我认为人类一直被若干基本问题困扰,而"八典"提供了一些答案,所以将自己的理解陈述于上,但恐失于烦琐,现在再提纲挈领地说一次,虽不负重复,但是一则希望乞正于大方,二则希望能引起较多的人对于"八哲"的思想深入研究、发明,使之合乎时宜,有助于今后个人自立而互助,社会富庶而文明,国家茁壮而和睦,文化稳健而日新。

*** ***

自古至今一直困挠人们的基本问题是:人应该怎么生存?人有若干生理和心理的需求,哪些必须满足,哪些可以限制,应该如何分别处理,在此过程中个人和团体各该做些什么,应当如何自立、相处,走到尽头将是一个怎样的境界,有无到达的可能?如果生活不很顺遂,便会引发一个直接的问题:什么是当前的困难?它因何而起?该怎样排除?先秦诸子都曾思考过这些问题。"八哲"前后相隔数百年,其间情势多变，因其不同的知识、经验、感受、智慧、意志和希望，得到了相近或相异的答案。

*** ***

孔子之时周初所建的规范、制度已经式微，但是还没有被完全废弃。《论语》里可以看出他很清楚其优劣。他首先肯定了人们长期努力而发展出来的各种物质和精神文化的价值，尤其称许周代的"礼"和阶层性的政治体系，认为是促进个人优良行为的规范和维护社会妥善秩序的制度；其次他指出后世之乱乃是人们僭越这种规范、破坏这种制度的结果，使它们失去了实质意义，徒存形式。由此他想竭力将那些规范和制度刮垢磨光，予以重建，声称如果能得用于世，他的目标不是创造一个虚玄的仙境，而是"为东周"——重建一个像周公所立的井然有序、和祥安宁的国家社会。

孔子知道那些规范和制度并非出于自然，需要学习才能了解并遵行，所以他强调教育，认为人性可塑，可以学得孝、悌、忠、信等规范，接受各有本分的阶级制度。但是他又有一种深切的看法，认为规范不限于约束行为，而应善化情性，使人消极地己所不欲勿施于人，积极地己立立人，己达达人；制度不止于区别等级，而应厘定本分，使君臣父子、治理国务的君子、从事农工的小人，各任其职，各负其责。

然而规范有高下之分，孔子为之排列了一个等级，但是承认在特殊的情况下人们可以有不同的做法，如伯夷、柳下惠、令尹子文等皆特立独行，不循俗礼；管仲虽不知礼，但是尊王攘夷，使中国之人免于披发左衽，皆受孔子称许。他自己对付不知礼的孺悲、霸而且狡的阳货的做法，皆属不"直"，他主张父子之间应该互相容隐，更非一般人认为的正直之举。为什么他有这样的言行？因为他见到事理的许多层次，洞彻表里，乃可不拘一见，甚至"无可无不可"，认为只要大德不逾闲，小德可以出入。这一点也表现在他对制度的看法上，认为制度有良窳之别，可以改变——季氏窃制，八佾舞于庭，虽不可忍，但因系小节，所以他并未公开责难；三桓制鲁则是大事，所以他要堕三都；公山弗扰、佛肸谋叛，他都准备应召，想借此改革制度，实现其理想，所以他会大行不顾细谨，甚至知其不可而为之，用心可谓良苦。

他的这些看法和做法常人不易了解（特别是规范、制度皆可因人、因时、因地而变异），因而不免疑惑，甚至加以批评、讥讽。他没有反驳，也没有气馁，而继续努力从事教育，希望培育出能适当辨别规范高下、制度良窳的"君子"，由他们以身作则来领导一般的人，走一条既可使个人立身处世保持其本分权义，发挥其才能，又可以使国家社会和谐富足，寻求共同理想之路。但是他没有将它说成平直的驰道，因为他知道此路十分漫长，途中有许多障碍。他也没有教人另寻蹊径，因为他知道小道会引向歧途，落入更大的困境。这种周详的思考和慎重的态度使他不妄言其不知（"怪力乱神""天""命"），对其所知则陈其要旨，不夸不佞，所以其理论不偏不倚，情理兼顾，乃能普遍被人接受，成为中华文化之主干，数千年来影响了中国人的思想和行为，后人称之为"大圣""素王"，诚非虚誉。

*** ***

墨子去孔子不远，初习儒道，见到了它的许多缺点，其中最重要的是不知世乱之主因在于原始之时"一人一义"，没有共同的是非善恶观念。这只是一个假设，他没有提出任何证明，就说夏、商、周三代之始皆曾厘定这些观念，但是因没有果决维持，历时稍久即行混淆，所以他说止乱之术在于如何"一统天下之义"，他想出的具体办法是由一个"圣人"出来迫使天下之人接受他所认定的观念。为此，"圣人"需先建立一套指挥体制，将他的信徒布置于各阶层，领导民众逐步"尚同"于他,并且鼓励告密以得悉民众的言行而让他得以迅速做出奖惩,防止分歧再生。其次,"圣人"要将他所定的观念宣传成为"天志",说"天"爱民,会用鬼神来使之实现。然而当时的人们已对鬼神怀疑,而相信宿命,所以《墨子》有《非命》篇,竭力攻击此说。此外当时还有若干邪说愚行,如罔顾现实的高论,矫揉造作的礼仪,浪费破家,纵欲伤身,等等,确实是不少权贵及"小人儒"所为,孔子已有批评,墨子则更感不屑,痛加驳斥,认为应"究言"以三标,"考行"以功用。这是他对推理和求证方法的贡献。他主张非战、节用,禁止厚葬、久丧,都合乎这些原则,但是他强调凡言行"加费而不加民利者",皆不可为,以至于"非乐",乃是不当地扩张了此一原则。他又认为损人莫非为了利己,是另一个乱源,所以提倡"兼爱",希望能人人"爱人若爱其身,视人之室若其室,视人之国若其国",果能如此则不相攻,不相乱,盗贼无有,君臣父子皆能孝慈,天下乃可大治。

这些法有的确实是对于时弊的针砭,但是有的不免过分或不及,与严格的推理、求证方法不合,如"增产""节用"只顾到改善物质生活,"非乐"抹杀了精神需求;有的不切实际,如"兼爱"忽视了人际自然的亲疏关系,不免也流于虚言;"天志"虽称爱民,但是难以捉摸,实际上只是"天子"一人之志。此外他的"尚贤"之说强调要将"不肖者抑而废之,以为徒役",有破除世袭职官之意,可谓创见,但是任废之权全在君主之手,非有"圣王"难施行。总之,墨子将天下治乱寄于一人,此人乃"天"所选,人民对之没有任何方法表示意见,只能绝对服从。此说为专制集权提供了理论依据,与他摩顶放踵救济小民于水火的初衷大相径庭。究其原因,大致在于其希图近功,因而未能顾及完整的人生意义和理想以及切实的乱因,提出了缺乏事理依据的前提假设和偏颇的解决方法。

先看其假设。固然,人们没有共同的是非善恶观念会产生纷乱,但是要看所涉为何,倘若只是琐细小事,即使"一人一义"也无关大局；真正严重的是对于少数关键性的问题（如生活资源应如何生产、分配）许多人坚持着分歧的主张（如资本主义、共产主义），形成了明显的党派，互不兼容，便会造成斗争。这后果该如何处理？墨子说只有靠掌握最大实力之人压制众说，然后用各种权术将一党甚至一己之见强加于人。他将这种人称为"圣王"犹如将他奉为"教主"，将他的意见说成神旨、"天志"。然而因为并非人人都是这"圣王"的信徒，所以他要课人以告密之责，但是此计行之稍久即会使人际失去互信，欲"一统天下之义"，反而使社会分崩离析。孔子已经指出此一恶果，墨子没有领悟。在这至为关键之点上，可见孔、墨理论的优劣十分明显。然而墨子对自己的主张勇于身体力行，赴汤蹈火在所不辞，孔子虽被讥为知其不可而为之，但是遇到逆境往往卷而怀之，二者之行为对于后世之影响（儒者守仁辅政，墨者仗义行侠）各有短长。

※※※ ※※※

孟子晚孔子逾百年，当时战乱益甚，他也亟欲救世，但是与孔子一样，立论比较谨慎，没有臆想太古的情形，只说尧、舜之时洪水泛滥于中国，五谷不登，禽兽逼人，尧、舜等治之，人民才得安生。他又指出一人之身，百工之所为备，为了生存人们必须分工合作以生产资源，然后加以适当分配。在此过程中必须有人决断，有人服从，因而成为两个阶层。然而有些人无视于此，或不肯合作，或滥事分配。据孟子说当时有杨朱主张"为我"，墨翟主张"兼爱"，分别为前后两种人的代表。他指出"杨氏为我，是无君也，墨氏兼爱，是无父也。无父无君是禽兽也"，破坏了社会组织的最基本原则，社会当然逐步瓦解，这是世乱的真正原因，所以这两种"邪说"必须加以铲除。除此之外还有当时执政者的荒淫奢侈、横征暴敛以及相互之间争城争地的战争，是另一致乱之因，应该禁止。

至于实际该怎么做，孟子不寄望于墨子的"圣王"，而像孔子一样，认为要有健全的社会先要有健全的个人，所以注重人的教养。但是他虽强调"谨庠序之教"，并没有详述教学的项目和方法，因为他相信人性本善，只要将有碍其自然发展的故障除去，便能辨别是非、避恶趋善，再加发扬光大则人人皆可为尧舜，其次亦可为救国济民的"名世者"。这样的人甚少，孟子却以此自许。他的目标远大，想要"王天下"。为此他建议了若干办法，上以辅君，下以抚民。他对君主的要求不多，只要他以己度人，推恩众庶，与民同乐即可。至于人民，他说一般人皆需有恒产才能有恒心，所以首先要使他们取得一分土地，不夺其时，让他们生产必需的物资，保障其基本的生活，然后加以教育，便可使之敬老育幼，抵御外侮，国家社会乃能富强康乐。

这样的关键人物如何得来？孟子认为并非由于苦学，而在善养大志及浩然之气，不事小节而以天下为己任。为此目的这种人应该入仕，非为利禄，而为行道，所以未仕之前不受召，而要君主以礼邀请，学而后臣之；入仕之后不屈从，而犯颜直谏，不合则去。当时世官贵族大多腐败无能，而士人中不乏知多识广者，执政者亟欲起用，故以宽厚待之，孟子乃能后车数十乘，从者数百人，以传食于诸侯，放言高论。但是他只谈一些"仁政"的"大略"，将具体措施推与执政君臣，所以他们对他也敬而远之，未尝付以重要的实职。这使得有些弟子感到疑惑不解，所以他费许多口舌，不仅为自己辩护（如称自己守先王之道以教育后之学者，因而获酬是为"食功"乃理所当然；称不奉齐王之召是不愿"枉尺而直寻"；称去齐三宿而出境是为了期待齐王挽留而用他，不仅安齐且安天下），并且举出若干先圣先贤为例（如舜不告而娶，封象于有庳；孔子待孺悲、阳货不直，未得燔肉不税冕而行），声称"君子之所为，众人固不识也"。他又鄙薄若干为常人尊崇者（如贬尊王攘夷的管仲仅足致霸，讥洁身自爱的陈仲子不如蚯蚓），出人意外。

孟子对个人与国家、臣民与君主之间关系的言论更是惊人——他说"天下之本在国,国之本在家,家之本在身",所以"民为贵,社稷次之,君为轻"。君主臣民各有其本分而对当的关系,所以"君之视臣如手足,则臣视君如腹心;君之视臣如犬马,则臣视君如国人;君之视臣如土芥,则臣视君如寇仇"。君不能治,大臣可以使之"易位",如有大过,暴虐无道,是为"一夫",人民可加放伐甚至诛戮。此说申述了孔子君君、臣臣相对关系之旨,使之明白透彻。先秦及后世士无人敢公开如此主张,固然因为孟子之时士气高昂,更反映了他个人的性格和勇气,扫除了一般儒者柔弱之风。此点可能是后人敬佩他的主要原因。

可惜孟子的理论也有不少问题,首先他仅述抽象原则不谈具体办法,特别是如何产生"名世者",怎样培养"浩然之气",使人虽不能为尧舜,仍能成为"从其大体""居仁由义"的"大人"、"贫贱不能移,富贵不能淫,威武不能屈"的"大丈夫"来止乱求治。其次,他与孔子一样认为规范有高下层次,但是说得甚玄,有"非礼之礼,非义之义"之语,使一般人无法了解,不知所从,而"大人"则可以用独特的解释自行其是。再次,他为了强调其道可行,提出了"性善"为其前提假设,但只证实了人有"怵惕恻隐"的同情心,随即说人又有"羞恶、辞让、是非"之心,四者分别是仁、义、礼、智"之端"。此说既无所据也无必要,而他费了许多笔墨驳斥他人之说,诚为"好辩"。虽然他深得孔子要旨而且有所发明,但是言之过激过繁,不免偏颇勉强,逊于孔子的中正平和。

*** ***

荀子晚孟子约五十年,其世更乱。他对于孔、孟以及墨子救世之说了解甚深,所以其理论大多响应诸说,有些批评,但更多是加以发明。首先关于世乱之因,他指出不是"一人一义",而是人们"欲恶同物"而物资不足。他又借尧舜问答说明"人情甚不美",忘恩负义,自私好利。由于这些外在的现实和内在的心理,人们乃争夺致乱。他同意人需"群"而互助合作以生产必要的物资,并加以合理的分配。"群而无分"是另一致乱之因,要平乱就要使人合群有分,有的人领导,有的人服从。这是自古以来就有的现象,一般人们皆习以为常,很少追问为什么某些人归入某一阶层。孔、孟虽然未必满意当时的分级,但是只强调处于不同地位的人应有不同的职责。荀子则进一步追究"分"是由谁,依据什么准则订定。

对于第一点,荀子说"宇中万物生人之属,待圣人然后分也"。此系遁词,因为一说到"圣人",其他问题就无可究诘了。他选择什么人为君,为臣,为官,为民,便如天定。然而他又说人君是"管分"者,"论德而定次",使人"各载其事,各得其所宜。上贤使之为三公,次贤使之为诸侯,下贤使之为士大夫","王公士大夫之子孙不能属于礼义,则归之庶人;庶人之子孙积文学,正身行,能属礼义,则归之卿相士大夫"。所以实际上人的"分"可以由君主调整,并非一成不变。此说打破了世袭制度,可以说是创见,但是没有具体说明君主该怎么做,而且这种合乎情理的阶层间的流动显然不适用于君主,所以没有明智正直的君主,这"管分"的工作便无法做好。

荀子似乎有见于此,所以退而求其次,寄望于实际从事各种事务之人,特别是各等级的领导人,希望他们是智德兼备的"成人"。他说这类人并非天生,乃由学习及自修而成。因为他假设人"性恶",不能像孟子所说的发展其平旦之气而成"大丈夫",必须通过十分辛勤的学习来探悉人情事理。幸好"千人万人之情,一人之情也",古来的圣君已洞察此情而制定了规范各种行为之"礼",著于经典,所以后人之"学",只要"始乎诵经,终乎学礼"即可,之后如能谨而行之,便可成为"大人",甚至可以为禹。

但是这方法太简单,完全是静态的记忆工作,不重视经验(如孔子所说的"能近取譬")、内省(如孟子所重的"自反")及其他知识来源（如墨子强调的"三表"），恐怕不足使人担起治国的重任，所以荀子又提出了一个办法："法先王"及"后王之粲然者"。然而对于想要这么做的人而言，这办法仍有两个困难，一则"先王"之"礼"（规范制度）虽称周密，但是经典不能尽载，学者难窥全豹；二则规范有等次，行为多变化（荀子承认孔孟"大德""小德"甚至"非义之义""非礼之礼"之说，而称有"大节""小节""大行""中行""小行""大忠""次忠""小忠"），使人不易辨别遵从。当未尝闻见之事突然发生，"俗人""俗儒"，甚至"雅儒"皆不知所措，只有"大儒"才能重新探究人心，树立新的规范制度来应付，因为他们知识广博，遇到新奇之事可以与已有之事归类，依据他们所掌握的规范制度的精义而加处理，可以"无所儗怎"，"晻然若合符节"，由他们执政当然可致"政教之极"。但是这样的人不是诵经读礼可得，所以极少，荀子只举出了周公一例。他显然也明白此点，然而认为这种人所据的原则（大儒之道）系属必要，否则执政者至多只能使国家富强称霸，"悬之以王者之功名则倜倜然不及远矣"。什么是"王者之功"？荀子曾分析权威之类别（道德之威、暴察之威、狂妄之威），"兼人"之术（以德、以力、以财），治国之道（王、霸、偷、奸）及其结果（荣国、辱国、乱国、伤国），对此点叙述颇详。但是即使有"大儒"在世，能否被统治者雇用而致"王者之功"，无法预期，这是荀子之说的一大漏洞。

此外荀子之说还有若干特出之处，也牵涉一些难解的问题。第一，他对于法之功效及缺点、人治与法治的关系，申述极为精到，不偏不倚，为其他诸子所不及，但是他又说"元恶不待教而诛"，与他强调的"不教而诛则刑繁而邪不胜"相悖，尤其是他将"心达而险、行辟而坚、言伪而辩、记丑而博、顺非而泽"，"居处足以聚徒成群，言谈足以饰邪营众，强足以反是独立"之辈称为"小人之桀雄"，非独不予教诲，甚且不加审理，即加诛罚，更属不当。第二，他为了鼓励人尽其力而提出的"天论"，确是一大创见，可以振聋发聩。但是他又说"遇不遇者时也","死生者命也",没有分析因果关系,是一阙佚。然而他强调人要"敬其在己"以"制天""用时",可见并非宿命论者。对于"不遇时"之人,他说要如"芷兰生于深林,非以无人而不芳",强调人生自有其意义,不仅在济世,却有深意。第三,他的理想世界意境高远,希望个人能成为"成人",社会井然有序,国家富强安宁。但是他提出的办法如孔、孟一般,多属原则而少细节,难以实践。第四,世间最难处理之事莫过于人际关系,尤其是不同阶层之间的,最为不易。如果在上位者一意孤行,在下位者该如何响应?荀子建议遵行较高的规范,并且举出了在若干具体的情况之下可以"从道不从君,从义不从父",以避免国和家的重大危机。他称这么做的人为"争臣""争子"。他又特别指出大臣要"谏、争、辅、拂"。如果无效,他提出了君舟民水之喻,说百姓可以颠覆君主,因为"天之生民非为君也,天之立君以为民也"。然而战国之时君主虽然仍需士人之助压制世官,但已懂得自己是士人的雇主而趋霸横,士人逐渐失去了"说大人则藐之""格君心之非"的豪气。因此荀子又提出另一些做法,指出君主有圣、中、暴之分,当时多暴君,放肆邪僻,喜怒无常,臣民待之应非常谨慎,"若驭朴马,若养赤子,若食馁人,故因其惧也而改其过,因其忧也而辨其故,因其喜也而入其道,因其怒也而除其怨"。这种办法可以说是"枉尺而直寻",不如孟子说的那么刚正,但是如果不能"覆舟",不得已而图"曲得",虽然委曲,仍较谄媚、作伪为佳。

  总之,荀子没有像孔子那样知其不可而为之,也没有像孟子那样大言以天下为己任,但是尽其所能探究道理,以供世人参考,实与孔、孟晚年所为相同。虽然他们都没有赫赫之功,但是其理论对人们的思想行为所生之影响,巨大深远,不可忽视。无论如何荀子教人求知修德,尽力做才能可及之事,不能舒展其抱负则卷而怀之,洁身自好,实是一般人合乎情理的可行之道。人们自古筚路蓝缕,跌跌撞撞走来,创造了今日的文化,虽然良莠错杂,但是相当大的一部分(如医药、舟车）确实有其价值。后世不满现状之辈或者借释老之说遁入虚妄自欺欺人，或者恃盲目之勇暴虎冯河丧身败事。清季之人心怀愤激，尤喜危言耸听，如谭嗣同者称"两千年之政，秦政也，皆大盗也；两千年之学，荀学也，皆乡愿也。唯大盗利用乡愿，唯乡愿工媚于大道"，乃不知而言，不足论荀学之短长，如尹士之鄙薄孟子，乃"小丈夫"意气之辞而已。

*** ***

自古就有人不赞同一般人所走，而为孔、墨、孟、荀之辈支持的进取之路，主张应该退回去一些，甚至回到原点。《老子》辑集了古时一些智者之语，代表了一种与儒、墨二家相悖的思想，认为人的能力有限，难以改变自然环境以适合自己想要的生活，勉强去做往往得不及失。

老子没有确实地描述远古之世，似乎说在那里万物可以自然生长（大道泛兮，万物恃之以生），自然约制（损有余而补不足），但是人们追逐无穷的欲望，不免损人利己（损不足而奉有余），乃致祸乱。所以他认为去祸除乱必须制欲、知足、知止。为此他不仅指出纵欲之患（五色令人目盲，五音令人耳聋，五味令人口爽，甚爱必大费，多藏必厚亡），更进一步说明自然界绝无过分现象（飘风不终朝，骤雨不终日），事物的常态（根）皆避极守静，多动则易遇艰险（不知常，妄作凶）。这是自然之律，是"大道"。此道犹如一张极大的网，笼罩着天下，万物受其约制，没有一个被疏漏（天网恢恢，疏而不失）。此道被废之后就产生了种种人为的规范（仁、义）和制度（尚贤、食税），引发种种祸患。老子没有明言它们产生的过程，但是显然认为出于若干小智之人的"妄作"，治丝益棼，遂成大乱。所以他主张人应该重返大道，守静笃，归根本。具体而言就是控制欲望，维持最基本的生活。

对一般人而言要这么做极为不易，所以需要老子的"圣人"来帮助，"实其腹，强其骨，虚其心，弱其志"。为免于他们的怀疑和抗拒，"圣人"必须显得柔弱不争，不图私利，以赢得他们的信任，乃能"后其身而身先"来引导他们，"以其无私故能成其私"。他的"私"的确不在自利而在"救人"，所以他"生而不有，为而不恃，长而不宰"，只希望带领人们避免落入陷阱。但是这么做时他不能顺从他们的心愿，而要"惵惵为天下浑其心"，使他们归于纯朴，犹如婴儿一般"闷闷沌沌，仅贵食母"，然后由他"孩之"。

老子所说的"孩之"其实就是"愚之"。因为人们已经有知，所以他的"圣人"先要认清"知"之源是那些毁废大道之人（可以说是伪圣）及其制定的规范制度，然后故意暴露他们的作为（将欲歙之，必固张之；将欲废之，必固兴之），使人们见到此辈所作所为的恶果而改变了心态，自愿地也盲目地跟随老子的真"圣人"走到一个"小国寡民"的地方，放弃了大部分他们以往努力创造的文化，回到比较原始简朴的生活状态，心清欲寡，和平安宁。可见老子的"圣人"并没有带领人们走向一个真正奇妙的理想世界，而是退回此前已经走过之路的某一处。

然而此说有许多问题：（一）要人们将可以节省劳力的百什人之器，甚至舟车，都废弃不用，不合情理。（二）在无饥荒、战争的情形下人口会以几何级数自然增长（韩非指出此点，老子不可能不知），要"寡民"不得不限制生育，难免产生残忍难测的后果。（三）"智慧出，有大伪"，智慧如何、为何而出？老子没有说明。智与知相关但不相同，非仅学习可得而需有天赋，如果具有这种天赋的人将其潜能发挥出来怎么办？老子说"圣人"将镇之以"无名之朴"。它是什么？老子也没有说明。倘若"圣人"需抓住它随时备用，岂不紧张忙碌，怎么又能"无为"而治天下？（四）"圣人"的做法似乎不直。老子提出了二说作辩，第一，"圣人"遵循的是"大道"，是自然之律，与人世情理不同，甚至显得相反，所以说"反为道之动""正言若反"，但是他又说其道"甚易知，甚易行，天下莫能知莫能行"，可见其说之诡谲。第二，"圣人"替天行道，"天地不仁以万物为刍狗"，所以"圣人不仁以百姓为刍狗"，不必爱惜。这种想法有助于圣人达成其目的，但是不宜明白说出来，所以说"鱼不可脱于渊，邦之利器不可以示人"。老子对此"利器"有很多陈述，简而言之就是要在表面上虚静无为，实际上使民愚而易使，听任统治者"无为而无不为"，并且"皆谓我自然"。这是"治术"，与儒家的"治道"有异，荀子称之为"偷道"。此道为后世统治者所重，并受商、韩之辈法家理论支持。然而待人不直而且愚之，终难持久。西谚说 You can fool all the people some of the time，and some of the people all the time，but you cannot fool all the people all the time，诚是！诚是！

*** ***

世人常将老、庄并称。二者确有许多共同处，但是也有一些重要的差异。所同的是他们对世事都有深入而异于常识的看法，都认为世人走错了路，应该改辕易辙。不同之处最明显的是《老子》精简，没有详确的理论结构，人们对其前提假设、推理和结论皆需揣摩而可以有不同的理解。《庄子》则用了许多话反复说明庄子之意，理论结构甚为周密。

庄子的前提假设是，在远古之时存在着一个美好的自然世界，那里万物群生，草木遂长，人兽共游，同乎无知，没有大小、长短、高下、美丑、是非、善恶、贫富、梦觉、生死、荣辱、喜怒、哀乐。他用了许多"寓言""卮言""重言"指出这些区别都是后世人们由其主观所生的见识、感觉和评价，没有确定的意义，仅系相对之说。然而他明白此说不可赞同，否则人人各是其是而非其非，会导致斗争，将弱肉强食视为正常。所以他又指出在自然界里蝼蚁、稊稗，皆可各依其本性、本能（天机）而生存，互相容忍，平安共处。他称此为"道""理"，是自然之律，人们也应该遵循。不幸有人不信此律，想要生活得更容易一些，于是去"性"而求"知"，用其"知"创造出一些可以省时省力的器物（如桔槔），以及若干有关的规范和制度（如仁义、刑政）。此辈不仅自以为是，扬扬得意，而且想教他人也来采用遵奉这些东西。但是其知极其渺小，不合天理（日月之明、山川之精、四时之施），有悖人情（重外物而忘身体，倒置本末），倘若强加于人，即使出于善意，结果也将如鲁侯养鸟、儵、忽为浑沌凿窍，酿成悲剧；倘若别有所图，则如伯乐驯马，使之失其性情，为人奴役，更属可恶。

不仅此也，庄子又进一步指出此辈所创的规范制度多属无谓（如礼乐），易被滥用（以仁爱响濡，以赏罚驱策），或致伤身（殉仁义），或致害国（大盗窃宗庙）。凡此种种皆因小知之辈（燧人、伏牺、尧、舜、禹）背弃大道，教人以"机事"图谋小利，使人失去了以其"天机"生存的本性而发生了"机心"，背本逐末，成了"倒置之民"，乃致"愚知相欺，善否相非，天下脊脊大乱"，犹如触动了蜂窝，使群蜂纷出，各寻生路。此乃自以为是的"圣人"妄"撄人心"的结果。

如何去乱？庄子说要靠"大圣"出来"摇荡民心"。"摇荡"与"撄"不同，不是乱触，而是要使人扫除其有害的小知（举灭其贼心），恢复其自然的本性（若性之自为）。具体一点说，他也像老子一样主张绝圣弃知，但是他们所用的方法和所寻的目标有异。庄子不以术愚民而坦直地指出人们主观的错误，用许多话比喻、引申，帮助他们了解以狭窄的一己之见评断事物并且强求他人同意的非理和恶果，因而使人们自行觉悟而改变其心态和行为。他想做的是引导人们从来路上转身，走回原始境界，而不像老子半途而止，虽然或许只是五十步与百步之差，毕竟大大不同。

然而他们也有相同的问题，第一，人总难免生病受伤而希望恢复健康，所以需有医药。以此类推，许多人为的文化也有其价值。在没有它们的原始境界里，人们的生活必然相当困难。因此老、庄以自然美满的原始境界既作为前提假设，又作为终极理想，其理论实难成立。第二，那种境界即使存在，也很难维持。在老子的"小国"里，"圣人"必须随时准备镇压"化而欲作"的叛逆分子。庄子则说君子可能会"不得已而莅临天下"。为什么？是否因为在绝圣去知、剖斗折衡之后人们又用智求知？果然如此，君子将如何应付？庄子没有说要加以镇压，而说只要"无为"。"无为"究竟是什么意思，倘若是完全不做什么，为何要君子"莅临"？庄子的答案是治世如植禾，不可"卤莽，灭裂"，而要"深其耕而熟耰之"。这就是君子的"无为而治"——不以己意干扰而让人民各任其事，负其责，不贪得，不惧威，知足知止（如善卷之日出而作，日入而息，辞舜之让王，逍遥于天地之间；屠羊说之辞三旌之位，返屠羊之肆），天下乃可返归理想的自然境界，"上如标枝，民如野鹿"，各得其所，平安共存。

庄子比较能自"圆"其说，不像老子那样留下许多阙佚，更可贵的是他能自"行"其道，迭次辞却权势之诱，不作牺牛，宁为孤犊，不图供奉于庙堂，而愿曳尾于涂中，居于穷闾，织履为生。乱世之人能奉其说，循其途，虽不能返回"至德之世"，应该可以"保其真"，并且稍得"自由"，比进入"小国寡民"之境受"无名之朴"的镇压，实胜数筹。

*** ***

儒、道求治皆自个人着手，墨子较重团体，法家则几乎完全忽视个人的价值，认为个人应为团体而生存。他们想追寻的是一个井然有序的社会、富强无患的国家。为此目的商鞅提出了一套人群进化的理论，说人皆自私而无知，不免为利害是非相争，需智者为之立中正，定分际。智者日多而所知各异，纷争便会再起，必须有人处断并以实力强制施行其决定，所以要止争必须靠强力，由掌握最强力量者在上为君主，将在下者逐级分层，组成一个统治体系，以维持安宁。此说别无新意，不过强调政治权威之重要而已。

权威如系初创，其基础重在个人的智能，商鞅说此人应能见"万物之要"，即其"必然之理"。他认为一般人皆欲名利，恶劳苦，这便是民心之"要"，统治者如能诱之以更大之利，惩之以更重之苦，人民比较轻重便不得不服从其指使，这便是治国之"理"。除了个人的智能之外，权威还需群众力量的支持。此力如何产生？商鞅说要"抟力"，将群众的力量凝聚起来，使之在内挥汗于田畴，对外洒血于疆场。因为农事苦，所以商鞅说统治者要一方面积极地引诱一般人民，一方面消极地压抑非农民众（《诗》《书》谈说之士、商贾工艺之徒）。前一策并不难行，只要给以土地，免其赋役；后一计则甚不易，因为此辈系资于身，周游天下（天下一宅而圜身资），比一般人见识较多，思虑较深，知道温饱之外人生还可以有若干其他目的，因而不易盲从执政者的指使，所以要用法令严加束缚。《商君书》内所列之"垦草令"，大多为控制此辈吞噬农产，"一出而民数年不食"的"蠹虫螟螣"而立。

然而以农储力于民，民生逸乐，会产生许多患害（毒），最甚者为内乱，所以"抟力"之后又要"杀力"，攻击外国，一则将"毒"输出于敌，二则可夺取其土地人民，使本国更为富强。具体该怎么做？商鞅说要用"一教""一赏"鼓励人民从军，使他们以"不得，无返"相诫，以致"民之见战也，如饿狼之见肉"。

基于这些主张，商鞅为秦国制定了若干具体的政策和法令，许多与传统不合。然而他又说圣人应"观俗立法"，是否矛盾？他辩称他所说的"俗"并非习俗，而是更根本的趋利避害的"人性"，而且一般人民皆无思考深远事理的能力,"可与乐成,不可与虑始",所以统治者只要抓住这两点,就可不顾人民的其他意愿,凭他独特之知而立法,无须顾虑。但是商鞅知道未必人人皆愚,所以他一再要其"圣人""明主"从事"愚民"(压制《诗》《书》谈说之士,禁止游学),使之易治。此外他还有一个特别的观念:人民由于寻求自利,会与群体利害冲突。所以君主应将他们皆视为"奸民"而治之,要"胜民""弱民""制民""辱民",使之完全匍伏如奴。这些话诚然惊人,但是其他图治之人也想以不同的办法或多或少使人民就范。商鞅的特出之处是要用"法"来达成其目的。

法是一种规范,自古有之,但是许多思想家都认为它有许多缺点,其等级比道德、礼节甚至习俗为低。《左传》所记叔向给子产的诫语便是此说的代表。商鞅则大反此说,强调:(一)法应该是定分止争、至上唯一的规范(法已定,不以善言善行害之,言行不中法者不听不用);(二)法应可溯及既往以罚已犯之罪,又应鼓励告奸以惩将过之心;(三)法应多刑少赏,轻罪重罚,并使平人与犯者连坐。他相信订立了这种法令之后,废弃仁义、礼乐,强力行法,人人知法而不敢犯,结果便可以刑止刑(圣人立,天下无死于刑者)。这几点虽非他的创见,但是公然明白道出,似始见于其书。

由此诸点他又引申出另一个独特的见解:如果民皆知法,能依法判断是非(断于心,断于家),毋需官府审理(官断),就使细过悉止,大邪不生,国家社会乃可大治。所以他说"断家王,断官强,断君弱……有道之国治不听君,民不从官","治主无忠臣,慈父无孝子,欲无善言,皆以法相司也"。此说似乎在弥补他自己理论上的一个缺点,指出法虽然必须由"圣人"以其独特之知制定,但是司法则甚容易,因为"法"犹如老、庄的自然律,人人几乎都会无意识地遵循。当然这是一种妄想,因实际上"法"是权威者武断而定的规范,其缺点已由叔向、荀卿等人析之甚详,最重要的是如何能使臣民皆信其为是。强制的"壹教""壹刑"只能使人表面屈从;要他们能"心断"而得到统治者所期之结果,几无可能。这是主张去除人们独立思考而接受"法"为绝对客观、无所不适、无可改进的唯一规范而盲目遵从之说的致命伤。

商鞅涉及君民关系之说还有一点更为特出。他说"明主"为了"杀力",必须在国内不断铲除异己,对外国不断从事侵略。这种做法将使统治者变成饕餮,人民变成鱼肉,虽然秦国信奉其说屡屡击败外敌,但是并没有清除国内斗争之源,仅仅加以镇压,终致爆发,所以商鞅受戮车裂,二世旋踵即亡。此乃治国以"力"必然的结果。

*** ***

商鞅身负实际政治之责,无暇详述其理论。韩非所遇不合,未曾执政,没有提出具体的政策而专心思考,补正了此前法家的若干阙佚,发展出比较可以自圆的理论。他的前提是人皆"以肠胃为根本",只知寻求物资以满足其欲。如果物资不足,人人都会以"计算之心"相待,自私自利,冷酷无情,甚至饿弟、杀女,全无伦理仁义可言。君臣之间则更残忍,因为君主世袭,臣民无从加以约束,只得诉诸奸计,使自己变成"重人""社鼠",用"八术"欺君,始图"中饱",终将篡弑。君主有见于此,需以"势""术""法"加以制裁,断其羽翎,散其朋党,甚至"数披其木",横加诛戮,所以说"君臣上下一日百战"。

以前的"法家"有重势、重术、重法之分,韩非花了许多笔墨阐明三者应该并重,并无新意。他对于"法"的析述则较精详。第一,他说立法之前先应贬斥其他规范,指出它们不仅全无实用(犹如尘饭涂羹、脂泽粉黛),而且因为种类、阶层繁多(忠、孝、慈、惠、廉、节、勇、直等等),导向不一,甚至矛盾,使人无所适从,用之有害家(慈母有败子)、国(使无功受赏,有罪不罚,政令混淆,民不从上)。

第二，他说治国应以法为至上唯一之圭臬，因而分析了法的依据、特性、功能、目的，并且建议了若干立法、司法的原则，提出不少独特的见解，但也引起了不少问题，包括：（一）法应"顺于道德"，然而不是常人所称的仁义等等，而是像老、庄所说基于人情（饥而欲食、寒而欲衣等等）的自然规则，顺之则可使民"不令而自然"。（二）法应合乎"世宜"，然而不是常人之所宜，因为民愚而不知乱，所以应是圣人明察事理所得之宜，即使"逆于世""拂于民心"，亦无不可。（三）法应如尺寸、规矩、权秤、斗斛，可以断定长短是非；又应如榜檠、椎锻，可以用来强制人的思想行为。（四）法应确定但不僵化，因为治国若烹小鲜，法令迭变则如频加翻弄，必致骨肉散烂，又如摇衡则不得轻重之正，摇镜则不得影像之正，所以治国应有常法。然而"常"有不可者，圣人明能知治，应该不拘常而变之，以免于乱。（五）法应求功不求全，因为法为治事而设，遭遇困难则应权其害而求其功，如医疮者除血肉，战争者死士卒。无难之法，无害之功，天下无有，所以圣人立法应忍其小害而求大利。（六）法应明白易行，如太奥僻则民难知难从，法立难为而罪不及则民生怨。所以明主不为"太上""太下"之士立法，而定可为之赏，设可避之罚。（七）法之主要目的在去乱，不在导善，所以圣人立法要以强力镇暴，轻罪重罚。

为了"行法"，韩非又建议了若干技术，包括：（一）"势""术""法"三者并用，不可偏废，因为"势"是人主之爪牙，但可能为"不肖人"所乘而乱天下；"术"为人主藏于胸中潜御臣民之技，但是如果没有确定目的，辄应情势而变，可能前后不一，错乱矛盾；"法"为工具，可以被执法者滥用，君主无术以知奸，将受其反制。（二）行法之要在用刑赏，因为人情有好恶，故可用奖使其有为，以罚使其知止，因为国家赏财有限，所以应多罚少赏。（三）刑赏乃治国之"二柄"，应由人主独执，如被他人窃用，即有太阿倒持之祸，如田氏代齐，子之篡燕。（四）奖赏在促进有益国家之行为，否则即谬，如商君之法以官爵奖斩首之功，犹如使善杀人者为医、匠，必致败事。（五）刑罚在阻遏有害国家之行为，不可在危害已成之后才用，应该尽速并必然拘获"欲犯"之人，施诛心之罚，所以应要求人民告奸，对匿而不告者处以连坐。（六）被告者既获，应即谨慎审理，令犯、证各别呈词，不准通同串供。司法者应虚心以听，"溶溶若醉"，不显喜怒、成见以诱之，然后"众端参观"，使"是非辐辏"，事理清晰，"不吹毛而求小疵，不洗垢而察难知"，掌握重点作判。（七）定罪之后，应据法量刑，"不舍常法而从私意""不游意于法之外，不为惠于法之内"，不仁不暴，顺于当然，便可使人"以罪受诛，不怨于上"。（八）用刑应平。古来犯法者多为尊贵之辈，而法令之所备，刑罚之所诛，常于卑贱，是以人民绝望，无所告愬，所以应"刑过不避大臣"。（九）常人称刑罪应该相"当"，轻罪用轻刑，重罪用重刑。此为"以刑致刑"，陷民之道，因为犯轻罪者得纵，乃有侥幸之心而再犯，至于个人被戮，社会受创。执法者应知"人不蹞于山而蹞于垤"，加重刑于轻罪，则轻罪不生，重罪必止，是为"以刑去刑"，救民之道。（十）杀人者死，伤人及盗者为奴，对于此等犯人而言，后果既属已定，被获之后依法治之，无异于"治死人""治胥靡"，对社会而言没有多少意义。用刑之目的意义应在杀鸡儆猴，使犯者受到重刑，良民产生"悼惧"而不敢效尤，所以殷法断弃灰于道者之手，孔子不以为过。

上述诸说似非无理，但是实际用之则困难丛生。主要的原因有四：其一是韩非对法的了解不足——法之阙佚荀子言之极为透彻，在此只复述一点：法并非"万全"之器，不可能自动适用于"万变"的人事。其二是他对刑赏的迷信——以赏诱人，使人以计较之心，选择给赏多者从之，荀子称为"偷道"；以刑禁民，至多不过处死，老子指出："民不畏死，奈何以死惧之？"其三是他对"中主"的幻想——以为中等才能之君主"上虽不及尧舜，下亦不为桀纣"，可以"抱法处势"而治。但是法既有阙佚，抱之仍不免失误。更重要的是君臣利异,上下一日百战,中主如何能以"法"应付"重人""社鼠"?"势"只是衬托之力,犹如云雾,需有龙蛇之美材才能乘之,因世袭而在位的中主,虽生而有势,能否继续乘之不被侵夺,实难预料。所以韩非的"中主"实际上应该是他所说的"明主",此人虽然非"圣",但有足以知"臣之忠诈"之智,可使臣民"为我用而不我叛"之术,又有能在关键时刻做出重大决定的刚毅性格(如齐魏韩三国之兵侵秦,秦王果断割地讲和)。其四是他对"法术之士"的厚望——明主虽有常人所不及的才能,要用之于实务仍属不易,所以尚需"法术之士"的帮助与"当涂之人"搏斗,"譬之若手,上以修头,下以修足","镆邪傅体,不敢弗搏"。此辈如能得志,其功业将如伊尹、管仲之盛而不敢矜其善,伐其劳,"以其主为高天泰山之尊,而以其身为壑谷釜洧之卑",这样的人当然极为难得。

除了实施其法、术的困难之外,韩非之说还有一项更大的缺点:它极度扭曲了君民之间的关系。他引用了费仲的君臣冠履之说加以辩护,并称"臣事君、子事父、妻事夫,三者顺则天下治",成为后世"三纲"的张本,与孔、孟、荀之尊重各阶层之人的"分",墨子之强调执政者爱民,庄子的标枝野鹿之喻相比较,韩非之说独为君主所喜,用之扩张其权而致专制。然而韩非又强调"法治",似乎认为可以借此避免权威之被滥用,因而反对其师荀子重视君子治国之说。这是无的放矢,因为荀子说治国者应该"有法者以法行,无法者以类举",没有否定法的重要,仅仅指出法不能自行,得其人则存,失其人则亡。韩非则说"道法万全,智能多失,释法术而任心治,尧舜不能正一国,尧舜千世而一出,待之而治犹待越人之善海游者救中国之溺人",极力低估执法者的智能,与他强调治国有赖"明主"与"法术之士"的说法相矛盾。《老子》说"天网恢恢,疏而不失",意谓自然之律虽似疏阔,但是万物没有能逃过它的约束的。韩非将人为法织成了一张"法网",用来罩住全国人民,但是留了一个漏洞,让吞舟之鱼(君主)任意出入。支持"人治"莫此为甚!

韩非赞许老子,同意圣人不仁之说,称自己主张执政者极力行法,正赏罚而无喜怒,以罪受诛人不怨上,以功受赏臣不德君,君不仁,臣不忠,是"守自然之道"。《史记》将老子与韩非列入一传,所见甚为深切。然而韩非的理想境界实与老子向往者不同。老子的"小国"虽然静寂,大约仍有一些活动,所以人们需要"结绳"纪事。韩非的"至安之世"里最显著的现象是"车马不疲弊于远路,旌旗不乱于大泽,万民不失命于寇戎,雄骏不创寿于旗幢;豪杰不著名于图书,不录功于盘盂,记年之牒空虚",特别强调没有纷争,人们浑浑噩噩地过日子,所以也没有值得记述之事。此外韩非曾说圣人治国"正明法,陈严刑,将以救群生之乱,去天下之祸,使强不陵弱,众不暴寡,耆老得遂,幼孤得长,边境不侵,君臣相亲,父子相保,而无死亡系虏之患",也只着眼于个人的生存和社会的安宁,没有说人生还有其他的意义和价值。可见韩非基本上和商鞅一样,只重视群体,将个人看作蜂蚁,其理想颇为低微。

*** ***

依据以上所述,"八哲"对于当时的情势皆感不满,思考过许多问题,提出了相近或不同的建议。大致而言,认为现状还不到无可挽救,并且对其前因后果思虑较深者,会主张设法恢复以前比较妥善的状况;认为以前并非尽善而人的能力有限,就主张只做部分性的改进;认为当前恶劣的情势既系人为的结果,就主张应该用人力大幅变革。孔子可以说是第一类人的代表,强调以教育增进个人的品德才能,使之可以走出一条稳当的路。此路漫长而无终点,但是每走一步可以使人站得更高,看得更远,发现新的办法以滋养其个人的身心,使之更为丰富;调整人际的关系,使之更能和谐合作。所以每一步都自有其意义和价值。孟、荀皆支持此说，只在细节上有些差异：孟子重视自修以发挥个人的潜能，荀子重视学习，使人能更有才力和知识，锲而不舍继续向前走。墨子是"别儒"，基本上也教人走这条路，但是因为见到权势者的奢侈和好战，所以特别注重节用、非战、增产，以救民于饥寒匮乏，目标较为狭窄，所以属于第二类。老、庄可以说也属此类，想带领人们走回头路，其手段虽有不同，目的皆是一个安宁甚至"自然"的境界，然后静止在那里。商、韩则明显属于第三类人。因为当时动乱剧烈，他们又认为一般的人没有能力自救，以致弱肉强食，所以主张应将愚蠢微弱的人们组成一个壮大的战斗群体，由一些智多识广、意志坚强、善用权术的人来领导，不断地对内压制，对外侵略，以求生存。他们希望以战止战，进入一个没有纷争、人人遵循一套铁定的法律、如蜂蚁一样的群体生活，没有任何个人的意愿和理想，除了共存以外也没有其他明显的群体目的。他们没有说明这样的生存有什么意义。

　　理论之优劣，除了其假设、推理、目标和理想之外，还要看其实践的可能性。"八哲"之中除了商鞅，都未能将其理论付诸实践。因为这些理论（包括商鞅之说）都需要一个"圣人""明主"。商鞅有幸遇到了秦孝公而得售其策，其余皆无此佳运，固属不幸，但是理论必须有十分卓越才能之人作为统治者才能实践，即是一个极大的缺点。固然，愚劣之人不可能将任何理论妥善实践，但是才能十分卓越之人可遇而不可求，尤其在君主世袭制度之下，真正的"中主"已很难得，幸而有之，仍需防止其昏聩滥权。商、韩之外，其他诸子都曾考虑及此，但是都没有想出切实可行的办法使统治者与人民之间的利益合理调适，后人对这个问题也没有找到妥当的答案。若干"小人儒"（如董仲舒、司马光之辈）不仅没有努力寻找，反而替专制集权张目，将君主诣为神圣，实在可耻可悲！

　　为了能在日益不利的环境里生存，人们不得不集成群体共同努力，因而社会不得不分阶层，国家不能没有领袖。然而群体固然重要，毕竟系由个体组成，除了避免饥寒与横死之外，即使是下愚之人也有一些其他的意愿，希望能有机会使之实现，为此他不能一味服从领袖的主宰，而必须有相当程度的自由可以让他尽力以求。虽然与巨大群体的生存相比，此事较为微小，但是抹杀了此点，使个人没入群体之中，像许多小零件那样依赖外力（统治者的意向）推动而在一个大机器里运转，不免会感到苦闷无趣，不知生活有何意义，生命有何价值，因而失去了求生的意愿。如何能兼顾个体和群体的利益和理想，协调各阶层（尤其是统治者与人民）之间的关系，便是最重要的问题。儒、墨、道三家的对策因为时势变迁，当然未必可用于后世。清季以来国人受了西方影响，力主废除政府集权专制，而以民主宪政来维持个人与群体之间的平衡。然而西方自有其特殊的历史、地理、思想、文化背景，自其宗教改革、文艺复兴所生的理论并非放诸四海皆准的至善之道，近来许多事实证明即使在欧美诸国，付诸实施时也发生了种种弊害。没有类似传统的国家勉强效仿，大多画虎不成，反致大乱。所以国人不可迷信西说，盲从其行，而应该回顾一下本国的情形。中国文化历经数千年继续发展，虽然曾有外来因素加入，但皆汇入浩阔的主流，未尝使之易道改向，更没有使之决裂断绝，而能一脉相承至今。与世界其他重要文化系统相比，这是一个非常的现象。有了此一醒悟，就该进一步仔细探究，找出中国文化如此恢宏壮硕、强韧不折的缘故，然后在此基础上，因应时势，建立起一套更有效而少弊病的政治理论和实践体制。为此目的，细读"八典"，研究"八哲"理论，可以是一起点。至于如何去芜存菁，发扬光大，开辟出一条日新又新的康庄之路引向此目的，则有待国人深思。

跋

当我在写以上诸章时,对此工作的意义很有信心,因为如序所言,人世存在着许多重要的法理和哲理的问题,古今中外的人一直在寻求适当的答案,"八哲"曾对它们提出若干见解,值得参考。但是他们生于两千多年前,所处的环境与后世差异甚大,而且后人对他们的思想又有许多注释、引申、掺杂、糅合,结果与其原意未必尽合。近世情势的变迁更是剧烈,人们震恐之余,又受了那些后人的影响,对"八典"的精义不一定能够了解,或愿意接受,所以我曾花了许多笔墨在诸章之后写了三章"余叙",企图说明"八典"理论在现代的意义。为了表明不只是自己的臆想,我举出许多史实证明有些人曾想借"八哲"的智慧来寻求治国安民之道,也有些人明显误解了"八典"的精义,甚至加以扭曲,对国家社会造成许多伤害。其次我对今日的世局做了一些分析,说明清季以来有些人对于西方关于民主、自由、人权、法治等理论,知一昧二,提出的建议不足解决中国的问题。最后我又再三思考"八哲"的思想,觉得在许多方面,恰可补正西说之阙误,值得强调。所以想写一些出来,并且将此书副书名改为"先秦政法理论及其现代意义"。但是我写得愈多,愈觉得挂一漏万。净友梁治平及金敏皆指出此点,建议我将已经写出的部分另行发表。我很感激他们的批评,又由于自己的一点觉悟——曾经认真读过"八典"的学者,一定会看出"八哲"对上述种种法理和哲理问题有许多卓越见解,无须我作赘述——我决定将此三章"余叙"悉行删除,将副书名定为

"先秦政法理论刍议",以示只是我一己之见,提出来就教于大方,并希望抛砖引玉,借此引起学者们能对"八典"及更广阔的先秦思想进一步研讨,去芜存菁,并且将它们与近世的思想并列,展示出来供世人深思,使人们能择其善者而从之,以古今中外人们共同的理想为指标,继续努力,终究应该可以寻找出一条新的治平"大道"。诚能如此,我犹如在这条路上的一个开道役夫,所做的一点工作便可以说不是白费了。